西方心理学大师经典译丛
主编 郭本禹

精神病学的人际关系理论

The Interpersonal Theory of Psychiatry

[美] 哈里·沙利文 Harry Stack Sullivan 著

方红 郭本禹 译

中国人民大学出版社
·北京·

总译序

感悟大师无穷魅力　品味经典隽永意蕴

美国心理学家查普林与克拉威克在其名著《心理学的体系和理论》中开宗明义地写道："科学的历史是男女科学家及其思想、贡献的故事和留给后世的记录。"这句话明确地指出了推动科学发展的两大动力源头：大师与经典。

一

何谓"大师"？大师乃是"有巨大成就而为人所宗仰的学者"①。大师能够担当大师范、大导师的角色，大师总是导时代之潮流、开风气之先河、奠学科之始基、创一派之学说，大师必须具有伟大的创造、伟大的主张、伟大的思想乃至伟大的情怀。同时，作为卓越的大家，他们的成就和命运通常都与其时代相互激荡。

作为心理学大师还须具备两个特质。首先，心理学大师是"心理世界"的立法者。心理学大师之所以成为大师，在于他们对心理现象背后规律的系统思考与科学论证。诚然，人类是理性的存在，是具有思维能力的高等动物，千百年来无论是习以为常的简单生理心理现象，还是诡谲多变的复杂社会心理现象，都会引发一般大众的思考。但心理学大师与一般人不同，他们的思考关涉到心理现象背后深层次的、普遍性的与高度抽象的规律。这些思考成果或试图揭示出寓于自然与社会情境中的心理现象的本质内涵与发生方式；或企图诠释某一心理现象对人类自身发展与未来命运的意义和影响；抑或旨在剥离出心理现象背后的特殊运作机制，并将其有意识地推广应用到日常生活的方方面面。他们把普通人对心理现象的认识与反思进行提炼和升华，形成高度凝练且具有内在逻辑联系的思想体系。因此，他们的真知灼见和理论观点，不仅深深地影响了心理科学发展的命

---

① 《辞海（缩印本）》，275页，上海，上海辞书出版社，2002。

运，而且更是影响到人类对自身的认识。当然，心理学大师的思考又是具有独特性与创造性的。大师在面对各种复杂心理现象时，他们的脑海里肯定存在“某种东西”。他们显然不能在心智“白板”状态下去观察或发现心理现象背后蕴藏的规律。我们不得不承认，所谓的心理学规律其实就是心理学大师作为观察主体而“建构”的结果。比如，对于同一种心理现象，心理学大师们往往会做出不同的甚至截然相反的解释与论证。这绝不是纯粹认识论与方法论的分歧，而是对心灵本体论的承诺与信仰的不同，是他们所理解的心理世界本质的不同。我们在此借用康德的名言“人的理性为自然立法”，同样，心理学大师是用理性为心理世界立法。

其次，心理学大师是“在世之在”的思想家。在许多人看来，心理学大师可能是冷傲、孤僻、神秘、不合流俗、远离尘世的代名词，他们仿佛背负着真理的十字架，与现实格格不入，不食人间烟火。的确，大师们志趣不俗，能够在一定程度上超脱日常柴米油盐的束缚，远离俗世功名利禄的诱惑，在以宏伟博大的人文情怀与永不枯竭的精神力量投身于实现古希腊德尔菲神庙上“认识你自己”之伟大箴言的同时，也凸显出其不拘一格的真性情、真风骨与真人格。大凡心理学大师，其身心往往有过独特的经历和感受，使之处于一种特别的精神状态之中，由此而产生的灵感和顿悟，往往成为其心理学理论与实践的源头活水。然而，心理学大师毕竟不是超人，也不是神人。他们无不成长于特定历史的社会与文化背景之下，生活在人群之中，并感受着平常人的喜怒哀乐，体验着人间的世态炎凉。他们中的大多数人或许就像牛顿描绘的那般：“我不知道世上的人对我怎样评价。我却这样认为：我好像是在海上玩耍，时而发现了一个光滑的石子儿，时而发现一个美丽的贝壳而为之高兴的孩子。尽管如此，那真理的海洋还神秘地展现在我们面前。”因此，心理学大师虽然是一群在日常生活中特立独行的思想家，但套用哲学家海德格尔的话，他们依旧都是“活生生”的“在世之在”。

二

那么，又何谓“经典”呢？经典乃指古今中外各个知识领域中“最重要的、有指导作用的权威著作”①。经典是具有原创性和典范性的经久不衰的传世之作，是经过历史筛选出来的最有价值性、最具代表性和最富完美性的作品。经典通常经历了时间的考验，超越了时代的界限，具有永恒的

① 《辞海（缩印本）》，852页。

魅力，其价值历久而弥新。对经典的传承，是一个民族、一种文化、一门学科长盛不衰、继往开来之根本，是其推陈出新、开拓创新之源头。只有在经典的引领下，一个民族、一种文化、一门学科才能焕发出无限活力，不断发展壮大。

心理学经典在学术性与思想性上还应具有如下三个特征。首先，从本体特征上看，心理学经典是原创性文本与独特性阐释的结合。经典通过个人独特的世界观和不可重复的创造，凸显出深厚的文化积淀和理论内涵，提出一些心理与行为的根本性问题。它们与特定历史时期鲜活的时代感以及当下意识交融在一起，富有原创性和持久的震撼力，从而形成重要的思想文化传统。同时，心理学经典是心理学大师与他们所阐释的文本之间互动的产物。其次，从存在形态上看，心理学经典具有开放性、超越性和多元性的特征。经典作为心理学大师的精神个体和学术原创世界的结晶，诉诸心理学大师主体性的发挥，是公众话语与个人言说、理性与感性、意识与无意识相结合的产物。最后，从价值定位上看，心理学经典一定是某个心理学流派、分支学科或研究取向的象征符号。诸如冯特之于实验心理学，布伦塔诺之于意动心理学，弗洛伊德之于精神分析，杜威之于机能主义，华生之于行为主义，苛勒之于格式塔心理学，马斯洛之于人本主义，桑代克之于教育心理学，乔姆斯基之于语言心理学，奥尔波特之于人格心理学，吉布森之于生态心理学，等等，他们的经典作品都远远超越了其个人意义，上升成为一个学派、分支或取向，甚至是整个心理科学的共同经典。

三

这套“西方心理学大师经典译丛”遵循如下选书原则：第一，选择每位心理学大师的原创之作；第二，选择每位心理学大师的奠基、成熟或最具代表性之作；第三，选择在心理学史上产生过重要影响的一派、一说、一家之作；第四，兼顾选择心理学大师的理论研究和应用研究之作。我们策划这套“西方心理学大师经典译丛”，旨在推动学科自身发展和促进个人成长。

1879 年，冯特在德国莱比锡大学创立了世界上第一个心理学实验室，标志着心理学成为一门独立的学科。在此后的 130 多年中，心理学得到迅速发展和广泛传播。我国心理学从西方移植而来，这种移植过程延续已达百年之久①，至今仍未结束。尽管我国心理学近年取得了长足发展，但一

① 在 20 世纪五六十年代，我国心理学曾一度移植苏联心理学。

个不争的事实是，我国心理学在总体上还是西方取向的，尚未取得突破性的创新成果，还不能解决社会发展中遇到的重大问题，还未形成系统化的中国本土心理学体系。我国心理学在这个方面远没有赶上苏联心理学，苏联心理学家曾创建了不同于西方国家的心理学体系，至今仍有一定的影响。我国心理学的发展究竟何去何从？如何结合中国文化推进心理学本土化的进程？又该如何进行具体研究？当然，这些问题的解决绝非一朝一夕能够做到。但我们可以重读西方心理学大师们的经典作品，以强化我国心理学研究的理论自觉。“他山之石，可以攻玉。”大师们的经典作品都是对一个时代学科成果的系统总结，是创立思想学派或提出理论学说的扛鼎之作，我们可以从中汲取大师们的学术智慧和创新精神，做到冯友兰先生所说的，在“照着讲”的基础上“接着讲”。

心理学是研究人自身的科学，可以提供帮助人们合理调节身心的科学知识。在日常生活中，即使最坚强的人也会遇到难以解决的心理问题。用存在主义的话来说，我们每个人都存在本体论焦虑。“我是谁，我从哪里来，我将向何处去?”这一哈姆雷特式的命题无时无刻不在困扰着人们。特别是在社会飞速发展的今天，生活节奏日益加快，新的人生观与价值观不断涌现，各种压力和冲突持续而严重地撞击着人们脆弱的心灵，人们比以往任何时候都更迫切地需要心理学知识。可幸的是，心理学大师们在其经典著作中直接或间接地给出了对这些生存困境的回答。古人云：“读万卷书，行万里路。”通过对话大师与解读经典，我们可以参悟大师们的人生智慧，激扬自己的思绪，逐步找寻到自我的人生价值。这套“西方心理学大师经典译丛”可以让我们获得两方面的心理成长：一是调适性成长，即学会如何正确看待周围世界，悦纳自己，化解情绪冲突，减轻沉重的心理负荷，实现内心世界的和谐；二是发展性成长，即能够客观认识自己的能力和特长，确立明确的生活目标，发挥主动性和创造性，快乐而有效地学习、工作和生活。

我们相信，通过阅读大师经典，广大读者能够与心理学大师进行亲密接触和直接对话，体验大师的心路历程，领会大师的创新精神，与大师的成长并肩同行！

郭本禹

2013 年 7 月 30 日

于南京师范大学

译者前言

一、沙利文的主要学术生平

哈里·斯塔克·沙利文（Harry Stack Sullivan，1892—1949）是美国著名的精神病学家和精神分析社会文化学派的主要代表人物。他于1892年2月21日出生在纽约市几百公里之外的诺威奇（Norwich），其父母祖籍均为爱尔兰。父亲蒂莫西·沙利文（Timonthy Sullivan）家境贫穷，曾做过农场的工人。母亲埃拉·斯塔克·沙利文（Ella Stack Sullivan）家庭相对富裕。埃拉在33岁时嫁给28岁的蒂莫西，婚后生育的两个儿子，均不到1岁便夭折了。埃拉39岁时又生了沙利文，她非常娇惯和溺爱这个唯一幸存的儿子。在沙利文两岁半时，其外祖母提议，全家迁居到母亲家位于纽约州斯米尔纳（Smyrna）的农场。约在此时，沙利文的母亲神秘地离开了家一年，极有可能是在精神病医院住院。他便先后由外祖母、姨妈分别照顾成长。

幼年的沙利文生活在闭塞的农场里，周围是空旷的田野和牲畜，十分孤独，没有同龄玩伴，也没与父母建立亲密的关系。他的父亲是一个害羞、内向、沉默寡言的人，在沙利文的母亲去世和他成为一名著名的医生以后才与父亲建立起令人满意的交流。他的母亲只向他倾诉无助的愤怒、其家庭以前优越性的传说和对未来不切实际的美好梦想。最能吸引小沙利文的一个家族传说是，母亲的祖先有一匹叫西风的马，跑向太阳升起的地方以迎接未来。[①] 当沙利文8岁半的时候，他与相邻农场的一个13岁男孩建立了亲密的友谊。尽管这两个男孩不是同龄伙伴，但他们在社交和智力方面有很多共同之处，两人在社会交往方面均是滞后的，但在智力方面却又是超前的，两人后来均成为精神病学家并终身未婚。他们两人的关系对沙利文的学术思想产生了重要影响。在其成熟理论中，他特别看重青春期以前的亲密关系在心理

---

① See Chatelaine，K. L.，“Harry Stack Sullivan：The Clinican and the Man，” In *Portraits of Pioneers in Psychology*，ed. Gregory A. Kimble，Michael Wertheimer，& Charlotte L. White（New Jersey：Lawrence Erlbaum Associates Inc.，1991），p. 327.

治疗中的作用，认为它是一种不可思议的力量。他的许多其他假设也一样似乎都是从他个人的童年经历中得来的。

大约在1897年或1898年，沙利文进入斯米尔纳联合中学（Smyrna Union School）学习。因从小养成的孤僻性格，他上学后不知道如何成为集体的一员，仍然没有朋友，整日以书本为伴，学习成绩优异，1908年毕业时作为优秀学生在毕业典礼上发言。同年，他带着做一名物理学家的梦想，进入康奈尔大学艺术与科学学院学习，但一年后便退学了。据说，他在康奈尔大学被扯进了法律纠纷，或许是涉嫌邮件欺诈。一些年龄较大更成熟的学生利用他去领取邮寄过来的非法订购的化学药品。在随后的两年里，他从人们的视线中神秘地消失了。1911年，沙利文又进入芝加哥大学内外科学院学习，1915年完成全部课程，两年后获得医学博士学位。1916—1917年，他接受了75个小时的精神分析职业培训。1918—1920年间，沙利文曾在陆军的预备医疗队（Medical Reserve Corps）担任负责人，还在残疾军人康复部门（The Division of Rehabilitation Disabled Soldiers）、联邦职业教育委员会（Federal Board of Vocational Education）等机构工作。

从30岁起，沙利文开始了其持续终生的精神病学家的工作。1921—1922年，他进入华盛顿的圣伊丽莎白医院（St. Elizabeth's Hospital），担任该院退伍军人办事处（The Veterans Bureau）的联络官。圣伊丽莎白医院在当时美国著名的精神病学家和神经病学家威廉·阿兰森·怀特（William Alanson White）[①]领导下，倡导用动力性精神病学取向治疗精神病患者。沙利文将怀特视为其专业上和思想上的父亲。

从1922年到20世纪30年代初，沙利文转入马里兰州的夏普德·普拉特医院（Sheppard Pratt Hospital），并担任马里兰大学医学院副教授，开始了其职业生涯中最重要的8年临床工作。在院长罗斯·查普曼（Ross Chapman）[②]的支持下，沙利文开设了精神分裂症实验性治疗病房，病房不使用镇静剂，只要求非专业的、极具同情心的护理人员像对待正常人一样对待精神分裂症病人，给予他们尊重和

---

① 曾担任美国精神病学会主席，也是《精神分析评论》（*Psychoanalytic Review*）杂志创办人之一。

② 他是怀特在圣伊丽莎白医院的第一个助手，也是一位临床工作的革新者。

关爱。这个实验达到大约 86%的治愈率。这个具有创新性的实验使沙利文成为出色的临床医生，使他声名鹊起。在这一时期，沙利文于 1923 年结识了他最亲密的朋友和同事克莱拉·汤普逊（Clara Thompson），她也是对其思想最有影响的人之一。后来，沙利文接受了汤普逊 300 多小时精神分析的培训分析，这是他加入美国精神分析学会的重要前提。1926 年，沙利文又结识了芝加哥大学的文化人类学教授爱德华·萨丕尔（Edward Sapir），开始了他与芝加哥社会学派的乔治·米德（George Mead）、约翰·杜威（John Dewey）、露丝·本尼迪克特（Ruth Benedict）、伦纳德·考特里尔（Leonard Cottrell）等人的广泛合作，即精神病学与社会科学的多学科合作。这使得他的人际相互作用以及环境与社会文化具有重要意义这一信念获得有力支持。1928 年和 1929 年，他非常成功地组织了以怀特为主席的美国精神病学会与社会科学关系委员会所举行的人格研究第一届和第二届年会。

1930 年，沙利文离开夏普德·普拉特医院，到纽约开设了一家私人诊所，期望通过研究轻于精神分裂症的前驱状态（prodromal state）尤其是强迫症患者来扩充他对人际关系的理解。然而这一时期非常艰难，不像他所期望的那样，没有多少有钱的顾客光临他的诊所，以至难以维持必要的开销。这一时期，他还参加了已赴耶鲁大学任教的萨丕尔开办的文化与人格讲习班，并与汤普逊、卡伦·霍妮（Karen Horney）、埃里希·弗洛姆（Erich Fromm）等人创建著名的圆桌团体（Zodiac Group）。1933 年，沙利文与萨丕尔等人成立威廉·阿兰森·怀特基金会（William Alanson White Foundation），并担任主席。这个基金会主要支持他与萨丕尔等人从事精神病学与社会科学的多学科研究。

1936 年，沙利文前往华盛顿，担任华盛顿精神病院（The Washington School of Psychiatry）院长。他逐渐放弃弗洛伊德的精神分析学说，集中精力进行创新性工作。1938 年，他创办了《精神医学》杂志，以推广他的人际关系理论。1939 年，沙利文接受德克斯特·布拉德（Dexter Bullard）的邀请，加盟华盛顿附近的切斯纳特·洛奇医院（Chestnut Lodge Hospital），他在此度过了最具创造性和最有成就的 10 年职业生涯。借助切斯纳特·洛奇医院，在沙利文周围汇聚了一大批著名的精神分析学家，如弗里达·弗洛姆-赖希曼（Frieda Fromm-Reichmann）、玛格丽特·里奥奇（Margaret Rioch）、玛贝尔·布莱克·科恩（Mabel Blake Cohen）等人，他们都是华盛顿精神病院的核心成员。在沙利文领导下，华盛顿精神病院逐渐形成以人际精神病学为主要特色的精神分析培训课程。1940 年，他与同事温弗雷德·奥弗霍尔泽（Winfred Overholser）为美国精神病学会的征兵委员会（The American Psychiatric Society's Committee on Military Mobilization）工作，合作制订了美国军队应征入伍者的心理学筛查指南。同年 12 月，还担任义务兵役（Selective Service）主管克拉伦斯·A·戴克斯特拉（Clarence A. Dykstra）的精神病学顾问。次年 11 月，对精神病学持批评态度的刘易斯·B·赫西（Lewis B. Hersey）成为主管后，他辞去这一职务。1943 年，沙利文与汤普逊、弗洛姆、弗里达·弗洛姆-赖希曼等人建立著名的威廉·阿兰森·怀特研究所（The William Alanson White Institute），这是一个主要采用人际精神分析取向的教学和研究机构。沙利文还运用其理论解决诸如种族歧视、战争等社会问题。1945 年，他应世界卫生组织（World Health Organization）主席布罗克·奇泽姆（Brock Chisholm）的邀请，担任战后国际精神卫生大会的顾问。从 1948 年起，他参与联合国教科文组织的紧张计划（the UNESCO Tension Project）。1949 年 1 月 14 日，沙利文前往阿姆斯特丹出席世界精神卫生联合会（World Federation for Mental Health）的执行委员会会议，返程经过巴黎时，突然死于脑出血，年仅 57 岁。

二、沙利文的著作和研究沙利文的著作

沙利文生前只私人出版过《现代精神病学的概念：纪念威廉·阿兰森·怀特第一演讲》（*Conceptions of Modern Psychiatry*：*The First William Alanson White Memorial Lecture*，1947）这一部著作。在他去世后，其养子詹姆斯·I·沙利文（James I. Sullivan）将沙利文的论文、笔记和录音记录全部移交给了威廉·阿兰森·怀特基金会。为了给最初阶段的论文分类和编辑工作筹措资金，沙利文的 93 名学生与同事成立了一个拥有 15 000 美元的特别基金管理机构。沙利文的同事玛贝尔·布莱克·科恩、大卫·里奥奇（David Rioch）、珍妮特·里奥奇（Janet Rioch）、克莱拉·汤普逊，以及后来加入的德克斯特·布拉德、小奥托·艾伦·威尔（Otto Allen Will，Jr.）、唐纳德·伯纳姆（Donald Burnham）与海伦·斯威克·佩里（Helen Swick Perry）一起作为顾问，成立了沙利文著作出版委员会（Committee on Publication of Sullivan's Writings），佩里担任沙利文著作出版的执行人。从 1953 年起，出版委员会与诺顿出版公司（W. W. Norton & Company Inc.）合作，根据沙利文的笔记和录音记录先后整理出版了其三本遗作。其中《精神病学的人际关系理论》（*The Interpersonal Theory of Psychiatry*，1953）[①] 是关于人际关系理论内容的；《精神病学的咨谈：个人询问的技术；关于精神病医生、社会工作者、人事管理者和咨询者的有价值指南》（*The Psychiatric Interview：The Technique of the Personal Inquiry；A Valuable Guide for the Psychiatrist，Social Worker，Personnel Manager and Counsellor*，1954）[②] 是关于人际心理治疗内容的；《精神病学的临床研究》（*Clinical Studies in Psychiatry*，1956）[③] 是关于精神病理学内容的。1953 年，《现代精神病学的概念》纳入诺顿出版公司出版的沙利文著作系列的一本再版。《作为人的过程的精神分裂症》（*Schizophrenia as a Human Process*，1962）[④] 和《精神医学与社会科学的结合》（*The Fusion of Psychiatry and Social Science*，1964）[⑤] 是沙利文两本最重要的论文选集，前者是关于精神分裂症内容的，后者是关于精神病学与社会科学内容的。沙利文的另两本著作《沙利文个案研讨班：对一例年轻男性精神分裂病患者的治疗》（*A Harry Stack Sullivan Case Seminar：Treatment of a Young Male Schizophrenic*，1967）[⑥] 和《个体的心理病理学》（*Personal Psychopathology*，1972）[⑦]也由诺顿出版公司出版，后者是他早在 1937 年就构思好的作品。此外，还出版过两种沙利文作品集，即《哈里·斯塔克·沙利文的五卷本原创性合集》（*Harry Stack Sullivan Original 5 Volume Set*，1953）[⑧] 和《哈里·斯塔克·沙利文博士选集》（两卷本，

---

① 海伦·斯威克·佩里和玛丽·拉德·加威尔（Mary Ladd Gawel）编辑，由玛贝尔·布莱克·科恩撰写引言。

② 玛丽·拉德·加威尔和海伦·斯威克·佩里编辑，由小奥托·艾伦·威尔撰写引言。

③ 海伦·斯威克·佩里编辑并撰写引言。

④ 海伦·斯威克·佩里撰写引言。

⑤ 海伦·斯威克·佩里撰写引言和概要。

⑥ 由罗伯特·G·克瓦尼斯（Robert G. Kvarnes）和格洛丽亚·H·帕洛夫（Gloria H. Parloff）编辑。

⑦ 由玛贝尔·布莱克·科恩编辑。

⑧ 包括《精神病学的咨谈》、《精神病学的临床研究》、《现代精神病学的概念》、《精神病学的人际关系理论》和《作为人的过程的精神分裂症》。

The Collected Works of Harry Stack Sullivan, M. D., 2 Volumes, 1964)①。

自沙利文逝世以后，陆续出版了不少研究其生平及其思想的著作。沙利文的亲密朋友帕特里克·默拉希（Patrick Mullahy）除了主编出版了一本关于沙利文思想的文集《哈里·斯塔克·沙利文的贡献：精神病学和社会科学的人际关系理论专题论文集》（*Contributions of Harry Stack Sullivan*: *A Symposium on Interpersonal Theory in Psychiatry and Social Science*, 1952），还出版了两本研究沙利文思想的著作，它们分别是《精神分析与人际精神病学：哈里·斯塔克·沙利文的贡献》（*Psychoanalysis and Interpersonal Psychiatry*: *The Contributions of Harry Stack Sullivan*, 1970）、《美国现代精神病学的开端：哈里·斯塔克·沙利文的思想》（*The Beginnings of Modern American Psychiatry*: *The Ideas of Harry Stack Sullivan*, 1973）。1953 年，多萝西·R·布利斯腾（Dorothy R. Blitsten）主编出版了另一本关于沙利文思想的文集《哈里·斯塔克·沙利文的社会理论：他的社会化和文化适应概念的意义，整理自其各种论文并整合为社会科学家选集》（*The Social Theories of Harry Stack Sullivan*: *The Significance of His Concepts of Socialization and Acculturation*, *Digested from His Various Papers and Integrated as a Selection for Social Scientists*）。研究沙利文生平和思想的著作还有十余种。例如，拉尔夫·M·克劳利（Ralph M. Crowley）的《哈里·斯塔克·沙利文：他对当前精神病学思想与实践的贡献》（*Harry Stack Sullivan*: *His Contributions to Current Psychiatric Thought and Practice*, 1971），杰拉尔德·赫扎诺夫斯基（Gerard Chrzanowski）的《精神分析的人际取向：关于哈里·斯塔克·沙利文的当代观点》（*Interpersonal Approach to Psychoanalysis*: *Contemporary View of Harry Stack Sullivan*, 1977），亚瑟·哈里·查普曼（Arthur Harry Chapman）的《哈里·斯塔克·沙利文：其人及其工作》（*Harry Stack Sullivan*: *The Man and His Work*, 1976）和《哈里·斯塔克·沙利文的治疗技术》（*The Treatment Techniques of Harry Stack Sullivan*, 1978），肯尼思·L·查特莱纳（Kenneth L. Chatelaine）的《哈里·斯塔克·沙利文：形成的年代》（*Harry*

---

① 由海伦·斯威克·佩里、玛丽·拉德·加威尔和马莎·吉本（Martha Gibbon）主编，第 1 卷包括《精神病学的人际关系理论》、《现代精神病学的概念》和《精神病学的咨谈》，第 2 卷包括《精神病学的临床研究》、《作为人的过程的精神分裂症》和《精神医学与社会科学的结合》。

Stack Sullivan: The Formative Years, 1980)、《好我与坏母亲和坏爸爸：哈里·斯塔克·沙利文关于人的发展、焦虑和心理疾病过程的观点》(*Good Me and Bad of Mother and Dad: The Ideas of Harry Stack Sullivan on Human Development, Anxiety, and the Process of Mental Illness*, 1982)、《哈里·斯塔克·沙利文：其思想导论》(*Harry Stack Sullivan: An Introduction to His Thought*, 1982) 和《好我、坏我、非我：哈里·斯塔克·沙利文关于人的发展、焦虑和心理疾病过程的观点》(*Good Me, Bad Me, Not Me: Harry Stack Sullivan : An Introduction to His Thought*, 1992)，海伦·斯威克·佩里的《美国的精神病学家：哈里·斯塔克·沙利文的生平》(*Psychiatrist of America: The Life of Harry Stack Sullivan*, 1987)，F·巴顿·伊文思 (F. Barton Evans Ⅲ) 的《哈里·斯塔克·沙利文：人际关系理论与心理治疗》(*Harry Stack Sullivan: Interpersonal Theory and Psychotherapy* , 1996)，和气直子 (Naoko Wake) 的《私人实践：哈里·斯塔克·沙利文、同性恋科学和美国自由主义》(*Private Practices: Harry Stack Sullivan, the Science of Homosexuality, and American Liberalism*, 2011)。

三、人际精神分析的主要理论观点

尽管沙利文的《精神病学的人际关系理论》一书是其人际精神分析 (interpersonal psychoanalysis) 理论的最重要反映，但该书毕竟是在其逝世后由他人根据他的演讲录音记录稿和笔记整理出版的，并不是他本人精心构思的完善体系性著作。虽然沙利文在这本著作中提出了许多新的术语，但又没有构成一个整体性的体系，所以该书不是太好理解。美国沙利文研究专家查特莱纳对此有深刻的体会。他在为《心理学的先驱者群像》(*Portraits of Pioneers in Psychology*) 一书所写的《哈里·斯塔克·沙利文：临床医生及其人》(*Harry Stack Sullivan: The Clinician and the Man*) 一文的后面，专门附了一个“作者注”来说明他最初遭遇沙利文的困难。他说：“我第一次接触哈里·斯塔克·沙利文是在 1970 年。那是我在马里兰大学读博士生课程时做的第一篇重要研究论文，我的论文题目是《新弗洛伊德学派对 20 世纪 30 年代的社会界定的贡献》，我打算讨论卡伦·霍妮、埃里希·弗洛姆和哈里·斯塔克·沙利文的著作。我读了前两个人的著作并轻松进行了报告。然后我开始读被认为是沙利文最重要的著作即《精神病学的人际关系理论》(1953)，我读了第一章，但什么也没有理解。我又读了一遍，仍然什么也没有理解。经过三次尝试，我决定在我的论文中放弃他。我希望我的导师不会注意到这件事。他确实没有注意到，但却给我打了低分。直到我被要求考虑做关于沙利文的博士学位论文之前，我都没有再读他的著作。”[①] 我们在翻译过程中也深切体会到《精神病学的人际关系理论》一书的难度，无论在思想上还是在语言上都不容易把握。所以，我们在此稍加详细地介绍沙利文的人际精神分析理论的主要观点，为读者提供一些背景性知识，以便更好地阅读这本著作。我们尽量以《精神病学的人际关系理论》的内容为主，但又不囿于该书的内容。

（一）人际关系的人格理论

和弗洛伊德一样，沙利文也是从精神疾病的治疗实践中提出一般理论的。沙利文早年信奉弗洛伊德的古典精神分析，后来在临床实践中他逐渐放弃了弗洛伊德强调个体的内部心理机制即由本能驱力决定的内部心灵（intrapsychic）的观点，转而强调人是由社会因素决定的人际（interpersonal）关系或相互作用（interactional）关系的观点。正如他所指出的，我们不是以独特的个体的我（individual me）为基础，而是以个体的共同人性（common humanity）为基础，来理解有机体如何从出生时的动物状态变成一个人，如何从生命的早期起，一步一步地在他人的影响下，而且仅仅是为了与他人以某种社会组织的形式生活在一起的目的而产生这种转化。[②] 沙利文的成熟理论正是以人际关系为核心的人格理论。

1. 基本观点：人际关系

沙利文认为，人的本质是人的社会性，这种社会性表现为人际关系。也就是说，人是人际关系的存在，人只有在人际情境中才能生存和发展。沙利文认为，不能像弗洛伊德那样孤立地研究人的心灵，而应该研究个体与必需的生存环境的关系，即研究人际关系。沙利文的人际关系既指个体与现实中他人的关系，也指与想象中的人物、古代的英雄、小说中的人物、祖先或者尚未出生的子孙之间的关系，以及与幻想中他人的关系。后一种关系对个人生活具有同样甚至更大的有效性和重要性。个人的心理过程，如知觉、记忆、思维、想象等都具有人际性。即使做梦也具有人际

① Chatelaine, K. L., “Harry Stack Sullivan: The Clinican and the Man,” In *Portraits of Pioneers in Psychology*, ed. Gregory A. Kimble, Michael Wertheimer, & Charlotte L. White (New Jersey: Lawrence Erlbaum Associates Inc., 1991), pp. 339-340.

② 参见本书边码，第18页。

性，因为梦往往反映了做梦者与他人的关系。当一个人的内心世界的人际关系脱离了现实时，当这种虚幻的想象支配了人的生活，使正常的现实的人际关系遭到破坏时，精神疾病就会产生。

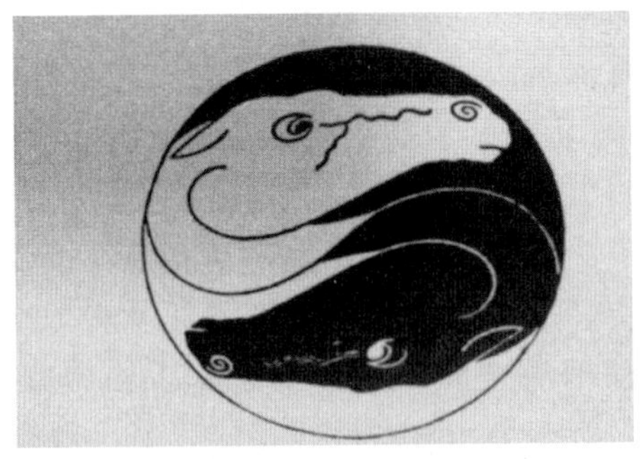

沙利文的私人图章

两个马头包含在一个圆内，其中一个朝上，另一个朝下。这个图案反映他小时候母亲所讲的家族中关于马的传说，更反映了他对人际关系观点的强调。

2. 人格含义：人际情境的持久模式

沙利文将人格放在人际关系中加以研究，在他看来，人格是一种假设的实体，只有在人际关系行为中才能观察到，只有在人际关系中才能获得其意义。除了人与人之间所传达的内容，便无法了解个人的人格。他认为："每个人有多少种人际关系，他就有多少种人格。"[①] 沙利文将人格定义为使人类生活具有特征的周期性人际情境的相对持久的模式。[②] 为了更好地说明人格概念，他进一步提出了相互作用区模式。相互作用区是指人类生存所必需的环境，指生化的环境、生物环境和由他人构成的环境（人际情境），人的生存除需要自然环境外，还需要社会文化环境，人际情境是人相互作用区的主要模式。人际情境是从母亲哺育婴儿开始的，直到不断变动的、复杂的人际社会情境。可以说，人与社会文化的关系就是人际关系，在人与人的交往互动中，文化的某些成分内涵于人格之中。人格的差异也是社会化过程中形成的人与人的不同，这是文化移入的前提和结果。

3. 人格动态过程：紧张与能量转化

沙利文认为人类具有趋于心理健康的动力，同时每个人都有减少内心紧张的动机。他还认为人类经历着欣快（euphoria）与紧张（tension）的

① Sullivan, H. S., "The Illusion of Personal Individuality," *Psychiatry* (1950): 329.

② 参见本书边码，第 111 页。

更替，用他本人的话来说："欣快水平和紧张水平之间存在着一种互反关系，这是生命的特性；也就是说，欣快水平朝着紧张水平的相反方向变化。"① 所谓的欣快是健康状态的经验，这种经验产生于人对生存的生物需求和心理社会需求的减少或消除。沙利文的欣快状态完全不同于弗洛伊德的快乐原则，它不是满足心理性欲需要的结果。沙利文区分了两种紧张，即需要紧张（tension of need）和焦虑紧张（tension of anxiety）。需要紧张是对各种特定生物需求成分的经验，它比较接近弗洛伊德的力比多理论中的心理性欲的需要，但沙利文则更加深入地探讨了这个概念。需要的紧张既包括诸如饥、渴、温度、皮肤的生化调节和氧气的需求，也包括诸如睡眠、触觉、人的接触等一般生理需求。除了强调特定生理需要的满足外，沙利文还观察到所有婴儿对人际合作的需要，因为人类婴儿依赖于交谈。焦虑紧张是个人的人际安全受到实际或想象的威胁而产生的。由于人类寻求特定生理需要的满足的方式受到社会文化的制约，因而对满足的追求就不是一种生物学的过程，这种追求离不开人际关系。焦虑紧张最初可能来自焦虑的母亲，如母亲焦虑的面孔、不安的声音、慌乱的动作等等都可能使儿童感到生活的焦虑。随着年龄的增长和生活领域的扩大，个人会感受到更多的焦虑。焦虑紧张得以消除即欣快得到恢复，人就会获得人际安全（interpersonal security）的体验，这种体验并不是满足的体验。沙利文的焦虑紧张是其人际关系理论及其实践中最独特和最核心的动机力量，这个概念是弗洛伊德的驱力理论中所没有的，标志着精神分析的关系模式之开始。

沙利文主张紧张和能量转化（energy transformation）是人的两种基本经验。他把人看成一种能量系统，能量的积累导致紧张，而能量转化的功能在于消除紧张。但他拒绝弗洛伊德所谓的"力比多"心理能量概念，而借助物理学的能量概念。能量转化是旨在满足需要或减少焦虑的外显或内隐的行为，有些能量转化变成相对持久的行为模式，被他称为动力机制（dynamism）。更进一步说，动力机制是可以用来研究行为或习惯中经常出现之行为的最小单位。动力机制可以采取各种形式，包括外显的行动或谈话、隐蔽的幻想以及部分或完全的无意识过程。

4. 人格结构：人格化与自我系统

沙利文用人格化（personification）来表示人的社会化和人格的形成，意指个体在追求生理需要和减少焦虑的经验中对自己、他人及各种事物所

① 本书边码，第35页。

形成的具有态度倾向性的形象（image）。人格化可以完全是假想的或幻想的，主要有以下四种类型：(1) 对自己的人格化。将“好我”与“坏我”综合起来形成关于自己的整体形象。(2) 对他人的人格化。能带来满足或安全的他人在我们头脑中的形象就是好的，那些造成痛苦或焦虑的他人在我们头脑中的形象就是坏的。对同一个人，可能既有好的形象也有坏的形象。同一个母亲，在带来满足和安全时是好母亲，在引起焦虑时是坏母亲。(3) 对事物的人格化。如对自然现象，对所有物的人格化，使它们具有某种人的特性，对待它们像对待人一样。人也可能将社会组织或国家制度人格化，如将其视为母亲。(4) 对某种观念的人格化。如人们头脑中的上帝或神的观念往往是人格化的形象。

沙利文的自我系统概念是指在社会化过程中，个人形成的一种具有防御功能的自我获得系统或一套衡量自己行为的标准。自我系统是人格化的产物，其主要活动是减轻焦虑，获得满足，产生欣快感，认识外界环境中的种种人际关系，并加以对付和适应。自我系统的形成与“重要他人”(significant other) 是分不开的。所谓重要他人是指父母、教师、警察等对个体生活起指导作用的人。自我系统由好我（good-me）、坏我（bad-me）和非我（not-me）三部分构成，是儿童在与重要他人的互动中形成的有关“我”是什么的人格化。其最初形成可以追溯到儿童与母亲（或其他抚养者）的关系。在这种关系中，由于儿童满足需要必须依赖母亲的帮助，因此他格外关注母亲的赞许或责难。受赞许的行为就自我接受而形成“好我”，被反对的行为就自我禁止而形成“坏我”，既不能使需要得到满足又受到重要他人强烈反对的行为和经验就构成“非我”。由此可以看出，自我系统的主要目标是减少焦虑，使儿童与父母相处融洽并满足他的需要。沙利文认为个体试图通过安全操作（security operation）的方式否认或歪曲与其自我系统相违背的人际经验。安全操作主要有两种：分裂(dissociation) 和选择性忽视（selective inattention）。分裂是指个体拒绝把某些冲动、欲望和需要纳入意识。选择性忽视是指拒绝看那些自己不希望看到的事。它与分裂的差别表现在程度和起源上。选择性忽视的经验比较容易被意识接受。

5. 人格认知水平：经验模式

沙利文强调语言、表情和姿势的作用，认为语言是人际交往的动力机制。是否具有这一动力机制或动力机制发挥从不成熟到成熟，儿童要经历三种经验模式：(1) 未分化的（prototaxic）经验模式。它发生在前言语阶段，在此阶段婴儿的感觉经验是笼统的，不能将自己与外界区分开来，不会使用语言，不能知觉时间。(2) 不完善的 (parataxic) 经验模式。以八九个月儿童开始讲儿语为标志，这一时期儿童的语词具有不确定性和我向性。随着儿童的成长，他开始能够区分自己与外界并能知觉事件之间的关系，但他对事物之间的因果关系的认知缺乏逻辑根据；虽然能使用语言但难以用语言符号进行交往。有些成人的思维方式还停留在这一水平。(3) 综合 (syntaxic) 的经验模式。在两岁的某个时候，儿童会进入综合的经验方式。所谓综合是指对话词的有序安排和对经验出现交互确证 (consensual validation)，即一定的分辨事实和表达能力。个人发展进入这一阶段就能运用共同有效的语言符号进行思考和交往，能够认识事物之间的逻辑关系。可见，沙利文十分重视语言符号和逻辑规则对人格发展的重要意义。沙利文认为早期人类以及现代精神病患者的经验就属于不完善的模式。

6. 人格发展：从婴儿到成人

沙利文认为，人格的发展过程是人际关系的不断扩展过程。他在《精神病学的人际关系理论》一书中，将人格的发展划分为六个阶段，并从人际关系特点上对每个阶段的内容作了详细说明。他反对弗洛伊德的心理性欲发展的观点，将社会关系置于比生物因素更重要的地位。同时他也认为，不受弗洛伊德重视的潜伏期是一个非常重要的时期，因为学会在社会情境中做出恰当的行为，或者不能做出恰当的行为，对于个体未来的人际关系而言非常重要。

(1) 婴儿期（出生至 18 个月）：从出生到语言能力的成熟。这个时期喂奶为婴儿提供了人际关系中最初的原始经验。口部区 (oral zone) 在这个阶段最为重要，它与呼吸、喂奶、哭、吮吸手指等功能密切联系，是婴儿与环境之间的人际关系区域。这一时期的人际交往经验使婴儿学会对“好乳头”和“坏乳头”这样的外部线索进行区分。婴儿通过哭来表现饥饿和焦虑。哭通常能够带来婴儿期望的安慰，这有助于婴儿发展预见力以及对原因和结果的理解。在婴儿中期，自我系统开始发展。这主要有两个因素：吮吸拇指对身体的探索，以及无条件的母亲的温柔、体贴和奖罚训练。此外，婴儿开始学习怎样通过语言进行交流。早期的交流靠面部表情和各种音素的发声，不能与他人产生共鸣。最后，手势和语言对婴儿和别人具有了相同的含义。这种交流标志着句法语言的开端和婴儿期的结束。

(2) 童年期（18 到 24 个月～5 到 6 岁）：从有能力发出清晰的声音到学会寻求玩伴。在该阶段，父母的惩罚促进自我系统的“坏我”方面的成长。只要父母通过足够的奖赏和温柔体贴，即可帮助“好我”人格化的发展，就不会产生大的伤害，有助于安全感的形成。但如果儿童对温柔体贴的需要不断地被父母的焦虑、烦躁或敌意所拒绝，坏我成分将最终支配自我系统，儿童就会发展出恶意的转化。它是人格发展中的一种扭曲，儿童会怀疑他人均是有敌意的，形成不可爱的非理性信念。有这种恶意的儿童可能是调皮的，行为像一个恶霸，或者更消极地表达愤恨。这种转化也损害了儿童与其他人的关系，它是由于父母不能加入儿童的游戏造成的。孤独的儿童求助于过多的白日梦，这抑制了儿童区分幻想与现实的能力。除了父母之外，这一时期儿童还有另外一种重要的关系，也就是与假想的玩伴的关系。例如儿童有时和想象中的朋友说话，在床上给他想象的玩伴留个位置。

(3) 少年期（6～8 或 9 岁）：从步入学校生活起到亲近同性同伴。少年须学习适应教师等新的权威人物的要求、奖赏和惩罚。少年观察到权威人物是如何对待其他少年的，继续发展能够减少焦虑和保持自尊的心理机能。少年开始学习与同辈相处，并且介入竞争与合作的社会化过程。此时，学校这个社会在个体的少年时代纠正或改变了人格演化过程中出现的大量的不幸倾向，而作为一种社会化影响的家庭的局限性开始得到补救。父母在少年心中开始失去上帝似的地位，形成更具有人性的、难免有错误的人格化。综合的经验方式在这时居支配地位。理想的情况是，在少年末期，少年获得与其他人相处的足够知识，包括精确了解人际关系及恰当的相处之道。

(4) 前青年期（9～12 岁）：从同性亲近到异性朋友的需要。这个时期最显著的特征是发展爱的能力。先前所有的人际关系都建立在满足个人需要的基础上，但是到了前青年期，亲密和爱成为友谊最重要的内容。事实上，密友的影响可能足以改变个体从前一阶段带来的人格扭曲和可能变得坚固的自我系统。因此，一个有效的密友关系可以帮助个体改变一些错误的观点，例如骄傲自大、过分依赖、一个人应当被每个人喜欢的观念，甚至可以纠正一个恶意的转化。反之，与同性交往的困难常常是由于在前青年期不能发展这种重要的密友关系。

(5) 青年早期（13～17 或 18 岁）：从生殖欲到情欲行为的模式化。前青年期所产生的亲密关系的需要在青年前期仍然继续，同时又产生了一种独立的需要——性爱。沙利文认为，因为文化往往使个体在寻求情欲活动中面临障碍，青年早期充满严重失调的可能性。在这个重要的时候，个体完全没有必要的知识和引导，且父母给予的是嘲笑和讽刺而不是情感的支持，都可能增添困扰。青年人在异性恋上缺乏经验的尝试可能会导致麻烦的后果，诸如阳痿、性冷淡或早泄，从而严重降低了自尊。习惯性的低自尊使人难以表现对另一个人好的情感。因此，青年早期是人格发展的一个转折点。顺利渡过这一阶段的人能够获得亲密关系和控制性爱的能量转化。而不幸的青年人很可能发展出对异性的强烈的厌恶和恐惧，而导致独身、过多的幻想或同性恋。

(6) 青年晚期（19 或 20 岁到成熟）：从生殖活动到完全成熟而丰富的人际关系。这一时期的突出特点是亲密和性爱的融合。个体不再只把异性当作性爱对象来追求，而且能够给予对方无私的爱。与前一阶段不同的是，前一阶段表现的是生物学上的变化，而青年晚期却完全是由人际关系决定的。这一时期青年必须与日益增加的社会责任，诸如工作和纳税等竞争。复杂的人际关系逐渐成熟，综合的经验方式不断增加，自我系统更加稳定。由于教育和工作经验，人们对自己和他人的行为有了进一步认识，各方面的知识大增而趋于成熟，经验的积累会在以后的成熟人格中显露，成熟的人格基本上反映了与他人亲近、合作的需要。社会经济地位也影响了这个阶段的人格发展。经过以上六个阶段，个人便进入成年期，发展成为一个真正的人。

(二) 人际关系的心理治疗

沙利文从人际关系理论出发批评以克雷佩林（Emil Kraepelin）和弗洛伊德为代表的两大传统的精神病理学模式，认为精神疾病的原因主要是人际关系困境造成的。沙利文并不轻易使用精神病理学或精神障碍的术语，他通常把即使最严重的精神分裂症患者也作为他所认为的“正常”人来对待。[①] 长期的临床实践中，他提出了一套独特的心理治疗方法。

1. 精神病理学：人际关系困境

克雷佩林是现代精神病学的先驱，他的精神病学体系强调从临床症候群上对疾病症状进行详细的描述，找出各种症状的异同点。他的一个基本假设是精神疾病主要是由纯粹的生物和遗传因素造成的，精神疾病严格地区别于正常状态。弗洛伊德的古典精神分析理论强调用早期发展的经验、假设的俄狄浦斯情结的原型冲突和性行为说明精神疾病的发生。沙利文提出了不同于克雷佩林和弗洛伊德的精神病理学模式，他认为“不适当的与不合宜的人际关系模式，也就是通常所说的精神疾病，它既包括较轻的精

---

① See Chatelaine, K. L., “Harry Stack Sullivan: The Clinican and the Man,” *In Portraits of Pioneers in Psychology*, ed. Gregory A. Kimble, Michael Wertheimer, & Charlotte L. White (New Jersey: Lawrence Erlbaum Associates Inc., 1991), p. 336.

神疾病，也包括较为严重的精神疾病”[①]。在他看来，精神疾病主要是人际关系困境造成的，他很少从遗传的、机体的或生物的方向去解释精神疾病。所以，他批评克雷佩林只强调障碍的标志作为一种疾病的客观指标，而不去考察患者的特殊人际经验在引起和维持这种症状上的作用。他也批评弗洛伊德从特殊的精神障碍出发，回溯至发展中的固着和退行模式用以解释这种障碍。因而他挑战弗洛伊德强调人生的前五年重要性的观点，他观察到在许多案例中，少年期和前青年期（它们相当于弗洛伊德的潜伏期）较早期阶段更能说明精神障碍的原因。沙利文同样不重视俄狄浦斯情结，事实上他质疑弗洛伊德这一假设的普遍性以及把所有的精神障碍分类为前俄狄浦斯的和俄狄浦斯的。沙利文认为精神障碍不是由性欲发展本身的扭曲导致的，而是由情欲、亲密和安全综合决定的。

沙利文最初主要研究精神分裂症，他将精神分裂症分为两类。第一类包括由器质性原因引起的所有症状，第二类包括所有基于环境原因的精神分裂障碍。后者是沙利文所关心的，因为只有后者才能通过人际精神病学加以改变。他反对当时医学界关于精神分裂症是遗传决定的、不能彻底治愈的观点，主张精神分裂症是由不良的人际关系造成的，可能是早年与一个坏母亲的关系，也可能是以后生活中的其他人际关系，使个体产生严重焦虑，导致自我系统的防御功能失灵，将幻觉人格化为某种实体，不能将幻想或梦与现实区分开来，人格发展停滞不前甚至倒退，经验模式倒退到并列的甚至原始的水平，现实的人际关系和个人的自信、自尊遭到严重的破坏。拥有分裂人格的人与正常人的共同之处在于，二者都试图建立一种自我系统，将威胁他们安全的经验屏蔽掉，把焦虑降低到最小程度。只是正常个体觉得人际关系是相对安全的，不需要总是依赖分裂反应作为维护自尊的手段，而对于心理障碍的个体来说，他们会把自己的很多经验分裂成自我系统。

沙利文也研究强迫症等神经症，他认为这类患者的问题主要是自我系统的局限与歪曲。由于过去的不幸经历，个体很容易偏离正常的观点、态度和信念；对自己人格的不正确看法，会导致对他人人格看法上的局限和歪曲，进而影响正常的人际关系。那些歪曲的观点、态度和信念，总是纠缠着个体，使其陷入一种不适当的自相矛盾的情景中，于是不可避免地带来紧张与焦虑。而紧张与焦虑，又将妨碍个体清醒的思考、正确的认识和适当的行为。严重的焦虑将导致精神分裂性。

① 本书边码，第313页。

2. 心理治疗：咨谈态度和咨谈过程

沙利文的心理治疗观与其精神病理论是分不开的，既然精神疾病是由失败的人际关系造成的，治疗措施首先就要创设良好的人际关系。沙利文将精神病院视为人格成长的学校，而不是人格缺陷的收留所。在这所学校里，精神病学家是人际关系的专家。他曾说过："我们看到，心理治疗的成就与其他教育形式的成就没有本质的差别……它们存在的一些差别在于所要求的技术上，但这些差别是表面的而非根本的。"① 沙利文认为，精神病医生不仅仅是一名观察者，更应该是一名参与性观察者（participant observer）。他在治疗过程中参与观察，尊重患者，通过建立良好的医患关系，通过一系列咨谈等治疗技术，引导患者正确认识自己，从人际关系中树立起对前途的信心，使患者恢复健康的人格。

沙利文认为，对于心理治疗来说，咨谈态度比治疗技术重要。咨谈的基本态度包括三个方面：（1）治疗关系：维持人际安全。在沙利文看来，治疗专家就是具有专门人际关系知识的专家，治疗师运用人类发展和人际过程的知识，通过尊重地、共情地倾听患者的详细内容，就可以达到治疗中的人际安全。患者体验到治疗师的尊重以及对自己人际问题的了解提供了一种核心安全，使他能够详尽阐述和评价其日益充分焦虑的人际混乱和缺陷，并揭示和修正这些此时此地的关系困惑。人际交流和交互确证是沟通患者体验和治疗师体验的桥梁。（2）治疗目标：促进人际学习。沙利文认为，治疗过程就是一种社会学习和模仿过程，治疗师可以通过恰当地示范温暖性和支持性的人际行为，用来反投射和修正患者以前不幸的人际学习。他所强调的理解患者的真实人际经验和巧妙有效地教授人际关系模式，具有典型的认知行为治疗取向的特点。（3）度身订制适合问题的干预技术。沙利文的人际心理治疗是基于问题的治疗模式，而是不是基于技术的治疗模式。所以，他不像其他精神分析治疗家过多地谈论具体的治疗技术，主张治疗态度必须保证维护患者的人际安全和促进其人际关系学习，咨谈行为是"用于服务患者"（use in the service of the client）之目的的，要针对不同的问题选择有效的治疗操作。

沙利文指出："咨谈是或多或少自愿组成的两人组（two-group）内以口头语言交流为主要情景，逐步展开专家—患者基于解释患者独特的生活模式，这种模式是他所经历的特殊困境或特别有价值的东西，他期望从解

① Sullivan, H. S., *Schizophrenia as a Human Process*, W. W. Norton & Company, New York, 1962, p. 281.

释中获益。”[1] 沙利文并不特别主张将咨谈过程划分为固定而僵硬的步骤，但同时认为一种方法程序也要既展示专门技能，又要提供相对规则的和系统的人际事件，由于不同的人之间的差异，不能不拉直或者斩断躺在刻板技术的普洛克斯泰斯之床（Procrustean bed）[2] 上的患者。[3] 所以，沙利文将咨谈过程大致分为四个阶段：(1) 正式开始（the formal inception）。在这个阶段，患者第一次会见治疗师，提供一些要求治疗的解释。沙利文会告诫治疗师，在此阶段的基本任务是营造融洽的气氛，建立良好的关系以应后期治疗所需。他提倡一种宁静观察的态度，其中之一是治疗师不能有太多问题。治疗师要聆听患者的口语性内容，也要注意患者自我表现的态度。在他看来，患者会将他们生活的习惯模式、偏见与期望以及对现实的曲解带进治疗情境中，治疗之技巧在于注意人际关系中的敏感部分以唤起患者的敏锐知觉。(2) 探索（reconnaissance）。这个阶段通常需要 7.5 到 15 个小时，包括一些非结构性的询问，如询问年龄、出生地、出生顺序、婚姻状况、教育背景、职业经历、父母的职业及婴儿期和童年期家庭中的其他重要成员情况。在此阶段，治疗师需要建立患者的个案史，并根据这些信息对患者问题的性质与起源作某些假设。探索阶段结束时，治疗师简要叙述他所了解的患者情况，通常被患者赞同的一些重要问题还需要进一步研究。(3) 细节探究（detailed inquiry）。治疗师在这一阶段需要患者提供更重要的资料以核查前面所得到的印象。于是，治疗师需要不断地倾听与发问以探索患者重要的发展历史，包括排泄训练、语言学习、对竞争与合作的态度、学校经验、前青年期的密友、身体发育出现的特征、对有色情内容的谈话和性的态度以及职业和婚姻历史等等。患者在与治疗师的关系中所表现的焦虑和防御策略也是重要的信息。(4) 终结或中断（termination or interruption）。治疗的最后阶段包括以下四个步骤：治疗师将治疗过程中所了解的情况作简要说明，建议患者应采取或避免做某些课业，对患者可能的未来生活进行评估，患者正式离去。

---

① Sullivan, H. S. , *The Psychiatric Interview*. W. W. Norton & Company, New York, 1962, p. 4.

② 普洛克斯泰斯是希腊神话中的一个强盗，住在埃莱夫西斯城。他热情地邀请旅行者到他家里过夜。但是，当旅行者住进他的房子里时，他便把客人绑在床上。如果他们比床短，他就把他们拉长，直到他们与床一样长。如果客人比床长，他就把他们的腿砍到与床一样长。不论哪种情况，受害者都会死去。他最终被希腊英雄提修斯所终结，提修斯以与这个强盗对待受害者相同的方法杀死了他。普洛克斯泰斯之床的引申意思是使用武断、暴力的手段制造一致的计划或标准。

③ See Evans Ⅲ, F. B. , *Harry Stack Sullivan: Interpersonal Theory and Psychotherapy*, Routledge, New York, 1996, p. 181.

四、沙利文的主要贡献、局限与影响

沙利文是在美国本土成长起来的第一位精神分析学家，是精神分析社会文化学派的主将。他在融合精神病学和社会科学的基础上，提出人际精神分析思想，推动了精神分析运动的发展。他在临床实践的基础上提出人际关系的精神病理论与心理治疗思想，开拓了精神病学研究的新方向。他的人际精神分析思想本身也存在某些局限，同时也产生了深远的影响。

（一）主要贡献

第一，沙利文的人际精神分析是对弗洛伊德古典精神分析的重大变革。他主张人是人际关系的存在，人只有在人际情境中才能生存和发展。这就使正统精神分析的重心由个体内部转向个体之间，由专注于个体内部的冲突转向个体与个体之间的交流、个体与环境（人际情境）的相互作用。他从理论上突破了弗洛伊德学说的束缚，把人的本质看作是社会性的而非生物性的，赋予人更多的主动性和积极性。他把精神分析引向社会领域，开创了不同于传统精神分析之驱力模式的关系模式。

第二，沙利文的人际关系的人格理论独具特色。他把人格放在人际关系中加以研究，认为一个人的人格是其人际关系的反映。与弗洛伊德不同，他认为与他人发生关联的需要是最为根本的人类动机，消解了性欲作用的特殊地位。他强调人格的自我系统突破了弗洛伊德所重视的潜意识和伊底（本我）在人格中的根本作用。他提出经验模式作为人格的认知水平，强调语言符号和逻辑规则在人际交往和人格发展中的作用。他将人格发展阶段延伸到成年期，他强调相当于弗洛伊德的潜伏期的少年期和前青年期的重要性，他的这一观点超越了古典精神分析学派、客体关系学派和自我心理学派（除埃里克森）对幼儿时期的内部心理冲突的强调。

第三，沙利文的精神病理学理论开创了精神病学研究的社会文化方向。他反对克雷佩林和弗洛伊德从遗传或生物方向去解释精神疾病，转而从人际关系出发看待精神疾病，认为精神疾病主要是不良人际关系造成的。他反对用传统的精神疾病分类方法给患者贴标签，甚至不轻易使用精神病理学或精神障碍的术语，而把精神疾病患者都看作是“正常”人，人性化地对待患者。他早年对精神分裂症做过系统研究，后来专门研究强迫症。他的工作开辟了精神病学研究的新方向。

第四，沙利文的人际关系的心理治疗思想独具匠心。他在心理治疗方面提出了许多颇具创造性的思想。例如，他将精神病院视为人格成长的学校，将精神病学家视为人际关系的专家，将心理治疗视为教育。他强调治疗师在治疗过程中的参与观察作用，并尊重患者。他从人际关系观点看待心理治疗，认为咨谈态度比治疗技术更重要。他认为治疗关系就是维持人际安全，治疗目标就是促进人际学习，心理治疗应针对不同患者度身订制适合问题的干预技术。他还强调咨谈中两人组构成的人际互动作用，认为正是这种基本的人际关系构成了人际群体，构成了社会。他还提出四个阶段的咨谈过程。

（二）主要局限

第一，沙利文未能揭示出人际关系的丰富内涵。他提出的人际关系只是比较狭隘的人与人之间的心理关系，他强调的是人与人之间相互作用形成的动力场或人际情境，以及个体在这种人际情境中的心理与行为反应，而没有看到更深层的以生产关系为基础的人与人之间的社会关系，致使人际关系心理化、抽象化、表面化。所以，他的人际关系学说在理论上缺乏更广大的社会现实作为研究背景与基础，不免显得单薄与不足。

第二，沙利文未能明晰表述他的概念体系。一方面，他的文风晦涩，语言风格难懂，他最好读的一本书是《精神病学的咨谈》。另一方面，他写作时相对较少与其他伟大的思想家作比较，但却创造了许多自己特有的概念和术语，如能量转化、动力机制、自我系统、人格化等，对它们并没有进行明确的界定，更没有交代清楚它们之间的相互关系。所以，他的概念体系十分令人费解。缺少清晰的概念体系，既影响到了其理论建构的科学性，也使得其理论的实际效用大打折扣。

第三，沙利文未能完全解释人格的内在机制。他的人格学说重视人际关系，重视人际互动形成的动力场，认为个人只是这个动力场中的构成部分。他认为人格只是个解释性的概念，随着人际情景的变动而发生着改变。他还认为人的个体性、目的、意志、自由都是个人的幻觉或错觉，是个人给自己臆造出来的。这样一来，人格就成为个体在人际情景中的各种反应的集合，而失去了构成个体的独特性和个体性之意义。

（三）主要影响

沙利文的人际精神分析在心理学和精神病学两个领域都产生了广泛的影响，正如约翰逊在《精神医学与社会科学的结合》一书的“引言”中所称赞的，沙利文“将对精神病学的丰富理解体现于实际的人际关系的能力，因而能开拓对精神病学和社会科学两者都有益的一个广阔的新领域"[①]。但沙利文的思想往往被他人吸收却得不到认可。美国著名的存在心理学家亚隆（I. D. Yalom）就说过："沙利文的职业命运类似于许多其他的创新者，保守社团对其思想的反应首先是忽略它们，然后是攻击它们，最后是通过吸收它们，而它们的创新性则被遗忘掉。"[②]

第一，对心理学领域的影响。沙利文对人格心理学的影响是不言而喻的，现代人格心理理论，大多可以从他的工作中找到源头。沙利文影响了人本主义心理学家罗杰斯（Carl Rogers），正如查特莱纳所指出的："沙利文的人格理论是罗杰斯工作的前驱，罗杰斯思想中的'现象场'概念在沙利文的工作中得到预期，罗杰斯在沙利文观点上建构自我概念（self-concept）是社会的产物之学说。"[③] 自我心理学家埃里克森（Erik Erikson）是同代人，他的自我的心理社会发展阶段非常类似于沙利文的人格发展时期，但他首次提出其社会心理发展理论时，尽管提及沙利文的精神病学的人际关系理论，却只是说到沙利文的自我思想，并未提及余下的人际发展时期。[④] 而自体心理学的创立者科胡特（Heinz Kohut）则比埃里克森走得更远，他甚至连沙利文的作品都不承认。但伊文思却指出："从我的观点看，科胡特的自体（self）[⑤] 概念与沙利文的核心贡献，即自我系统及其在生活困境中的作用没有根本的不同。"[⑥] 例如，科胡特对自体如是解释：所谓自体是"影响的接受者"，是指自体直接同外界发生联系，直接接受外部环境的影响，它本身就是经验的主体。他的观点与沙利文的观点几乎同出一辙。沙利文在心理学领域影响最大的是当前盛行的关系精神分析。人际精神分析思想是关系精神分析最直接的思想来源。关系精神分析的学术阵营纽约大学与威廉·阿兰森·怀特研究所早先就是人际精神分析的大本营，许多关系精神分析理论家最初接受的就是人际精神分析的训练，之后才逐渐转变成关系精神分析师。关系精神分析学创立者米切尔（Stephen A. Mitchell）甚至称自己既是一名人际精神分析师，又是一名

---

① 转引自沈德灿：《精神分析心理学》，361页，杭州，浙江教育出版社，2005。

② Yalom, I. D., *The Theory and The Practice of Group Psychotherapy*, 2nd edn. Basic Books, New York, 1975, p. 22.

③ Chatelaine, K. L., "Harry Stack Sullivan: The Clinican and the Man," In *Portraits of Pioneers in Psychology*, ed. Gregory A. Kimble, Michael Wertheimer, & Charlotte L. White (New Jersey: Lawrence Erlbaum Associates Inc., 1991), p. 325.

④ See Evans Ⅲ, F. B., *Harry Stack Sullivan: Interpersonal Theory and Psychotherapy*, Routledge, New York, 1996, p. 10.

⑤ 国内习惯将科胡特的"self"译为"自体"。

⑥ Evans Ⅲ, F. B., *Harry Stack Sullivan: Interpersonal Theory and Psychotherapy*, Routledge, New York, 1996, p. 10.

关系精神分析师。他在纽约大学攻读临床心理学博士学位时就开始表现出对人际精神分析理论的兴趣，他说："尽管弗洛伊德学派的自我心理学在纽约大学比较盛行，但是最吸引我的还是人际精神分析的教师和督导。在此期间，我如饥似渴地阅读了沙利文、弗洛姆、费尔贝恩和冈特里普的文献，同时也发现了莱斯利·法布尔（Leslie Farber）的一些存在主义和人际关系的论文，并受到了法布尔思想的持续影响。"① 后来，他转入人际精神分析学派的大本营威廉·阿兰森·怀特研究所继续接受更加结构化的培训，并最终成为怀特研究所的精神分析培训与督导师。可见，最初属于人际精神分析学派的米切尔深受沙利文思想的影响。例如沙利文所提出的"共情联系"（the empathic linkage）直接构成了米切尔所谓的"互动等级"（interactional hierarchy）中的第二层次——情感渗透性（affective permeability）的主要内容。

第二，对精神病学的影响。黑文斯（L. L. Havens）指出："哈里·斯塔克·沙利文是美国精神病学家中最具创造性的人物。"② 佩里也指出："哈里·斯塔克·沙利文是伟人中大家最不熟悉的。但在他那个专业领域内，他的名字却是一个传奇……沙利文并不是一位擅长写作的精神病学家，确切地说，他是一位属于吟游传统的精神病学家。他的思想观点比他的声名传播得更快。通过对自己内心过程［用艾略特（T. S. Eliot）的话说，是'受伤的外科医生挥舞着手术刀'］的训练有素的觉察，这位精神病学家能够正确地识别患者由于过去未解决的情境而导致的行为歪曲。"③ 我在前文也提到，沙利文反对克雷佩林和弗洛伊德从遗传或生物方向去解释精神疾病，认为精神疾病主要是不良人际关系造成的，开创了精神病学研究的社会文化方向。大约在他从事精神分裂症研究四分之一世纪后，英国精神病学家和存在心理学家莱恩（Ronald David Laing）受其激发也开始该领域的研究。莱恩认为，精神分裂症主要是由两方面因素导致的。一方面，由于个体处于不适宜生存的环境之中，因此，他不得不使用假自我来进行生活，割断真实自我与外部世界的直接联系，这导致个体自我的内部分裂。一旦假自我在某个时候突然揭去，即通常认为的精神病就爆发了。另一方面，个体内化了家庭的分裂的关系结构，陷入双重约束、神秘

---

① Mitchell, S. A., "My Psychoanalytic Journey," *Psychoanalytic Inquiry* (2004) 24: 532.

② Havens, L. L., *Approaches to the Mind*, Little Brown, Boston, 1973, p. 183.

③ Perry, H. S., *Psychiatrist of America: The Life of Harry Stack Sullivan*, W. W. Norton & Company, New York, 1982, p. 402.

化和无效之中，最后不得不以反常的行为来缓解焦虑，这通常又被看作是精神分裂症的表现。他在《分裂的自我》一书中转述了一段沙利文的原话来佐证自己的观点："正如沙利文指出，无论怎样，精神病患者最终仍是'地地道道的人'。医生与患者的人格，并非互相对立，并不像两件不相关的事情。相反，两者能够对话，能够比较，这与破译者与原著作者的关系并无区别。跟破译者一样，医生也必须善于改变自己，以便进入另一个陌生的甚至是错乱的世界。此时，他将用精神病患者的方式去感受事物，同时又需要保持清醒。只有如此，才有可能达到对患者的生存状态的理解。"[①] 莱恩后来又与英国精神病学家大卫·库珀（D. Cooper）一起倡导"反精神病学"（anti-psychiatry）运动。反精神病学术语是大卫·库珀于1967年首次提出的。库珀用它来描述他和莱恩所共同持有的一种批判精神病学的理论取向，即批判地修订已建立的精神病学治疗实践和理论，质疑用医学的方法来处理精神疾病问题。不久这个术语便流行起来，在英国形成了一场轰轰烈烈的反精神病学运动，然后在欧洲大陆尤其是拉丁语系各国（特别是意大利）广泛传播，并且传播到了当时的联邦德国和美国等国家。

第三，对中国精神分析的影响。沙利文主要通过他的中国学生、后来成为他在美国的学术传人之一的戴秉衡（Bingham Dai，1899—1996），影响了中国早期的精神分析实践。[②] 戴秉衡祖籍福建古田，1923年毕业于上海圣约翰大学，在那里学习了基督教神学、新儒学、道教和佛教。后赴天津担任中学教师，教授现代欧洲史、逻辑学与心理学导论，在校内创立"新生会"，强调人格教育的重要性，1927年返回上海从事反烟毒的社会事业工作。1929年考取福建省公费留学生，赴芝加哥大学修习教育学。听过罗伯特·帕克（Robert E. Park）讲授的"犯罪与人格"课程，并被赞为心思具"分析性"后，转学社会学。在帕克的指导下，戴秉衡于1932年完成硕士学位论文《说方言》（"Speaking with Tongues or Glossolalia"）。他在论文中讨论了宗教狂热分子、灵媒等人不自主地语无伦次，甚至新创出一套语言的现象。在分析过若干说方言者的"生命史"与"文化模式"之后，戴秉衡提出一套"社会心理学"的解释："个体为社会不可分割之部分，而人格是文化影响的产物。"1932年，戴秉衡在申请攻读芝加哥大学社会

---

① R. D. 莱恩：《分裂的自我》，林和生、侯东明译，22页，贵阳，贵州人民出版社，1994。

② 以下内容除注明出处的，主要资料来源参考了王文基：《"当下为人之大任"——戴秉衡的俗人精神分析》，载《新史学》，2006，17（1）。恕不一一注明。

学博士学位的同时，参加耶鲁大学的文化与人格讲习班一年。这个讲习班由沙利文的研究合作者萨丕尔和社会学家、精神分析学家多拉德（John Dollard）主持。正是多拉德向戴秉衡介绍的精神分析方法影响了他，使他决定接受精神分析。多拉德建议戴秉衡向沙利文学习咨谈技术。一次，沙利文作为特邀嘉宾到讲习班演讲之后，他结识沙利文。沙利文邀请他到其在纽约的办公室，学习更多精神分析的咨谈技术。沙利文还安排他到芝加哥精神分析研究所接受萨尔（Leon Saul）的分析，并由霍妮督导。戴秉衡是第一位接受精神分析培训的中国心理治疗师。沙利文和霍妮反对弗洛伊德的正统精神分析，提出了精神分析的社会文化观点，对戴秉衡形成自己的心理治疗理念具有重要的影响。像他的导师们一样，戴秉衡不仅仅根据内心紧张看待人格问题，还从社会文化背景理解人格问题。沙利文的影响是戴秉衡早期众多思想来源之一。[①] 学习精神分析的咨谈技术帮助他因博士学位论文研究需要与成瘾者进行系统性咨谈。1935 年，他在“符号互动论”的领军人布鲁默（Herbert Blumer）的指导下，完成了其博士论文《芝加哥的鸦片成瘾症》（“Opium Addiction in Chicago”）。

1936 年至 1939 年，戴秉衡在莱曼（Richard S. Lyman）任科主任的私立北平协和医学院（北京协和医学院的前身）神经精神科工作。他的主要工作包括出门诊，负责协和医学院的附属医院北平精神病疗养院的精神治疗，为同事与住院医师开设心理治疗课程，并为其中少数成员进行短期“培训治疗”。戴秉衡的同事有许烺光[②]，他教过后来成名的学生有凌敏猷[③]、丁瓒[④]等人。戴秉衡还从事研究工作，他在协和医学院社会事业部工作人员的协助之下，收集与环境及社会因素相关的资料，同时也对特定个案进行深入研究，评估中国人对精神分析的反应，以及精神分析理论在中国文化环境下的适用性。拉斯威尔在 1939 年的文章中指出，受过社会学和精神分析训练的戴秉衡在协和医学院的工作为分析“神经与精神症人格”，藉以发现“特定文化模式整合入人格结构中之深度”。据我国医学史

---

① See Blowers, G., “Bingham Dai, Adolf Storfer, and the Tentative Beginnings of Psychoanalytic Culture in China, 1935-1941,” *Psychoanalysis And History* (2004) 6, 1: 95.

② 许烺光（Francis L. K. Hsu，1909—1999），行为科学家，心理人类学创始人之一，曾任美国人类学会主席（1977—1978）。先后在哥伦比亚大学、康奈尔大学、西北大学和旧金山大学等任教。当时在协和医学院从事社会工作。

③ 凌敏猷（1902—1991），神经精神病学家，参加过南昌起义，曾任湘雅医学院院长和湖南省政协副主席。1933 年入协和医学院学习三年。

④ 丁瓒（1910—1968），心理学家，中国科学院的创建人之一，后任中国科学院心理研究所副所长。1937 年入协和医学院学习。

专家王吉民（1889—1972）引述的说法，戴秉衡在协和医学院开设的“心理分析”课程为中国首次，他也是在国际学术界发表中国精神分析个案的首位华人。1944年，戴秉衡在沙利文主编的《精神医学》杂志上发表了《战时分裂的忠诚：一例通敌研究》① 一文，患者本是爱国知识青年，因参加抗日活动而被日军逮捕，被拷打三日后变节，并在华北伪政府工作。这名李姓青年患有被熊爪与不可名状之人背后逼迫的强迫症一年，戴秉衡在长达10个月、总共71次的面谈中，使用联想、释梦等古典精神分析技术对其进行治疗。他在该文中提到疾病来自于社会现实与自我的冲突，适应是双向而非单向的过程，也提到选择使用“原初群体环境”（primary group environment）概念取代弗洛伊德的“俄狄浦斯情结”。戴秉衡重点关注文化模式与人格结构之间的互相作用，并不重视弗洛伊德主张童年经验影响个体以后心理性欲发展的观点，他更加关注的是“当下”。他不赞同弗洛伊德的潜意识和驱力理论，始终从意识、社会意识、集体意识出发，思考精神疾病的起因及中国人格结构的生成。此外，他的人格研究还特别运用儒家和道教的思想，尤其是“无为”的概念。在1941年发表的《中国文化中的人格问题》② 一文中，他搜集北平精神病疗养院1 135位患者的资料，经统计列出中国患者必须面对的经济与工作、家庭、学业、社会、婚外情等社会问题。总之，尽管戴秉衡只在国内工作了四年，但他启动了我国最早的精神分析临床实践。通过他，沙利文的人际精神分析思想在中国产生了一定的影响。

1939年，戴秉衡返回美国，先后在费斯克大学、杜克大学任教。他对中国精神分析的影响似乎并未完全结束。回到美国以后，他以在北平协和医学院工作期间搜集到的资料继续沿着沙利文的思想进行研究，发表了多篇论文，成为美国代表沙利文学说的权威之一。他还创立了自己独特的分析方法，被称为“戴分析”（Daianalysis）。接受过他分析的学生都认为，这种分析程序帮助他们学会了解自己，对他们在患者身上的运用也具有颇有价值的启示。此外，1955年我国台湾叶英堃教授到美国杜克大学担任住院医师，曾接受过戴秉衡的分析。叶英堃教授后来回忆道：“在门诊部进修时，笔者被安排接受 Bingham Dai 教授的‘了解自己’的分析会

① Bingham Dai，“Divided Loyalty in War：A Study of Cooperation With the Enemy，” *Psychiatry：Journal of the Biology and Pathology of Interpersonal Relationships*（1944）7，4：327-340.

② Bingham Dai，“Personality Problems in Chinese Culture，” *American Sociological Review*（1941）6，5：688-696.

谈，每周一小时共12次，每次费用30美元（特价）由科公费支出，Dai（戴）教授是中国人，系中国大陆北京协和医院的心理学教授……他不是医师，但曾在著名的Washington Institute of Psychoanalysis受Harry Stuck Sullivan的指导，为当时在美国南部为数还少的Sullivan学说权威学者之一。这经验对笔者回国后的心理治疗及其教学督导有很大的助益。”[①]叶教授后来担任台北市立疗养院院长约20年，近十年来，也就是叶英堃教授被分析的四五十年后的今天，该院能发展成为我国台湾当今精神分析的重镇，不能不说也有戴秉衡的一份贡献。1945年夏天，戴秉衡和莱曼回到中国，为中国卫生部门提供神经精神病学评估服务，并参与美国战略服务局（Office of Strategic Services）在昆明帮助中国选拔伞兵的工作。1982年，戴秉衡应中国官方邀请再次回到中国讲演心理治疗。

郭本禹

2014年11月27日

于南京师范大学

① 转引自王浩威：《1945年以后精神分析在台湾的发展》，见施琪嘉、沃尔夫冈·森福主编：《中国心理治疗对话·第2辑·精神分析在中国》，杭州，杭州出版社，2009。

目　录

编者前言

在准备根据哈里·斯塔克·沙利文（Harry Stack Sullivan）尚未发表的演讲稿编撰这第一本著作的时候，首先遇到的问题便是如何从沙利文留下的极其丰富的材料中进行选择。在他尚未发表的五个系列演讲中，我们可以看到他对其后来的概念框架的最为详尽的陈述，这五个系列的演讲是他在华盛顿精神病学院，以及纽约威廉·阿兰森·怀特精神病学、精神分析和心理学研究所里所发表的演讲；第六个系列的演讲由于其1949年的去世而中断。幸好，这些演讲都作了录音，而且他还留下了两本笔记，描述了这些演讲的轮廓，第一本是在1944—1945年撰写的，还有一个修订版写于1946—1947年。在沙利文的一位朋友以及同事大卫·麦肯齐·里奥奇（David McKenzie Rioch）博士的建议下，本书主要限于沙利文于1946—1947年冬季在华盛顿精神病学院所作的一个系列的演讲，因为这个系列的演讲代表了沙利文针对其精神病学概念所作的最后一个完整的陈述。

沙利文的概念并非静止不变的；随着他的思想与系统阐述的显露与发展，他的演讲每年都在发生变化。不过，他所作的每一个系列的演讲都呈现了一个经由发展路线的精心组织的取向——也就是说，他从最早的婴儿期开始追溯个体的发展，一直到成年期，并从这项研究中得出了某些关于后来生活中所出现之精神障碍的结论。所以说，尽管他的思想的整体框架没有变化，不过在每个系列中，有些思想遭到了扬弃，而一些新的思想又增加了进去，并且这种扬弃与增加通常都是错综复杂的。正是出于这一原因，用他最后一个完整陈述作为本书的基础，这样的编撰思想似乎是合乎需要的。

不过，也有一些例外。我们发现，可以将他始于1948年未发表的演讲系列中所出现的大多数新材料也汲取进本书中（主要是通过脚注的形式）。此外，我们偶尔也会依赖于早年的一些演讲，来澄清一些含糊不清的段落，或者是充实一些章节，在这种场合中，由于演讲时间的限制，沙利文只能匆匆地将他在其他某个地方详细讨论过的思想一带而过。我们还不得不依赖于早年的演讲来提供由于录音设备的机械障碍而导致的一些章节的缺失。不过，尽管我们从其他的系列中汲取了一些材料，但我们的总体构思一直都是以他最后一本笔记为指导的，因为我们既不想把他在1946—1947年的笔记中作了修订或扬弃的系统阐释包括其中，也不希望改变对于他自身的呈现计划的强调。所有这种类型的汲取都是在脚注中加以说明的。

本书的前半部分与后半部分在风格上略有差异。那些论及婴儿期的章节主要呈现的不是对人类婴儿的观察，而是鉴于婴儿特定的心理生物特征、能力成熟的顺序、文化不可避免的影响，以及后来生活中的一些事实，主要呈现了关于每一个人在出生后最初这几个月的生活中必定发生了何事的假设。对于这些演讲（在这些演讲中，他通常呈现的是推论，而不是观察），沙利文作了充分、详细的笔记，并以精确的措辞表达了许多他所希望提出的假设；在演讲时，他常常从他的笔记上读一段话，对其进行扩展，并作一番解释。但是，在后来的演讲中，每当讲到那些可能受到观察支持的材料，以及可能在听众回忆范围之内的材料时，沙利文就会根据只列出了大概的笔记，即席地发表演讲。因此，开头几章的许多材料反映了沙利文的写作风格，这种风格有时候是颇为复杂的；而在后来的演讲中，沙利文则以一种更为轻松、口语化的风格来发表演讲。在编辑本书时，对于沙利文在写作中已经充分表达了的那些陈述，我们不作任何的改变。不过，对于沙利文临场发挥的那些部分，我们则不得不作一些严谨的编辑以及重新组织的工作，因为他的一些口头陈述的含义与强调，并非总能以书面的形式表达出来。

许多学生已经对沙利文之笔记的重要性作了评论。在这个系列的演讲中，沙利文将他最后一本笔记中所出现的大多数陈述也包括了进去（通常以同样的措辞）。倘若这本笔记中的某一系统阐述没有出现在相应的演讲中，那么我们通常会在恰当的地方把它补充进去，只要这种疏漏看起来不是出于故意就好。本书一些部分与章节的题目也与沙利文笔记的标题相一致，极少有改变。在那些摘自他笔记的段落中，他对于引号的使用也通常未作改变；他对于单引号的使用（用来表明他赋予一些字词或短语之意义的特殊修饰）尤其是他所有作品所特有的。

在准备本书时，我们省略了一个部分：在第二部分之后，沙利文作了三次演讲，对精神病医生的工作进行了讨论——尤其是精神病学访谈。由于这些演讲与另一个关于这一特定主题的独立演讲系列有所重复，而这个演讲系列将会在另一本书中出版，因此我们在这里就把它们省略了。

本书的准备过程体现了沙利文所谓之综合模式的合作，因为有许多人都慷慨地贡献出了他们的时间、金钱以及思想。詹姆斯·I·沙利文（James I. Sullivan）将沙利文的论文移交给了基金会（沙利文曾在这个基金会工作过，是由他的学生和同事组建的），在汇编论文以供出版的工作中，他也一直给予了源源不断的帮助。为了给最初阶段的论文分类和编辑工作筹措资金，沙利文的93名学生与同事成立了一个拥有15 000美元的特别基金管理机构。如果没有那些最为了解沙利文工作、感兴趣于看到这本书到达读者手中的人这种非常切于实际的行动，本书是不可能问世的。

在本书的编辑过程中，玛贝尔·布莱克·科恩（Mabel Blake Cohen）博士一直担任着精神病学顾问，而且在这项工作所有阶段中，她也一直都是我们的主要顾问。沙利文作品出版委员会（Committee on Publication of Sullivan's Writings）的所有成员都阅读了手稿，认可了其内容，并提出了批评意见。

在基金会拿到沙利文的论文时，是帕特里克·默拉希（Patrick Mullahy）和小奥托·艾伦·威尔（Otto Allen Will，Jr.）博士最先通读了大多数的材料，并向基金会传达了这些材料的丰富性，以及出版这些材料的重要性。默拉希先生还阅读了本书的定稿，并就此提出了许多极好的建议。沙利文的许多其他学生和同事也在最初的论文出版计划中助了一臂之力，提供了鼓励与力量，尤其是阿尔弗雷德·H·斯坦顿（Alfred H. Stanton）博士。在沙利文还在发表演讲的那些日子里，玛丽·朱丽安·怀特（Mary Julian White）博士一个人负责录音以及誊写演讲系列的工作，这些是本书的基础；由于她的规划，这成了基金会可以随时使用的最为精练、最为完整的演讲系列之一。

以下这些人也阅读了本书的全部或部分，并提出了宝贵的意见，他们是罗伯特·A·科恩（Robert A. Cohen）博士、菲利浦·A·霍尔曼（Philip A. Holman），以及斯图亚特·E·佩里（Stewart E. Perry）。最后，我们对诺顿出版公司的编辑凯瑟琳·巴纳德（Katherine Barnard）深表谢意，她很有技巧地为本书作了最后的润色。

非常感谢获得允许从下列业已出版或发表的作品中引用了一些有关的材料：美国心理学会P. W. 布里奇曼（P. W. Brideman）的《操作性分析的一些一般原理》（"Some General Principles of Operational Analysis," *Psychological Review*，1945，52：246－249）、灯塔出版社出版的伦纳德·考特里尔（Leonard Cottrell）和露丝·加拉弗（Ruth Gallagher）的《社会心理学的发展：1930—1940》（*Developments in Social Psychology*，

1930－1940，1941）、托马斯·Y·克罗韦尔出版公司出版的塞巴·埃尔德里奇（Seba Eldridge）的《生命的组织》（*The Organization of Life*，1925）、哈考特·布莱斯出版公司出版的爱德华·萨丕尔（Edward Sapir）的《语言：言语研究导论》（*Language*：*An Introduction to the Study of Speech*，1921）、希尔米塔吉出版公司出版的帕特里克·默拉希的《俄狄浦斯：神话与情结》（*Oedipus*：*Myth and Complex*，1948）、霍顿·米夫林出版公司出版的露丝·本尼迪克特（Ruth Benedict）的《文化模式》（*Patterns of Culture*，1934）、麦格劳-希尔出版公司出版的库尔特·勒温（Kurt Lewin）的《人格动力理论》（*A Dynamic Theory of Personality*，1935）、麦克米兰出版公司（伦敦）出版的查尔斯·斯皮尔曼（Charles Spearman）的《“智力”的本质与认知的原理》（*The Nature of* ‘*Intelligence*’ *and the Principles of Cognition*，1923）、麦克米兰出版公司（纽约）出版的布隆尼斯劳·马林诺夫斯基（Bronislaw Malinowski）的“文化”（Culture）及T. V. 史密斯（T. V. Smith）的“乔治·赫伯特·米德”（Mead, George Herbert）词条（参见 *Encyclopedia of the Social Sciences*）、伊利诺伊大学出版社出版的哈里·斯塔克·沙利文的《人际和国际的张力》（“Tensions Interpersonal and International,” in *Tensions that Cause Wars*, edited by Hadley Cantril；1950）。

海伦·斯威克·佩里（Helen Swick Perry）
玛丽·拉德·加威尔（Mary Ladd Gawel）

引　言

今天的理论精神病学（theoretical psychiatry）领域之所以会处于一种健康波动的状态，主要是由于沙利文思想的影响。而他的思想，从很大程度上看，是他能够看到各种社会科学之相关性的能力的一种产物。他对一种操作方法（operational approach）和场论概念（field-theory concepts）的使用，他认识到精神病医生不仅仅是一名观察者，相当明确地说，应该是一名参与性观察者（participant observer），他运用人类学家对于其他分化之分析而导出的概念——所有这些都给精神病学实践和理论注入了一种更具动力的特征。而反过来，沙利文的思想为社会心理学家的参考框架所作的贡献，已经对后者产生了影响，使得其改变了关于“正常”行为的概念，以便考虑到来自过去的某些力量与影响，而这迄今一直都只属于异常行为的领域。

本书体现了沙利文的最新概念。对其最为恰当的介绍应该是，试图鉴别那些代表他为精神病学领域所作出的最为独特、有价值之贡献的概念，并可以以某种方式将其置于历史的视角中。

在回顾沙利文理论的发展时，我发现，非常值得注意的是，沙利文最早关注的是交往（communication）问题。他与人类学家爱德华·萨丕尔（主要对语言学和交往感兴趣）的联系，进一步促进并丰富了沙利文自己在该领域的研究。他在本书中关于语言、符号以及交往的论述，是我曾见到过的对精神病医生而言最为有用的论述之一。从思考两个人或少数一些人之间的交往开始，沙利文的兴趣逐渐地扩展开来，将较大人群之间的交往问题也纳入了思考范围之中，并因此将一般社会场景中的失调行为问题也包括了进去。而且，联合国教科文组织的紧张计划（the UNESCO Tensions Project）也为沙利文对于将他的人格理论用于国家之间问题的兴趣作了证。

这种对于交往的兴趣，并不是沙利文研究的一个分支，而是与沙利文研究的核心有着根本的联系。我们可以将这个核心描述为人际关系的精神病学（the psychiatry of interpersonal relations），或者是关于人与人之间交往的研究（the study of communication between persons），或者是精神病医生在其中扮演着参与性观察者这一角色的精神病学操作方法。其依赖于下列命题：(1) 大部分精神障碍都源自于不适当的交往，并不断重复着不适当的交往，而且交往的过程为焦虑所困；(2) 在任何一种二人关系中，每个人都作为人际场（interpersonal field）的一个部分（而不是作为一个独立的实体）而影响到该场，并处于受该场之影响的过程之中。

沙利文并非孤身一人表达他对于相互作用的精神病学（interactional psychiatry）的兴趣，以及根据场论对行为进行研究。他对时代亦步亦趋。现代社会科学不逊于现代物理学，现在也思考场过程，而不是分离出单一的、独立的单位进行研究。诸如乔治·米德、约翰·杜威（John Dewey）、露丝·本尼迪克特、爱德华·萨丕尔、伦纳德·考特里尔、库尔特·勒温、卡伦·霍妮（Karen Horney）等这些科学家也都意识到了文化环境对于个人发展所产生的重大影响，并承认他们所研究的是一个相互作用的场（a field of interaction)。

沙利文接受的主要训练是精神病学的，而不是社会心理学的，而且他还将一个精神病医生的思想与临床经验用来研究场心理学的问题。他的主要工作由临床研究构成，对他而言，这种临床研究不可分割地与治疗患者的方法联系在一起。只有在花了差不多 20 年的时间来进行这种临床研究之后，他主要的理论结构才开始成型。大约头 10 年临床工作的时间都花在了对精神分裂症（schizophrenia）的深入研究上；他第一篇关于这一主题的论文发表于 1924 年，大量其他关于精神分裂症的论文的发表，反映了他的继后研究。从 1931 年开始（当时，创办了私人诊所），他花了大约 10 年的时间对神经症过程（neurotic processes）进行了同样深入的研究。在这一时期快要结束的时候，他那现在广为人知的理论结构开始显现。与此同时，他开始逐渐地将他的兴趣转向向其他人传播他的概念，华盛顿精神病学院在他的领导之下开始提供教学。1938 年，《精神医学》（*Psychiatry*）杂志开始创办，沙利文是共编者，1939 年，他发表了一系列演讲，并于次年以《现代精神病学概念》（*Conceptions of Modern Psychiatry*）为题出版。本书反映了对他从那之后的理论的进一步阐释与精炼。

沙利文属于哪个精神病学思想流派呢？那个古老的关于沙利文的精神病学理论是否属于精神分析（psychoanalytic）的争论，在我看来，是无效的。沙利文是在精神分析流派中接受训练的。他提出了一些与弗洛伊德（Freud）某些最初假设有着严重分歧的理论；他接受了其他一些理论，将其纳入自己的系统阐述之中，如意识过程与无意识过程这些概念等。在这个方面，他与自弗洛伊德以来理论精神病学领域（而且，我将精神分析也包括在了这个一般术语之下）中其他主要研究者没有什么不同。任何科学的不断发展都需要根据新的发现对以前的概念和假设进行精炼与改动。在弗洛伊德一些学生以及沙利文的一些学生身上出现了一种不幸的崇拜倾向，从而导致出现了一幅关于两种水火不容、相互竞争的人格理论的画面。对沙利文的研究进行仔细分析会发现：第一，他本人对于弗洛伊德所研究的一些现象并不感兴趣，如婴儿期性行为或癔症过程的详细现象等；第二，沙利文对某些被弗洛伊德相对忽略了的现象进行了观察，并使之理论化。在被弗洛伊德相对忽略了的这些领域中，最为重要的领域与特定的人们之间所发生之相互作用的特定模式有关。沙利文的系统阐述与弗洛伊德早期的阐释形成了对照，后者把个体置于一种一般的环境之中，个体在该环境中表现出一般的、预先决定的生物需要，而不是特定的相互作用模式。因此，沙利文的精神病学为整个精神病学理论领域带来了一种特殊的观点，以及一套观察资料，这些可以，而且也应该与之前所知道的内容整合起来，然后以真正的科学精神来使用这些观点与资料，以推动精神病学进一步发展，而不是以门徒的身份故步自封。

在试图阐述沙利文对精神病学理论的主要贡献时，人们可能首先会提到的是他关于婴儿期经验与童年期经验的系统阐述。为了成功地发展成为一门具有预言性的科学，精神病学必须知道一种来自于父母的力量以及其他作用于某一特定儿童之身体基质的力量的特定集合将会产生的影响。对于相互作用的动力模式（dynamic patterns of interaction），必须根据模式的类型或范畴，即予以专门的了解，又予以一般化的了解。沙利文在两个主要的方面促进了这一方向的发展。第一，他已试图以一种系统的方式来对经验的性质进行概念化。尽管在婴儿出生后的几个月里可以对亲子关系作出直接的观察，但婴儿在语言发展之前所体验到的许多事情都必须由受过专门训练的研究者在特定的机会下推断而获知。沙利文的结论部分以推断为基础，部分以他的临床观察，尤其是对于精神分裂症患者的观察为基础，因为精神分裂症患者的精神病体验具有与婴儿早期体验相同的性质。诸如玛格丽特·里布尔（Margaret Ribble）、大卫·利维（David Levy）以及其他人所进行的对于婴儿的观察，进一步证实了沙利文得出的结论。在沙利文的概念中，经验以三种模式发生，他把这三种模式称为未分化的（prototaxic）经验模式、不完善的（parataxic）经验模式，以及综合的（syntaxic）经验模式。这三种模式之间的分界线突出了语言在人类经验中的关键作用：未分化的经验模式指的是使用符号之前的经验；不完善反应的经验模式指的是以通过一种私下的或我向的（autistic）方式加以使用之符号为特征的经验；而综合的经验模式则用于一个人能与另一个人交流的经验，因为这种经验是以所有人都以同样的方式加以界定的符号来进行概念化的。这三种经验模式中的每一种，在本书中都用相当的篇幅进行了讨论与详尽阐释。

沙利文为一种儿童发展理论所作出的第二个重要贡献在于他的动力机制（dynamism）概念。他将动力机制界定为“相对持久的能量转化（energy transformation）模式，它们周期性地成为人际关系的特征……它们构成了人类所特有的存在形式”。在上面这句话中，模式被界定为无足轻重之特定差异的外壳。每一个有机体都发展出了各种相互交织、相互重叠的模式，这些模式涉及与环境发生相互作用的重要区域（如口部区和肛区），同时也与重要的需要（如饥饿和情欲）有关。这些动力机制发展于早期的人际经验，并形成模式，然后由该个体带入他后来的人际经验之中。

因此，人际场（interpersonal field）是由两个或者更多有机体之各种动力机制的相互作用构成的。这些动力机制中，有一些是合取的（conjunctive）（例如，对于亲密关系的需要），并会导致一种情境与张力之消除或缓解的整合（integration），其他一些涉及焦虑的动力机制是析取的（disjunctive），并会导致情境的瓦解（disintegration）；有时候一种动力机制是非操作性的，因为没有相应的动力机制被他人带到该情境中来。相互作用的模式是那些在早期生活中建立起来的模式；而且只要焦虑过程加入了这些模式的形成过程，那它们就将是不适宜的（inappropriate）、不恰当的（inadequate）。在由于焦虑而变得复杂的动力机制中，有一种是“恶意的转化”（malevolent transformation），在其中，在焦虑的影响之下，对温柔的需要已经为恶意的行为所取代。沙利文做了许多的概括，这些概括都是以定理的形式加以陈述的；从某种程度上说，这些概括具有预言性的价值。举例说明一下：关于温柔（tenderness）的定理声称，观察到的源自于需要张力的婴儿活动，会引发育儿者的张力，这种张力被体验为温柔，是促成满足婴儿需要之活动的推动力。运用这种类型的概括，可以避免本能理论（instinct theory）易犯的错误，更是具有这种优势，即，将大量的个体反应放到一起，形成一个有益的范畴。不过，沙利文绝没有完成对于对相互作用之动力模式的完整分类与系统化，而且，毫无疑问，这种观点（如果被证明充分有用的话）将需要进一步的扩展。

我迄今所说的很多内容中都含蓄地包含了这样一个事实，即沙利文将焦虑这个概念视为人际关系中主要的破坏性力量，视为导致生活中出现严重困难的主要因素。焦虑同样也获得了操作性的界定。沙利文并没有意图说明焦虑是什么——他是根据其结果来描述焦虑的。当然，焦虑的根源在于人类在婴儿期长期而又完全的依赖状况，即生物需要的紧迫性，以及这一事实，即育儿者的努力对于其需要的满足来说是必需的。

“现在，在讨论焦虑时，我已经认识到了某种与活着的年轻人那些物理化学需要（physicochemical needs）没有任何关系的东西。这种被称为焦虑的紧张主要与婴儿和个体环境的共存有关，也与母亲和个体环境的共存有关，这种个体环境与物理化学环境完全不同。”缓解焦虑的需要通常被称为对人际安全的需要（need for interpersonal security）。在早期经验中，这些被称为焦虑的紧张就由于缺乏某种特定的东西，结果使得婴儿没有能力去从事缓解焦虑的活动，从而欣快（euphoria）中的其他所有紧张的减弱发生了分化。“因此，从最早的共情联系（empathic linkage）证据就可以看出，有这样一种特定的区别，即焦虑是不可控制的。焦虑是一种紧张，这种紧张与需要的紧张相反，也与适于减弱这种紧张的活动相反……在当下所有的经验中，焦虑的经验最难与过去和将来的要素相互渗透，也最难对其进行解释，它所能产生的预见（foresight）也最少。”

对于母亲是以何种方式将焦虑传递给了婴儿这个问题，沙利文基本上没有给出任何答案。他将此种交流经验归入了“共情”（empathy）的类别之下；但是，他所说的共情，并不是指任何与超感官知觉（extrasensory perception）相类似的东西。确切地说，他所指的是从母亲到儿童的感觉交流通道，但由于没有对其进行探究，所以无法给出恰当的描述。

如果人们忽略了沙利文的临床工作本身，那么，对于他在精神病学领域的主要贡献所做的总结就不会完整。他的理论是在对患者的实际治疗中发展起来的，而且，他还不时地回到治疗情境之中，以求得对其理论的证实和进一步的发展。事实上，了解沙利文并和他一起工作的人自然会认为他首先是一名临床医生，因为把心理治疗作为一门艺术和科学来进行教学是他最为高超的技能之一。在指导实习的精神病医生时，他往往要先花一小时左右的时间耐心地听取有关患者情况的汇报，然后把患者作为一个人来做完整的把握，这种做法在当时是令人惊讶且让人耳目一新的。我们只需援引一个例子就足以说明他是怎样将他的理论用于心理治疗实践的。在对患者进行治疗时，沙利文总是一边听着病情，一边在心里想着这样一个问题：“交流渠道的哪个位置因为焦虑的威胁而受到了干扰？”我们可以通过下述方法来确定这个受到干扰的位置：注意一下患者在哪个地方转移了一个可能非常重要的话题，患者的安全操作在哪个地方开始得到了强化，或者，焦虑的各种躯体表现在哪个地方开始显现。在确定了这样一个转折点之后，治疗师便可以开始回想或探究一下在这个转折之前发生了什么事情。这种技术，一旦掌握并正确运用后，便为确定和研究生活中的困难模式提供了一种精确而又可靠的方法。

在本书中，精神障碍问题本身仅略有涉及，治疗的原则也只是简单提了一下。由于在沙利文死后出版的一些著作专门论及了这些问题，所以本书主要关注的是理解人性的发展取向。不过，本书第三部分有三章关于精神障碍的内容应该要细细思量，因为这些内容以高度浓缩的形式展现了沙利文关于精神病和强迫状态的思想。我们几乎没有必要去提及他对心理治疗以及对这些障碍的治疗所做出的贡献是非常巨大的。在本书的讨论中，他在提到精神病时使用了分裂（dissociation）这个中心主题。因此，在急性精神分裂症中，“非我”（not-me）过程实际上存在于意识之中；其他一些问题，如偏执狂状态等，则反映了处理分裂系统的各种方式（这些分裂系统发生在意识之中），从而在某种意义上反映了为重新整合而付出之努力的不幸结果。沙利文尝试性地提出，我们可以认为严重强迫的个体表现出了严重分裂的症状：“构成了［患有严重强迫的人的生活中］这些显而易见的、让人感到麻烦的方面的强迫性替代，只不过是接触的减少，其目的是保护这些强迫者免受焦虑的损害。”

最后，还要指出的一点是，沙利文的精神病学理论和他的心理治疗技术所基于的假设是一样的，即人的行为应该被积极地引向合作、相互满足和安全的目标，除非受到焦虑的干扰。他从未停止过对人类非凡能力的赞赏，并明确或含蓄地将这样一种观点用作他的参照框架：“我们所有人都不仅仅只是纯粹的人，因为我们是幸福的、成功的、满足的，也可能是孤立的、悲哀的和精神失常的，等等。”

玛贝尔·布莱克·科恩（医学博士）

Mabel Blake Cohen，M. D.

第一部分

介绍性概念

第一章
发展取向的意义

在付出了多年从事精神分析教学的努力之后，我得出了一个结论，即 3
我还完全不能称自己是一名从事精神病学教学的好教师，或者说精神病学教学是极其困难的；而且，我认为，这两种说法很可能都是实情。正如我这么多年来已经看到的那样，教授精神病学的巨大困难在于，虽然学习精神病学中的某些东西相当容易，也就是说，了解某些东西，这样你就能谈论这些东西了——但是，当两个人谈论那些假定他们已经学过的东西时，要让他们意指同一件事情，那就十分困难了。

这种困难是由下列这一事实造成的，即精神病学处理的是生活问题，而每个人都有大量不同的生活经验。但是，没有一个人能以艺术的最高风格来生活；而且，如果疲劳和其他不适与一个人最为重要的人际交往联系在一起的话，那么，从这种意义上说，当他看到自己的生活非常糟糕时，他会感到十分惶恐不安。因此，要使精神病学的主题像钟表的运作或物理的原理，甚至是法律中的按劳计酬（quantum meruit）现象那样，发展出那种人人都能够遵循的客观性，并非一件易事。

我们通常在双重基础上解释自己在这个精神病学领域所听到的每件事情，然而，不幸的是，这两个基础均无帮助：一个基础是，人们根据业已了解的或大致了解的情况假设数据的意义；另一个基础是，如何对此作出
解释，这样它才不会增加一个人在生活中的不舒适感和不适当感——一个 4
人的焦虑，这是一个极其重要的术语，我们将在后面加以界定。

有些精神病学家在那些非常容易教授精神病学的领域里受过大量的训练；也就是说，在描述那些在生活中遭遇巨大困难，以至于其情况对大家来说十分清楚之人的领域里受过大量的训练（这样的描述就好像这些人犹如博物馆里的展品一样）。这就是精神障碍（mental disorders）的精神病学；人们通过描述性精神病学而习得的关于精神障碍的知识不是非常有意

义的。当然，它为精神病学家提供了谋生的正当性；而精神病学家之所以感到很有价值，是因为他知道这些尚未了解的存在在继后的日子里将会倾向于成为什么样子。如果患者确实努力向好的方向转变，那么每个人都会非常高兴，以至于没有人会花时间去谴责精神病医生在预后时所犯的错误。

但是，我正在谈论的这种精神病学试图解释严重的精神障碍；而且，总的说来，它还在生活中具有某种用处。如何传达这种特定的精神病学理论，多年来一直令我困扰和迷惑，最终，我做出了这样的决定，即唯一的方法是采取发展的路线。换句话说，如果我们非常仔细地考虑每一个人在实足年龄上到了成年期时会变成什么模样，那么，我们很可能就可以了解大量关于生活很可能是什么样子，以及生活中的困难这些方面的东西。这种教学取得成功的可能性不是很大。它需要一批颇具天赋的研究人员进行合作研究，包括我在华盛顿地区和纽约地区的一些非常杰出的同事，他们在我试图教授的那种精神病学的一个核心理论阐释方面，达成了一致的意见。

在理解我正试图说的东西时，你们必须放弃这样的观念，即这是你们一直以来都知道的某种东西，只不过碰巧由我给予了妥善的阐释或特别的阐释而已。我们实际上遇到了人类表现中最为困难的一个问题——不是以独特的个体的我（individual me）为基础（这种个体的我也许是一个人最有价值的财产），而是以个体的共同人性（common humanity）为基础，来组织有关自己和他人的思想。

5 简言之，我将通过检验一个接一个的假设来继续我的论述，选择那些目前可得到的最好的理论阐释，来解释有机体如何从出生时的动物状态变成一个人——与动物迥然不同的某种东西；并解释一种非常具有天赋的动物——这种具有天赋的动物始终存在着，但无法对其加以界定，因为它一直处于不断的转化之中——是如何从生命的早期起，一步一步地在他人的影响下，而且仅仅是为了与他人以某种社会组织的形式生活在一起的目的而产生这种转化的。

不管存在着何种社会组织，出生在这种社会组织中的每个人都将以某些方式适应于，或者适合于在该社会组织中生活。如果此人非常幸运，那么他将非常充分地适应于在那个社会组织中生活。如果此人极其幸运，那么他几乎可以凭直觉就知道——你们也许会说，这完全意味着他所知道的这些东西没有经过清晰的阐释——很多有关生活本身的东西，以至于他能够生活于一个迥然不同的社会组织中；而且，他可以相当迅速地——但绝不是即时地——学会如何成功地生活于这一新的社会组织之中。这种迁移对于许多人（精神病医生将这些人视作患者）来说，实际上是做不到的。他们无法像普通人那样适当地生活于那个社会组织之中，而那个社会组织是他们一直以来被训练生活于其中的。

重复说一下，没有哪种非常简单的解释，可以很恰当地用来传达一些可能有助于改善个人自身生活以及他人生活的策略。我所能想到的能够提供更为有用的东西的唯一方式是，仔细地追踪出生后可能发生以及很可能发生的事情。当人们以这种方式探究精神病学时，它就会变得不简单——甚至是很不简单。由于我们有六个、七个，甚至更多非常精练的渠道来与我们周围的事件发生接触，因此，我们关于这些渠道功能之各种不同结合的经验也会变得相当复杂。而且，由于大部分的人类生活绝不仅仅涉及物理化学（physicochemical）世界中的事件，而且也涉及文化领域内的东西——价值观、偏见、信仰，等等——因此，从数学角度看，这个领域的实际复杂性具有压倒一切的态势。我所能希望呈现的最佳方案是可靠的参考框架，以此作为探索这一复杂领域的指南，以及多年来我个人一直坚守 6
的这个信念，即人类这种动物所具有的巨大能力，在遇到适当机会时，就会产生意义。

我想说的是——我并不担心言过其实——我认为，许多精神病学家并没有一个非常好的理论框架来思考生活中的各种困难，包括它们的根源、它们的可靠表现，或者它们一些相当确定的改善。我的意思并不是说大多数精神病学家对人们毫无帮助。相反，我要强调的是这样一种需要，既需要一种真正的科学方法来应对生活中急剧增长的无能、不适当、不幸以及失败，而这些已经开始引起了精神病学家的注意。当我谈到一种科学的方法时，我所指的绝不是经验主义（empiricism）那样的东西——而是某种精确的东西，某种能够阐释并具有一个不断变化的可能性范围的东西。据我所知，人们在成为一个人的过程中所从事的大多数方式，可能完全不同于我们曾经听到过的任何东西。换句话说，人类有机体具有如此非凡的适应能力，以至于不仅最为稀奇古怪的社会规则和规章都能为人们所践行（只要将它们以恰当的方式反复地灌输给青年一代），而且它们也能够成为看起来非常自然、恰当的生活方式，并几乎超越了研究的范围。换句话说，在习得言语之前，每一个人，甚至是那些低能的人，都已经习得了与父亲或母亲的一些显著的关系模式，或者与某个抚育他的人的一些显著关系模式。那些显著模式会成为深藏但却坚实的基础，后来生活中的大量东西会添加在其之上，或是以其为基础而建立起来。

有时候，这些基础在很大程度上偏离于我所描述的在一个特定社会中
生活的良好基础，以至于个体后来的发展明显地偏离于常规的发展——也
就是，从纯粹的统计学意义上说，偏离了平均水平，偏离了大多数人的生
活方式。在那些情境下，我们会把那些结果认作精神性神经症（psycho-
neuroses）或精神病。但是，为了使关于这些精神性神经症或精神病的思
考方式中有一些有用的东西，同时为了发展任何确实有用的技术来治疗这
些“失常”（warped）的人，你的思维必须不能仅停留于所呈现的情境，
7 而要深入情境的背后。巨大的困难在于，在这个深入背后的过程中，你会
发现，某一个体的绝大部分生活与你的生活几乎没有什么特别的不同。而
你的生活与他的生活之间这种同一性混淆了下列事实，即尽管这种生活表
面看起来相同，但对你和他来说，其意义根本不同。因此，你不能忽视他
的生活中那些在你看来似乎相当自然和正常的方面。

在这么多年来试图为精神病学阐释并教授一种理论框架的过程中，我认为，尽可能地避免随意编造新词似乎是很有必要的。当然，每一门科学都必须有它自己的专门术语。但是，由于这是一种关于生活的研究，同时还由于它具有我已经强调过的那些困难，所以，为什么还要通过提出许多不可靠的词语来增加混乱的确定性以及巴别塔现象呢？就我所能发现的而言，这些不可靠的词语，只不过使一个人成为某个多少有些局限于小圈子的联盟中的一员，这个联盟是由这样一些人组成的，他们当然不能与联盟外的任何人进行交流，而且他们还仅仅具有这种幻觉，即他们彼此之间正在进行交流。对于已经进入精神病学的大多数专业术语的定义所进行的任何实验表明，含义之间的差异是十分明显的。鉴于这一原因，我认为，我们应该从谈论生活的常用词语中选出一个词语，并且澄清我们用这个词所指的意思，而不是着手于通过截出希腊文和梵文的词根来孜孜不倦地创造新词。

因此，如果我成功地传达了我的观点——而且从我成功这个意义上说——我希望，精神病学家在运用相当一般的术语来阐释他们的职业，以及处理与人交往之关系时，可以获得某种利益；我认为，这些一般的术语将会允许沿着获得高度可能之陈述的方向作进一步的探索。有些人需要确定性；他们希望能够在正确的命题和不正确的命题之间作出明确的区分。那是精神病学中一个完美注定的目标。你看，我们是很不简单的。我们拥有如此众多的备用调节装置（adjustive equipment），以至于我们事实上在大部分的生活中，仅仅承受非常少的近似于那些可能为正确，也可能为错误的东西。

我们所有人都常受到这一事实的折磨，即在我们能够记忆之前很长时
间，当然也是在我们有能力作出卓越的智力阐释之前很长时间，我们就可 8
以首先通过抚育我们的人，然后通过其他人（在我们完全依赖于他人的整
个时期，他们与我们的生存密切相关）来理解大量展现在我们面前的东
西。除了在最为异常的环境下之外，在任何人尚能记忆之前，每一个人身
上似乎都有一种忍受某一非常不悦之体验的能力。这种体验被所有文化用
来（有的文化少量利用，有的文化则大量利用，或多或少遵循着特定的文
化规定）对人性动物（human animal）进行训练，使其成为一个人。我所
指的这种不悦体验被我称为焦虑（anxiety）。这里，我所谓的焦虑只是一
系列可供参照的基本焦虑概念中的一种，顺便提一下，关于焦虑的基本概
念，我在《精神病学和生活中焦虑的含义》一文中已作过简要描述。①

在讨论焦虑的概念时，我没有试图为你们提供最后的结论；十年之内，就有人可以证明这个概念是相当不合适的，而且会有一个更好的概念将取代它。但是，这个焦虑的概念，对于你们理解我将呈现的东西，倒是绝对基本的。由于我不知道如何才能依靠言词来真正地传达我正尽力说明的那些东西的重要性，因此，我想重复一下：如果你们掌握了我正在设法向你们呈现的焦虑的概念，那么，我相信你们将能够成功地追随这个精神病学体系的其他部分。如果我不向你们传达焦虑的含义，如果你们认为我所指的焦虑就是你们现在理解的焦虑，那么，我就无法传达我的观念了。

由于整个生物学领域内的大量现象，如果你从它们的开端追踪至它们
最为复杂的表现为止的话，则更为容易理解，因此，我想描述在我看来焦
虑是如何从婴儿期开始的。我不知道第一次表现出焦虑是在生命的多早的
时刻。确切地说，这不是你让母亲和儿童合作就可以开展探索的领域。我
对下列情况毫不怀疑，即由于人与人之间在大量的其他事情上都有所不 9
同，因此，与焦虑有关的精确数据在不同婴儿的身上也会不同。人类幼儿
在生命的头几个月中——而且，我认为，在其他动物幼体身上也有类似情
况，只不过在人类幼儿身上，这种表现十分显著——当养育者产生“情绪
紊乱”（emotional disturbance，我相当宽泛地使用“情绪紊乱”这个术语
来指你们认为它所意指的东西）时，会表现出紊乱的行为，这是可以证明
的。那个时候，婴儿无论做什么都将会受到干预和阻碍，也就是说，他将

① Harry Stack Sullivan，“The Meaning of Anxiety in Psychiatry and in Life，” *Psychiatry* (1948) 11：1-13；亦可参见“Towards a Psychiatry of Peoples，” *Psychiatry* (1948) 11：105-116 及“The Theory of Anxiety and the Nature of Psychotherapy，” *Psychiatry* (1949) 12：3-12。

停滞不前，或者他不会像在焦虑出现之前那样取得有效的进步。

所以说，焦虑是由这个重要个体身上某种类型的情绪紊乱引发的——这个重要个体便是婴儿与之一起做某件事情的人。一个典型的例子是喂奶的紊乱；不过，婴儿的所有行为都同样容易受到阻止和妨碍，而且与那个重要他人的情绪紊乱有着直接的按照年月顺序的关系，以及其他特定的关系。我无法告诉你们婴儿感受到的焦虑是怎样的，但是我可以进行推测（对此推测，我认为具有非常高的准确度）——就婴儿模糊的心理状态而言，在焦虑与恐惧之间是不存在差别的。你们当中有些人可能会说：“婴儿会产生恐惧吗?”当然，这个疑问会变成这样一个问题，即：“你指的恐惧是什么意思?”但是，我想指出的是，如果一个婴儿听到突如其来的巨大噪声，他就会感到非常心烦意乱；那些和与外部世界联系的区域（zones）紧密相连的属于那一种类的其他一些经验，也会造成同样的心烦意乱。无论是谁，只要他看一眼那个正感到心烦意乱的婴儿，几乎都会认为这似乎并不是一件好玩的事情；婴儿并不喜欢它。毫无疑问，这种情况——无论你给予其何种称谓——会不间断地发展成为我们自身称之为恐惧的表现，而且其他人也能认出这些表现就是恐惧。因此，我有理由假定，有两种情况下可以引发婴儿表现出一种像恐惧一样的状态：一种情况是，他与周围现实进行接触的区域出现了相当严重紊乱，从而引起恐惧；另一种情况是，养育者身上的某些类型的情绪紊乱引起了婴儿的恐惧。从后一种情况中产生出了整个非常重要的焦虑结构，而且，只有通过参考焦虑的概念，才能理解这些表现。

10 在这个方面，我敢说，婴儿身上这种作为原始焦虑或原始恐惧的经验，在后来的生活中，在特定的环境下，会重新出现——很可能在每个人身上出现，但肯定会在有些人身上出现。这些情形在我们所谓的精神分裂症（schizophrenic）生活障碍的早期阶段是十分常见的。有许多人，在生活的扰乱时期，会经常在所谓的梦境中出现这些情形，很可能在青少年时期就更是这样。在这些情形下，任何一种来自于很可能出现最为原始之焦虑类型的全面复苏这样一种暗示的事物，都可能引起不可思议的情绪（uncanny emotion）。

所谓不可思议的情绪——这个术语带有一点开玩笑的性质，因为没有任何表明其存在的神圣根据——我指的是一组尚不确定的感觉，其中最常体验到的是敬畏（awe）。也许，你们当中有些人在第一次听到一架巨大的管风琴弹奏时就曾产生过这种体验。许多人在第一次看见美国科罗拉多大峡谷时，会体验到强烈的敬畏之情。每一个人都有过某种敬畏的体验。我无法列举大多数在其中都会体验敬畏的所有各种不同的情形。其他一些不可思议的情绪较少为人所知晓。我将称其为畏惧（dread）——绝不是纯粹会谈意义上的畏惧——以及恐怖（horror）和厌恶（loathing）。所有这些不可思议的情绪都具有一种震颤的、不属于这个地球的成分，对于这种成分，我认为，是从非常早期的情绪体验中让人难以理解地残存下来的，这种成分的所有一切都可以这样来加以描述。如果回忆一下你自己早年生活的一个场合，当你真正体验到这些不可思议的情绪中的一种时（正如我经常说的那样，敬畏是最为常见的不可思议的情绪），那么你将会意识到世界好像以某种方式发生了变化。如果你试图去分析这种体验，你可能就会说你的皮肤起了疙瘩，或者这样，或者那样；无论如何，你知道这种体验非常奇异。我认为，你们中间任何一个人，只要回想起某个激发敬畏之情的事件，都会认识到它很容易成为极其不愉快的事情。诚然，你们中间有许多人很可能还从未将敬畏之情体验到那种程度；敬畏无疑是不可思议的情绪中最为温和的一种。但是，如果这种情绪过浓，你就会远离你正在关注的事物（只要你拥有这种所关注的事物的话）。这种情况最接近于当婴儿产生严重焦虑时我猜测他们会经受的体验。

在试图概括精神病学这整个体系时，我想从一开始就强调焦虑的麻痹 11
性力量。我认为，我们可以相当有把握地说，任何人，以及每一个人在其一生中，都要将许多时间和大量精力——宽泛地说——以及大部分的努力用于处理人际交往的事情，以避免产生比他业已拥有的更多的焦虑，而且，若有可能，消除这些焦虑。根据焦虑理论来看，许多看起来好像是独立实体、过程等的事物，实际上可被看做是各种用来减弱或避免生活焦虑的技术。

精神病学家年复一年地为治愈患者身上出现的各种生活歪曲而奋斗。在这些歪曲中，有些被证明是极具抗拒性的。我的意思是说，当我感到许多患者不听我的劝导时，这样的一些治疗很可能只会导致双方都感到精疲力竭。为什么会出现这种情况呢？原因在于，目前的迹象十分强烈地指向了我们正着手解决的错误的事情。声称治愈一种疾病，并没有什么特别的不对。相反，它是对人类在生活中之聪明伶俐的极好证明。

那么，毛病究竟出在何处呢？是不是对焦虑的敏感性和易感染性引发了这种所谓的症状呢？当你开始寻找焦虑或对焦虑的易感染性时——根据这种理论，这解释了症状的发生——情况就变得迥然不同了。根据这种理论，可以实现的要比我们所想的多得多——已经实现的也比我们所想的多得多。

在这里，我要说的是，我不敢仅仅以我自己的体验为基础来这样说。精神病学中一些在其他人看来难以捉摸的事情，对我来说也是难以捉摸的；很容易就会受骗上当。但是，当人们寻求人际关系中焦虑的基本易感染性，而不是去应对焦虑所引起的症状或回避焦虑时，一种实际得多的心理治疗似乎就是有可能的。如果没有我的许多同事这么多年来在工作中一直对其加以验证的话，我是不会如此肯定地作出这番陈述的。虽然结果给人留下了相当深刻的印象，但是，这绝不意味着，精神病学正变得非常容
12 易，以至于我们可以把它作为一种娱乐活动来对待。在精神病学还远没有成为一件轻而易举的工作时，我很可能就已经成一个完全被遗忘的神话式人物了。但是，我认为，对一名治疗者来说，把握住焦虑的概念——并弄清这个概念在哪些地方符合一个个体生活的发展——就可以省去大量的精神病学努力，而且，如果一个人选择用其他的方式来运用精神病学的话，那么还可防止许多陈腐愚行的出现。

第二章 定 义

作为人际关系理论的精神病学

我认为，没有一个领域会像精神病学领域那样，其研究人员的先入之 13
见竟然那般令人感到麻烦。为了说明这一点，我将提供精神病学的三种定义。第一种定义（也是最广泛的定义）是这样的：精神病学是精神病学家的先入之见（preoccupation）；它完全由观念、印象、魔法、玄想、信息、幻想、奇想、概念、误解，以及空洞的文字汇集而成。这是最为广义的精神病学定义，而且，就我所知，有很多人都是该领域中非常资深的学者。

现在，我们来看一下第二种定义，这种定义是我多年前提出的，当时我正在试图找出我对精神病学的想法（如果有什么想法的话），而且它也是对前科学时期精神病学的一种优雅的界定。第二种定义将精神病学视为一门艺术，即一门观察的艺术，一门很可能会影响精神障碍之进程的艺术。

精神病学的第三种定义，也是与本书相关的一种定义，把精神病学看做是一门正在发展中的科学，这种科学涉及各种各样的事件或过程，而精神病学家作为一名观察人员（observant psychiatrist）参与这些事件或过程。精神病学中那些被组织为一门科学的知识，并非源自于精神病学家所处理资料中任何特殊的东西。它并非来源于一种特殊的资料，而是来源于精神病学家参与其中的独特活动或操作。这些活动或操作（精神病学信息就来源于这些活动或操作）就是人际领域中的一些事件，这些人际领域包
括精神病学家本身。这些为精神病学之发展和精神病学理论提供信息的事 14
件，是精神病学家参与其中的一些事件；它们并不是精神病学家在象牙塔顶上俯瞰的一些事件。但是，在精神病学家作为一位精神病学家参与其中的所有活动或操作中，那些从科学上讲具有重要意义的活动或操作，是伴

随着概念图式化或智力阐释的，而这些概念图式化或智力阐释是可以传达的。反过来，这些东西又是那些相对精确和明确的活动或操作——其重要方面绝非含糊不清或模棱两可的。

随着操作观点（operational view）的出现，至少在物理学领域，人们开始对操作方法能否用于心理学领域这个问题产生了兴趣。我们可以在1945年9月的《心理学评论》（*Psychological Review*）中找到一个非常有趣的专题讨论，其中包括一场关于心理学中的操作主义（operationalism）的讨论。[①]杰出的哲学家和物理学家P. W. 布里奇曼（P. W. Bridgman）为这次专题讨论做出了非常有限的贡献。布里奇曼说："当我使用一个术语的各种条件得到陈述，而且当我从我邻居对该术语的使用中推断出这些条件已经很普遍时，这个术语便得到了界定。"我发现自己已经在某种程度上接受这种非常精确的论断了。你们看，我准备给一些术语下定义，但是，根据布里奇曼的观点，我不会取得成功。当然，我所能做的一切就是用一个术语来陈述出我意欲陈述的东西，但是，长期的生活经验告诉我，你使用这个术语的意图也许并不一定相同。这表明（如果有所说明的话）精神病学离成为一门科学还很远。在我作为一名精神病学家所听到的许多谈话中，说话人都并没有界定他的术语，我也没有为他提供任何用于推测条件的基础，这些条件也涵盖了我对那些术语的使用。因此，当我使用某一特定的词语，并赋予其可用性以相当多的条件时，我希望你们至少听完我要讲的话，并看看你们是否能以一种相似的方式来使用该词语，这样你
15 们才会逐渐相当充分地理解我要说的话。如果你们不去注意我采用一个词语的方式，而对于这个词语，你们完全习惯性地赋予它一种特定的含义——而不是词典上所有的含义——那么，我们很快就要为了迥然不同的目标而分道扬镳了。

让我再摘引一段布里奇曼的话："用于某一科学背景的术语必须服从于科学事业的先决条件。在这些先决条件中，最为重要的条件之一是检验或者证明任何一种陈述正确的可能性……［而且］为了一切基本的目的，可以根据检验操作来说明定义［通过检验操作，人们便可确定这一条件得到了满足］。"换句话说，重要的是，所运用的陈述可以根据它们的效度来加以检验，这种检验，不用说，不仅由运用这些陈述的人来进行，而且还由听到这些陈述的人来进行。精神病学作为一项科学事业，理应包括大量

① "Symposium on Operationism," *Psychological Review* (1945) 52：241-294；尤可参见P. W. Bridgman, "Some General Principles of Operational Analysis," pp. 246-249。

的陈述，而这些陈述的正确性可以这样来加以检验。但是，迄今为止，它还尚未达到这样的理想状态。在这种系统阐释的过程中所作出的许多陈述，根据布里奇曼所阐述的这种精确的观点，肯定会给人们留下很多想要知道的东西。然而，如果一个人不仅仅全神贯注于表示异议，还有那些错误的理解，等等，而且还专注于研究这些陈述的真实基础，那么，他就会发现，虽然他们所作的很多陈述都无法超过布里奇曼这一定义的所有必要条件，但是，他们只需相当简单的操作和推论，就可以得到一个与其非常近似的定义。换句话说，虽然它们还不是令人满意的陈述，但也离令人满意的陈述不远了；而且，在这个特定的领域中，要想作出完全令人满意的科学陈述，也还存在着一些非常实际的困难。实际上，所有关于例如内隐操作（covert operations）的陈述，正巧就是这种情况；关于人格发展很早阶段的一些陈述，也是这种情况。在这些例子中，你可以根据你自己的经历来考虑一些与这一陈述相结合之推论的可能正确性。

这一领域的历史包括两个分支，我想在这里提及这一点，目的是为了
试图尽可能精确地为人际取向找到理由所在。不用说，作为精神病学这一 16
阶段之基础的是西格蒙德·弗洛伊德（Sigmund Freud）的发现。

第一个分支是阿道夫·迈耶（Adolf Meyer）的心理生物学（psychobiology）。弗洛伊德的发现和迈耶的阐释，都明显地把注意力集中在单个的个体身上，将其作为研究的核心单位。你们中间有些人也许非常熟悉阿道夫·迈耶所发展的精神病学体系，而且他还把心理生物学这个术语运用于了这个体系。在我看来，通过这一思想组织，迈耶为对生活的理解做出了一项非常重要的贡献。在迈耶做出这项贡献之前，知识的主要分支包括——其上限超越了生物学——心理学和社会学；心理学虽然是某个关于心理的学科，但其含意却清楚地表明心理依赖于伴生的生理基质。所以说，心理学是一门纯科学的学科，它的研究对象是依赖于其他事物的东西。

心理生物学——我将抽取关于迈耶所提供的这个领域的定义，或者没有定义——是关于人的研究，认为人是具有心理整合性之生命（mentally integrated life）的最高体现。换句话说，它或多或少是一种意识的整合（conscious integration），能够利用符号和意义。这种具有心理整合性之生命的具体体现，包括主体组织（subject organization）这种特殊现象，通过这一组织，人们能够客观地思考自己。虽然心理生物学的某些陈述看起来似乎并不确定，但迈耶已经非常明确、简洁地表明，心理生物学关注于单个的人类有机体，将其视为一个基本的实体。他说，尽管他也喜欢谈论

多个个体和群体，但个体是接触的动因（agent of contact）。个体必须作出有关自己人际问题的选择，个体是一个拥有主体能力（subject capacity）的客体。

当心理生物学开始成为知识层级中的一个十分重要的成员时——在我看来，这是心理学中的一个巨大进步——另一门学科诞生了，它被称为社会心理学（social psychology），是人际取向的第二个分支。在查尔斯·H·库利（Charles H. Cooley）一些非常具有独创性的思想的启发下，芝加哥大学的乔治·赫伯特·米德（George Herbert Mead）提出了社会
17 心理学的一个公式，其中包括自我的发展——与我所讨论的自我系统（self-system）较为接近——以他人的反映性评价以及角色的学习为基础，这些角色是一个人为了生活而承担的角色，或“是一个人得以生存的角色”（which live one）——使用了一个与乔治·格罗德克（Georg Groddeck）之陈述并不十分相关的陈述。米德的社会心理学并没有这样鲜明、彻底地以独特的单个个体为中心。它非常清楚地表明，独特的单个个体是其他许多人的一种复杂的派生物。它在很大程度上并不服务于这里所界定的精神病学的目标，因为（也许你会说）并不存在用来说明角色转换（shifts in roles）的能量源，也即在扮演角色等过程中所消耗的能量。

现在，我想谈一个就米德在创立社会心理学过程中所做的有意义工作而发表的非常简练的评论：

> 虽然米德的兴趣颇为广泛，并且富有成效地涉足了科学的历史和意义、宗教的作用、政治的基础和形而上学的主张，但是他主要关注的还是自我的发生和心理的本质。米德要比大多数哲学家更为认真地承担起了由达尔文遗留给思辨思想家的任务：详尽地阐述精神（psyche）的纯自然史。他很早就阐述过这一主题……即精神是有机体和环境之间以经验为根据的相互作用，以及相伴生的对这种相互作用之阻断的短暂性特征。
>
> 因此，他为自己设定了这样的任务，即对一个连续过程（即连续不断地发展出一种功能性心理或自我的过程）的这种不连续特征的发展作出解释。有机体从本质上看主动的性质为这种成就提供了基础。人类有机体扮演他人角色的能力（在他看来，如果作一种不恰当的描述，就是模仿），是自我得以发生的基本条件。在扮演他人角色的过程中，我们也对自己的扮演作出反应。当有

> 机体开始对他自己的角色假设作出像对他人一样的反应时，自我就出现了。从同时成功承担的角色中，逐渐产生出一种“被类化的他人”（generalized other），个体可能同时也承担了这个被类化他人的角色。一个人对这种被类化角色的反应便是他的个体自我。①

因此，人们可以在迈耶的心理生物学思想和米德的社会心理学思想中看到某种非常惊人的共同之处，后者关注的是自我的演化。

对于这一理论的发展来说，还有一个领域也是非常有影响的分支，那
就是文化人类学（cultural anthropology），它关注的是关于人之社会传统 18
的研究。在这一点上，我想提一下马林诺夫斯基：《社会科学百科全书》（*Encyclopaedia of the Social Sciences*）上有关于他极具启发性的观点的最为简短的陈述。由于关于这个主题我想说的内容非常多，因此我限制自己只从马林诺夫斯基那里摘引了一小段话②：“在每一项有组织的活动中……人类都通过与环境某个特定部分的联系，通过他们与一个共同庇护所的联系，以及通过他们通常会共同承担某些任务这一事实，而联系在一起。他们行为的一致性特征是社会规则的结果（也就是说，习俗的结果），这些社会规则已经通过明确的措施，或者通过以一种明显的自动方式来运作，而成为约定俗成的。”后一种类型的习俗指的就是道德价值观，“通过这种道德价值观，人类受到内在强制力的驱使，而做出某一特定的行为”（再引用一句马林诺夫斯基的话）。如果在如此众多的问题上（例如，语言问题）没有文化人类学学者所提供的大量帮助，我认为根本不可能这样容易就从所界定的心理生物学和社会心理学领域过渡到了这里所界定的精神病学领域。

最后，我认为，在作为关于人际相互作用（interpersonal interaction）之研究的社会心理学和作为关于人际相互作用之研究的精神病学之间，还存在着一种绝对必要的共同点——我希望你们能够原谅我重复地使用“人际相互作用”这个词。作为一名精神病学家，多年来我一直感到迫切地需要这样一门学科，它不研究单个的人类有机体或社会传统，而是研究人际情境（interpersonal situations），正是通过这些人际情境，人们才会表现

---

① T. V. Smith, “Mead, George Herbert,” *Encyclopaedia of the Social Sciences*; 10: 241-242.

② Bronislaw Malinowski, “Culture,” *Encyclopaedia of the Social Science*; 4: 621-645; p. 622.

出心理健康或是精神障碍。伦纳德·考特里尔（Leonard Cottrell）[①] 根据另一种观点对此进行了探讨，我认为，他把社会心理学往前推进了很长一
19 段距离，得出结论认为，社会心理学中的研究必须置于人际情境的参考框架之内。

在我试图勾勒这样一个领域时，我发现，这似乎是一个这样的领域，在这个领域中，可以赋予一位精神病学家的活动——也就是活动和操作——以可传达的概念图式化，从而也可以赋予其可寻求的科学意义。

我相信，布里奇曼这样说是完全正确的："……我以两种方式来做出行动……我的公开方式……和我的私下方式，［以后一种方式行事时］我感到自己不可侵犯地与伙伴们相分离……"[②]正如我所认为的那样，精神病学既研究以公开方式进行的活动，也研究以私下方式进行的那部分活动（无论从何种意义上说，这部分活动都是处于不可侵犯的分离状态的）。我可以这么说，只要你对自己的独特个性感兴趣（这与你或他人可以观察到的人际活动截然不同），那么，你就会对自己生活于其中的真正的私下方式感兴趣——不过，对此方式，我是没有任何兴趣的。事实上，对任何科学研究而言（从精神病学应当成为一门科学的意义上说），我们都无法涉足那种不可侵犯的私下方式。如果要使精神病学成为一门科学的话，那么，把它设定为是一种关于人际关系的研究，无疑是很有必要的；而且，通过如此界定精神病学这一简单的权宜之计，我们就可以从严重的精神病学问题中剔除大量的伪问题（pseudo-problems）——由于它们是伪问题，

---

① Leonard Cottrell and Ruth Gallagher，*Developments in Social Psychology*，*1930－1940*；New York，Beacon House，Inc.，1941；亦可参见 Cottrell，"The Analysis of Situational Fields in Social Psychology，" *Armer. Sociological Rev.*（1942）7：370－387。在前一本书中，关于沙利文对米德之研究的修正，考特里尔和加拉弗是这样说的（参见 pp. 23－24）："在一种充满才气地组织起来的人格发展理论中，沙利文试图说明在一种引导意识的既定文化内的各种影响、实际上会压抑儿童对于某些物体及活动之兴趣的戒律，以及通过阻止各种意识工具而导致他不能正确判断某些意义的文化遗漏（cultural omission）。儿童知觉（perception）的客体，而不是统觉（apperception）的客体，会出来使得儿童一直以来习得的言语反应模式变得复杂起来。当他的言语自我—他人模式（self-other patterns）与这些'不完善的'或分离的成分之间的差异变得非常大，以至于导致了严重的焦虑时，那么，我们就看到了一种神经症的所有症状……""如果我们接受米德以这种方式所作的分析（在这种分析中，意义产生于一个由权利和责任合并组成的语言结构），那么，沙利文的研究就暗示了一个重要的修正。人际关系中言语交流所含有的意义，可以被一些分离的成分（这些分离的成分是在为情境设定音调和颜色方面发挥了作用的成分）完全歪曲。我们不可能充分地了解一个人的意图；但是，当你意识到自己行为中的亚言语（subverbal）反应倾向时（你会不明智地将这些反应倾向投射于情境之中），与此同时，当你意识到某些紧张和无关运动的含义时（这些紧张和无关运动会使另一个人的言语反应变得复杂起来），你轻而易举地就可以获得这种了解了。"

② Work cited.

所以对解决问题的方式不会很敏感，事实上，它们试图解决问题的方式， 20
仅仅是愉快地度过一生的方式。让我重复一遍，精神病学作为一门科学，无法涉足任何不可改变的私下内容；它必须只关注于以公开方式进行的人类生活，或者以可转化为公开的方式进行的人类生活。

因此，由于心理生物学试图研究单个的人类个体，而文化人类学（它已成为社会科学中的一个强大分支）试图研究社会传统（这种传统表现在那些组成群体的人们的一致行为之中），所以，精神病学——以及与它会聚的社会心理学——研究以受到生物和文化方面制约但却独特的（*sui generis*）人际过程，这些人际过程发生在作为观察者的精神病学家从事其工作的人际情境之中。

人这种动物与人类的经验

人生来是一种动物。只有通过新生儿才能了解人类这种动物。将人这种动物转化为其他某种东西的过程，在个体出生后很短时间内便开始生效了。作出这样的推断是很有根据的，即人这种动物如果照这样继续存在下去，他们就会被发现是生物系列中非常具有天赋的成员，尤其在其中心整合装置（central integrative apparatus）的演化过程中极具天赋，这种中心整合装置提供了下述三种独特的能力：（1）视觉与用于握物的双手之间的相互关联——这是除了嘴巴之外最为重要的相互关联工具；（2）听觉与发音器官之间的相互关联，这种发音器官已经达到了非常精炼的程度，以至于产生了让人难以相信的进化发展结果——语言；（3）上述这些东西与一个非常复杂的大脑中（这个复杂的大脑使得可以用多种经验的抽象物来进行操作）所有其他接收器—效应器系统之间的相互关联。

有大量证据表明，人这种动物在出生后有很长一段时期间不能照顾自己；证据还表明，作为人类之特征的能力，要经过不少于10至20年的时间才能逐渐地成熟。人这种动物在出生时完全依赖于他人，之后这种依赖性会逐渐减少，但仍旧很强，在出生后的五六年时间里，都需依赖于人类环境中的温柔合作。在经过很长一段时间后（在这期间，各种生物能力会依次成熟），人性动物会进一步地形成特征。

同样清楚的是，天生的潜力（inborn potentialities，这些潜力经过几 21
年的时间已经变得成熟）是非常容易改变的，它们容易受到由经验产生的相对持久变化的影响，从而与比较稳定的模式形成对照［我们通常用本能（instinct）这一生物学概念来指这些稳定的模式］。认为不管任何方面的“人类本能”（human instincts）都如同一成不变的成熟行为模式固有的刻板含义一样这种说法，是完全荒谬的。因此，所有关于“人类本能”的讨论都非常容易使人产生误解，并且还会阻碍形成正确的思想，除非“本能”（instinct）这个术语［用形容词“人类的”（human）来加以修饰］的含义得到进一步的拓展，以便在使用该术语时不存在任何特别的意义。

除了遗传结果或成长中的灾难之外［白痴（idiot）这个术语可以正确地用于这种遗传结果或成长中的灾难］，人性动物天生具有的个体差异，与人性动物与其他任何物种之间的差异相比，便有如小巫见大巫了——不管人与人之间的差异是多么的惊人，它们都是以某一特定文化时期的生活史为背景的。人与人之间差异的问题，对于一种纯粹出于幻想的对于人格以及人格独特性的兴趣来说是根本的；由于这个问题非常麻烦，并且对于那些研究所谓人性的学者来说具有极大的吸引力，因此，不管是什么样的个体差异，我都想大肆强调一下。与此同时，我想告诫你们，在精神病学中，作为一个研究人际关系的学者，没有差异（诸如艺术中的相似性）以及无论在何处发现的人类生活中表现出来的相似性，要比所有这些个体差异重要得多。

如果排除孪生子的例子，我们就可以假定，每一个人性动物之间多少都有些不同，这种不同不仅表现在作为一个生物的组织方面，而且还表现在与生活（即在生物学上必要的环境中的生活）有关的机能活动方面。我几乎没有必要提醒你们去注意这些差异，例如头发的颜色、质地及它们在体表上的分布，虹膜的颜色，皮肤的色素，血液的类型，以及手指、鼻子和耳朵等各个器官的大小和形状。我几乎可以无限地列举这些差异，这些
22 差异可以被描述为是一个特定的生物组织与另一个生物组织之间从外显到隐秘的各种不同。

对于研究人际关系的学者来说，印象更为深刻的要数机能方面的遗传差异，或至少是先天的差异，这些机能包括：（1）与光频（light frequencies）有关的视觉感受器；（2）与声频（sound frequencies）有关的听觉感受器；（3）表现在各种灵活可能性上的解剖学差异，包括言语差异；（4）作为由比内（Binet）“智力测验”所测得的活动之基础的各种因素之复杂性的差异。

那些并不真正精通该领域的人往往提出常见但却错误的假设，认为，人类在所谓的可见光谱范围内对频率光波表现出一种典型的反应。尽管从统计学上看，这种说法是正确的，即人们可以把一千个人的视觉敏感性或颜色敏感性曲线应用于十万个人身上，但是，当以极大的耐心去绘制一个特定视网膜颜色敏感性的曲线时，人们会发现，这条曲线并不精确地近似

于统计上的曲线。因此，它们之间存在着差异——而且，就我们所知道的一切而言，可能存在着相当显著的差异，尤其是在一些中国人身上。我不知道他们枕部增加了的肌肉痉挛是否会影响视觉，但我推测是有影响的。很可能它并不影响颜色敏感性区域的视觉；不过甚至是那儿，它也有可能产生影响——对此，我们并不十分确定。

除此以外，在对光的强度作出反应方面——例如，当视网膜杆接收暗淡照明条件的特殊时刻——也存在着很大的个体差异，而且，由于这些差异随着健康状况、营养和所涉及个体的其他条件的不同而不同，这一点尤其令人印象深刻；这些差异在某些影响所涉及个体之生存的特定环境里颇具意义，例如，晚间飞行，甚至是晚间驾车。

对光的距离感受器（distance receptor）方面所存在的这些差异，与对空气波的听觉感受器（auditory receptor）方面的差异相比，就显得微不足道了。这里，我们也有一条通过统计方法而得出的相当典型的感受性曲线，而且这条曲线可以应用于有关个体听觉的大量数据。与色彩视觉领域中的个体差异相比，从这些统计曲线中得出的个体差异要大得多。事实上，听觉是一种相当简单的年龄机能（function of age）：在大多数人身上，直到某一特定的年龄，这条曲线都可能以一种无法察觉的速度发生着 23
变化；接着，听觉敏感性会随着时间而出现一种或多或少的持续递减。这里的差异可以更加容易地被察觉到，这样我们才会知道，对于某一个词语，有些人听到的与另一些人所听到的显著不同。而且，由于早年的疾病或创伤，还存在着一些病理性差异，这种情况要比视觉感受器领域的情况常见得多，并且会对所经验的外部世界产生隐秘得多的影响。在不同的人身上，灵巧程度也显著不同；例如，我们都知道，对于一个想要成为钢琴家的人来说，修长的手指是非常有用的，或者对于一个想要成为演说家的人来说，裂腭将会起到很大的阻碍作用。

但是，在过去的20年时间里，人们谈论（有时以巨大的热情来进行谈论）得最多的差异是大范围的智力因素、智力禀赋，等等，正如你们都非常熟悉的那样，这个范围包括从低能儿到天才，如果可以将天才视作智力的一种机能的话；所谓天才，我指的是那些拥有能够看出事件之间的相关性这种真正杰出的能力的人，这种能力似乎是可测量之智力因素的终极。我们都知道，向有些人解释问题要比向另一些人解释问题容易得多；而且我们中间有许多人都完全不受约束地根据一群人是聪明还是愚钝而将他们进行分类。人们已经发现了大量尚未确定的先天因素，用以证明一个人的感觉，即他自身的动物基质无疑是独特的个性。而且，我们也已经了解到了一些关于持久效应的信息，即这些效应可能产生自与最佳物理化学环境之互换所造成的缺陷，如在营养缺乏症中那样。

另一个差异领域是精神病学家甚至更为感兴趣的，那就是个体能力在成熟速度方面的差异（有可能是先天的差异）。所以说，有些差异来自健康体格、事故伤害以及疾病等因素（这已经在听觉情形中加以说明），但是，无须赘言，这些差异也适用于许多其他领域。

迄今为止，我所提到的所有这些差异都是先天潜能的差异，以及作为潜在人类之人性动物的个体发展史的差异。现在，我想考虑的是非遗
24 传因素、成分、环境或各种影响因素方面的差异，这些影响因素根据需要是得到满足还是遭遇挫折、自尊是得到增强还是减弱，决定着人们的生涯路线。这些因素中的一个就是语言（language）。尽管我此刻不会把语言作为人类生涯路线中的决定性差异来进行讨论，但我还是想从爱德华·萨丕尔的《语言》中[①]摘引一段话，以便为后面的考虑提供某种背景：

> [语言是一种] 通过一个自发产生符号的系统来交流思想、情感和欲望的纯人类、非本能的方法…… [这些符号] 首先是听觉的，而且……是由所谓的“发音器官”产生的……语言的本质在于，将常规的、自发发出的声音，或者其对等物分配至各种经验的要素……语言的要素，也即为经验贴上了标签的符号，必须……与所有划定了种类的经验相联系，而不是与单一的经验本身相联系。唯有这样，交流才有可能，因为单一的经验存在于个体的意识之中。而且严格说来，是无法进行交流的。若要进行交流，它就必须参照为群体所默认的某一个类别，将其作为一个认同的对象……
>
> [这个语言领域所包括的东西比基本的言语循环（cycle of speech）所包括的东西要多得多] 就我们把它看做是纯粹的外部工具而言，[言语循环] 开始于声音领域，也结束于声音领域……这一过程的典型路线很可能会经历无尽的修正，或迁移至对等的系统，而不因此丧失其基本的形式特征。
>
> 在这些修正中，最重要的是思维中所涉及之言语过程的节略现象。毫无疑问，它有许多的形式……众所周知，聋哑人能够熟练地将“唇读”（reading from the lips）作为理解言语的一种辅助方法。在所

---

① *Language, An Introduction to the Study of Speech*; New York, Harcourt, Brace and Co., 1921; see pp. 7-23.

> 有的视觉言语符号中，最重要的当然要数书面文字或印刷文字了……［在其中］该系统中的每一个要素（字母或书写的文字）对应于原始系统中某个特定的要素［声音、声群（sound-group）或口头的文字］。

此外，还有更为复杂的迁移，关于这一点，萨丕尔提到了莫尔斯电码
(Morse telegraphic code)，以及不同的手语，例如那些“为聋哑人使用而
创制的手语、为天主教西多会特拉普派（Trappist）创制的手语，或者为
可见距离之内，但却听不清对方声音的人们之间的彼此通信而创制的手 25
语”，例如，通信兵所使用的旗语。萨丕尔继续写道：

> 关于语言，最为显著的一般事实在于它的普遍性……我们了解到，所有人都拥有一种充分发展的语言……语言的根本基础——一个清晰语音系统的发展，言语要素与概念的特定联结，以及精细地提供一切关系的形式表达——所有这些，在我们所了解的每一种语言中，非常完美、系统地满足了我们的需要……
>
> 与言语的普遍性几乎同样让人印象深刻的是它难以置信的多样性……［言语的这种普遍性和多样性迫使我们］相信，语言是一种非常古老的人类传统……如果人类任何其他的文化资产（不管是钻木取火的艺术，还是琢石的艺术）宣称自己的年代更为久远，那么，它就可疑了。我倾向于认为，它甚至比有形文化最低等的发展都要早，而且事实上，一直到语言这种重要表达的工具成形，这些发展从严格意义上说才成为可能。

因此，存在着一个源于人类传递的领域，这个领域并不是生物学意义赋予的，也并非生物学意义上所赋予之装备身上所发生的事件的结果。这种传递来自他人，既非由生物遗传过程而发生，也非由构成这种基本生命过程的物理化学迁移的干扰而发生。正如萨丕尔所说，这是一个几乎可以说是无限多样的领域，是一种涉及人类在各种环境中所接触到之一切经验和一切关系的象征性方法。

还有一些差异存在于语言涉及不到的一般文化领域中，语言很可能是最为重要的文化领域，但绝不是唯一的文化领域。我曾提到过马林诺夫斯基极具启发性的著作。我还想提一下露丝·本尼迪克特的著作，她曾就文化的本质及其在生活中的地位说了下面的话：

> ……对于我们自己大脑的内部运作，我们感觉非常值得研究，但

> 是，我们有一种思维方式，认为习俗只是最为平常的行为。事实上，这完全不是那么回事。世人所继承的传统习俗实际上是大量详尽的行为，比之任何一个人在其个体行动中所能演化出来的东西来更为令人惊讶，而不管其是如何的异常。不过，那是问题的一个相当微不足道
> 26 的方面。最为重要的事实是，习俗在经验中和信念中起着支配的作用，而且它还可以表现出巨大的多样性。
>
> 没有人会用原始的眼光看待世界。在他的眼里，世界由一组明确的习俗、制度以及思维方式组成……约翰·杜威曾经非常郑重地说过，习俗在塑造个体行为的过程中所起的作用，与他所能影响传统习俗的任何方式形成了鲜明对比，就像他母语的全部词汇所占的比例，与他自己的孩子交谈时所使用的词汇占据家庭用语的比例形成了鲜明对比一样……个体的生活史首先是对他社区中传统地继承下来的模式和标准的顺应（accommodation）。从他出生的那一刻起，他所处的习俗就塑造了他的经验和行为。到了他能够说话的时候，他成了他的文化的小奴隶，而到了他长大并能参加文化活动的时候，文化的习惯就成了他的习惯，文化的信念就成了他的信念，文化的不可能性就成了他的不可能性。每一个与他身处同一群体的儿童都将和他共享上述这些东西，而生于地球另一端的儿童，没有一个能够获得上述东西中哪怕是千分之一的部分。没有哪一个社会问题像习俗作用这个问题这样让我们感觉义不容辞。在我们理解它的规律和多样性之前，人类生活主要的复杂事实必定还仍处于不可理解的状态。①

根据我对所有这些各式各样的人类差异因素的讨论，人们乍一看也许会认为，这些差异应当成为我们研究的主题。但是，我们将试图研究人类的相似性。而且，我们不会研究人本身，而是研究他们做什么，以及就他们为什么这样做而相当可靠地推断出的东西。

最具包容性的生物学、心理生物学术语是经验（experience），我们对这个词已经有过多次接触，对于这个词，我将提供下面这段界定性陈述：

经验指的是所有生活过的、经历过的以及诸如此类的东西。经验是一个活着的有机体凭其自身而参与之事件的内在成分，也就是说，作为有组织的实体参与其中。经验的有限特征取决于有机体的种类，同时还取决于所经验之事件的种类。

---

① Ruth Benedict, *Patterns of Culture*; Boston: Houghton Mifflin Co., 1934; pp. 2 - 3.

经验与有机体所参与的事件并不是一回事；当我看并看到一只蛙时，27
我关于这只蛙的经验——我关于这只蛙的知觉——并不是这只蛙。这只蛙（如果它是一只“真正的”蛙的话）——这绝不是必要的——反映了当时存在的一种特殊光线模式；我的双眼经受了这种特殊光线模式的冲击；紧接着发生了各种不同的“内部变化”，包括“内部”资料对蛙这个概念的识别。

换句话说，有一个相对“外部的”客体，引起了我们所谓的“使我与之接触”的某些东西；同时，还存在着一组发生在这里或那里十分复杂的、相对私下或“内部的”状态变化，对此，我可以称其为知觉活动，而其结果便导致了知觉对象（percept）。在我们认识世界的当前状态中，没有任何东西可以表明，在对事件进程所知觉到的特征（诸如把蛙知觉为蛙）和这一事件进程最终的“真实”特征之间，存在任何必然的对应性。

如果不去考虑知觉的内推活动（interpolated act），就会导致许多的伪事实和伪问题。有以下这一事实为证，即甚至一位非常有能力的哲学家——我认为，这里说的是查尔斯·莫里斯（Charles Morris）——在提出一种信号理论（theory of signs）时，对下列事实进行了评论，即有某个物件正在趋近于我们，在它触及角膜之前，我们就开始眨眼睛，把眼睛闭上。这是日常言语中大量相似现象的一个颇为典型的例子——不论这种日常言语声称自己有多么科学——它实际上相当严重地误导了一个人。事实无疑是这样的，即一种减弱的照明模式正以某种特定的方式触及角膜，而先前的经验已经对这种特定的方式作出了解释。

查尔斯·斯皮尔曼（Charles Spearman）用原始感觉（sentience）这个词来意指一些我们从中获得信息的原始数据。[①]我想在这里提供一种关于
原始感觉和任何其他关于经验之原始数据——以及关于记忆现象学——的 28
理论，将其作为与事件之冲击有关的有机体之意义重大状态的整体。

在我关于蛙的例子中，我曾试图强调知觉活动的重要性。这种知觉活

① 例如，可以参阅查尔斯·斯皮尔曼关于原始感觉和经验的讨论，*The Nature of ‘Intelligence’ and the Principles of Cognition* (London: Macmillan and Co., 1923; in particular pp. 36-47)：“……一切认识都必然开始于感官经验……在事物与知觉经验之间，横插着一条长长的、复杂的，而且往往松散地联系在一起的事件链条，它们既完全不同于在其近端的意识知觉，也完全不同于在其远端逐渐消失的事物……知觉对象，在它们听从于普通的内省（introspection）时，就已经远离了这里主要讨论的东西，也就是说，远离了感觉刺激对意识的最初效应；它们已经不知不觉地拥有了一段事件历史，不仅涉及个体生活中先前的场合，而且甚至还涉及这个场合本身……感觉刺激最初的（而且大部分是无法进行内省的）心理效应，将会在严格的状态意义上被我们理解为真正的感觉……对此，‘原始感觉’很可能是一个更适合的术语……”——编者注

动介于外部现实和我们内心所拥有的东西之间。我们内心所拥有的东西开始于经验，而且人们也坚持认为，为了这种理论的经验都必定以我将提出的以下三种模式发生，其中之一通常是（但绝不是必然是）限于人类
29 的。这三种模式是：未分化的、不完善的和综合的。[①]我将提供这样一种论点，即这三种模式主要是关于对事件进行“内部”阐述的问题。最容易讨论的模式也是相对不常见的模式——那就是以综合的模式发生的经验；人们对其有所了解但却较难进行讨论的，是以不完善的模式发生的经验；而通常无法进行任何系统阐述，并从而也无法进行任何讨论的，是以未分化的或原始的模式发生的经验。这些模式之间的区别在于人们接触事件时所作阐述的程度和特征。

未分化的模式（似乎是记忆的大致基础）是最为粗糙——我还可以说——最为简单、最早，而且很可能是最为丰富的经验模式。原始感觉（从实验的意义上说）与我所说的未分化的模式有着许多相关之处。至少在生命的头几个月，未分化的模式可以被视为敏感有机体分离的瞬间状态系列，尤其涉及与环境的相互作用区。我之所以用“敏感的”这个术语，是试图把所有那些感知有意义事件的渠道都带入你们的概念之中——从譬如说我臀部的触觉器官（它告知我，这是一把椅子，而且我在上面坐的时间够长了），到各种传递信号的感受性（它们已经得到发展，以满足我在生活过程中的需要）。这就好像是所有敏感的、主要表征的东西都是不确

---

① 我们要感谢帕特里克·默拉希，感谢他允许我们引用他对沙利文三种经验模式的界定（Patrick Mullahy，*Oedipus*，*Myth and Complex*；New York：Hermitage Press，Inc.，1948；pp. 286 - 291）：“一切经验都以这三种模式中的一种或几种发生——这三种模式是未分化的、不完善的和综合的。未分化的模式（正如这个可怕术语的希腊语词根所表明的那样）指的是婴儿所拥有的第一种经验，以及这种经验发生的顺序或排列……根据沙利文的假设，婴儿所‘知道’的一切都是瞬间的状态，之前与之后的区分是后来才习得的。婴儿模糊地感觉到或‘领悟到’早一些或晚一些的状态，但认识不到它们之间任何的系列联系……他意识不到自己是一个与世界的其余部分相分离的实体。换句话说，他所感觉到的经验完全是破碎的、未分化的，而且没有明确的范围。就好像他的经验是‘广阔无边’的……”“随着婴儿的成长和成熟，原始的未分化的经验整体被打碎了。不过，这多个‘部分’，这不同的方面，这各种不同的经验并不以一种逻辑的方式联系或联结在一起的。它们只是‘碰巧’联系在了一起，或者没有联系在一起，这要取决于环境。换言之，各种不同的经验被感觉为是伴生的，而并没有公认为是以一种有序的方式联结在一起。儿童还不能将它们互相联系起来，或者在它们之间作出逻辑的区分。他们所经验到的东西被假定为是此类事件发生的‘自然’方式，而没有任何的反省和比较。由于没有建立起联结或联系，因此就不存在从一个观念到另一个观念的逻辑‘思维’活动。不完善反应模式并不是一个按部就班的过程。经验被体验为是一种瞬间即逝的、毫无联结的存在状态。”“……儿童逐渐学会了语言‘一致有效’（consensually validated）的意义——从语言最为广泛的意义上说。这些意义是通过群体活动、人际活动和社会经验而获得的。一致有效的符号活动涉及一种对原则的诉求，这些原则被听者作为事实而加以接受。当这种情况发生时，青少年便获得或习得了综合的经验模式。”——编者注

定但却极其丰富的照明配电盘；如果你遵循我的说法的话，则在任何分离的经验中，在该配电盘上显示出来的光线模式就是基本的未分化的经验本身。这条线索可能会向你表明，我认为，从生命的开始到结束，我们经历了一系列有机体瞬间状态的分离模式，这并不意味着其他有机体正对它发生作用，而无疑意味着其他有机体的事件正朝着这种瞬间状态的变化发展，或者实际上对这种变化产生影响。

直到我勾画出人类新生儿所经历的一系列的阶段，这些术语以及其他 30
许多术语的完整涵义才会显示出来——用我的话说，人类新生儿是一个潜在的成熟个体。因此，我会马上开始追踪人格的发展史，正如你们将会看到的，人格的发展史实际上是人际关系各种可能性的发展史。

第三章 公设

31 ## 借自生物学的三个原理

我想在这里提及三个原理，这三个原理是我的逻辑哲学或理论的组成部分，并且与我的思想体系交织在一起。这三个原理是我从塞巴·埃尔德里奇（Seba Eldridge）的生物学中借用过来的[①]，它们是：共存原理（principle of communal existence）、功能活动原理（principle of functional activity）和组织原理（principle of organization）。正是通过处理对这些原理的运用，一切基本的生命现象学才能够在生物学的水平上被置于有意义的参考框架之中。共存原理指的是这样一个事实，即当活着的生命与它所必需的环境分离时，便无法生存。尽管这种情况在某些较高的生命水平上不像在较低水平上那么明显，因为在较高水平的有机体身上，储存能力多少掩饰了对于交换的完全依赖，但事实上，活着的生命通过自己的临界隔膜，与周围物理化学世界中某些元素保持经常的交换；一旦这种交换被中断，有机体就会死亡。因此，所谓共存原理，我指的是一切有机体与其必需的环境持续、共同存在，共同生活。我不想展开来谈组织原理，因为它
32 几乎不需要任何特别的强调。而功能活动原理，当然是实际上构成生命之

① 我第一次接触到这些简明陈述的原理是在埃尔德里奇所撰写的一本名为《生命的组织》（*The Organization of Life*）的书中（New York：Thomas Y. Crowell Company，1925），我正是从这个资料来源借用了这三个原理。尽管本书提出了一些不同的一般性思考，但它或多或少继续激发了一种至少此时并不流行的特定生命学说。

过程的最为一般的术语。[①]

通过对这三个原理的思考，我们有可能根据这一事实而认为人类是有别于植物和动物的，即人类的生命——从一种非常实际的意义上说，而不仅仅是从纯文学或想象的意义上说——需要与环境进行交流，这里的环境包括文化。当我说人类与生物世界的其他成员有着非常显著的区别（人类需要与一个文化世界进行交流），事实上，这意味着既然文化是人类的一种抽象物，人类就需要人际关系，或者需要与他人进行交流。尽管存在明显的例外情况（对此，我在后面将会提到），但很少有人能长时间中断自己与他人间接和直接的关系，而不经受人格上的恶化。换句话说，这样的中断很可能不会像动物断氧那样造成致命的结果；但是，其危害方面肯定会出现在正确的参照言语领域，而且这并不仅仅是一个比喻或一个寓言。

人种公设

现在，我想介绍我习惯上所称的人种假设或人种公设（one-genus hypothesis or postulate）。关于这种假设，我措辞如下：我们假设，每个人之间的相似性要比他们之间的相异性大得多，反常的人际情境（由于它们并非出自语言或习俗的差异）是有关人等相对成熟度之差异的一个功能。换句话说，任何两种人格之间的差异——从最低级的低能儿到最高级的天 33
才——都不如缺乏天赋之人与最为接近其他生物种类之人之间的差异那么显著。一个人——不论其在生理上如何普通——只要他被冠上了这样一个名称，即人格，那么，与世界上的任何其他东西相比，他将与其他任何人的人格相像得多。正如我在前面曾试图暗示的那样，正是在某种程度上以此为基础，我才一直专注于一门关于人类同一性的科学（或者你也可以说是关于人类相似性的科学），而不是关于个体差异的科学。换句话说，我试图研究的事物的程度和模式是我认为人类所共有的。

发展的启发性阶段

我想在这里提出一种对人格发展的启发性分类（heuristic classifica-

① 埃尔德里奇把其他两个原理描述如下："在有机体和环境之间发生相互作用的每个阶段……一组复杂的反应开始起作用……有机体和环境之间这些相互作用的过程（包括有机体各个组成部分与其环境之间的相互作用）构成了所谓的功能活动或生理活动……有机体的第三个属性是组织本身的属性。这个术语不仅意指静态的有机体结构，而且还指这种结构的变异性（不仅指个体，而且指种族的变异性）……事实上，这种属性还可以被视作生理过程的组织，以及这种组织的变化倾向。或者，再改变一下我们的术语，它是生命活动的形态特征，即在过去以无数的生命形式来表现自己，而且在将来注定会采取无数其他形式这样一种属性。"（p. 2）——编者注

tion of personality development），这种分类对于思维组织来说非常方便。这些启发性阶段是：婴儿期、童年期、少年时代、前青年期、青年早期、青年晚期、成年期或成熟期。

婴儿期（infancy）的时间跨度为：从出生后的几分钟到出现发音清晰的言语，不论这种言语是否能够交流或者是否具有意义。童年期（childhood）的时间跨度为：从能够发出清晰的声音（或者属于言语的声音）到游戏伙伴需要的出现——游戏伙伴就是同伴，也即在各个方面与自己相似的合作伙伴。接着就进入了少年时代（juvenile era），这个时期包括小学的大部分时间，一直到由于成熟而产生了与另一个与自己状况相似的人建立亲密关系的需要为止。紧接着，就进入了我们所谓的前青年期（preadolescence），这是一个极其重要的时期，不过时间上相当短暂，它通常以生殖器性欲和发身的出现而告结束，不过，从心理学或精神病学上说，从对同性感兴趣转变为对异性有强烈的兴趣，就宣告了这个时期的结束。这些现象标志着青年期（adolescence）的开始，它在我们的文化中（不过，它随文化不同而不同）一直持续到个体模式化了某种行为来满足自己的情欲（lust），即个体的性驱力。这样的模式化便引出了青年晚期（late ado-
34 lescence），它作为一个人格时期，一直持续到人格中任何没有完全发展的方面与其时间分割形成恰当的关系为止；这样，一个人便能在成年期（adulthood）建立起对某个他人的爱情关系，在那种关系中，那个人与个体自身一样重要，或者几乎一样重要。这种与另一个人真正高度发展的亲密关系并非生活的主要任务，但是它很可能是生活中产生满足感的主要源泉；从那个时候起，一个人的兴趣在深度或广度上继续发展，或者既在深度上又在广度上继续发展，直到有机体内令人不悦的退行性变化导致老年阶段的开始为止。[1]

我试图通过详尽地阐述这些发展阶段中每一个阶段容易想到的可能性来勾勒我的理论，表明事件的开端，不论它们在开始的时候能否被观察到，或能否相当有把握地进行推论，它们都始于个体的出生，并至少朝着实龄的成年期前进。

欣快和紧张

在我们看来，除了生物的或人类的公设以外，我们还需要从人类活动

[1] 这里，有关这些启发性阶段的界定已合并了沙利文于1945年发表的关于精神病学访谈（The Psychiatric Interview）若干演讲中的另一种界定。——编者注

的其他领域借用一些概念，包括从数学领域借用一些概念。在这里，我特别想提到的概念是极限思想（idea of limits）和绝对概念（notion of absolute）。我在思考人际关系时，会不时地用到绝对的构想。也就是说，我试图根据某些确实存在的极端事例来进行推断，以界定一些我知道并不存在的东西。这些理想的构想或极性的构想有助于清楚地讨论一些或多或少接近于这些极性绝对（polar absolutes）的现象。

在此，我想提及的两种绝对现象是绝对的欣快（absolute euphoria）和绝对的紧张（absolute tension）。我们可以将绝对的欣快界定为一种完全健康的状态。在一个非常幼小的婴儿的深睡状态中，可能会发生最接近于这种状态的，而且我们有理由相信人们可以观察到的欣快现象。而绝对的紧张，我们可以将其界定为对绝对欣快的最大可能的背离。人们可以观 35
察到的最接近于绝对紧张的现象相当罕见，且一向是相当短暂的恐怖状态（state of terror）。

欣快水平和紧张水平之间存在着一种互反关系，这是生命的特性；也就是说，欣快水平朝着紧张水平的相反方向变化。现在，我准备坦诚、全心地参照数学中的一些原理——我想，部分原因在于我的兴趣。欣快水平与紧张水平之间的互反关系可以借 y 是 x 的函数来表示，其关系是 $y=1/x$。

你们中间那些还记得用数字表达换算公式 $y=1/x$ 的人，也许会想起，当 x 等于 0 时，y 是无限的，而不管 x 的值增加到多大，y 都不可能为 0。也就是说，其限度——当一个为 0，而另一个为无穷大时——实际上永远都观察不到。换种方式来说，绝对的欣快和绝对的紧张是一种在思维中有用的构想，但它们实际上不会出现。这些绝对现象有时候会有近似的表现，但几乎所有的人可能都不会单纯地处于一极，而是居中者较多；也就是说，他们身上具有某种水平的紧张，同时欣快的水平也不那么高。

虽然欣快不会给我们带来很多麻烦，但紧张却是我们思维中一个十分重要的部分。[①]关于这个紧张的问题，我想在这里摘引我的一篇论文中的一段话：

---

① 有人也许会对从哲学角度证明紧张概念非常感兴趣，对此我想提及阿尔伯特·邓纳姆（Albert Dunham）的一篇论文［"The Concept of Tension in Philosophy," *Psychiatry*（1938）1：79-120］，在这篇论文中，他讨论了紧张概念的哲学阐述，此外，我还想提及库尔特·勒温的著作，我认为，在解释人类行为方面，勒温最早提出了对紧张概念的系统阐述（参见 Kurt Lewin, *A Dynamic Theory of Personality*, translated by Donald K. Adams and Karl E. Zener; New York: McGraw-Hill, 1935）。不过，库尔特·勒温的概念与我即将展开的概念绝非一致。

在任何把人格视作一种实体的讨论中，我们都必须使用经验（experience）这个术语。不论对经验还可以说些什么，归根结底，它都是紧张的经验和能量转化（energy transformations）的经验。我是在与谈论物理学完全相同的意义上运用这两个术语的，因此，无需加
36 上诸如“心理的”之类的形容词——不管人们可能如何地构想“心理的”经验本身。

在人格和文化领域，紧张被认为有两个重要的方面：紧张是活动的一种潜在可能性（potentiality），是能量转化的一种潜在可能性；紧张是一种感觉到的或有意注意到的存在状态。前者是内在的，后者却不是。换句话说，紧张通常是活动的潜在可能性，同时，紧张可能具有一种感觉到的或表象的成分。我们没有理由怀疑这种可能发生的、非内在的因素是经验的一种功能，而不是紧张本身的一种功能，因为它以同样的方式应用于能量转化。它们同样也可能具有感觉到的或表象的成分，或者在人们没有有意觉察的情况下出现。①

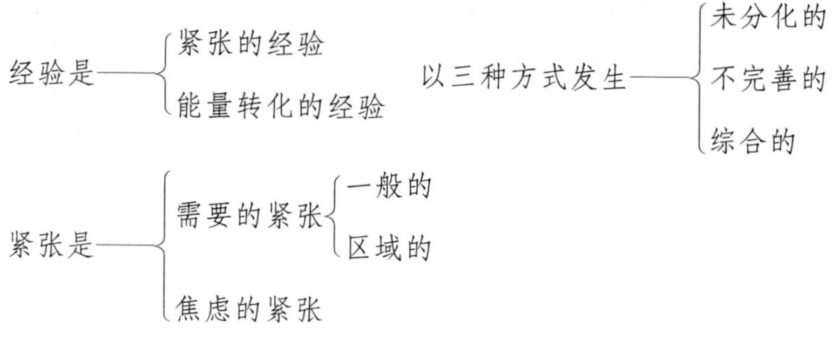

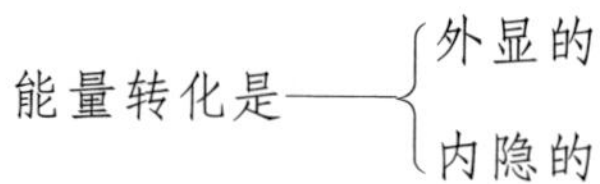

不过，经受紧张和能量转化（不管这些事件有可能是怎样的不带任何表象的成分）从来都不会外在于整个机体，而且在许多情况下都不会超越某种回忆（recall）的可能性——这种回忆是动力性幸存、

① 当我提到紧张或能量转化感觉到的成分时，我实际上是以后两种方式谈论经验，即不完善的反应方式和综合的方式，这是因为正如我一再坚持认为的那样，要想用未分化的方式来讨论任何进入意识的经验，实际上都是不可能的；据我所知，当一种紧张存在于一个人身上，并且完全没有被注意到时，那就只能意味着它是以未分化的方式被感觉到的。但是，这没有什么太大的关系，因为没有哪种方法可以证明事实就是这样；我之所以作此注释，纯粹是为了理论上的完善，如果你愿意的话，我就提请你注意这一点。

真实过往的指征，对预见的性格和在动力方面有重大意义的临近未来具有可察觉的影响。①

现在，让我们回到我关于人性动物成为一个人的发展过程的描述，我 37
曾说过，欣快可能就相当于有机体的整体平衡，我们知道，尽管这种情况不可能存在，但是在紧张处于最低限度的那些时间间隔或瞬间，就会接近于这种状况。在十分年幼的婴儿身上，当呼吸循环开始其终身的进程，当体温没有什么不正常，当水的供应和食物的供应（通常在胃中）充足，当没有任何有害的事件对后来所谓的“意识”的外周进行冲击时，这些间隔就会出现。

需要的紧张

短暂地或周期性地降低婴儿欣快水平并影响其存在之生物失衡的紧张，是主要和与物理化学世界共存有关的需要（needs）。在生命的早期，我们只需假定与物理化学世界的共存，但是，当我们作了那个假定时，我们就必须非常清楚地认识到，婴儿本身并未充分地准备好维持那种绝对必要的共存。因此，婴儿还必须有一位照料者；虽然我知道，就像历史神话所描述的，由狼或猿来照料婴儿也没有什么固有的困难，但是，一个残酷的事实是，我们尚无可靠的或可证实的证据表明有哪个人是由狼、猿或其他动物抚养长大的——如果我们确有这样的人，那么，我们对人性动物便可以了解更多一些了。

这些扰乱了婴儿存在之平衡状态的短暂的或周期性的紧张的缓解，无疑就是不平衡状态之特定根源的平衡，不管这种不平衡是由于缺氧、缺糖、缺水，还是缺乏适当的体温，都是如此。由于这些缺乏而引起的紧张缓解，我称之为有关特定需要的满足（satisfaction）。

在此，我想提一下——这一点的直接相关性将会逐渐地显现出来——我们可以这样来界定满足：婴儿以其活动（也就是，能量转化）来弥补那种生物上的不平衡。换句话说，当一种需要从广义的生物学意义上说不平
衡时，这种需要便从活动或能量转化中获得其意义，而这会导致这种需要 38
获得满足。

当我谈到婴儿用活动或能量转化来弥补生物上的不平衡或满足需要

① 沙利文的话，可见 *Culture and Personality*，edited by（S. Stansfeld Sargent）and Marian W. Smith（Proceedings of an interdisciplinary Conference held under auspices of The Viking Fund，Nov. 7 and 8，1947）；New York：The Viking Fund，Inc.，1947。

时，人们可以很容易就看到，婴儿的呼吸运动是如何用来弥补他对氧气的需要，吮吸动作是如何用来弥补他对糖和水的需要的。但也有一点不那么明显，譬如说，婴儿的任一活动是如何用来满足其维持体温的需要的。不过，那些与新生儿打交道的人们都知道，一旦婴儿有什么需要，他们所采取的行动是可以察觉的。如果没有给他们盖上被子而导致热量散失，啼哭便会成为婴儿最初的活动，它指向于减少热量散失的需要；而热量散失的减少，即适当内在体温的体验，便是对那种需要的满足。

需要与满足的交替产生了经验，或者，如果你愿意的话，可以说，这种交替就是经验——不用说，当然是以未分化的方式。需要——由于不平衡而感觉到的不适、欣快中特定紧张的减弱——开始朝着减弱的方向分化，这相当于通过适当的活动而清晰地预见到紧张的减弱。不用说，这种预见是对临近未来的体验——而且，这种体验也必定以未分化的方式出现在婴儿早期，因为这种经验没有其他的基础了。我实质上要说的是，婴儿第一项成功的活动——例如，用呼吸来缓解缺氧状况——就开始确定了对氧气之需要的本质（在此之前，这种需要尚未分化），同时也开始确定了极度紧张（或欣快几乎完全的缺失）的本质。因此，随着婴儿最初活动的开始，最初与需要之减弱及其暂时的完全消退相关的能量转化的开始，人格便发展出了后来可以明确地将其确定为预见功能（foresight function）的东西。大量的真理（它们将逐渐显现）都隐藏在这一陈述之中，不过，我现在想指出的是，这确实意味着某些有关临近未来的东西。

大体说来，任何可以进行讨论的经验——也就是，以综合的方式或不
39 完善的方式获得的经验——始终与近期过往的要素（有时甚至是与遥远过去的要素）、近期未来的要素（预期、期望，等等）相互渗透。这些要素在决定紧张转化为活动的方式方面有着强有力的影响，也就是说，对紧张的潜在可能性转化为活动的方式有着强有力的影响。

与其他一切生物不同，预见所具有的相对强大的影响是人类的显著特征之一。关于表象（representation）的整个哲学教义，也可能（如果你愿意的话）隐藏在这一陈述中，即成功的活动创造了或者等同于——我可以用很多含糊的措辞来表达，但这些措辞都不能完全传达我在这里想要表达的意思——预见到的减弱。

下面，我想摘引一段库尔特·勒温论环境结构和需要的文字：

> 婴儿的生活空间特别小，而且尚未分化。这种情况同样适用于他的知觉空间。随着儿童生活空间的逐渐延伸和分化，一个较大的环境

> 和迥然不同的事实便会使心理现象得以存在，而这种情况也同样适用于动力因素。儿童以不断增长的程度学会了控制环境。同时——而且，这一点依然很重要——他开始在心理上依赖于不断增多的环境事件……为了探究动力问题，我们必须从儿童真实的心理环境开始。从“客观的”意义上说，社会联系的存在是一个尚未能够自己满足其重要的生物需要的婴儿得以生存的必要条件。这种社会联系通常表现为婴儿与母亲的联系，在这种联系中，从功能上讲，婴儿的需要是第一位的。[①]

根据对非常年幼的人类婴儿与其必要环境之间关系的相似考虑，我们有可能提取出一条一般原理，对此，我过去常称之为定理（theorem）。这一原理或定理被设计成以一种特别简洁紧凑、富有意义的方式来表达这种方法的基本派生物。

我的定理是这样的：婴儿可以观察到的源自需要紧张的活动引发了照料者的紧张，这种紧张被体验为温柔（tenderness），体验为一种想要进行旨在减弱婴儿需要之活动的冲动。换句话说，不管婴儿身上日益增强的需 40
要紧张表现如何——我们将研究在婴儿啼哭的能量转化中紧张的一种非常重要的表现——观察到这些紧张，或者观察到表明这些紧张存在的活动，都会在照料者身上引发某种紧张，这种紧张可以被描述为温柔的紧张，它是一种适合于——或者或多或少适合于——减弱婴儿需要的潜在可能性，或者是一种想要做出适合于——或者或多或少适合于——减弱婴儿需要之活动的冲动。从某个方面看，这是对温柔的一种界定——温柔是一个非常重要的概念，这个概念与那个混杂的、通常没有什么意义的术语“爱”（love）完全不同，后者在我们当前这个时代混淆了很多问题。

照料者为减弱婴儿需要而表现出来的活动，立刻就会被婴儿体验为温柔的行为；这些需要（这些需要的缓解要求另一个人的合作）随即就会呈现出对温柔的一般需要的特征。

现在，让我们来小结一下：由于婴儿表现出来的需要而在照料者身上引发的紧张，我们称之为温柔，而婴儿身上一组一般的紧张（这组紧张的减弱需要那些扮演照料者角色之人的合作），我们称之为对温柔的需要（need for tenderness）。正如我曾说过的，我认为，属于这种对温柔之需

---

① Work cited；pp. 74-75.

要的基本需要，是从婴儿与物理化学世界的必要共存中产生的需要。[①]

尽管我在谈到对温柔的一般需要时所涵盖的需要是由于婴儿物理化学的内部世界和外部世界——也就是，婴儿和必要环境的构成物——的不平衡而直接派生出来的，但是，这些一般需要都需有与另一个人的合作；因此，对温柔的需要作为一种人际需要，一开始就是根深蒂固的。此外，
41 照料者的互补需要是一种表现适当活动的需要，我们可以称其为一种给予温柔或表现温柔的一般需要；不论紧张和能量转化可能如何地混合于其中，它都属于人际需要的范畴，即使并非在所有的细节上都如此。

迄今为止，我所说的是——似乎以一种非常复杂的方式——由于婴儿实际上完全依赖于他人或某个特定他人的干预来生存并维持必要的交流，因此，母亲必须温柔地行事，帮助婴儿缓解各种反复发生的不平衡。只要强调这件事情绝不仅仅就像用一个好的孵卵器来抚育婴儿那样，那么，这种解释的复杂性就有原因了。

焦虑的紧张

不过，现在我想跳到另一个十分重要的话题，在这个话题上，我们混淆事情是人际的还是非个人的机会要小得多。同样，我也称此为定理：当照料者身上出现焦虑的紧张（tension of anxiety）时，它会在婴儿身上引发焦虑。这种引发的理论基础——母亲的焦虑是如何在婴儿身上引发焦虑的——我们一点也不清楚。这条鸿沟（即我们在理解现实方面的失败）已经引出了一些似乎有理而且很可能是正确的解释，用来说明母亲的焦虑如何在婴儿身上引发了焦虑。我仅通过下列方法就在这条鸿沟上架起了一座桥梁，我认为，这是不确定的——尚未界定的——人际过程的一种表现，对此，我用共情（empathy）一词来表示。有时，我与某些拥有特定类型教育史的人产生了很大的分歧；由于他们不认为共情起源于视觉、听觉或者其他某种特定的感受器，由于他们不知道共情是通过以太波（ether waves）、空气波还是其他什么波来传递的，所以，他们觉得难以接受共

---

① 唯一由非物理化学引起的需要（这种需要在婴儿早期很可能就可以证明，而且在此阶段之后不久就肯定会变得非常显眼）是对接触的需要（need for contact），所谓接触的需要，我指的是该术语的通常含义。从获得操作技巧和与有机体的边缘性接触，如说谎等这个意义上说，非常年幼的孩子似乎已经真正地具有纯人类的或人际的需要。但是，当我像现在这样谈论婴儿出生后的最初几周和最初几个月时，这种说法可能只是一种猜测，人们无需彻夜不眠地担心它是否会得到证明。

情这个概念。但是，不管人们是否接受共情学说，这一事实都存在，即当照料者身上出现焦虑的紧张时，会在婴儿身上引发焦虑；我相信，这条定理可以得到证明，那些拥有儿科经验或育儿经验的人实际上掌握了一些数据，如果没有其他同样简单的假设基础，这些数据便可以得到解释。因此，尽管共情听起来有些神秘，但请记住，世界上有很多东西听 42
起来都是颇为神秘的，只要你习惯就好了；对于共情，或许你也会习惯的。

我在焦虑这个话题之前所讨论的一切，除了我曾暗示过的与有机体接触的需要之外，都是婴儿在生物学方面所必需之共存的一种机能。现在，在讨论焦虑时，我开始涉及某种与年幼儿童的物理化学需要没有任何关系的东西。我们称之为焦虑的紧张基本上属于婴儿（也属于母亲）与个人环境的共存，它们与物理化学环境截然不同。鉴于目前提出的这些原因，我把这种紧张与已被人们称为需要的其他各种紧张作了区分，我认为，焦虑紧张的减轻，即某个特定方面的重获平衡，是人际安全（interpersonal security）的体验，而不是满足的体验。

被称为焦虑的紧张（正如早先时候以未分化的方式经验到一样）是由于缺乏任何特定的东西而从欣快的其他一切减弱中分化出来的——你们也许还记得，在说到需要的紧张时，我提到过不平衡的特定来源，例如缺氧、缺水或缺糖等。由于焦虑中缺乏这些特定的东西，因此，在通过适当的活动来减弱焦虑方面也就缺乏分化。婴儿没有能力从事减轻焦虑的活动。虽然正如我们已经提出过的那样，需要好像开始得到承认，或者根据婴儿最初与减弱需要有关的活动而从经验上得到描述，但是，焦虑的减弱却没有这方面的东西。婴儿没有哪个活动总是频繁地与焦虑的减轻相联系；因此，对安全的需要或对摆脱焦虑的需要，与从其第一次假想显现中产生的所有其他需要有着非常明显的不同。

或许，我应当稍微扩展一下这个观念，这样它的含义就不会那么模糊了。在不确定的婴儿早期，婴儿身上所出现的与他和物理化学环境之间的关系联系在一起的紧张，倾向于相对局部化，并具有原型（prototype）的标志，也即我们后来所谓的情绪体验（emotional experience）的东西。因此，与对水的需要相联系的经验，或者与这种需要相联系的紧张，开始呈现出特定的特征。这也同样适用于对热的需要、对糖的需要，以及对氧的 43
需要（我马上就会以相当的篇幅来对此展开讨论）。联系的经验所具有的这种多少有点特定的特征（如果你愿意的话，也可以说这个标志，它是经验的特征），允许活动的分化，以适应或合乎这些需要的缓减。经过多年的发展，作为一个成年人，你知道自己什么时候产生了饥饿感；也就是说，由于你产生了对食物的需要，或者由于肝脏拒绝放弃食物，直到它有希望得到新的供给为止，你便能够将与紧张相联系的经验分化出来。你通过这种特定经验的标志，认为“我饿了”，进而去找一家饭馆，或者考虑从哪个人那里骗一顿饭吃。这就是在你目前正具有之经验的特定特征的基础上为减轻紧张而从事的适当活动的分化。

现在，我的观点是，与其他这些紧张截然不同的焦虑，没有什么特别的；焦虑不会自己逐渐地与假定的但可能合理的胃部收缩、喉咙干燥等相联系。它并不具有那种特定的特征，结果，在早期的焦虑体验中，便没有任何基础来给适合于避开或减轻焦虑的活动作出分化或分类。所以，我说，婴儿没有能力做出减轻焦虑的活动。

正如我曾说过的，人类为了各种或多或少有些特定的满足而表现出需要。由此推论，我们可以说对人际安全的需要就是摆脱焦虑的需要。但是，焦虑是无法驾驭的，它由于另一个人的诱导而产生。婴儿操控另一个人的能力很有限，一开始，他只能通过表现出需要来唤起温柔；而在婴儿感到焦虑的情境中对其所表现出的需要作出反应的那个人，相对来说没有能力作出此反应，这是因为引发婴儿焦虑的正是父母的焦虑——正如我马上就会解释的那样，焦虑总是会干预任何与它恰好重合的其他紧张。因此，关于共情联系（empathic linkage）的早期证据，表明了这样一个特点，即焦虑是无法驾驭的。

44 焦虑是一种与需要紧张相反的紧张，它也与适合于紧张缓解的活动相反。它与照料者身上的温柔紧张也相反。它干扰了婴儿期行为的顺序，也就是说，干扰了婴儿在与物理化学环境的共存中不断增长的有效性。例如，它干扰了婴儿的吮吸活动，并且无疑也干扰了他的吞咽活动。事实上，我们可以直接说，焦虑与需要的满足相反。在当前所有的经验中，焦虑的经验最不会被过去和将来的要素明显渗透；它是最不可解释的，也最难产生预见。换句话说，由于我一直在讨论的这些因素以及其他各种因素，过去的解释性识别要素和对将来焦虑减轻的预见（在任何特定的情境中，它们对于说明各种活动或能量转化非常重要），在焦虑这一领域最容易被忽视，且最难发现。

在其他所有领域，需要的分化（不管多么荒谬）和为了减缓这些需要而对适当活动的选择——或者，甚至是非常不适当，但却声称旨在缓减这些需要的活动——表明了过去的影响，甚至表明在很早阶段，对不久将来之预期要素所产生的影响。不过，在焦虑中，由于没有开始这种分化的途径，因此也就难以获得过去的焦虑经验来解释解释当前的情况，而且，我们几乎可以说，焦虑与预见无缘。现在这种表达非常不确切。但是，我们至少可以这样说，一个人越焦虑，在选择适合于当时正在体验之紧张的活动方面，他所具有的人类独特的预见功能便越不能自由发挥有效作用。

体验焦虑的能力并非人类所特有的能力，但是，在人际关系中，焦虑
的作用非常重要，以至于将它从其他所有紧张中分化出来至关重要。因
此，接下来我将回顾一下婴儿紧张史方面可能发生的各种情况，包括最早
的焦虑经验的发生。在这个过程中，我将特别提及恐惧和焦虑之间似乎真
实（很可能是非常真实的）的关系。但是，我真诚地希望，大家不会因此
而认为我把焦虑等同于恐惧。相反，我想要说的是，在以特定标志为基础 45
而分化的所有经验中，唯一在原始焦虑的经验射程内出现的经验是恐怖
（对此我已作过暗示），它是人们可以想象得到的最为接近于绝对紧张的
东西。

第二部分

发展的新纪元

第四章
婴儿期：人之初

应对恐惧紧张的方法

新生儿所面临的首要的最大危险是缺氧，即剥夺氧气与细胞组织的接 49
触。当新生儿离开母体时，这种危险就会变得急剧，之后这种危险迅速加剧，并一直持续到呼吸循环成功建立（之后，空气的流通均由此循环来完成）。在生命中的任何时刻，缺氧这种危险的重现，都伴随着一种异常的害怕，我们称之为恐惧。除了缺氧之外，其他一些危险也可能会引起恐惧，但是，子宫外生活伊始，任何对与肺部正负压力之循环交替有关的身体自由活动的干扰，都会引起婴儿或年龄稍大儿童的一般活动，这暗示了我们在今后生活中无可非议地称其为狂怒（rage）的行为的出现。不过，在我说到婴儿的活动可以暗示日后我们在狂怒的成人身上可以看到的行为时，我并不像老的行为主义者那样，要求你们把狂怒描绘成一种原始情绪。我想说的是，在任何人生活中的任何时刻，使另一个人感到恐惧的最为确定的方式，就是快速使其缺氧。窒息、被二氧化碳或无氧气体包围，等等，都是非常可怕的体验。缺氧危险的独特性，不仅在于阻碍呼吸的一切会引出强烈的害怕，这种害怕很快就会变为恐惧，我们在婴儿身上可以看到这种行为，譬如尖叫、乱踢等，而且，若缺氧情况继续发展，在死亡
真实发生之前，有机体就会全身痉挛，就好像摩托车发动时产生的震颤 50
一样。

从最轻微形式的害怕到最强烈形式的恐怖，都被人们看做是由于危险而产生之紧张的感觉到的方面，这些危险是对于有机体之生物性整合或存在而言的危险。这些危险通常包括缺氧的危险，即我刚刚讨论过的氧气缺乏，口渴的危险，即水的缺乏，缺乏碳水化合物或其他化学食粮的危险，过冷的危险，身体摩尔损伤（molar injury）的危险，即身体大规模损伤

的危险，以及各种维持生命所必需之因素的削弱或故障而带来的危险。循环性故障很可能是一种与缺氧同样久远的危险，而且，如果迅速加深的话，也极易引起恐惧。

如果从成年人的立场来思考恐惧，你就会发现，有四种一般的模式可以用来应对或缓解恐惧紧张。如果你此时完全忘却了童年，同时想象自己正处在一种引发恐惧的情境里（譬如在一个战争情境中，一个不断逼近的敌人让你感觉受到了威胁），那么，你将会认识到，应对恐惧的模式之一就是移除或破坏引发恐惧的情境。另一种模式是逃开引发恐惧的情境。第三种模式（这种模式不会立马就不证自明）是中立化引发恐惧的情境。要描述第四种一般的模式，我得用一个容易让人误解的词：第四种模式便是忽视（ignore）那些引发恐惧的情境。如果你考虑一下一些常见的对我们身体组织的危险，如交通事故及其他一些交通危险，就会马上认识到，我在说忽视这些危险时，所指的是相当复杂的过程。例如，虽然一个人知道穿越繁忙街道时所遭遇的危险与乘坐飞机时遭遇的危险一样大，但很显然，他在去处理日常事务时必须忽视穿越街道所固有的危险；但事实上，正如我说的那样，忽视这些危险暗含了一些相当复杂的东西。

至于应对恐惧的其他模式，移除或破坏危险之源是理所当然的。处理恐惧的传统方式，便是离开令人感到恐惧的东西，或者说逃避危险之源。在有些情境中，人们可以中立化恐惧。因而，举例来说，假定你正面对一
51 个曾经遭受暴力的人，如果你能使他深信，你同样也可以成功地运用暴力，那么，你就可以中立化他做出暴力行为的危险；当然，另一种方式是忽视他。

由婴儿的自由呼吸行为受到限制而引起的强烈运动性活动，可以有效地移除或避开那种受限制的情境。这种效果也许是直接的，也可能以引出母亲的活动为中介。现在，有些人对于使用所谓的目的论（teleological arguments）的合理性表示怀疑，在目的论者看来，目的以某种让人难以理解的方式引出了我们所讨论的现象。因此，我将尽可能不使用所谓的目的论解释。在很多方面，人性动物特征的许多细节都可以很容易地用目的论的观点来解释，但是，我们也可以将其视为由生存价值（survival value）控制的进化改变的结果。因此，即使你想的不是人类婴儿，而是小猫或小狗，你也会认识到，对这只小猫或小狗来说，它们所面临的危险之一，就是当它们为了减少热量散失而藏身于母体之下时，很可能会因此而缺氧。一旦发生这种情况，那么，由于氧气缺乏一开始就产生的这种剧烈

动作，会告知猫母亲或狗妈妈其幼崽所面临的危险。无独有偶，一旦人类婴儿由于毛毯阻隔了氧气的供应而受到缺氧威胁时，会以同样的方式做出剧烈的动作（这种动作最终可能会转为惊厥），这种动作将很可能引发母亲的活动，移除障碍物，或者把婴儿转移到能够重新接触空气的地方。由于我们不能像储存水或糖那样来储存大量的氧气，因此，对人性动物以及所有的高等动物来说，为保证实际上能够与周围的空气不断接触而预备大量的保险措施具有重大的生存价值。

正如我已经说过的那样，因氧气缺乏而引起的剧烈动作（类似于年长儿童发怒时的表现）对于避开限制性影响或供氧受到限制的环境来说，非常有效，这种效果可能是直接的——在我刚才说到的例子中，通过踢开床单——或者，可能是间接的，通过引起母亲的活动。与呼吸循环之建立相 52
伴随的听得见的空气振动——出生哭泣——是能够唤起母亲一般性温柔紧张之婴儿活动的第一个实例。有一段时间，哭泣一直是最适合于缓解恐惧的最为有效的婴儿行为。只要母亲的温柔行为能够恰当地致力于移除让人烦扰的环境，这种哭泣（婴儿自己能听到这种哭泣）就会被体验为恰当的、适当的行为。在许多其他情况下，尽管哭泣也许不能立即消除导致恐惧紧张的危险，但它至少能带来母亲的温柔（我们可以将其描述为随意的努力），而我们可以近乎合理地将这种温柔等同于摆脱了引起恐惧的危险。

由于我想尽可能地预防任何对这些思想的保留，因此，我将在这里谈一谈婴儿听到自己的哭声这个问题。对许多婴儿来说，刚出生时，中耳和耳咽管道充满了羊水，在这种情况下，我们很难证实一个婴儿能否听得见约 3 米之外的钢琴声。但是，尽管空气是一种能够很好传递声波的相对灵敏的媒介，而水、含盐溶液等虽然也能很好地传递振动，但却是相对不灵敏的媒介。由于哭泣时喉部附近会发生振动，并在咽喉的咽鼓管口周围得到反射和精炼，因此，有关婴儿能否听到自己哭声的唯一问题在于：听觉神经在出生时是否具备足够的功能。既然我们可以证实婴儿的听觉神经在出生之前便已具备足够的功能，那么，在我看来，我们完全可以说，婴儿能够听到自己出生时的哭声；在呼吸循环建立之后，婴儿当然能够听到他自己的哭声。因此，你将会认识到，既然我们正在讨论的是一种非常原始的经验形式，那么，谈论初生婴儿的体验就如同谈论阿米巴（amoeba，变
形虫）的体验那样真实可信——我们可以安全可靠地将阿米巴的体验用作 53
一种假设，用来说明一些可以观察到的事实。

从婴儿未分化经验的视角看，就其引发母亲恰当的温柔行为而言，这种哭泣是婴儿为移除或逃离引发恐惧的危险而采取的适宜、恰当的行为。

哭泣也因此被分化为一种适宜于消除恐惧的行为。

焦虑是对有机体的一种威胁

现在，让我们来考虑一下焦虑婴儿的案例——由于母亲焦虑而引发婴儿的焦虑。对共同的物理化学交替（physicochemical interchange），或对婴儿身体组织的威胁，并不引起焦虑。焦虑产生于对母亲焦虑的感应。它是人际团结所必需的功能，这种人际团结指的是婴儿在从事为满足其物理化学需要而必需的复杂活动时，要与某个足够成熟的人合作。我想再说一遍，导致恐惧的危险，可以通过四种方式来应对，至少对成人而言，情况是如此。但是，如果你仔细地考虑一下最初由母亲的焦虑所引发的焦虑，就会立即发现，不仅仅在婴儿期，甚至在生命的其他时期，我们都无法移除、破坏或逃避引发焦虑的情境。有人也许会认为，成人通过杀死那个使他产生焦虑的人，或者离开那个地方，来移除或破坏焦虑之源；但是，我后面的讨论将会清楚地表明，焦虑之源不是那么容易对付的。婴儿当然不可能采取什么措施来移除或破坏婴儿期焦虑之源，也无法逃避这种焦虑。

对婴儿期焦虑来说，哭泣通常是无效的，甚至有害。哭泣常常会增加母亲的焦虑，并因而加剧婴儿的焦虑。其部分原因在于，母亲焦虑的上升会让婴儿直接感应到更多的焦虑，还有部分原因在于，母亲的焦虑会影响她表现温柔的能力，尤其是会妨碍她采取正确措施的能力，例如帮助婴儿
54 逃避危险，等等。除非母亲停止焦虑，不然没有任何正确的措施可以用来缓解婴儿期焦虑。焦虑不仅干扰母亲的合作行为，而且还干扰婴儿满足其自身需要的行为，这种需要如果得不到满足就会引起恐惧；因此，如果婴儿在焦虑的同时，产生了某种需要，那么，在这个婴儿身上就会出现双重不利，这是因为他不仅焦虑，而且他的需要因为尚未满足而可能会增强。哭泣行为本身——也就是，构成哭泣的听得见的震动——会减弱呼吸的自由度，而且事实上，当哭泣变得剧烈时，还可能会出现呼吸障碍。因此，就像当哭泣既反映了需要导致的危险，又反映了由于母亲的焦虑而引起的婴儿期焦虑时人们所预期的那样，哭泣的加剧有可能会导致缺氧的危险。而这会使害怕迅速恶化为恐惧。现在，就像我在前面曾说到过的，婴儿共存中这些特殊的制约形式——以呼吸受到干扰为特征——引发婴儿做出一种剧烈的摩尔活动（molar activity），这种活动表明了后来可以恰当地称其为狂怒的行为。在儿科，我们经常可以看到这样的事实：有时候，婴儿得不到满足的需求、焦虑，以及相继而来的对呼吸自由的威胁结合到一

起，会令婴儿身体发青变紫（这意味着血液循环中供氧不足），还会使其出现大多数人称其为痉挛的一般性抽搐。现在，在我们面前出现了一幅画面，我相信，这幅画面已经清楚地表明了婴儿期行为在缓解焦虑方面的不适当性和不充分性。在这个发展阶段，焦虑的唯一来源是母亲的焦虑——也就是，那个重要的、人格相对成熟的、婴儿必须与其合作才能生存的人。

这种画面似乎表明，当需要和焦虑同时产生，会迅速发展为威胁婴儿生存的极度危险。从某种程度看，这种说法并非夸大之词。但是，如果说这就是问题的全部，那么现在可能就不会有我们人类这种特殊的物种了。 55
通过描述身体装置（the apparatus）以减缓和调节——平缓——心律的方式保护心脏免遭任何危险、致命活动的方式，我或许就可以最佳地向大家展现所发生的一切。这种所谓的迷走神经影响（vagus influence），不仅会减缓心跳，而且实际上可以让心跳停止——如果停止时间延长，就会致命。为了防止这种情况的发生，身体的某种装置表现出来，这种装置可以让心脏避免被抑制。因此，尽管迷走神经的影响会使心跳短时间停止，但心脏会恢复跳动，并迅速将氧气循环和营养供给方面丧失的时间补上。同样，在与婴儿期焦虑相联系之恐惧的发展过程中，我们也有动力机制（dynamisms，我用该词来取代装置一词）来保护婴儿免遭我刚描述过的需要和焦虑同时产生的极其危险的情况。至于动力机制的确切含义，我将在后面更为详细地加以例证。

情感淡漠与嗜睡分离的动力机制

在生命的早期以及在后来的生活中，都存在着一些由于这些紧急情境而出现的动力机制。在婴儿身上，一个这样的动力机制显著地表现为保护婴儿免遭这种几何级，即免遭由于那些没有得到满足的需要、焦虑以及由此引发的呼吸障碍（呼吸障碍会导致恐惧这种最大限度的紧张状态）的灾难。动力机制会干预我曾描述过的那种情境——它通常会由于母亲不断增多的焦虑持续恶化——它是人类（或至少是一些高等动物）所具备之适应能力的一部分。在一些环境中，一个人有可能会变得反应漠然，表现出我们所谓的情感淡漠（apathy）。如果处于情感淡漠的状态，所有的需要紧张（tensions of needs）就会显著减弱。你也许还记得，我在前面对两种紧张作出了区分：需要的紧张（它可以获得满足，我们可以将其体验为由于需要所导致之危险而产生的恐惧）与焦虑的紧张（它由人际关系情境所引发）。我们可以说，后者是对人际安全的需要，完全不同于与物理化学环 56

境的交换——为了保存身体组织的完整性和维持生命所必需之过程的顺利进行。所以，我说，在所谓情感淡漠的状态下，所有需要的紧张都会显著减弱。我并不太确定情感淡漠与焦虑之间的关系。这是一个比较深奥的问题，不过我可以马上告诉你，我已经解决了这个问题，或者至少暂时地解决了这个问题。

不过，我想先让你想象一个既焦虑又吓坏了的婴儿（我们或许可以把他描述为一个正在尖叫、乱踢的婴儿），同时设想情感淡漠如何干预了婴儿，使其紧张显著减弱，也就是说，并未实际上消除了紧张，而是使其大为降低。我们可以说，在这一特定的例子中，紧张首先是一种对食物的需要，然后，由于母亲的焦虑损害了孩子的进食，最终导致一种既对食物又对氧气的需要。情感淡漠会降低这些需要的紧张；不过，在情感淡漠的状态下，需要并没有完全消失，而仅仅只是明显减弱了而已，通常情况下，这样的需要紧张足以维持有机体的生命。这就是说，情感淡漠通常并不会使需要变得非常弱，以至于个体会冷静地或漠然地饿死、渴死、忍受毁灭性的伤害，等等。但是，这种情况只有在生理—化学—生物（physico-chemico-biological）范围内不出现任何异常危险时才是这样；只要情感淡漠普遍存在，个体就不可能对严重或极度的危险做出适当的紧张反应。我之所以补充这一点，不是因为它与我们有关婴儿的讨论直接相关，而是因为我希望你们能够认识到这一点，即情感淡漠作为逃避这种金字塔式紧张（这种紧张在恐惧状态——这是一种非常极端的状态——中达到顶点）的方式，它并不像为避免心脏停搏的装置那样让人愉悦、有效、安全。对后者来说，如果一个人足以承受心脏的停跳（事实几乎一直都是这样），装置就会一直工作下去；但是，对婴儿来说，当恐惧和焦虑混合在一起，则很容易导致死亡。因此，婴儿成长过程中的脆弱性甚于我所引证的例子中心脏的脆弱性。

在我们回头讨论如何解决情感淡漠和焦虑之间的关系这个问题时，我
57 想暂时性地用嗜睡分离（somnolent detachment）这个术语来指由于长时间的严重焦虑而引起的保护性动力机制，以区别由于需要未得满足而引起的保护性动力机制，即情感淡漠。我不知道嗜睡分离的动力机制是否早在婴儿期就已显露出来——就我所能发现的而言，想要设计出解决该问题的任何程序都是不可能的——但可以肯定的是，在个体后来的生活中，如果焦虑严重且长时间存在的话，一些与情感淡漠相似的东西就会出来干扰焦虑。处于情感淡漠之中的孩子和处于嗜睡分离之中的孩子，其实际表现是没有区别的。二者之间不存在客观上的不同。但是，由于我们关于生命早

期阶段的臆测和推断，有很多都是从后来的生活逆向地寻找它们与初始表现形式的区别，因此，我认为，我们完全有理由这么说，即从出生伊始，这些逃避方法或安全装置就已经存在，只是被冠上了不同的名称而已。情感淡漠是由于需要得不到满足或需要极度加剧而引起，嗜睡分离则由于无法避免且长时间存在的焦虑而引起。也就是说，既然焦虑是由于人际情境而导致，那么，嗜睡分离便是一种安全装置，它可以减弱由于人际关系而引起之焦虑紧张的敏感性。在思考发展历程的这一阶段时，我们只要观察到这一点就够了，即这些安全动力机制的干预似乎能够在很大程度上缓解婴儿的紊乱状态，直至他的意识状态发生某个重要的改变，于是，婴儿便入睡了。

睡眠需要的紧张

我曾多次提到意识，但没有给它下个定义。我认为，意识状态必定是从婴儿身上推断出来的；我们马上就会有资料表明，意识不仅仅只是一个“假定的事实”（given）。不过我们可以很有把握地说，生命从出生后的第一小时开始，就有两种存在状态：一种是意识，这种状态是所有人都应该能够暂时接受的，另一种是睡眠状态。

睡眠作为一种生命状态非常重要，而且从某些方面来看，它同清醒（waking）一样复杂难懂。至少对于人类和高等动物来说，清醒和睡眠之间的生命状态（phasic）变化是生命延续所必不可少的。从这个视角看，情感淡漠和嗜睡分离可被视作动力机制，尽管它们对入睡能力有严重的干 58
扰，但能够给生命以保障。婴儿的大部分生命都处于睡眠状态中。睡眠和清醒之间的粗略划分，随着年龄的增长而呈反向的变化。但是，这种交互关系［记住，反向变化（inverse variation）就是一种交互关系（reciprocal relationship）］是一种复杂的机能，绝不像我们前面提到的有关紧张和欣快之间反向关系的例子那样简单。不过，我们可以说，在不涉及其他显著因素的情况下，婴儿花在睡眠上的那部分时间，随着年龄的增长而呈反向的变化。我们应该指出这一点，即从子宫外生活伊始，发展年龄（developmental age）和实足年龄（chronological age）是相当的，或者几乎相当。但是，这种一对一的关系在生命的早期就已消失；事实上，在婴儿生活的每一天，发展年龄和实足年龄之间的关系会越来越不像日历或时钟所测得的那样一一对应。

随着讨论的继续，我们将一次又一次地提到整个有关需要、焦虑和睡眠的话题，而且，讨论将不断深入。但是，由于我依然试图阐释有关婴儿期发展新纪元的思考，所以，我在稍作评论之后，将推迟对睡眠这一主题的进一步阐释。

我已说过，生命有两种状态变化：睡眠和清醒。但是，处于睡眠状态的生命并不是一种无紧张的欣快状态。一个人越“需要睡眠”（needs sleep），特定的紧张状态（即存在状态的失衡，这种状态可以通过睡眠来缓解或矫正）就会变得越强烈；因此，睡眠和这种特定的紧张状态有关，我们可以说，对糖的需要的满足与对糖的需要有关。通过这种我自以为非常充分的陈述，我就可以将你们带入与人类生活有关的第三种也是最后一种紧张领域：除了需要引发的紧张，以及由于人际关系出现障碍而引发的紧张（我们称之为焦虑）外，我们在这里还有与睡眠这种生命状态有关的紧张。我们马上就会发现，需要的紧张和焦虑的紧张与睡眠的紧张是相对立的。这些紧张都不属于同一种类；它们之间有着显著的差异。

59 我已经花了相当长的篇幅讨论了在婴儿早期就显露出来的需要紧张与焦虑紧张之间的差异。由于语言表达上的欠缺，我想回顾一下我说过的内容。我使用需要一词来意指主要与生命的生化需要、对伤害的避免有关的紧张状态，如果你愿意的话，它还指与维持机体内部各种机能有关的紧张状态。我已经标出了所有这些需要的紧张，并将它们与焦虑的紧张相区别，后者并不直接属于生化世界，而是与婴儿和相对年长的人之间的关系有关，与这个年长之人的合作是婴儿能够存活下来的必要条件。最后，我想说明的是，还有一种与睡眠有关的紧张（tensions which pertain to sleeping），睡眠是一种与清醒相对的状态。正如我已经说过的，虽然在某个生命时期，一定量的睡眠对于人类以及（至少）一些高等动物的生存来说是必要的，但这种必要性显然不同于对氧气、糖、水、热量等的需要，当然也不同于令人非常不安的焦虑紧张。所以，当我使用满足的需要（need for satisfaction）这一措辞时，我把需要用作了一个技术性术语，因为只有一种技术意义上的需要才能够得到满足。当我讲到人际安全的需要（need for interpersonal security）时，我主要指的是焦虑。而当我讲到睡眠需要（need for sleep）时，我指的是与其他两种紧张状态无关的第三种紧张。我之所以回顾这几个要点，目的是为了让我们在使用语言方面更有把握。

对于发展历程第一年，即婴儿期的思考，我相信我已表明，婴儿有各种反复出现的受生化制约的需要，而这些需要——除呼吸之外——的满足需要人际合作，我们可以称这种合作为温柔。这种用来满足婴儿需要的温柔合作的表现，会由于母亲的焦虑而被打乱、干扰。母亲的焦虑不仅干扰了她与婴儿的温柔合作，而且还会引发婴儿的焦虑。而婴儿的焦虑反过来会干扰他为满足需要而进行的合作，如吮吸、吞咽等。这些未满足的需要 60 所引起的持续紧张，与焦虑的紧张一起，进而干扰了婴儿生理上所必需的睡眠，因此，婴儿不得不用大量额外的时间去睡眠，否则就可能死亡。但是，从清醒到睡眠的状态变化通过婴儿自身变得情感淡漠而得到了保护，这样需求和焦虑便不会堆积。

显然，迄今为止，我尚未完全解决焦虑这个问题，不过，在我有关婴儿焦虑的讨论中，你们可以看到，恐惧的出现，或者恐惧的即将出现，会使得情况严重恶化。情感淡漠的动力机制会将恐惧降低到不会干扰入睡的程度。我知道，我在这里对焦虑问题的讨论有些松散。不过，我们通常可以这样说：一位母亲在经历过婴儿的狂怒行为——很可能会身体发青、尖叫，也很可能会痉挛——后，一旦婴儿开始逐渐平静下来并入睡，母亲的焦虑也会大大缓解。既然母亲的焦虑已经减弱，我们也就很难具体地说出有关婴儿焦虑缓解的情况。例如，有可能甚至是一位在收到一份带来坏消息（这个坏消息预示着未来可能发生令人非常不快的结果）的电报后而变得非常焦虑的母亲，也会因为婴儿类似于狂怒的行为而不去想纯粹的未来麻烦所带来的威胁，不过，当情感淡漠在婴儿身上蔓延，并使他渐渐安静下来并入睡时，由于婴儿所谓的狂怒行为而引发的母亲焦虑也就自然而然地快速消失了。

这里，还有一点我想简要地提一下。生化发展的速度——组织生理—化学—生物结构的速度——在子宫外生活的初期是非常快的，如婴儿体重相对快速的增加，这意味着生化物质通过外部世界而成为婴儿的一部分。既然这一速度在子宫外生活的早期非常迅速，那么一生中任何用于情感淡漠的时间都是非常重要的。关于这一点，我希望你们注意一下玛格丽特· 61 里布尔（Margaret Ribble）的著作[①]，她对没有享受适当权益的婴儿做了卓有成效的观察研究，而且她的数据资料是我高度评价的。她曾描述过婴儿期情感淡漠综合征（the syndrome of infantile apathy），这种症状一经形成，便会对婴儿的生存带来十分不利的影响。换句话说，如果保证婴儿能够活着的人际协作或合作环境受到了严重干扰，致使婴儿在清醒时的绝

① Margaret A. Ribble, "Clinical Studies of Instinctive Reactions in New Born Babies," *Amer. J. Psychiatry* (1938) 95：149－158.

大部分时间里不得不处于情感淡漠的状态，那么，这个婴儿就会死去。[1]因此，正如我希望自己已经表达清楚的那样，情感淡漠虽然可以挽救生命，但是，如果它被过分使用，实际上就会令婴儿在各方面严重匮乏，最终会导致婴儿死亡。

① 后来的情感淡漠的结果有所不同；后来，情感淡漠会让人们难以逃避突发的或紧急的危险，致最终死亡。

第五章
婴儿期：动力机制的概念——第一部分

相互活作用区 62

现在，我想直接开始讨论动力机制这个十分重要的概念，尽管我暂时不会达到该目标。在此期间，我们将会了解到焦虑概念的一些内容以及这个概念的所有内涵，因为这是思考精神病学的基础，此外，我们还会了解到未分化的、不完善的和综合的经验模式。

我们已经看到，从呼吸循环开始，婴儿便具有一系列的需要、活动和满足，对满足的延迟便是婴儿早期生存所面临的危险，其本身就是我们称之为恐惧的增大了的紧张的源泉。在这一系列的需要、活动和满足中，啼哭是可以减轻恐惧的适当、恰当的活动，因为它带来了满足特定需要所必需的情境。就婴儿而言，在生命的最初几个星期里，啼哭可以达到以下目的：(1) 通过开始呼吸循环而减轻缺氧症状；(2) 啼哭从某种意义上说使婴儿“获得”了乳头，他可以吮吸所需的物质，从而满足饥和渴的需要；(3) 通过防止过度的热量散失，以避免体温过低；(4) 排除有害的生理环境，例如对身体自由活动的限制、引起疼痛的局部压力，等等。啼哭是婴儿的功能性活动，主要位于消化道的首端（除了呼吸循环以外）。婴儿借吮吸和吞咽来缓解饥渴的活动也主要集中在这里。 63

这里涉及了复杂的感受器—效应器（receptor-effector）器官——听得见的、制造声音的和听觉的器官，寻找乳头、抓到乳头和吮吸的器官，以及涉及呼吸、啼哭和食物输送过程的神经—腺体—肌肉的复杂器官——所有这些都是我们所谓的对婴儿生存来说必需的共存中相互作用区（zone of interaction）的例子。我们都很清楚，氧气和二氧化碳的实际交换发生在肺部的上皮（epithelium）内，而水和食物的发生实际交换的地方根本不在口腔内；换句话说，与物理化学环境的共存中实际涉及的组织只能开始于我们所谓的口部区（oral zone）——或者，在氧气的例子中，只能开始并结束于口部区。但是，从生理学上考虑，口部区是一个了不起的结构，为便于讨论，我们将该区分为三类器官：（1）感受器，对此，我在前面已经略微谈到——它是具有特定感觉器官的组织，例如视觉、特殊的触觉、味觉和嗅觉；（2）推断器（eductor），对此我尚未提及过；（3）效应器，通常指的是肌肉和腺体。那么，什么是推断器呢？该术语为斯皮尔曼所创[①]，指的是非常精致的器官，它主要位于脑部，属于中枢和其他神经系
64 统，而且——似乎以一种合理、有效的方式——连接着感受器所接触的东西和效应器的活动。

现在，在我将讨论的这些相互作用区中间，我可以从生理学的观点——也就是从有机体的有效机能活动——来观察感受器的机能、推断器的机能和效应器的机能，以及推断器所产生的对生命有用的东西。

口部区便是具有这三类不同器官中的非凡组织；这些器官涉及呼吸循环的维持、流体和固体摄取或排泄，以及发出那些可以听到的声音（它们在人际关系领域的相互作用中起着十分重要的作用）。因此，我们可以将相互作用区理解为是与物理化学世界共存中所必需之变化的一个终点站，也是与动物世界和人类世界共存所必需之变化的终点站。

这些相互作用区的活动过程与经验的发生必定有很大的关系，换句话说，与有机体的持续经验有关。只要经验在有机体机能活动有用、持久的变化中存在或发挥着作用，那么它必然与相互作用区的回顾和前瞻有关——也就是与回忆和预见有关——虽然其关系实际上可能会变得广泛得多，但它依然是相互作用区的回顾和前瞻最为相关的。这里，我们可以从可能性（may）中分辨出必然性（must）。

正如我多次提到的，大量的证据表明，即使是阿米巴（变形虫），实际上也存在着经验的有利的——也就是，有用的——持久变化。这必定是因为经验与我们和必要环境的共存及机能活动的特定部分有关，而经验正是产生于这种必要的环境。如果经验没有这种必然的联系，那么，无需多

---

① 斯皮尔曼使用推断（eduction）一词，是为了把认知事件还原至一组最终的定律。沙利文用这个词来指感受器和效应器之间的中间过程。在斯皮尔曼看来，“思维或知觉中的一个项目据说是依据其他项目的性质，从其他项目中‘推断’出的”（Charles E. Spearman，*Creative Mind*；London：Nisbet and Co. Ltd.，Cambridge Univ. Press，1930，p. 34）。斯皮尔曼区分了经验的推断和经验的理解；例如，“我看到了红色”，用斯皮尔曼的话来说，代表了经验的理解。但是，斯皮尔曼认为，虽然认识始于这样一种实际发生的经验，但它会进一步扩展，因为关系和相关是从现存的经验中推断出来的（*The Nature of ‘Intelligence’ and the Principles of Cognition*；London：Macmillan and Co.，1923. See Chapters IV，V，VII，and XXI）。——编者注

说，它就不会使得特定的机能活动产生持久的有利变化。因此，我认为，经验要么是一种有用的持久变化，要么会导致有机体的机能活动产生有用的持久变化。

根据后来的生活资料，我坚持认为，经验借助相互作用区或者主要根
据相互作用区（相互作用区主要与经验的发生有关）而形成其特色；而且 65
我认为，当一个婴儿被认为与成人截然不同时，也没有必要对这种一般性的说法作任何特定的改变。换句话说，事件某一特定进程中所涉及的相互作用区为有机体经历的经验提供了特定的标志或色彩。例如，如果我把盐放入口中，或者换一种说法，如果氯化钠在恰当的位置上作用于我——置于我的口中——那么我便会感觉到咸味，有关盐的以往经验就会被回忆起来，使我把这种味道确定为咸味；如果有大量的咸味感觉，那么，我便能预见到我很快就会感到口渴，从而采取措施找水，用以冲淡咸味，使它在我体内变得有用而不是有害。我可以向你们保证，将盐用于伤口也是一种经验，但是它并不标志任何与口部区相联系的感觉。因此，尽管氯化钠仍是同一种作用于我的东西，但是，由于它触及的相互作用区不同，从而产生的经验也完全不同；我没有摄入一种必需食品这样的经验，但是，我却由于流体分布、高渗溶液等特殊问题而感觉到伤口有剧烈的疼痛。

我之所以说这番明显离题的话，是为了说明：我所说的作为经验的经验（无论它是什么）总能追溯至相互作用区，或者你可以说具有相互作用区的某种特殊的标志，这句话的真正含义是什么。至于氯化钠和我的机体之间真正发生相互作用的位置，与氯化钠有效作用于我的机体的位置相距甚远。因此，即便是在这个简单的例子中，你也可以看到，与氯化钠、普通食盐相联系的口部区对我来说具有重要意义，尽管氯化钠对我的继续生存来说非常重要且必不可少——它存在于人体的一切组织之中，盐对于我
们赖以生存的复杂的物理化学安排而言极为必要。因此，相互作用区，即 66
特定类型共存的终点站，具有重要的精神病学意义，也就是说，在很大意义上对人类有机体具有重要的意义。

虽然经验是有机体的生活经验，而且，就其特征而言是完整的而不是局部或部分的，但它主要是作用于一个或多个相互作用区（即有机体的终点站）的特定事件的经验。请注意，相互作用区并不等于任何一种固定的组织结构；它并不像解剖学意义上的人的口、鼻、咽、喉那样处于静止状态。因此，不仅在人类身上，而且在整个生物系列中，如果由于遗传素质的不幸，或者个体发展的创伤或不幸，某一生物在出生时就带有异常的缺陷，或致使一部分与必需环境之间的相互作用区的器官受到损害，那么，

通常就会导致其他器官发生改变——主要是推断器的改变，也就是中枢神经系统的改变。这样一来，从作用在其之上的东西这个视角来加以界定的相互作用区，会再次发挥功能，尽管生物器官（如果你愿意，也可以称之为组织学器官）迥然不同。一个国际上非常著名的例子是海伦·凯勒（Helen Keller）的表现，尽管她的器官受到了严重、广泛的破坏，但她还是发展出了与个人环境相适应的相互作用区，如果你按照器官来考虑相互作用区的话，你可能就会预期，器官的严重而又广泛的破坏将彻底摧毁这种相互作用的可能性。

焦虑在经验开始分化中的作用

正如我已经说过的，啼哭是饥饿的婴儿所采取的适当而又合宜的行动，因为它经常会“带来”乳头—嘴唇的经验，以及吮吸、吞咽等带来满足的结果。此时，啼哭是缓解婴儿饥饿的适当而又合宜的行动，这样说，不是因为啼哭总能让婴儿得到喂食，而是因为就他而言，啼哭常常会导致
67 他嘴唇之间所含的乳头发生变化，这是吮吸和吞咽过程的最早步骤，最终会缓解或至少减轻饥饿。这种嘴唇—乳头的经验（我们相信婴儿通常都有这样的经验），通常会带来可以吮吸和吞咽的液体，这种液体的获得与对水和食物之需要紧张的缓解或减轻有着密切的关系。

我最为反感的一种做法是，德语中经常用连字符把几个词串起来，从而创造出一些新词。遗憾的是，为了清晰地阐明婴儿那种基本上可以推论的生活，我也得不求助于连字符来创造复合词。此时，让我感到苦恼的一个词是饥饿时啼哭（crying-when-hungry）。在婴儿的经验中，饥饿时啼哭与寒冷时啼哭、疼痛时啼哭或在其他情况下啼哭没有必然的联系。如果说饥饿时啼哭通常会召来缓解饥饿和口渴的必要环境，那么，它就会以一种原始的、未分化的方式意味着我可以用下列词语表示的意思：“来吧，乳头，进我的嘴里吧。”这是一种用声音来表达的姿势，具有相当可靠的力量，婴儿可以非常熟练地操纵这种姿势，这种姿势后来被称做乳头遵循的现实。换句话说，就婴儿期的经验所及，饥饿时啼哭有力量操纵某些事情不可掌握的方面，这到后来会变成现实，于是乳头就顺从地显现了。

例如，人们对构成饥饿时啼哭之需要的声波进行过精确的研究，结果表明，它与构成寒冷时啼哭的声波没有任何“客观的差异”（objective difference）。这两种哭声不仅听起来很相似，而且在物理声学意义上也可能是相同的，从每一个可测量的角度说，它们之间可能具有一对一的对应关系；也就是说，如果以适当的方式将其录在阴极射线示波器上的话，就

会发现通过这样一种仪器测量出来的两种声波的进行模式在所有特征上都是完全一致的。然而，从婴儿的视角看，饥饿时啼哭与寒冷时啼哭，完全不是同一回事。

当有人说 whole（整体）和 hole（空洞）这两个词时（这两个词的英语发音相同，但词义完全不同），从物理声学上听好像是完全一样的。所谓的客观事实（两个词发音相同，但实际含义不同），对于词义并不具有任何意义，对于讲话者来说也不具有任何意义。讲话者可能永远都不会发现他所说的这两个词是同形同音异义词或同音异义词。我们可以说，在这样的情况下，他还没有对这两个词的同音异义特征进行分化。只要他对于这两个同音异义词中任何一个的使用，总体上证明符合他的需要，那么， 68
发现这两个词尽管发音相似但在词典含义上不同——在听者听来这两个词完全一样——对他的生活来说就没有太大的意义。除非有某些事情引起了这种分化，否则，这个人还很可能会以为他自己在说“whole”和“hole”时的“发音是不一样的”呢。一般情况下，这个问题永远不会在他身上发生，永远不会成为我们后面将要讨论的主题，即对两个不同但发音相同的言语活动进行观察、确认和有效阐释（observation，identifying，and valid formulation）。我相信，通过对两个同形同音异义词或同音异义词的讨论，不管是从物理声学观点，还是根据实际操作中语言过程的研究，我都已证明两个迥然不同的词实际上是完全相同的。当用书面词语来代替它们时，它们之间的差异便暴露无遗了（请记住，书写词语是口头语言的符号），这种差异乃是使用上的差异——也就是，它们作为工具的用途、它们对使用者而言的含义，以及它们对什么有用。

同样，婴儿饥饿时的啼哭，不论从外部看与寒冷时的啼哭多么难以区分，就婴儿和婴儿的经验而言，两者是完全不同的行为。因此，一个人的行动，不论它们给观察者留下了何种印象，最为重要的是，它们都受制于行为者的“意图”，也就是说，它们都受制于所涉及的一般动机模式（general pattern of motivation），受制于对当事人而言非常重要的东西，而与观察者可能会产生什么样的印象无关。

由于忽视了这一事实，因此，精神病学中出现了许多错误。这些错误中有一些在实际中产生了很大的破坏性，例如，古老的迷信认为，精神分裂症患者的行为从本质上说是非心理的。我们还可以滔滔不绝地说出很多这样让人感到悲伤的事情。而事实上，不论在华尔街某金融机构的职员眼里一个爪哇猎头（Javanese head-hunter）的表现如何，这个职员的看法仅仅具有娱乐或谈资的价值；它们对爪哇猎头来说几乎没有任何的重 69

要性。

婴儿饥饿时啼哭的经验从很早的时候起就往前往后，也就是将回忆和预见与期望吮吸和吞咽的嘴唇—乳头经验的“出现”联系起来。我曾说过，饥饿时啼哭常常会唤来乳头，从而有可能获得慰藉。现在，我想讨论两个特例，在这两个例子中，言语行为的神奇力量在很早的时候就出了问题。在我开始讨论之前，希望你们对神奇力量不要有任何的先入之见。我想提醒大家，当我们说神奇力量时，很可能是指——我觉得这样说可能比较恰当——我们对实际上正在发生的一切的把握非常不适当。当你做某件能够胜任的事情时，它也许就像用手指轻轻按压开关打开电灯一样。电灯神奇地亮了，因为你按压了开关——如果你对电和电路一窍不通，那么一按开关灯就亮这件事情就似乎有点神奇了；但是，如果电灯不亮，那么，这种异常就表明肯定是某个地方出了问题。不过，如果你很了解可能是哪里出了问题，那么，你就相当熟悉现实了。我还想补充一点——很可能与婴儿饥饿时啼哭和获得食物之间的关系有点相似——有时候即使按压了开关，但电灯也不亮，但即便如此，今后当你需要灯光时，你通常还是会去按压开关；而且，你依然深信，当你需要灯光时，按压开关会产生很神奇的力量，尽管这并不一定总行得通。在生活中，诸如此类的例子有很多。

现在，我想特别讨论一下这种罕见（infrequent）事件的早期经验。第一种经验是饥饿时啼哭的失败，（正如我们所看到的）主要原因在于必不可少的成人（在我们看来，实际上是乳头的提供者）不在场。让我们稍稍离题一下，大家都记得，幼小的婴儿无法把握我们称之为独立者（independent persons，不管这些独立者有没有乳头，也不管那些乳头是否会流
70 出乳汁）的那些现实方面；这完全不属于幼小婴儿合理命题的范围。现在，让我们假设一下，婴儿凑巧被一群男性围着——很可能婴儿的母亲正好外出购物或做别的什么事情去了。因此，这时的饥饿时啼哭便不会以其惯常的神奇方式产生有乳头塞入婴儿嘴里的情况（这是婴儿期满足饥渴的活动的最初表现）。在这种情况下，饥饿时啼哭就会一直持续到乳头出现为止，或者直到恐惧的累积导致情感淡漠，致使婴儿最终入睡。一旦婴儿醒过来，饥饿时啼哭就会重新开始。现在，这是一系列重要事件的开始，而这一系列重要的事件是我们一辈子都要处理的。

我想讨论的另一个特例是，焦虑在其中是一个复杂因素的特例。我们来举一个例子，在这个例子中，饥饿时啼哭已经让婴儿获得乳头，但是这种成功（它对于吮吸和饥渴的满足来说还是初步的）却由于现实中携带乳头的那个人的焦虑而在婴儿身上引发了焦虑，从而使情况变得复杂了起

来。在这样的情况下，随着乳头的出现而产生满足的结果并不会出现。将乳头含在唇间、吮吸、吞咽或者这样或那样的哺育附属行为，都可能由于婴儿在饥饿时啼哭的同时产生了焦虑而被打乱，而婴儿的这种焦虑是由于抚育者的焦虑引起的。婴儿可以经常用神奇的方式赢得乳头，以至于这成了一种正常的期望（你可能会这样描述——这是饥饿时啼哭所具有的力量的证据），但是这次却出现了严重的问题。

我所提到的第一个特例——饥饿时啼哭的时候，没有人温柔地围在他身边——便是偶发的不适当或无能为力的早期经验，这种不适当或无能为力是与操纵我们后来称之为现实的适当行为相比较而言的。婴儿在饥饿时啼哭，但结果除了他继续啼哭以外，什么事情也没有发生，于是他慢慢地变得情感淡漠并且入睡，而且醒来之后仍会重新啼哭。正如我曾说过的，这是整个一生中或多或少会经常反复发生的情境的一个早期例子，在此情 71
境中，通常适当、合宜的一系列的活动，也就是行为被证明是不适当的，而且已证明这个行为没有力量产生通常完全足以产生的东西。这种经验（如我们所说，这是一种意料之外的无能为力的经验）是一个出乎意料的罕见事件；换句话说，它是我们已经习惯的某事的一个例外，是我们多次做了某事就会获得正确结果的一个例外。

伴随这些无能为力经验的东西有很多。这种无能为力经验的意义在出生之后不久便增加了，直到个体发展出了适当的方式来处理这类经验为止，我用适当（adequate）一词，主要是从避免不悦情绪的意义上说的。这种早期的经验如果长时持续的话，毫无疑问会对婴儿正在发展的人格产生非常显著的影响，不过，在这里，情感淡漠机制的干预在某种程度上调和了无能为力的情况，这有点儿像是古老的幻灯片——你们一定都还记得，有些东西会逐渐地淡出，之后有些东西会逐渐地出现。因此，情感淡漠过程的干预（我在前面已经提到过这一点）会防止婴儿无能为力的相对罕见的事例对他用啼哭来呼唤乳头所产生的严重影响。

我希望我已清楚地表明：即使在生命的早期，经常的成功也会在决定预见的特征方面产生非常有力的影响。我相信，即使我相当轻率地说出下面这番话时，也不会误导你们，即，如果有一种迫切的需要正在增长，那么非常幼小的婴儿不会累积负面例子也是不足为奇的；无论在何种情况下，负面例子的累积都没有多大意义，因为情感淡漠对事件具有淡化的影响，而醒后继续啼哭的成功几率又相当高。因此，相对常见、相当一致的成功为啼哭的神奇力量打下了烙印；而偶尔的失败（由于母亲不在而导致的失败等）并不会严重损害这种不断增强的信念，即我们后来称之为因果 72

关系的东西，这可以表达为——用很小的婴儿的话来说——“当我遭遇某种悲伤时，我就会哭，哭会带来某种不同的东西，这种东西与悲伤的缓解相关联”。

这种缓解的需要绝对不会一直发生，因为对于世界上关系的这种信念在婴儿身上是根深蒂固的。如果这让人觉得怀疑的话，那么我可以说，在关于人格的广泛研究中，我们所看到的最为引人注目的情况乃是奇妙的轻松（ease），正是由于这种轻松，许多年来，数不清的负面例子在更为严重的个人问题领域中就被忽视了。甚至在某些情况下，尽管不是在婴儿早期，但一次纯属偶然的成功——它非常复杂，以至于人们认为它纯粹出于偶然——也有可能产生这样的坚定信念，即肯定存在某种重要的因果关系，要是他重复此事，他就会得到想要的结果（这种结果最初仅仅是靠最为纯粹、极其复杂的偶然性才获得的）。因此，排除消极经验（negative experience）的效应并不会给人留下深刻的印象，甚至从生命的早期起也是如此。[①]

我到目前为止所说的内容涉及的是第一个特例，在这个例子中，婴儿的饥饿时啼哭失败了——原因是乳头的提供者不在场。而第二个特例（即乳头的出现在婴儿身上引发了焦虑的情况）对婴儿来说是一种完全不同的
73 经验。适当、合宜的饥饿时啼哭唤来了乳头，但在此过程中也引发了焦虑；我在这里完全是从婴儿的角度来讲的，他无法分辨出由于母亲的焦虑而引发的焦虑——实际上，所有这一切都超出了婴儿的理解范围。但是，随着母亲将乳头靠向婴儿，换句话说，当从婴儿的角度看，饥饿时啼哭的强大力量快要产生结果时，瞧，欣快，即大体的幸福感严重下降，这就是焦虑。由此可见，在这个例子中，虽然饥饿时啼哭获得了第一步的成功，即乳头含在了口中，但它同时也引发了焦虑——这是一种非常严重的紧张，它干扰了为满足对水和食物的需要而做出的行为。如果要问在婴儿期经验中，这种情况必定像什么的话，那么，我认为，在这种情况下，饥饿时啼哭唤出了一个不同的（a different）乳头；就婴儿而言，

---

① 上述三段引自沙利文 1948 年的系列演讲，这些演讲由于他的去世而告中断。在此之前他讨论了这些无能为力的经验，认为这些经验通常属于不可思议的情绪领域——敬畏、畏惧、厌恶和恐怖。沙利文在 1948 年的演讲中这样评论道：“这一系列演讲是原先准备的，我现在已经改变了对不可思议情绪的看法，对此问题，我在最近一段时间里进行过积极的思考……过去，当发现我自己每年都在不断地否定自己的观点时，我感到十分沮丧，但最终，我发现这是一件令人鼓舞的事情。至少，它给了我一次机会，让我可以再次向你们强调：精神病学是一个正在发展中的领域，在这个领域中，人们不再拼命、刻板地为一种陈旧的思想进行辩护，也许这并不是一件让人丢脸的事情……”——编者注

这时出现的乳头不是原先的乳头。嘴唇—乳头结构现在已经成了一种新的东西，而绝不是通常产生的让人满足的嘴唇—乳头结构；事实上，它成了一种不能发挥作用的结构，一种不能起到缓解作用的结构。用非常广泛的术语来说，它是一种让人讨厌的不测事件（evil eventuality），其产生与口部相互作用区有关，尽管我们（与婴儿截然不同）知道这种焦虑与口部区没有根本的关系，也没有必要的关系。相反，当第一次发生这种事情时，我们完全可以肯定，引发婴儿焦虑的母亲的焦虑，与婴儿摄取营养没有任何的关系。在此之后，母亲的焦虑可能会与喂食的困难发生某种关联，这种喂食行为具有她第一次和婴儿在一起感到焦虑时的特征。但是，不论我们怎样思考婴儿的经验，这都是完全超出婴儿经验范围的，因为婴儿还没有能力区分焦虑的根源。焦虑就在那里，而且令人非常不悦；一般说来，过去适当的事情并非总是适当，由此而无意产生的经验——也就是，乳头和嘴唇的联结——实际上可能会变得明显不同，以至婴儿拒绝这个特定的乳头，拒绝把它含在口中，因而也不会吮吸它。

焦虑与人际互动的整个领域有关；也就是说，在母亲身上，无论关于 74
何种事情的焦虑，都会引发婴儿的焦虑。它无需与婴儿或哺育情境有任何关系。例如，正如我在前面提到过的，如果一份电报宣告了某件对母亲的声望有严重影响的事情，或者搅动了母亲的平静心境，这份电报就会使母亲处于焦虑的状态，而母亲的焦虑又会引发婴儿的焦虑；就她而言，婴儿的焦虑表现为他难以得到哺育，而这种困难是出乎意料且令人非常不满意的。现在，从婴儿的视角来看这个问题，我们可以断定，只有在这种特定的情况下，饥饿时通常适当且合宜的行为——也就是饥饿时啼哭——的结果，导致了错误的乳头，也即一种让人讨厌的情境，结果让人十分不悦，不能令人满意。

口部的拒绝（oral rejection，即婴儿不去寻找乳头，也不去紧紧地抓着乳头）并不是应对这种特定的让人讨厌的情境或坏乳头的适当且合宜的方法。因为它无论如何都不会减弱由于母亲的焦虑而引发的婴儿焦虑，或者对这种焦虑产生有利的影响。事实上，如果母亲注意到了正在发生的情况，观察到婴儿正在拒绝乳头（即回避它，不去抓着它，也不吮吸它），那么，这很可能会加剧母亲的焦虑，也即增加新的焦虑，而这将会加剧婴儿的焦虑。因此，仅仅拒绝坏乳头或带有焦虑色彩的乳头（你们也许还记得，我在第一次说到口部区的时候，我曾说过，它会接受某些东西，也会拒绝某些东西）是不适当，也不合宜的：它并不会缓解焦虑，它肯定也不会满足对食物的需要，因此，它是焦虑与生活之间关系的一种持久的情况。

现在，请你们注意一下我后面将更清楚表达的内容。尽管焦虑是一种经验（而且是一种完整的经验），而且，尽管它与任何特定的相互作用区都没有必然的联系，但它仍可能会错误地与某个特定的相互作用区联系在一起。例如，它可能与母亲的乳头错误地联系在一起，从而与口部区错误
75 地联系在一起，因为在生命的早期，对婴儿来说乳头只有与口部区发生联系才有意义——除非婴儿把乳头含在口中，或者乳头离婴儿的嘴巴很近，不然的话，婴儿对乳头不会产生什么兴趣。如果情况就像我刚才讨论的那样，即母亲由于一份电报而感到焦虑，婴儿就不可能分辨他口部相互作用区拒绝乳头的行为与和相互作用区恰当地联系在一起的有利经验——也就是，回忆和预见——之间的枝节问题。现在，如果你们掌握了充满焦虑或带有焦虑色彩的行为细节的这个方面，那么，你们便开始得到一条线索，即频繁的焦虑体验有可能会发展出具有破坏性的并发症。

在这里，我们已经推断出我认为完美逻辑必然性所需要的东西：婴儿开始把一个实际的乳头区分为两个完全不同的乳头，一个是常见的、想要得到的乳头，而另一个则是邪恶的乳头，你甚至可以说这个邪恶的乳头总是会带来无休止的麻烦。关于焦虑我谈论得越多，你们就越能清楚地看到，我所讨论的最早出现的焦虑，与人类生活中引发诸多麻烦的焦虑没有什么不同。

早期经验中的符号、信号和象征

随着我们进一步积累数据以支持有关动力机制概念的论述，我们将会发现，婴儿开始走出未分化的经验方式并进入不完善的经验方式，从而这些经验模式的意义将很可能会变得更为清楚。

我们已经看到，婴儿共存中反复出现的物理化学需要引起了紧张，感觉到的紧张到后来被称为饥与渴的经验。饥饿的经验包括通过一个或多个相互作用区的适当且合宜的行为，对饥饿得到满足的经验进行回忆和预见。这种令人满意的、提供满足的、适当而又合宜的行为可以被说成是

(can be said)① 达到了一个预见的目标（foreseen goal）。在这个特定的例子中，预见的目标是通过饥饿时啼哭和哺育行为次序（这里的哺育行为是
在饥饿时啼哭唤来乳头后发生的）等手段来达到满足饥饿的目的的。感觉 76
到的饥饿紧张引发了饥饿时啼哭。于是，经常被唤出的乳头开始分化出来，作为满足的第一个重要步骤——乳头开始意味着预见的满足（foreseen satisfaction）。口部相互作用区产生的触觉和温度觉，以及此刻关于乳头的视觉的组织，都逐渐成为饥饿得到满足的符号（sign）。我在这里引入的新术语是目标（goal，这是目前暂时无法展开的观点）、意义（meaning）和符号（sign）。除非啼哭招来了具有焦虑预兆的坏的或邪恶的乳头，否则，乳头便是饥饿即将得到满足的符号；至于前一种可能性（我们知道，这是母亲焦虑时所发生的情况）则意味着可以预见到的不断增加的悲伤。

在这一点上，我想提一下领会（prehension）这个术语，这个术语我已经用了很多年。所谓领会，我指的是最为基本的知觉形式；换句话说，婴儿在把乳头感知为某种存在的东西，以及持久的、相对独立于嘴唇之外的某种东西之前，他已经领会了乳头在双唇之间（nipple-in-lips）的经验。从这一最为基本的知觉种类的意义上讲，领会是一个我总想用来提醒你们这一点的词语，即，领会的东西对领会者而言非常重要，但是，无论从何种意义上说，它都不指我们在谈论感知（perceiving）某事时通常所指的那种充分发展的经验。知觉来源于领会，而且，就我所知，人们可能会说，这一基本的过程总是出现在知觉之后；但是，随着我进一步地对这一观点展开论述，你们将会看到，为什么我要用一个在意义上不如知觉那般丰富的术语。

因此，口部触觉的领会、口部温度觉的领会、视觉的领会，以及与坏
乳头的出现相联系或相一致的不断增加的普遍紧张状态等，都是预示坏结 77
果即将来临的符号。这种经验的符号和意义方面非常重要；根据对早期经验这一方面的研究，我们马上就将到达非常重要的语言行为领域。一个符号是事件经验中的一种特定模式，它通常从总的经验洪流中分化出来（在

① 我这么说的意思是，如果人们在陷入如指向目标之行为（goal-directed behavior）这样的问题之前，先用更加有效的术语进行思考的话，那么运用这些术语应该说是非常合适的。不管什么时候我用这些特殊的说法——例如，在某种意义上可以说，或者可以被说成是——我实际上说的是，我先前试图交流的东西总体而言比接下来的特定术语更加有效。有很多事情都可以用“可以被说成是”这一提法，这种提法在其发生的特殊论域或亚论域中是正确的；但是，我们试图凭借或多或少无可争辩的证据建立起一种特定的参照语言（referential language），因此，我将试图表明什么时候我正在用参照语言来表示我无法确切表达的东西。

生命的这个阶段，指的是从未分化的经验模式中分化出来）；这种分化是根据对某一特定的时常发生的满足序列或不断增加之悲伤的序列进行回忆和预见来实现的。符号作为一种经验模式，是对一再出现之需要和满足的未分化经验中往往一致的要素的分化，也是对焦虑和恐惧中未分化经验中往往一致的要素的分化。在婴儿的哺育行为中，有一个不太常见的不测事件，那就是乳头从嘴唇间滑出——这种情况往往在婴儿“把持不住乳头”时发生。突然停止口部触觉的经验源于乳头脱离唇间，这种经验从很早起就成为吮吸行为停止的信号；这也是我们称之为寻找乳头的行为即将出现的信号（不管有没有再度引发饥饿时啼哭）。在这里，我已说过某种“感觉材料”输入的突然中止，这是行为改变的一种信号。在这一点上，我要说的是，信号是一种特殊类型的符号。我们到后面将会发现，符号的类型主要有两种，其中第一种就是我们刚刚讨论过的信号。

在我看来，在这一点上，我们有必要就你们心中存在的各种问题多说些离题的话，以免混淆我试图交流的东西。因此，此时，我想提请你们注意的是，我们正在讨论的是未分化的经验，而不是作为婴儿神经—肌肉—腺体组织（neuro-muscular-glandular organization）未体现出来的方面的行为。当我谈到传入通道中输入的突然中止是改变肌肉腺体活动的信号时，我所谈论的并不是哺育生物学或神经生理学。当然，神经—肌肉—腺
78 体组织，以及它在某个特定时间的功能性成熟程度，为经验的可能性设定了范围。这些包括“外部”因素和“内部”因素在内的过程是构成有机体生活的原料，即有机体的瞬间状态（momentary states）和有机体瞬间状态的接连发生（它们是有机体的未分化经验）；而未分化的经验包括所有与过去和即将来临之未来有关的终极元素。当然，有一些传入冲动（afferent impulses）借助感觉神经传递，也借助中枢整合性神经系统，以及运动神经和分泌神经向口部的传出等；但是，如果你认识到除去所有这一切以外，还有经验在起作用，而且，我们正在论述的也是经验，也许你就会理解我为什么要说这些离题的话了。

生存价值是一个有用的概念，可以用来说明婴儿的生物装置。不过，这种思考并非我们的兴趣所在。我们所关注的是从精神病学角度系统阐释人类生活的重要方面，为了这个目的，我们在此考察了从新生儿成长为一个人的过程。我们关注的不是中枢神经系统中兴奋的模式，以及这些模式的突然变化或逐渐变化；相反，我们关注的是动态的有机体—环境复合体的所有方面——有机体生活中的紧张史对其当前生活和不久的未来生活所产生的持久影响，对此，我们可以称之为多少有些复杂的经验。有机体—

环境复合体的一系列重要状态，除了既包括过去因素又包括未来因素的第一要素之外，即构成记忆系列的历史因素和潜在因素，也包括次级要素（secondary elements），它们是对经验的组织或阐述。符号便是这样一种对经验的组织或阐述；但是，它也是生活的一部分，因此，符号以及以符号为条件的行为都是经验。它们以同样的方式得到阐述，得到演化，而且，我们可以说，它们是更为原始、较不复杂的经验。经验始终是有机体的经验。符号存在于经验“之中”，而不是存在于“客观的‘现实’之外”。

我曾作过这样的评论——符号存在于经验“之中”，而不是存在于其他什么地方——这个评论似乎是说，符号是主观的，而不是一种客观的 79
“现实”。在这一评论以及迄今为止我所说的许多话中，我似乎都在表达一种与“现实主义哲学”（philosophy of realism）相对照或相对立的“唯心主义哲学”（philosophy of idealism）（不管这种表达是多么的含混不清）。我建议把所有这些离题的问题都暂时搁置一边，你们只要观察到这一点就可以了，即“符号”这个术语所传达的意思，才是直接相关的问题。我相信，你们最终将会发现主观与客观、理想与现实的本质区分，而所有这些与理解我在这里试图建立的理论无关。

现在，让我们回到哺育婴儿的话题上来，我们可以想一想另一个经常发生的不测事件，即“无法从某个特定的乳头中得到乳汁”，也就是说，无法获得或者继续通过吮吸某个特定的乳头或与乳头相类似的物体来吞咽乳汁的经验。这种不测事件预示着婴儿很快就会放弃“咬住”这个乳头并寻找另一只乳头，这个过程很可能还伴随着饥饿时啼哭。如果婴儿“找到”的是这同一只此时已不再流乳汁的乳头，婴儿也会咬住它、吮吸它，但他很快就会放弃它。这一不测事件中此种的经验会导致第三类乳头的分化。迄今为止，我们已经说过好乳头和坏乳头，其中，坏乳头指的是焦虑的母亲的乳头。第三类乳头是既不好又不坏的乳头，从相对于正确的意义上说，或者，更进一步地从无助于满足饥饿这一意义上说，它是错误的（wrong）乳头。

有些哺乳动物有一对以上的乳头，如狗、猫、牛、马等，在它们对幼仔的哺乳行为中，我们可以清楚地观察到另外一组事实，这些事实有时候也表现在人类的哺乳行为中，而且偶尔还可以非常清楚地观察到——那就是，所偏爱的乳头从一般的乳头中分化出来，毫无疑问，这种分化有赖于经验因素（它们与“咬住”乳头的难易程度有关），或者有赖于用力吮吸后乳汁的流出量等因素。这些偏爱的乳头都是好的、正确的乳头，但是，

根据饥渴满足过程中的口部经验，它们又可以分为更好的乳头和较差的乳
80 头。这种情况在有些例子中非常明显，尽管多只乳头的哺乳动物通常多胎，而且母体乳头有多少，一般幼仔也有多少，或者接近这个数目，有些乳头大而生硬，它们经常会被忽视，甚至会有结块的实际危险。它们显然能够产生乳汁——事实上，它们通常比其他乳头产生更多的乳汁；但是，用成人的客观语言来说，它们很难咬住，非常容易滑出幼仔的口外，而且，很可能是因为它们在口中占用了太多的空间，因此，相比于只用很少的嘴唇表面就可以咬住乳头，它们更难吮吸。

关于乳头的这些经验可以列举如下：

(A—1) 好的和带来满足的唇间乳头 (nipple-in-lips) 是哺乳的信号——是一种简单的信号。

(A—2) 好的但不能令人满足的唇间乳头是拒绝的信号，除非饥饿的需求大到足以使这种好的但不能令人满足的乳头被接受为止。

(B) 错误的唇间乳头——也就是，不再提供乳汁的乳头——是拒绝的信号，也是寻找另一只乳头的信号。

(C) 坏的乳头，即焦虑母亲的乳头，对婴儿而言，它预示着会出现极其不悦的紧张——焦虑——是回避的信号，通常情况下，甚至回避将乳头插入嘴唇之间。因而，将这样的信号转化为成人语言，即是：那不是我嘴唇中间的乳头 (not-that-nipple-in-my-lips)。

A 组和 B 组——好的、令人满足的乳头和好的但不能令人满足的或错误的乳头主要属于口部相互作用区的经验；而 C 组——带有焦虑色彩的乳头——则是将乳头视为恶乳头的焦虑体验，由饥饿时啼哭的口部区行为所致。如果人们牢牢记住人类视觉器官的延迟功能和哺乳类幼体“出生时什么都看不见” (born blind) 的状况——出生时眼睑闭合——那么，很明
81 显，A 组和 B 组的经验是建立在下述感觉类型基础之上的：产生自饥饿时啼哭的振动觉和听觉，产生自口唇区域的触觉、温度觉和动觉，产生自吮吸和吞咽动作的动觉，产生自乳汁经过舌头流经咽部的触觉和味觉。这是冲突事件的一种汇集，唇间乳头便是对这些事件的理解。随着视觉参与到这些经验中，并使得清晰的视觉经验超出了光和阴影的移动模式，婴儿通常能够在一段距离之外便可以将好的、令人满足的乳头与好的但不能令人满足的乳头区分开来。但是，坏的带有焦虑色彩的乳头和在另一个场合下是好乳头的客观上相同乳头之间，不存在视觉上可以分辨的差异。

对于好而令人满足的、好而不令人满足的，以及错误的——无用

的——乳头的分辨性分化（discriminating differentiation），是对行为进行有益补充的第一个极其重要的领域——在这里，我们所说的行为是指缓解饥渴的行为。与最初出现的如魔法般适当而又合宜的饥饿时啼哭相比，这种对更为适当而又合宜之行为的阐释方面具有特别的意义。这里需要把握的重要观点是，婴儿开始获得对其行为的有益补充，这些有益的补充是一些更为适当的东西，因为它们不那么“神奇”，比先前出现的饥饿时啼哭的行为更加合宜。对这种更为有用之行为的精心阐述产生自对我们所谓的知觉到的物体（perceived objects）的差异的鉴别（identifying of difference）。对于我们正在讨论的哺乳行为来说，非常有用的改进在于把分辨出来的这些乳头作为它们的原料，其中包括很难鉴别为同一个的，也即就视觉所能及的好乳头和焦虑的乳头。在我们看来（我们的观点与婴儿没有任何的关系），其实这两种情况下是同一个乳头，只不过在一种情境里，乳头的主人是一位体贴温存的母亲，而在另一种情境里则是一位焦虑的母亲。让我们重复一遍，对婴儿行为的有益补充，产生自对我们所谓的知觉到的物体——婴儿—环境复合体中重要的、或多或少有些独立的方面——的差异的鉴别，不管这些知觉到的物体对婴儿来说是客观的，还是环境中客观的。在思考人类发展的这个阶段时，我们必须认识到，婴儿能够区分 82
出脚趾、手指等，甚至能够把一个手指与另一个手指区分开来——实际上，拇指是尤其能够吸引婴儿注意的东西——但是，这些东西对婴儿来说依然是独立的知觉物体。即使从我们成人的角度来看，它们也是“属于”婴儿的，不过也有这种可能性，即脚趾（尤其是大脚趾）之独立于婴儿，就像有一段时间母亲和乳头之独立于婴儿一样，尽管这时婴儿的视觉感受器已经将乳头的活动和与口部区相关的其他感受器结合起来。

请允许我再离题一会儿，我想评论一下这样一个事实，即在中枢神经系统的构成过程中，存在着一些令人吃惊的巧合（coincidences），尽管我认为生物学和神经生理学术语完全不适合于研究生命中的每样东西。我不假思索便能想到的最令人惊奇的例子，是传入神经的感受器区域之巧合，这些传入神经是指位于嘴唇中部的传入神经，它们与来自拇指的传入神经末梢直接并列，还与食指的邻近一侧直接并列。无疑会有这么一天（很久以后，我们将会被载入史册），我们有可能以某种方式将神经解剖学领域中这些有趣且令人激动的巧合，翻译成我们在一个迥然不同的话语世界中所学到的东西，也就是心理学，即所谓的心理生物学和精神病学。虽然记住下面这一点很重要，即结构中“被赋予”的东西为行为中（甚至可以更为广泛地说，是经验中）可能发生的东西设了限制，但我们实际上极少讨论结构上被赋予的东西。当我们进行这样的讨论时，我将特别努力地让大家注意这样的事实，即在这里，“躯体”组织与精神病学上的重要现象之间似乎确实存在着相关性。我希望你们不会在思维中试图建立起纯想象的相关性，或相对来说未被证实的相关性，因为它们可能会让你产生这样的想法，即你正处于一个基础稳固、可靠的领域（与令人好奇、难以捉摸的领域形成了对照）；这样一种可靠的感觉，在我看来，其实是一种幻觉，而这种幻觉的产生是由于我们没有认识到自己所知道的东西是经由我们所
83 经验的事件而为我们所知晓的，因而总是与实际形成的东西或通过有限的渠道而被直觉地认为是真实的东西（借助这些有限的渠道，我们与所假定的永久的未知宇宙相接触）相分离。因此，如果有人认为他关于神经、突触（synapses）及其他的想法，比他关于符号、象征的想法更为高等的话，那么，我只能说：愿上帝帮帮他。

现在，我将回过头来讨论婴儿—环境复合体的一些独立方面，这种婴儿—环境复合体常常被人们视作与知觉到的客体相似，但是，在其中，人们也开始确定了一些差异。这个确定知觉到之客体间差异的过程，从两种意义上说是任何一种再认（recognition）的先驱：从它总是先于再认这个意义上说，它是先驱；而且，它是所有再认行为的先驱，因为差异引发了对过去的参照，而在这一过程中，相似差异的经验有效地引出了我们可以将其归于我认识到（I recognize）这一术语之下的东西。

婴儿的认同行为最终会发展到这样一种程度，他能把具有若干相互作用区特征的经验概括为来自距离感受器某一重复发生的感觉模式的经验（该模式常由婴儿的啼哭所引起，不论是这种啼哭是饥饿时啼哭、寒冷时啼哭，还是由于别的什么原因而啼哭）。当他发展到这种程度时，他便开始以超越未分化方式的精心方式来体验生活。我们可以说，他正在以不完善的方式体验好母亲的角色。因此，概括（generalizing）是差异鉴别中的一种特殊发展；我们可以说，它是差异被鉴别后所保留下来的相似的东西。换句话说，经验的形式被概括化了，这样，它们中具有共性的东西，以及它们之间各式各样的差异，都被当做有用的经验保存于知觉之中。这些经验的注入会体现在相互作用区的任何一个中。或许，我可以用另外一种方式来对此作更为清楚的表述。我们在自己的小天地里了解到了这一点，即在婴儿饥饿时为其提供乳头的、在婴儿寒冷时为其提供毯子的、在婴儿身上的安全别针开了时用灵巧的双手为其扣上的，是同一个抚育者，同一个母亲，而且，无需多说的是，在适当时间，最及时地给婴儿换尿布
84 的，也是她。尽管我们凭借自己客观的优越性，知道做这一切的就是这同

一个母亲，但是，我们有必要研究一下可以确定地推断出婴儿身上发生了哪些事情：最初，所有这些必须和母亲合作才能满足的需要，以与环境发生相互作用的区域为标志或特色，而与需要及其满足相关之感觉的根源就在这种相互作用中；于是，对于饥饿时啼哭或寒冷时啼哭等之间，我们便有了客观上不可见和不可察觉的差异。现在，我们来讨论一下婴儿的概括能力，即发现那个“合作”之人身上的共同因素（对于这个人，无需多说，用那种精心的方式是感知不到的）；所有这些均是产生于不止一个相互作用区的概括经验，且这些经验由于这不止一个的相互作用区而被区分开来。此外，这种经验还被概括为反复发生的眼和耳，即距离感受器的感觉模式，它们常由饥饿时啼哭或寒冷时啼哭引起，而这又会被进一步地概括为啼哭（crying）。所以说，婴儿也在对啼哭进行概括，从种类不同但或许发声相同的啼哭，到啼哭的各种不同发声中一致或没有差别的东西，婴儿都对其进行概括。我们可以把这一现象说成是一种解析综合（analytic synthesis），因为它消除了差异，并找到了婴儿—环境复合体中十分重要的共性方面（这些是生命所必需的）。当我们在生活中达到这一程度，即这种综合正在发生时，我们便遇到了对经验的某种精心阐述，这种阐释不同于我迄今为止所讨论的经验，也就是，未分化的或最早模式的经验（在这种经验中，个体可以说是“过着他自己的生活”）。

对差异的鉴别，能为满足需要的行为作出十分有益的贡献；而对经验的概括，使得那些混于差异之中重要的共同因素得以鉴别，或者主要以距离感受器为中介而与某一反复出现的经验模式联系起来，提升经验的复杂性或精细程度，把经验从未分化的模式提升到不完善的模式。我希望，你们现在能够开始清楚地了解我为什么要建立起这三种经验模式，即未分化的、不完善的和综合的经验模式。正如我前面已经说过的，未分化的模式 85
是作为有生命之存在的有机体生活的早期模式，也是当前一种让人觉得非常奇特的模式。

在任何一个特定的场合，视觉经验一般会在与触觉、温度觉、动觉、味觉或嗅觉等终端器官接触之前发生；听觉经验常以同样的方式发生，一旦婴儿听到了除自己哭声之外的声音，听觉经验就发生了。焦虑经验也以同样的方式（像通过距离感受器的经验一样）在与任何接触感受器（contact receptor）发生接触之前便已开始，也就是说，在焦虑的母亲出现、她的乳头到达婴儿口中之前便已开始——但是，你们必须记住，不是在来自母亲的光波到达婴儿眼中之前或来自母亲的声波到达婴儿耳朵之前。由于焦虑具有与这些距离感受器相同的功能，即它事实上在与乳头接触之前便已经开始，因此，任何由于焦虑乳头之经验而获得的“益处”，都必定是通过波的分辨而获得的，它主要与听觉和视觉距离感受器的功能活动有关，这一过程比看到乳头以及随之而来的附属物更具包容性。一个焦虑母亲的乳头、乳房以及衣饰着装等，从身体上可分辨的意义上说，与一位温柔、不焦虑的母亲的乳头、乳房和衣着没有什么不同。因此，如果对焦虑行为有任何有益补充的话，那它肯定产生自对这个阶段某些不太重要的事物，即乳头、哺乳等的分辨。然而，距离感受器（听觉和视觉）的功能活动不能从总体上预示饥饿时啼哭能否成功地招来好乳头的携带者，即好母亲，它与最为不悦的经验（产生这种经验，是因为饥饿时啼哭招来的是焦虑乳头的携带者，即坏母亲及其焦虑的先兆）恰成对照。

坏母亲“外表”（appearance）与好母亲“外表”的分化，也就是说，距离感受器数据分化是视觉和听觉的复杂精炼（refinement），它通常在我们所谓的避免焦虑之欲望的驱使下产生，本质上是对相对欣快的“偏爱”。为了给大家提示一下我在这里所谈论的内容，我认为，参考一下我的那
86 条母狗和它的幼仔，可能比较有用。尽管这是一个很不幸的事实，即这些狗在成长的过程中饱受了焦虑之苦（它们的焦虑是由周围焦虑、紧张的人们引起的），但总体而言，小狗遭遇坏乳头或焦虑乳头的经验还是很少的。但是，在小狗的生活中有一段时间（从很多方面看，我都认为这与小狗长出了牙齿有重要的联系），当哺乳似乎不再是得到鼓励的恰当事情时，母狗引发了小狗的焦虑；我推测，这种焦虑包括了十分真实的恐惧成分，因为母狗对于拒斥哺乳行为给小狗带来的痛苦，没有一丝一毫的犹豫。

我之所以提及上述情况，是想强调我之前作过的论述，现在，我想重复一下该论述。坏母亲“外表”与好母亲“外表”的分化（我希望你们能够注意到，“外表”在这里并不是一个确切的字眼，因为它还包括由耳朵来实施的距离感受器）是一种复杂的精炼过程——所谓复杂的精炼过程，是指一种视觉和听觉过程，它的产生是为了竭尽所能地保护一个人的欣快（也即一个人的幸福感），使其免受焦虑。由于不存在大体上可以觉察的差异，因此这种分化只能通过精炼来完成。因此，这里便形成了另一类符号的第一个实例，当前这个例子是分辨出我们所谓的禁止姿势（forbidding gestures），它们目前涉及的是知觉到的抚育者，这个抚育者已经通过概括的过程而将早先分离的感知到的客体，即好母亲和坏母亲，融合到了一起。对于我们所说的禁止姿势，婴儿的精炼性分辨最先用于母亲，之后又

在其一生中运用于所有重要的人，也就是，开始在他生活中占据重要位置的那些人，换句话说，在他的人际关系中占据重要位置的人。婴儿从母亲的发声中分辨出听到的差异，从母亲的表情中分辨出看到的差异①，而且也很可能从母亲走向他时身体整体运动的速度和节奏、出示奶瓶、更换尿布等动作中分辨出后一种差异——所有这些由视觉和听觉距离感受器 87
所作出的相当精炼的分辨，都被组织成各种索引（indices），这些索引常常地与不悦的焦虑经验（包括焦虑的乳头，而不是好乳头）有关。就像这些索引一样，这些分辨，以及对这些分辨数据的组织，变成了符号的符号（signs of signs），即标志其他回避符号的符号，如母亲焦虑时的乳头。因此，这些由距离感受器做出的分辨变成了符号类别的符号（signs of categories of signs），我们可以说，它们之间经常彼此相伴随，从而使它们足以建立起这种关系。而对于符号的符号，我们称之为象征（symbols）。由此可见，符号与行为之间的关系相当简单，而象征与行为之前的关系要更为复杂一些，因为它们涉及影响行为的各种符号。我们称之为禁止姿势的那些象征，指的是在满足需求的过程中干扰行为的焦虑。

对哺育者来说，听到婴儿的啼哭是一种符号，表明婴儿正在体验到一种需要，或婴儿正处于焦虑状态之中。它突出了婴儿想要得到温柔的一般需要，也突出了在满足婴儿需要或缓解其焦虑的过程中所需的一个或多个不同的程序（即合作）。婴儿一系列不同的神奇活动中让人听得见的部分，比如他的饥饿时啼哭、寒冷时啼哭，以及诸如此类的行为，会激起哺育者的温柔行为，而且，对她来说，婴儿的这些行为意味着他需要某种温柔。

更确切地说，婴儿的啼哭到底是什么且有什么用？有人可能会说，婴儿发出的能够让人听见的啼哭声，从物理学上说是一种特定模式的声波，它由婴儿的口发出，并为母亲的耳所接收，而且这种啼哭声传递了婴儿的需要，我们可以说，母亲要对哭声进行诠释才会知晓这种需要。这种单一的一般意义（可以将其解释为“婴儿需要温柔”）并不存在于婴儿“身上”，而存在于母亲“身上”。这说明了一个符号与其解释者之间的关系。用查尔斯·莫里斯的话来说：“当有机体把某种事物视作一种符号时，这

① 当然，姿势的紧张是看不到的——外表是可以看到的——但是，我现在谈论的是脸部结构，脸部表情是由所谓的头部表情肌肉的姿势紧张所决定的。

样的有机体便可以称之为解释者（interpreter）。”①在我看来，“对其而言
88 的有机体”（organism for which）这种表达，可以更为恰当地用“在其内部”（in）的有机体来表达。由经验符号所引起的符号解释，是由经验着的有机体在与符号的当前会心或真实会心的过程中推断出来的，这种推断的基础是过去的经验和预见的经验。由于人们在生活中已经对交通标记、红绿灯、电话铃声等习以为常，因此容易忽略对符号的绝对依赖，可是对符号的绝对依赖是人类经验的重要细节，而人们也会这样来解释他们与相应的非签约物理事件之间的会心。

因此，我想让你们抛弃下述这种轻率的想法，即凡是有机体均可能存在符号。如果你试图在一张图表上安排汽车交通，或者通过法律和法规的手段来保证道路交通，那么，这一切都没有什么问题。但是，在发展一种人格理论时，你们必须记住一点：只有当解释者将意义附属于其他物理现象时，符号才是符号。

婴儿会通过一些活动来缓解自己的某种特定需要，而他的母亲则会将他行为中听得见的部分体验为一种符号，表明婴儿需要温柔的合作，以满足某种需要或减轻焦虑。现在，随着婴儿理解环境中可见部分的能力的增强，他开始区分出这个方面的两种符号：即将满足的符号（好母亲的出现和接近）和令人烦恼的符号（坏母亲的出现和接近）。随着婴儿经验结构的发展，他开始预见到，他的哭声，一般情况下，会促使好母亲的出现、接近和令人满意的合作，或者会导致坏母亲的出现和令人苦恼的接近；在后一种情况下，他会啼哭，目的是为了赶走这个坏母亲，以及她所带来的焦虑。

现在，我在这里要讨论的是，为什么婴儿的任何一种啼哭，对母亲来说（如果被她听到的话）是一种符号，表明婴儿需要温柔了。从婴儿的角度看，随着身体结构的发展，他的视觉和听觉感受器已经具备了良好的运
89 作秩序，他也开始分化出了关于即将发生之事的两种信号，也就是成功或灾难；随着这种能力的进一步发展，他能成功地——从简单的实例频率，或常见负面实例的缺乏这个角度来说——注意到他所发出的啼哭声究竟是

① Charles Morris, *Signs, Language and Behavior*; New York: Prentice-Hall, Inc., 1946, p. 17.

演讲中，在这一点上，沙利文补充道：“顺便提一句，在我老年时，没有什么东西可以让我参考来谨慎地对一些观点和思想做精心的阐释，这是我不幸的命运，因为我发现自己已经非常和谐了。我应当在摘引我非常受人尊敬的好友萨丕尔、考特里尔和本尼迪克特等学者的论述之前就提到这一点的。我相信，你们中间有很多人都将会发现，莫里斯的著作在澄清思想方面非常有价值，尽管我对它的开头部分表示了很不同的意见。”——编者注

即将到来之满足或缓解的符号，还是焦虑灾难的符号。因此，现在他的啼哭可以用某种方式来体现符号的一些方面，因为他正以他所观察到的某种适当的行为模式，或某种适合于这种行为模式的方式运用符号。他自己发出的被人听得到的啼哭声，意味着他正在体验着某种需要，并采取行动以引出表明需要即将得到满足的符号，或者可能会引出一种不受欢迎的表明焦虑和不断增长之烦恼的符号，后者需要的是一种不同的啼哭行为——通过啼哭来赶走坏母亲。对于婴儿来说，他所理解的，也就是说，以原始的方式感知到的好母亲是即将到来之满足的象征；而他所理解的坏母亲则是焦虑和不断增长之烦恼的象征。一般而言，好母亲就意味着温柔的合作，而坏母亲和禁止姿势（这些姿势会逐渐地分化为所感知到的母亲所特有的特征）就意味着迫切增加的对温柔的需要。

我已经试图表明，母亲胸前的好的、令人满意的乳头与母亲焦虑时所拥有的相同的乳头之间，并不存在任何视觉的差异。但是，就婴儿的经验而言，这些乳头是完全不同的，需要完全不同的对待或行为；由于它们不容易通过视觉来加以区分（就像在有关其他一些事物的情形一样），鉴于人性动物的特定进化史，因而产生了一种独特的需要，即去寻找一些可以为我们指引方向的线索。此刻，我所运用的是十分成人化的语言。说说我的那些小狗，如果它们的母亲有一个乳头特别大，上面还有大块的黑色，而另外一些唾手可得的乳头很漂亮，是粉红色的，那么对于小狗来说，由于大乳头难以咬住，因此就很快就会确定这个大乳头具有令人不满的特性，尽管它也有其他方面的优点。我们有非常强烈的通过视觉来定向的倾向，当我们运用视觉时，毫无疑问，它就成了人性动物的一个特征。人的视觉大致相同——但是其中所涉及的客体却完全不同，有的客体是好的、 90
能够带来满足的东西，而有的客体则是不太重要的灾难，是需要避免的东西——在这些情况下，人们就需要寻找其他的线索。正如我在前面曾说过的，所有关于乳头的讨论，到后来无疑会用于乳头的携带者，即好母亲和坏母亲，尽管她们在视觉上也是完全相同的。除了视觉因素外，我们还需要其他精炼的分辨（而且，这些分辨是可能实现的），包括对好母亲和坏母亲在听觉方面的差异分辨，以及对好母亲和坏母亲的面部表情的分辨，也就是，面部姿势紧张的结果。现在，从客观的角度（这个角度简单而令人愉悦，但非常容易使人误解），我们可以说，在婴儿的眼里，母亲焦虑时听起来和看起来的方式与她不焦虑时听起来和看起来的方式不同。这些差异就是可能的距离线索，我们可以说，这些差异就是一个人是否已经得到了他想要的东西，或者一个人是否已经得到了错误的东西，也就是坏母亲。这种对好母亲和坏母亲的分辨，就像在好坏乳头之间进行的分辨一样，在这个特定的发展时期，就像你对坐在自己身旁的一个人进行分辨一样真实。[①]

91 在这里，我特别想指出的一点是，可以这么说，坏母亲身上的禁止姿势会被逐渐削弱或去除，而且，在以后的发展阶段中，这些姿势会成为某个非特指母亲的不经常出现的特征；到了那个时候，这些禁止的姿势，即母亲身上这些听得见和看得见的差异，本身就会成为焦虑即将出现的符号。这就说明了何以对婴儿来说最初的母亲实体会如此不同的原因——之所以会不同，是因为它们的功能意义十分不同，尽管我们从客观上可以说，它们是同一件事——在婴儿的知觉中，它们会逐渐地融合成同样的或相似的东西。但是，只有当分化得到了精炼，婴儿因此能够把不同乳头之非常重要的功能差异与从他关于常见乳头携带者的经验中分离出来时，上述情况才有可能发生。

在此，我试图以必然会出现的情况为基础，为你们设置一条发展的道路，用来说明婴儿所做的一些有用且必要的事情。即使我们许多成人花了自己大部分的时间干了一些看似完全无用的事情（至少在我们的朋友看来是完全无用的），但这只是一个极端的例子，我认为，若想就此推论说婴儿会做大量无用且麻烦的事情，那么这样的推论是完全不合理的。

---

① 沙利文在其1948年的系列演讲中，稍有不同地发展了这一观点："最初，尽管发展相当快速，但类似对母亲延伸的视觉把握的东西并不存在。就总的视觉数据而言，作为一个视觉认知对象，好母亲和坏母亲之间并没有特别的差异。不过，一些特定的精炼性差异是存在的，但甚至在这些差异还没有变得明显之前，与母亲进行距离接触的其他方面十有八九已经表现出相当的精炼。那些与好母亲相联系的东西无需广泛的注意，但是，任何向坏母亲提出警告或分化出坏母亲的东西——焦虑之源——都将由于焦虑令人极其不悦的本质，而获得尽可能多的关注。在这一领域，距离数据是听觉数据，包括声音的和音调的细节等。尤其是，对音调变化的限制很可能是第一种禁止的姿势，它已经成为坏母亲独立化身的一部分，与体型方面完全相同的对等物，即好母亲形成对照。这一点在人们对待家畜的方式上表现得很明显，而且在婴儿期之后的人类生活阶段中也无疑表现得非常明显；有许多我们可以称之为'声嘶力竭的表达方式'是通过语调来传达的；它与言语内容没有特别的关系，而是一个如何表达言语内容的问题。因此，第一种禁止的姿势（在世界上最为可靠的禁止姿势中，在人类为了回避焦虑和痛苦而进行分化的禁止姿势中，它是第一种禁止的姿势），毫无疑问是习惯性音调的改变。在婴儿看来，它十有八九不是一种音调改变的问题，而是两种不同的习惯性音调问题。不过，从那个时候起，与某些非常、非常自然地出现在我们身上的音调习惯相比，几乎没有什么东西能够更为有效地改变人际情境的即时整合，因为它们从某种非常真切的意义上说，是我们制造、听到以及解释声音的经验中，第二个出现的非常重要的古老事件。"——编者注

第六章
婴儿期：动力机制的概念——第二部分

情境的整合、分解和瓦解 92

现在，我们来考虑一下婴儿在引出与需要满足相关的好母亲的出现、靠近和合作方面的成功与不幸。让我们再次从受紧张干扰之欣快的概念开始，显然，一种物理化学需要——比如，所感觉到的对食物的需要——一再引起的紧张，可以被看做是一种将好的、令人满足的乳头与婴儿嘴唇相联结的倾向，而这种联结又是哺乳行为和满足饥饿所必不可少的一种情境（situation）。由于乳头只是偶尔出现的一种东西，因此，我将把这一论述倒过来说：最初由于饥饿时啼哭而引起的“唇间乳头”情境，是一连串的事件，它要求开始或继续哺乳行为，直到饥渴得到满足为止。

功（work）——从物理用语的角度，而不是从通俗的或个人的意义上讲——的作用表现在影响“唇间乳头”情境，维持这种情境，以及矫正“唇间乳头”情境所受到的多少有些意外的干扰，直到饥饿的需要得到满足，以及随之而来的构成这种功的能量转化停止为止。现在，功（或者说能量转化）实际上是一种功能活动（functional activity），它是一切生命的三个基本的重要方面之一。我们可以说，被感觉为饥饿的紧张倾向于整合（integrate）“唇间乳头”的情境，而且，只要紧张本身继续，乳头和嘴巴
之间的这种整合就会持续下去。现在，考虑一下婴儿的饥饿和其他一些需 93
要，如对温柔的一般需要，只要这些需要的满足需要某位年长之人的合作，我们就可以说，潜在于这种温柔需要之下的各种紧张，通常情况下会倾向于整合各种人际的母婴情境（这些情境显然是婴儿的生存所必需的），并维持这种整合。从这一观点出发，对某种需要的满足，乃是某种用“功”来表现其自身的整合倾向的中止。

现在，我将从一个不同的视角来回顾一下我已触及过的所有要素、观

念和事实——需要及其满足、符号及其意义，以及婴儿从最简单的事情开始的早期行为的整个经历，也就是说，从婴儿的角度看，通过饥饿时啼哭所产生的“唇间乳头”的情境——目的是为了使我正在呈现的论点更加清楚地显示出来。所以我说，根据这种人际情境的视角，我们必须考虑一种紧张，它包括感受到的某种需要紧张，即觉得这种需要紧张是将某一必需的、适当的情境整合进需要之满足的倾向；而且，由于婴儿在刚出生的头几个月，如果没有一个抚育者，那他几乎完全不能生活，因此，甚至在他刚出生时的活动中，他的需要也会表现为将特定类型的必需情境与抚育者整合起来的倾向。根据这种有关需要满足的观点，我们可以说，潜在于某种需要可以感觉到的方面之下的紧张的缓解，代表了一种整合倾向的中止、结束和暂停（这种整合倾向是用维持人际情境的“功”来表现的）。整合倾向所形成的情境，会随着维持过程中功的终止而消逝；由于该情境对于需要的满足来说是必要且合适的，因此，我们可以说，对这种潜在需要的满足已经分解了相关的人际情境。现在，你们马上就会看到，为什么我会说当维持这些情境的整合倾向不再存在时，就意味着情境被分解了。

94 我已经根据其整合倾向（integrating tendencies）的观点讨论了需要的紧张，而所谓整合倾向，指的是整合适当且必要的人际情境。现在，让我们来考虑一下一位焦虑或正变得焦虑的母亲的情形，她的焦虑会在婴儿“身上”引发相应的焦虑。显然，焦虑常常倾向于干扰人际情境的整合（这种整合对某种需要的满足来说是不可缺少的），而且，如果焦虑在情境走向分解的过程中出现，它就会瓦解这样的情境。现在，我将对人际情境的分解（resolution）这个术语作仔细的区分。它确实与该情境的瓦解（disintegrating）迥然不同。当某个情境分解时，它便暂时地中止——实际上，它便不再存在，因为当同样的需要再度整合与此十分相似的东西时，它就成了一种新的情境。人际情境的这种分解或结束，是由于需要紧张的减弱，即需要的满足得以实现而引起的，反之，情境的整合可能会被阻止，或者可能会瓦解——原因在于焦虑的出现。如果焦虑出现，它就会使得整合某种合适的情境（而不是某个合适的整合对象）成为“不可能的”的事情。

例如，我们可以假设，当有什么事情使得母亲变得十分焦虑时，她马上就不能愉快地照顾婴儿。正如我一直以来所提到的，这种焦虑很快就会以某种方式引发婴儿的焦虑。接着，各种困难就会随之发生，例如，婴儿会放开乳头，不再寻找乳头，如果将乳头放到婴儿嘴边，他竟然会排斥乳头，婴儿甚至会出现吐奶现象，而不是咽下乳汁。这时，婴儿身上会出现一种与哺育相联系的重要行为，这种行为是我以前从未提及的；我将以下列说法来阐释这种行为，即在某些情境里，当婴儿处于焦虑的不测事件之中时，如果把他抱到乳房附近让他可以吸到乳头，他的行为表现反倒好像他收到了约束一样。这种现象可能会导致混杂的活动（我们可以认为这种活动是以某种模糊的方式而在种系发生上得到发展的），婴儿凭借这种活动而避开缺氧的危险情境。

现在，如果我们考虑一下母亲在哺乳时发生的焦虑，那么，我们便可
以更好地了解某一人际情境的分解（从某种意义上说，当没有任何可能的 95
理由让其继续时，该情境便会分解）与该情境的瓦解（尽管还有很多理由让该情境继续）之间的差异了。事实上，焦虑的母亲的乳头仍然可以提供乳汁，即使焦虑出现在哺乳的过程中，婴儿对食物的需要也依然存在；换句话说，尽管有大量的紧张使哺乳行为继续下去，但人际情境已经被摧毁了——它被瓦解了。这就是人际情境瓦解与分解（暂时没有了存在的合理性和理由）之间的区别。

我已经把需要作为整合倾向进行了讨论。现在，我请大家注意这样一个事实，即焦虑是人际关系中的一种分离倾向（disjunctive tendency）或分裂倾向，它与创造及维持人际情境的过程中表现出来的整合倾向相反；焦虑改变了构成婴儿功能活动的能量转化，致使婴儿不得不做功（work is done）以逃避或回避与重要需要相对应的人际情境。焦虑所对抗的便是那种反应整合倾向之活动的功；焦虑所对抗的是那些能量转化，这些能量转化表现在寻找和紧紧含住乳头、吮吸活动、吞咽动作，以及我马上就要探讨的各种附属活动中。所有这些东西，在我看来，都是与分离倾向相对立的（其中，焦虑便是摆在我们面前的一个显著例子）。在后面我们将会看到，就人际关系而言，焦虑几乎一直是（但并非一直是）瓦解人际情境的一个重要成分，在满足当事人需要的过程中，这种人际情境非常有用。显然，焦虑的不测事件丝毫不能减弱需要的紧张，反而只会加剧这种紧张。

如果我们把某种特定需要视作整合某一情境（在此情境中，活动指向分解情境这个令人满意的目标）的倾向，那么，我们所考虑的便是整合倾向概念中的一个矢量特质（vector quality）。因此，我们可以把焦虑描绘
成与满足任何需要之指向性成分完全相反。我想提醒你们注意矢量的概 96
念，我们可以把它界定为数量加方向（magnitude plus direction）。方向这一要素在矢量概念中非常重要。我之所以要在此时谈论矢量的概念，是因为人际情境不能被视为某种静止的东西，例如，视作我面前那张桌子上的物体。静力学与生活没有多大的关系。

把婴儿的饥饿与母亲想要表现温柔的需要整合起来的人际情境，有如下特征：其方向朝着满足婴儿饥饿的目标，而情境也通过这样一个事实而表现出了这个朝向目标的方向，即活动显然朝着实现目标的方向继续进行。现在，这个方向要素适用于关于需要的思考，这意味着把需要描述成一种整合倾向——也就是说，一种产生并维持某一情境的倾向，而这进而又意味着朝向该情境的分解改变，从另一个视角看，这又碰巧与需要的满足（它是所有一切的起点）相一致。

如果你还记得这个朝着某一目标的活动方向（这是需要的紧张中所蕴含的），你或许就能想起，焦虑与需要的矢量特性完全相反，也就是相距 180 度。如果你根据矢量加法（vector addition）来思考，就像物理理论中常用的那样，那么，你将会记得，在力的平行四边形中，一个矢量朝着一个方向出发，而另一个矢量又朝着另一个方向前进，由此而导致的矢量便可以被确切地描绘成这个完整平行四边形的对角线。如果你从这些方面来思考，那么，你将会认识到，焦虑——它在某个特定的方向上表现为与整合倾向完全相反，并因而变得复杂——可能仅仅意味着该情境中与活动有关的能量转化的减弱（reduction）或逆转（reversal）；也就是说，焦虑会导致朝向满足这一目标的活动减少，或者导致活动偏离该目标的实现。当比如说，在哺育情境中，焦虑与饥饿结合在一起，并不意味着因此会产生某种新的东西，只不过在这两个事物中间会产生一条对角线而已。最后结果要么是尽管哺育继续进行，但活动会明显减少，要么是发生了某些与哺育（即对饥饿需要的满足）完全相反的事情。

97 现在，我们来看一下我们在日后的生活中可能会遇到的许多情境，在这些情境中，两种相反的矢量确实会结合到一起，产生第三种矢量——只要存在着与某种特定活动相反的活动，存在着与力之平行四边形的物理模式相一致的某种东西，该活动便会导致一种新的活动方向。从物理学的角度看，这种新矢量象征了两种整合倾向的解除，不过，这种解除是由于一种不同情境（在此情境中，朝向分解和某一目标之实现的活动，也非常明显）的整合而发生的。但是，在非常早期的情境里，至少就我们讨论的目的内，婴儿的活动是由单一的需要而激发的——如对食物的需要——焦虑的出现并不会导致新的活动方向，而是导致哺乳活动的减弱，或适合于哺乳之情境的完全瓦解以及对该情境的回避。而且，正如我前面曾说过的，我们可以通过画出两个相距 180 度的矢量特质，而从物理学上表现上述情况，其结果要么是先前呈现之动作的逆转，要么是该动作加速的显著减

弱。从这一视角看，尽管一种需要（可以将其看做是一种整合倾向）与焦虑的冲突，有可能产生两种结果——速度的快速下降，或者你可以说是方向的逆转——同时，此时所涉及的紧张比仅有需要时所涉及的紧张要多一些。换句话说，用关于矢量的考虑来解释活动，是完全可取的；但是，另一个复杂得多的领域，即有关张量（tensor）的考虑，也适用于欣快失调（不用说，相比于只有一种紧张存在，当两种相反的紧张发生冲突时，失调要大得多）。

我现在开始用物理学家所熟悉的术语来进行讨论——在讨论功和能这些术语时，我将更进一步地追随这条思路。你们也许还记得"能"（energy）有时候会被界定为做功的能力；或者，更确切地说，做功时，能量会减弱，其减弱的量与做功的量相等。你们也许正在纳闷：我是否马上就会考虑某种类似特殊"心理"能量的东西？这个问题的答案是这样的：当我提到能量时，指的是物理学中所构想的能量，而且它有两种基本的形式——势能和动能（potential and kinetic）。至于功，正如我一直以来对这个术语的使用那样，是以物理学的含义来构想的，它不是你所憎恶的某种东西，而是生活中必须做的事情。我认为，在这一点上，提及一下物理学 98
领域中区分势能和动能的最为简单的例证也许很有益，因为我在这里的所有这些讨论中，对势能这一术语的使用，与该术语的物理学含义相当接近。我们可以想象一个简单的钟摆，比如，你可以把一把铅锤、一块手表或者其他什么东西，系在一根绳上，然后将绳子的另一端固定在钉子上，这样手表、铅锤或其他什么东西便处在了自由空间之中。接下来，如果你使之呈钟摆摆动形式，就会发现：在钟摆向一侧运动到极限时，它是停止的；在那瞬间，它处于静止的状态。它朝一个方向摆动，瞬间停止，然后开始摆回来。在它向一侧方向运动到极限的那一刻，钟摆的能量是潜在的，此时它处于静止状态；但是，如果你愿意让这样一个钟摆击中你的头，那么，你会认识到，此时的钟摆里存在着大量的势能。所以，势能并不意味着虚构，也不意味着某种超越电力势能（electrical potential）——这是同一个词的另一种用法——的想象之物，当你将手指放在 33 000 伏的线路上时，其结果将会清楚地让你知道你想了解的某些东西。

概念本身：精神病学的背景与含义

对附属概念的回顾

综合我至此业已讨论过的各种考虑，我已能够构建——我希望可以清楚地构建——精神病学理论的一个非常重要的概念。这个概念就是动力机制的概念，我认为它对于古老的心理机制（mental mechanisms）等观念来说是一大改进。

首先，我想回顾一下我已讨论过的一些概念，这些概念在我的动力机制概念中发挥了一定的作用。一直以来，我们都坚持认为，任何有机体都可以根据以下三个终极因素来考虑：有机体与必要环境的共存（communal existence）、有机体的结构（organization），以及有机体的功能活动。我们已经说过，人可以被视为一种有机体，他在其必要环境中需要他人的
99 合作（功能活动便是在这种与他人的合作中产生的），他还需要文化世界的某个部分（这种文化是人格中所固有的，它会被组织进这个有机体的内心）。

迄今为止，我们在分析中已经介绍了一些基本的术语，如经验、欣快、两种反复出现的紧张（即需要的紧张和焦虑的紧张）等概念，此外，我们稍微提到了第三种紧张（我们将在后面对此作详细的讨论）——睡眠的紧张（tensions of sleep）。我们已经讨论过的这些反复出现的紧张，它们在意识中表现为可以感觉到的成分，而且，在与环境的关系中，它们则表现为关于情境的整合倾向或分离倾向（在这些情境中，致力于满足需要的活动，也就是行为有可能出现）。我们已经指出，在婴儿出生后的早期生活阶段，紧张的减弱，及其感觉到之成分的缓解——需要的缓解——需要温柔的合作，它是对婴儿饥饿时啼哭、寒冷时啼哭等行为的补充。我们把婴儿的需要概括为对氧、水、食物、体温等的需要；而且，可以更为笼统地概括为对身体完整与自由，以及适当生理过程的需要，后面这些说法很可能容易被人们表述为避免痛苦的需要、摆脱对身体运动之限制的需要。在这一点上，我们要离题一会儿，先来考虑一下这个事实，即自然增强之紧张（它会危及生命）的延迟缓解，会伴随着可以感觉到之恐惧紧张的出现，它具有特定类型的啼哭，即害怕时啼哭（crying-when-afraid）；这种恐惧的紧张最高可以发展到所谓的恐怖（terror），以及后来生活中可以恰当地称之为狂怒行为的那种活动。

我们已经指出，由于婴儿需要的满足需要另一个人的温柔合作，因此，所有的需要都可以被视作人际水平上的对一种温柔的需要。但是，这种对温柔之需要的满足，以及对当前主要涉及之特定紧张的满足，显然都受到了焦虑的干扰。我们已经相当详尽地考察了婴儿的啼哭与出现温柔合作（这种温柔合作对满足婴儿的需要来说是必不可少的）之间的关系，我们还考察了婴儿啼哭随后出现的呼吸和哺乳活动（我们可以说，这些活动也出现在口部以及口部周围）之间的关系。于是，这就为我们提供了婴儿

在与周围环境（既包括物理化学环境，也包括人际环境）共存中的相互作用区概念（其中，特别强调了口部区），包括婴儿倾听他听得见的东西。 100
我们已经提到过婴儿从“客观上”看很可能完全相同的饥饿时啼哭、寒冷时啼哭等的意义；婴儿的所有啼哭都向母亲传达了他对温柔的需要，但是，对婴儿来说，正如他所经历的各种不同啼哭那样，它们最初并不具有一般的意义。也就是说，在婴儿的经验中，他的各种啼哭最初并不具有需要温柔的一般意义，尽管它们在母亲听来都是需要温柔的含义。

我在前面已经说过，我们有充分的理由相信，最为简单、最不复杂的经验，也就是有机体某种瞬间状态的未分化的经验带有相互作用区（在这个相互作用区内，不管经验到什么，都会发生冲突）的指征，它是经验本身的一种不可避免的特征；因此，来自于嘴唇的经验显然被标上了表明它起源于该区域的标志，而且，它生来就与来自指尖的经验完全不同。从某种意义上说，未分化的经验是对有机体整体状态的一种持久记录，包括相互冲突的事件，或者更确切地说，是它们对所撞击之相互作用区的影响。

接下来，我们对婴儿早期哺乳行为中一些几乎不可避免的不测事件作了思考，并从中推断出了它们在婴儿生活经验发展中的含义。由此，我们思考了符号（signs）这个非常重要的概念，它有两种基本类型：信号（signal）和象征（symbol），后者指的是其他符号的符号，或者是整个符号类别（categories of signs）的符号。除了前面提到过的饥饿时啼哭、寒冷时啼哭等的信号特征之外，根据婴儿听到和经验到的东西，我们推断出了四种不同信号的发生，这四种信号必定是从乳头与嘴唇相联结的经验中演化而来的——或者，就第四种信号而言，是从乳头与嘴唇相分离的经验中演化而来的；这四种信号分别是：好且令人满足的唇间乳头、好而不能令人满足的唇间乳头、错误的唇间乳头，以及坏的唇间乳头。对其他符号
或符号类别之符号，也就是象征的区分，参考早期对好母亲和引起焦虑的 101
坏母亲（包括继后对那些构成坏母亲显著特征的禁止姿势的分化）的理解，而得到了说明。

我们在这一点上强调符号与符号拥有者或解释者之间的基本关系，警告大家不要犯将可以观察到的特征客观化的错误，不要把这些特征客观化为与他的符号现实相一致，或与他的符号现实有着必然的联系，这种符号现实是婴儿（或其他有机体）经验事件的一种特殊模式。关于这一点，你们可以回想一下我对交通标志的评论，从客观上看，它们只是桩杆上的铁皮而已，但却代表了一种反射的模式，也就是说，被眼睛视作附有意义的

模式，尤其是如果你们以往的经验包括了学习开车和避开交警的话，就更是如此。置于路旁的桩杆上的那块铁皮，从警方的意义上说是一种符号，但是桩杆上的那块铁皮以及铁皮上的字，只有当它在看到它的人心中激起适当的意义时，从我们的意义上说，才能算是一种符号。这个看到它的人拥有了这个符号。

关于符号和符号解释者之间关系的这种观点，通过回顾母婴之间的交流，即婴儿通过几种不同行动中可以让人听见的成分向母亲传达对温柔的需要而得到了发展，这些行动在他自己看来是满足几种需要及缓解焦虑过程中的行为——而且，他很快就会将其概括为唤出好母亲或驱逐坏母亲（当时，啼哭或其他活动很不幸地把她“召来”了）。接下来，我们从它构成哺乳行为以及满足饥渴所必要之情境的角度，思考了唇间乳头，而饥渴的紧张构成了需要的基础，我们可以将其概念化为反复发生的力量，这些力量整合了必要的、真实的人际情境，而且，这些力量还能做功，以维持这种人际情境，使其反复、持久地发挥效用。然后，我们从这种动力的观点审视了焦虑，我们看到，它并不是一种整合的倾向，而是一种分离的倾向，从矢量的意义上说，当它与任何一种整合需要的力量同时出现时，它们之间便是完全相反的。

这样，我们便在物理能量（这是我所知道的唯一的一种能量）转换的
102 领域中获得了一种有用的论述，以及三种基本紧张中两种基本紧张的矢量特征（我们尚未涉及睡眠），现在，我将接着论述动力机制的概念。

有关动力机制概念的论述

一开始，我就想说，目前关于宇宙的观点（就像绝大多数数学家、物理学家和其他科学家所持的宇宙观那样）使得这个可以去发现的世界成了一种动力机制。有一个基本假设暗含了这种观点，这个基本假设就是：宇宙中的终极现实是能量，所有物质客体都是能量的表现，一切活动都代表了能量的动力或动能方面。一种把力和能量概念——它是力概念的基础——视作终极概念或假设的学说，自然是一种动力机制的概念，即一种宇宙的动力机制（dynamism of the universe）。在哲学家中间，怀特海德（Whitehead）把宇宙想象成一个有机体[①]，当然，我们可以毫不困难地把生物有机体视作一种特定的动力机制。生物有机体通常是多细胞的组织，

---

① 参见 Alfred North Whitehead，*Process and Reality*；New York：The Macmillan Company，1929。怀特海德声称：“这个有机体学说试图把世界描绘成单个实体世代交替的过程，每个实体均有其自身绝对的自我实现。”（p. 94）他在早些时候，还说过：“一个实体便是一个过程，而且用‘物质’的形态学（the morphology of ‘stuff’）是无法描述的。”（p. 65）——编者注

而且，从某种意义上构成了有机体的各种活细胞，本身就可以被我们构想成是动力机制［或者，我们也可以称其为亚动力机制（subdynamism）］，从动力学上看，这些动力机制或亚动力机制在其生活中受到了控制，要与整个有机体的生活保持一致。当恶性肿瘤、肉瘤或癌降临到某些有机体身上时，我们可以认为这是有机体的某些细胞摆脱此种动力控制的例子，因为它们摆脱了这种控制，因此就变成了具有破坏性的独立活细胞。可以说，它们成了具有破坏性的独立的动力机制，会侵犯那些受到控制的细胞结构和寄助物［host organism，或者说是寄助动力机制（host dynamism）］的组织。无数的亚动力机制，即单个的细胞，被组织成了无数的动力机制系统，如肾脏、肠的排泄分泌结构、肺、心脏、血液，等等；这些细胞动力机制的系统又进而被整合进了有机体的整个动力机制，这样， 103
从不再生生物学（unregenerated biology）的角度，我们可以说，所有这一切就构成了一个庞大的单一系统。不过，若想一直作为生物有机体而存在，有机体的整个动力机制就不可能与其必要的环境相分离。

这种把有机体视作一种动力机制，以及构建亚动力机制的考虑，在某种程度上得到了下列事实的证实，即眼睛角膜，甚至心脏和其他器官，能够在许多情况下继续表现其生命，能够完美地移植于他处而不会死亡，即使原先的有机体已经死亡也没有关系。因此，主要的动力机制或整个动力机制可能结束，但是某些附属的动力机制却能继续发挥作用，从一种非常动态的意义上说，其整体性并不一定立即消失。

一般情况下，我们可以说，从有关生物有机体之形态或结构的研究中有效抽取出来的终极实体，就是这种有生命的动力机制，即细胞。同样，可以用于有关生物有机体功能活动之研究的终极实体（即最小的有效抽象），便是动力机制本身，即相对持久的能量转化模式，它一次又一次地将持久存在之有机体的特征描述为是一个生物有机体。这很可能是我所能做出的有关动力机制概念的最为一般的论断；它远远超越了精神病学的领域，而必定贯穿于整个生物学领域，或许，在有些人的思想中，它所涉及的范围还要广泛得多。令生物学家感兴趣的各种动力机制，都与能量转化有关，这些能量转化在有机体与其必要环境的共存中，通过有机体的组织因素，构成了功能活动。而令精神病学家感兴趣的动力机制，则是相对持久的能量转化模式（这些模式一次又一次地成了人际关系领域的特征）——人和人格化、个人符号、个人抽象、个人属性等的功能性相互作用——它们构成了独特的人类存在。

模式的界定

我在前面刚刚说到过相对持久的模式（relatively enduring patterns），由于本书中会反复提到这个词语，因此，在这里，我们只要就模式（pat-
104 tern）这个词本身简短说几句即可。我将给你们提供模式的定义，对此定义我认为自己是唯一的权威，这一处境总是唤起他人对我的极大怀疑。模式指的是无意义的特定差异的外壳（envelope）。分类学（taxonomy，即分类的科学，该科学在生物学领域尤其重要）主要针对的就是模式。我们可以恰当地称一个特定的水果为橘子，如果所考虑的这个样品特征的差异（在与确定的理想橘子相比较时）与确定的特征没有明显的差异的话。而所谓确定的特征，主要指大小、形状、果皮的光滑程度、光波的表面反射等，甚至包括一些形状学上的细节，如分隔——根据果肉的隔壁可以将它分成多少份——果皮的厚度、内含种子的数量与生活力等。尽管这些特征在一定的范围内会发生变化，但是，它们的变化，或者说任何一种变化的组合，都没有明显地超越确定的模式，即橘子。作为这种水果的味道、气味之基础的物理化学特征，在其特征模式中有一定的位置；这些特征也可能会有相当大的变化，不过，你所拥有的依然是一个橘子。但是，这些特征中如果某些特征发生显著的变化——如果这种变化超越了这种模式，即橘子——那就会使得所考虑的这个样品成了植物世界中的某个其他成员，如柠檬或金橘。

无关紧要之特定差异的另一个例子，我们可以在听觉领域中找到，这个领域在模式方面极其丰富。例如，莫扎特（Mozart）的F大调四重奏被体验为音乐的特定模式，尽管在某次特定的演奏中可能会犯许多错误，尽管乐器实际上可能没有很好地调音，或者事实上甚至可能出现了严重的走调。F大调四重奏是音乐经验的一种模式，尽管在某次特定的演奏中会出现很多不太显眼的变化，但这种模式依然存在。但是，这些变化的经验也可能由于对人类计谋的独特误用（即所谓的“动摇”古典的乐曲），而变得更为明显；在这里，我们有时候甚至可以分辨出一首特别喜欢的名曲的音乐模式，尽管当时一些令人不快的东西可能会使该模式偏离，从而不能
105 在任何具有音乐重要性的意义上称其为一首名曲，而成了一种与其多少有些相关的粗俗的东西。有这样一个例子，在我看来，作品改编者故意做的改变，以十分显著的方式破坏了先前存在的东西，所以也改变了它的模式，这样一来，如果我们再像先前的作曲者那样称呼这部作品，就会显得十分滑稽。但是，即使在这种情况下，名曲中的次级模式（subpatterns）通常也会非常鲜明地显现出来，以至于会唤起我们关于整个模式的回忆，

它会让我们突然醒悟（如果我们事先未得到告诫的话）：我们正经历的那种模糊不清的美学愉快，乃是有人历尽艰辛对某个特定作品进行修改的结果。

听到的语言完全是一个有关声音模式（sound patterns）的问题。构成或复合成话语的音素（phonemes），是与一种文化界定的平均数（mean）没有太大差异的声音模式。例如，构成英语话语的声音，在可能的声音变化连续体（continuum）中，属于某组特定的文化所界定的领域，我们可以设想它有一个特定的平均数，该平均数可以通过研究来确定，我认为，从统计学上看，它是使用英语中那个特定音素的人最为常见的声音领域。但是，在这个声音连续体中，你可以偏离这个平均数相当远的距离，而不会导致一般的听者难以辨认出你正使用的音素。文化决定着这个可以听到之声音的连续体中哪些领域将成为某一特定语言的音素，如果我知道所有语言中的一切音素，包括现在使用的或过去发掘的，那么，在我面对这样一个发现时便不会过于吃惊，即无数发音清晰的声音都已被用来建构这样的模式，而这些模式构成了一种语言的音素。

不仅音素是近似于一种文化上所确定之标准的声音模式，而且词语本身也是音素模式，它们也近似于一种文化上所确定的模式。例如，我猜想你们当中有很多人都对“精神病学”（psychiatry）这个词有一定程度的欣赏（如果不是尊重的话），但我怀疑你们当中有多少人能够理解“ps-hee-atrea”一词。我很尊敬的同事阿道夫·迈耶在拜访一位欧洲同事期间，理解了这样一个事实，即当这个英语讲得极好的人说到“ps-heeatrea”时，
他所指的是他们共同的先人之见。这位老人在一个源于希腊文的词语的正 106
确发音中所享受到的快乐，符合我心中关于词语模式之变化的例子。

我喋喋不休地说了这么多，目的是想让你们注意到音素序列模式的重大性，以及对这种模式某个部分的强调（它们共同构成了词语）。顺便提一下，词语（与其朴素纯然的印象相反）并不存在于词典中，至多就像是路两旁的交通标志。一个词语——一个词本身，而不是这个词的象征——就像一种符号，存在于拥有它的人们的头脑之中。由于这些词语是为人们所听到而习得，人们发现自己可以模仿它们，等等，因此，它们已被证明在产生幻觉方面非常有用，至少在产生关于沟通的幻觉方面特别有用；在有些情况下——我希望尤其是在当前的情况下——用词语来进行沟通不会太糟。但是，它就是构成话语的声音模式、重音模式等。

录音设备很可能会显示出，你在早上（这时，你刚从一夜美梦中醒来，感到精神非常饱满、精力非常充沛）对相对常用之话语的发音，与晚

上（这时，你很想睡觉，感到非常疲惫，如果喝醉酒的话）对相同字词的发音是完全不同的。这些录音设备所记录下来的声音是你在平常的讲话中发出的，它们在细节上有惊人的不同，这些不同可以用物理设备记录下来。不过，除非你疲劳到了极点，或是喝醉了酒，以至于干扰了你喉咙和口腔的精细运动，否则，尽管发音确实有些不同，但在你听来，你的发音却没有什么不同，而且对于听者来说，也同样是完全可以理解的。当然，也有这样的可能性，即过度的疲劳严重妨碍了词的发音，因此其清晰度被认为有所欠缺，对它们的理解程度也被削弱；当词、音节或音素（尤其在一个人原先学了其他某种语言的情况下，更是如此）不再属于无意义变化的范围时，上述情况便会发生。

107 从上述关于分类学、音乐和词的冗长讨论中，我相信，你们至少已经了解了我的定义中的某种东西：模式是无意义的特定差异的外壳——其限定的范围是从三维或多维的意义上说的。只要这些特定差异的一致性是无意义的，那么，不管讨论的内容是什么，都否符合该模式，你可以说，这个模式为它提供了意义（meaning）、真实性（authenticity）或同一性(identity)。

精神病学中的动力机制

有机体都是通过繁殖而开始其生命的；然后，生长、成熟、抵制或修复伤害（这种伤害是由有机体所遇到的某些有害影响所导致）、繁殖下一代；之后，至少在生命的高级表现形式中衰退，并以死亡来宣告生命的结束。这些能量转化的模式构成了整个生命的特征，但它们只是相对持久的。这些模式（至少在生命的高级形式中）通过成熟来显现；它们随着生长和有利或不利的影响而产生各种变化；而且，在一切可见的细节中，很可能没有哪两种表现是完全一样的。我们感兴趣的动力机制是相对持久的模式，这些模式至少在某些情况下通过成熟来表现其后天的起源，而且这些模式在所有情况下，都通过在一些事件（在其中，这些模式是一个非常重要的因素）中的经验而发生改变。以非常粗略的方式，我们可以说，动力机制的生长或衰亡是其经常出现之表现形式所导致的一种结果，但是，这样的说法真的相当神秘。但是，当我们说动力机制是通过经验来发生改变时（从某种重要的意义上说，是由于其表现形式而引起改变），我们便可以更加确信我们正在谈论的内容了。

在这里，有关动力机制的问题，我特别想强调的一点是，在有机体的生活中，它们的表现形式是有机体的经验（experience，从我们最初使用该术语的意义上说）。而且，从稍后会变得清楚一点的某种意义上说，有机体的这种经验与正在发挥作用的特定动力机制的表现形式有关，且非常显著，尽管从一个模式的视角看，动力机制的变化没有什么意义。不过，我们很快就可以清楚地看到这一点：虽然就模式而言，这些变化没有什么意义，但是就生活而言，它们却十分重要。我之所以重申模式的概念，是 108
为了强调这样一种观点，即模式这样的概念可以保持有效，但客观上观察到的表现形式却可能迥然不同。

我们曾稍稍评论过婴儿的经验通过分化而获得增长的情况，这种分化是从未分化的一般经验中分化出特定的、有用的感觉模式，它们是未加工的知觉原料。我把这些模式称为符号（signs），它们很快会出现在大多数情况下，概括各种经验项目（items of experience），并由各种相互作用区来加以标记。让我们来做更进一步的解释：虽然婴儿早期某一特定经验往往并不是由一个以上的相互作用区来标记的——尽管有时候可能会出现这种情况——但是，符号在通常情况下却可以概括各种由各个区域分别标记的经验。这种由各个区域标记的对经验的概括（通常包括视觉和听觉），于是就变成了以不完善模式的经验。例如，当视觉和听觉在某种意义上与产生自嘴唇周围的触觉、温度觉或动觉器官的经验相结合时，那么我们所得到的一种关于经验的详细阐释便超越了未分化经验的范畴——未分化经验是最早的经验类型——而且事实上，已成为一种不完善模式的经验。最早时期的符号的“有效性”在于它们促进了需要的满足，这种促进作用是通过回忆和预见的功能实现的。这些符号改变了整合的倾向，后者关系到对继后发生的特定人际情境的整合和维持；这些情境包括为获得满足而进行的活动，意味着由一种整合倾向来整合的情境的概念。

对精神病学特别有益的动力机制有两种：一种是主要涉及各种一再发生之紧张的动力机制，它们表现为整合的、分离的和孤立的倾向；第二种是主要涉及特定相互作用区所特有的能量转化的动力机制。第一种动力机制将在后面关于害怕的思考中得到论证，也会在关于自我系统这个反焦虑 109
系统（anti-anxiety system）中得到论证——自我系统是一个有关感觉到的人际安全的维持系统，还会在有关情欲（lust）的思考中得到论证，情欲是我用来谈及特定的生殖器紧张或与生殖器有关之紧张的特定术语，它有一段极好的历史背景。第二种动力机制可在我们有关口部动力机制的讨论中得到例证。我们可以说，任何一种可以观察到的行为，都体现了这两种动力机制的相伴活动，就像睡眠中所涉及的意识的时相变化那样。

我已经强调了动力机制的模式要素，而且，我也强调了这样一个事实，即动力机制是一种相对持久的能量转化模式。我曾试图暗示，尽管这样一种模式相对持久，但它不存在任何静止不变的东西，而且，生活在这种反复出现的模式中，每一种反复出现的表现形式都会带来变化（不管这种变化是多么的微不足道）。我试图弄懂，动力机制中的这种变化——如果你愿意的话，还可以包括它的成长或衰退——是如何被概念化的。我还谈到了婴儿在接触生活的过程中所推断出的早期符号，并表明这些符号是“有用的”，它们在回忆和预见中的作用表现为促进、加速（取决于重要标准是什么）情境（在这些情境中，有某种潜在的需要可以得到满足）的整合，并使得这种整合变得更为容易。因此，我已经提示了这样一点，即动力机制可能也确实“包括”（对于使用地理学上的这个词，我有点犹豫不决）符号和象征，而且，我还试图让你们了解，符号的累积、有关经验如何变成符号的详细阐释是如何促进生活并同时影响有关动力机制的。

我已经向你们呈现了动力机制的两大部分，即两种动力机制，它们都是有用的概念。人们认为，动力机制主要与反复干扰生物欣快的紧张有关，而且，它们在人际关系中表现为某种特定类型的整合、分离或孤立倾向。动力机制的第二种概念同样重要，它以某个特定相互作用区所特有的能量转化为基础。随着讨论的展开，我们将会对这些动力机制做更深一层的思考。

第七章
婴儿期：人际情境

人格的概念

现在，我们要稍稍扩展有关人类与其环境共存的思考——这些必要环 110
境包括：物理化学环境，似人动物（infrahuman）的生活环境，以及他人
的环境。我们在开始思考动力机制这一概念时，就已经说明了这个作为相
互作用或相互渗透终点站的相互作用区概念，现在，我们可以更进一步地
谈谈这些相互作用区，它们可以部分地被视为摩尔（molar）生理结构，
在这些结构中，会发生与有机体在维持其必要共存时所做出之功能活动有
关的能量转化。不过，这些生理结构是这样的：在其功能活动中，有机体
会产生特定的体验，这些体验虽然有时会像信号出现（occurrence of
signs）时那样详尽复杂，却始终处于未分化模式。这一体验进而会影响特
定功能活动中所涉及的整合倾向的继后表现形式，从而也就引入了回忆和
预见、功能历史（functional history）和对某一预见目标的适应（通常指
的是预期）等因素。这些因素（回忆和预见、功能历史和对某一预见目标
的适应）虽然不能算是生理结构的细节，但肯定是有机体继续生存的重要
细节，当我们所说的有机体是人类时，我们便称它们是人格的细节
（details of personality）。从当前排他主义（particularist）的意义上说，当
我们所谈论的内容就好像婴儿是一个完全独立的实体时，人格就成了一种 111
经常出现的人际情境（这些情境是人类生活的特征）的相对持久的模式。

在精神病学理论中，人际情境（它是满足某一需要而进行的活动所必需的）这一概念非常重要。唇间乳头便是此种人际情境的第一个例子，它由婴儿对水和食物的需要，以及母亲在这个方面给予温柔的需要而得以整合和维持。通常情况下，婴儿的口部相互作用区和母亲的乳房相互作用区，便是两种人格的细节，它们主要涉及这种唇间乳头的整合。婴儿关于

相关口部行为的体验和母亲关于给婴儿喂奶的体验，就像所涉及的生理结构一样，也是特定喂奶情境的一个重要部分。在婴儿不断扩展的世界里，这个结构是乳头（它是可以辨别的好母亲的特征），他会在口部将其整合起来。在母亲的世界里，该结构便是她的乳头放入其中的这个或多或少人格化了的特定婴儿的嘴唇。婴儿对好母亲的人格化（personifaction of the good mother）便是他所理解的母亲重复参与喂奶情境以及由于这种满足而得到解决的其他各种需要相整合的模式。她——婴儿对好母亲的人格化——象征着各种需要即将得到满足，也就是说，她进而象征着各种情境（其中包括她自己）通过婴儿适当、合宜的活动而得到整合、维持和解决。

人格化的组织

在上述内容里，我已经引入了人格化的观念，根据人际情境在理解精神病学所处理之现象方面所具有的根本重要性，我们可以推断，这种观念也很重要。在这里，我们在讨论对好母亲的人格化（它在婴儿早期就已形成）时，便开始踏上了一条漫漫长路，试图去理解人格化及其能动性。正如我前面所说，婴儿对好母亲的人格化是他以一种原始的方式所感知到的
112 母亲重复参与喂奶情境以及由于他的需要而形成的其他各种整合（其情境由于这种满足而得到了解决）的模式。正如我在前面所说的，预见属于已经发生的范畴，而对于好母亲的预见则属于一直都很顺利的事情。因此，婴儿对好母亲的人格化象征着各种需要即将得到满足，或者，换句话说，它象征着婴儿在满足其需要的过程中，对其所做出之恰当、合宜的行为而言所必需的情境的整合、维持和解决。

此时，这种人格化并非“真实的”母亲——一个被视作实体的活生生的特定个体。它只是婴儿体验的一种复杂组织。母亲对婴儿的人格化也并非“真实的”婴儿，而是母亲“心中”体验的不断增长组织，它包含许多因素，而这些因素与这个特定的“真实的”婴儿没有什么关系。重要的是，我们必须理解，婴儿对母亲的人格化由亲子关系中所发生的事情组成，或由此形成，或由此组织而成，或由此精心制作而成，而这里所谓的亲子关系，是指婴儿与你们所谓的“真实”母亲之间的关系，后者提供了婴儿与她自己之间提供满足的整合。而母亲对婴儿的人格化——有人认为，在怀孕 7 个月左右，当灵魂进入婴儿体内时，母亲对婴儿的人格化有时候还尚未成熟，因此，我认为，在此之前，我们可以把胎儿称作它（it），而不是他（he）或她（she）——并不是婴儿本身，也不仅仅是对母亲在与婴儿相整合时所遭遇事件的抽象概括，它还包括很多与这个特

定婴儿仅有微弱关系的东西。如果一个婴儿是他母亲的第七胎，那么，相比于对第一二胎的体验，他母亲对他的人格化与她对这个婴儿的体验之间的关联要少得多。无论如何，她以前的体验都会影响她对自己与这个特定婴儿之间各种关系的体验。母亲对婴儿的人格化，既包括她对婴儿焦虑时的体验，也包括她对婴儿不焦虑时的体验，既包括对婴儿睡着时的体验，也包括对婴儿醒着时的体验。此外，它还包括对婴儿成长变化的观察，以及一种对尚未来临之变化的很可能予以了充分阐释的预期。在母亲“心中”，人格化了的婴儿意味着或象征着的东西，显然不仅仅是对即将获得的对于给予温柔之需要的满足，也显然不仅仅是即将 113
获得的对于参与由婴儿的即时需要所整合的情境整合、维持和解除之需要的满足。

正如我们所说，母亲在照料子女方面是履行社会责任的一个载体(carrier)。子女对她来说，部分地象征了她对这些责任的认可。在任何特定社区或任何特定文化区域的每个家庭中，这些社会责任都有所不同。同一个母亲对不同的子女，或者同一个母亲在不同时期对同一个子女，有效承担这些社会责任的程度也可能会大相径庭。认为这些责任对养育子女没有什么影响的观点，如果不是令人难以置信，至少也是不太可能的。因此，当我说到那些与特定的“真实”婴儿只有很微弱的关系，但却是母亲对婴儿的人格化的一部分的因素时，我已将母亲对社会秩序（她是其中一员，或者说是其中一部分）的责任这一非常广泛、非常重要的元素包括在内。人格化了的婴儿所象征的母亲所认可的社会责任，与婴儿理解坏母亲的情境有一些关系——通常有很大的关系，而且，正是根据在这种情境中的体验，他组织起了关于坏母亲的人格化。

我们通常可以把焦虑（相对而言，是成年成活中的一种现象）解释为像是一种预期的对某人当前活动的不利评价（这种评价是根据某个人的重要意见而做出的）。当某个正与我们交谈的人显得很焦虑时，我们可能就会问：“我所说的内容是你心里所想的吗?”通常情况下，对方可能会说“你很少想到我”、“你让我很震惊”，或者诸如此类的话。这便是一种典型的对焦虑的合理化（rationalization）。我所说的合理化，意思是说我们会给出一个貌似有理但常常极其微不足道的解释。所以，我认为，在相对成年的人们身上，焦虑通常可以貌似合理地被解释成预期的对个体当前活动的不利评价。一位负有这些社会责任的母亲（从她是社会群体一员的意义上说，这些社会责任是她固有的）可能预期自己在育儿活动方面会遭到丈夫、丈夫的母亲或姐妹、她自己的母亲或姐妹、护士或者其他所有观察她 114

对待婴儿之方式的人的批评。在许多情况下，一些已知的或推测而知的异议，即对于她照料子女的现实的或想象出来的吹毛求疵，会让她焦虑不安。例如，除非我对于自己所做的事情有非常大的、有据可依的敬重，否则，他人对我所做事情的批评，或者甚至是怀疑他人会批评我所做的事情，都会让我感到焦虑。因此，除非母亲非常明了自己需要承担的社会责任，确定自己所做的工作至少是在平均水平上履行责任，而且清楚他人为什么会有不同看法并因此批评她，否则，任何对她对待婴儿之方式的批评，她所怀疑的任何对她对待婴儿之方式的批评态度，都会让她感到焦虑。如果你还记得母亲的焦虑会引起婴儿的焦虑，你就会明白，引起婴儿焦虑，会让他更难照料，照料起来更麻烦，因此，婴儿的行为似乎证明了对母亲照料他的工作的贬低。

这种恶性循环所蕴含的深意，成了精神病学家对家庭动力结构（dynamic composition，患者的婴儿期是在这个家庭中度过的）产生兴趣的基础。当我年轻的时候参加精神病学家大会时，就曾听到诸多关于精神病患者的叙述，这些叙述有时候会追溯到患者的曾祖一辈。这些叙述包括很多细节：谁的祖辈曾进过精神病医院，谁的祖辈曾坐过牢，谁的祖辈是大学教师，等等。其结论都相当严密谨慎：一个女人嫁给了一个男人，生下了这位患者，并饱受了其间的甘苦。而且，这个婴儿还表现出了喂养困难（在我还是一位年轻的精神病学家时，这种偏见尚未出现，但不久之后就出现了），不久之后，这个婴儿就学会了走路和说话，并不再尿床。很快，所有这些奇异的传闻和资料就会让他成为一个精神病患者，出现在我们面前。在随后的岁月里，对于我们能为这个精神病患者做些什么，好让他不再是一个精神病患者而成为社会中的一员（这可能会让他懊恼，也可能会让他高兴），产生了越来越浓厚的兴趣。然后，我们发现，我们可以
115 省去大量有关神秘复杂的遗传因素的研究——在遗传方面，患者充其量很可能只有非常少的有用观点——因为在所有的传闻和资料中，能够有助于我们找出他为什么对周围许多人都持奇怪、歪曲见解的原因的东西，寥寥无几。最终，我抓住了重点，猜想：焦虑与患者的问题有很大的关系。但接下来，问题就成了如何解释焦虑的特殊性。由于医疗工作中所经历的苦难——更为令人满意的做法是给予病人更多的关怀，而不是仅仅记录患者的家族史——我们终于回过头来对人类人格中抗焦虑系统的发展进行研究。在当前这个部分，我试图提出焦虑是如何开始的，也就是，在某一既定个体的自然史中，有哪些因素对焦虑的开始产生了影响。这种做法虽然回溯得非常非常远，但是，它正是我们需要知道婴儿在其中度过最初数月

的家庭构成这一点很重要的原因所在。

对家庭结构的考虑可以表明，除母亲以外的其他人，在与婴儿建立重要、直接的人际关系之前很长时间，已经对最早时期的发展史产生了重大影响。而且，在大量的例子中，除母亲之外的某个人确实经常会与幼小的婴儿建立重要的、直接的人际关系。有时候，这个人是所谓的奶妈，通常情况下，这个人是保姆或姐姐，她们在一些情境中从事照料婴儿的部分工作。这些在功能上代替母亲的人，也会在某种程度上使婴儿人格化，而且婴儿的这些人格化包括代替母亲之人关于婴儿的体验和对婴儿（这里的婴儿既指这一类婴儿，也特指这个特定的婴儿）的期望这些重要因素。

情况有可能是这样的：这些在功能上代替母亲的人中有一个人会逐渐地表现出对他人的特定期望，在此处，我将把这种特定期望称作恶意行为(malevolence)。有这种恶意行为的人，在满足婴儿的明显需要的过程中，除了给以温柔的合作之外，还可能会以其他方式对婴儿做出行为；她可能不会伤害这个婴儿，但会让这个婴儿感到害怕。由于恶意行为也容易伴有焦虑，并引发婴儿的焦虑，因此，婴儿对这样一位替代母亲的理解，慢慢地就会被组织成有关坏母亲的体验。让我们以上面提到的那个有七个孩子 116
而我们刚刚讨论过其中第七个孩子的母亲为例。我们不妨假设：第一胎和第二胎都是女孩，按照惯例，长女一般都很难抚养，且不管家里的事情。而排行第二的这个女孩是母亲的帮手，一直要做大量的事情，但她却感到自己多年来遭受了很大的冷落和忽视，并渐渐地变得如她姑妈所说的那般顽皮、喜欢恶作剧。现在，随着第七个宝宝的降生，母亲的帮手承担着照料宝宝所必需的大量相对需要成人合作的工作。这些工作中虽然不包括给宝宝喂奶，但肯定包括给宝宝盖被子、给宝宝换尿布，等等。鉴于母亲的帮手怀着恶意——我们很快就能理解这一点——温柔的定理不能以一种简单的方式运用于她与宝宝之间的关系。不论是经常的行为还是偶尔为之，在照顾婴儿的需要方面，母亲的帮手会有粗暴的举动，语气很不好，伤害婴儿，常常会使婴儿不安。但是，母亲的帮手在做这些事情的时候心情一点儿也不愉快、轻松，因为她很清楚，如果她对婴儿的这些小恶作剧被母亲看到，或者被他人看到而告诉她的母亲，她就会挨耳光或受到其他的惩罚。现在，母亲的帮手已经预期到她很可能会由于这些小恶作剧行为而受罚，这种预期从某种意义上说将很快会变得非常清楚，这相当于说她同时也处于焦虑和敌意之中。在这样的情形下，婴儿所获得的包括焦虑和恐惧在内的体验，（在婴儿初期）与婴儿在母亲焦虑时所产生的体验是一样的；因此，在婴儿期对坏母亲的初步人格化过程中，便组织起了这样的经验。当一些不可抗拒的情境使得必须将某个重要的育儿角色分派给某个恶意的替代者时，婴儿与母亲之间相当数量的接触也容易引发焦虑，因为她在照顾婴儿的过程中，几乎不可能“让
117 自己保持心平气和”。于是，慢慢就会有两个或两个以上的人反复引起婴儿的焦虑，而婴儿对这些人的理解也会在一个早期的、单一的对坏母亲的人格化过程中组织起来。

还有一点也很明显，那就是：一位充当部分母亲角色的替代者也可能像有些母亲那样，既温柔，且相对来说不那么焦虑。在这种情况下，婴儿就会在其早期对好母亲的人格化过程中，组织起他对两个或两个以上的人的理解。而且，在这种情形下，凡母亲有一个很好的帮手——这个“好”是从不严重干扰对婴儿的温柔表达这个意义上说的——母亲在给予婴儿照顾方面都将是相当舒服的，而且相对而言，母亲和她的帮手都不感到焦虑。因而，这两个人当中不管谁与婴儿在一起，婴儿都将在其需要得到满足的过程中体验到相当多的温柔合作（tender cooperation），且相对而言较少产生焦虑的体验。在这样的情形下，在婴儿早期人格化过程刚开始的时候，有一种对好母亲的人格化，在其中，这种体验（从我们的观点看）来自于与两个人的接触，不过，婴儿却难以区别开是谁让他产生了这种体验。

这两个常见的例子应该足以说明婴儿人格化开始时可能存在的复杂性，继后对重要人物（这些重要人物在他的经验范围内可以从视觉、听觉上加以区分）的人格化均源于此。到目前为止，我已经做过多次暗示：当来自视觉感受器和听觉感受器的资料在预见和整合带来满足之情境以及预见和回避引发焦虑之情境方面发挥越来越大的效用时，所涉及个体的差异往往就会出现。我虽然没有这么说，但我推测，这些与焦虑相关的“真实”个体的差异通常会被婴儿注意到，之后，他往往也会注意到他在满足需要的过程中所涉及个体的差异；其原因在于焦虑极其令人讨厌的性质以及摆脱它的重要性。也许，到了婴儿中期或婴儿后期，随着婴儿发展到能
118 够开始区分出远距离资料（distance data）——通过视觉和听觉获得的资料，他关于使其焦虑之人（母亲，或母亲与一位怀有恶意的母亲帮手）的分化，是以某种特征为基础的，这种特征在类别和功能意义上与我们后来所谓的禁止姿势相同。这些禁止姿势包括育儿者的音调、其他方面的语言特征以及面部表情的差异等。

现在，我已列举了两个例子：第一个例子关于一位焦虑的母亲和一位

恶意的母亲帮手，第二个例子关于一位镇定温柔的母亲和母亲帮手，在这两个例子中，我强调指出，由于客观上与两个人相关的经验可能在婴儿开始对坏母亲或好母亲的人格化方面结合到一起，因此，我们可以把这种人格化称为复合（complex）。在我们看来，说这是一种复合，是因为它只有一种人格化，而我们客观上可以将这种人格化的特征归咎于两个人。这中复合性的含义还应该详加考虑。我们没有理由可以推测“无用的”符号会被组织进婴儿的经验中。把两个自以为完全不同的人组织进一个经验符号中，是早期一种极其重要的能力，且这种能力在生物系列上绝非仅限于人类。而且，这种将两个（自以为）不同的人组织进一个经验符号的情况，也绝不是有人称之为“混淆”（confusion）的这样一种不幸的状况。试想在初期的人格化过程中，婴儿“混淆”了他有关两个人（即母亲和代理母亲）的经验细节，这种“混淆”就真的会使得理解人格发展成为完全不可能的事情。相反，如果婴儿在组织两种初步人格化（即对好母亲的人格化和对坏母亲的人格化）的过程中，接触到的是一个（这是从我们的观点来说的）相同的人，婴儿就能够分化出从中产生的经验。

你们当中有些人可能会想知道我是怎么知道这些的——换句话说，关于不到 6 个月的婴儿的经验，我拥有哪些较为高端的信息资料。我只希望你们能够耐心一点，并坚信我很可能最终会给你们一点提示，而这便是我现在打算要做的事情。

这一特定推理——婴儿将他与一位“真实”母亲的经验分化为两种人 119
格化，即好母亲的人格化和坏母亲的人格化——所可能具有的正确性，会体现在我们从婴儿期开始便越来越确定地参与的一系列发展事件过程中。换句话说，根据后来的资料——这些资料的含意是相当确定的——我对在婴儿身上所观察到的现象进行了推论，这些现象看起来似乎与后来的资料有着密切的逻辑关系，尽管这个早期阶段的实际事件超出了参与性观察的范围，从而也超出了业已掌握的知识范围。这样看起来，如此运用推理似乎很危险，或者甚至很糟糕，但是如果你不用推理，从相当确定的内容（既包括资料，也包括含意）延伸到新领域的未知边缘，那么，要想探究任何新领域都是极其困难的。因此，在提出有关人格化最初事件的这种观点时，我不得不用我自己的思维方式，根据预计日后可能会发生的情况，往回做延伸性的推理，这样便可以合理地推导出它的起点。

婴儿将主要的未分化经验分化和组织成更为复杂的经验要素，我称这些要素为符号，它们源自于两种因素的结合。其中一种是组织经验的可能性（possibility）。在你们看来，它总是未成熟的；在对某件事情做十分理智的处理之前，必定存在一种可证实的可能性。也就是说，存在着这样一种可能性，即一个不到 6 个月的婴儿能够组织符号，而且我认为，只要对任何一个 6 个月大的婴儿进行仔细的观察，就可以证实这一点。所以，我相信，此种组织经验的可能性是可证实的。我可以这么说，它不只限于人类，就我所知，它可以延伸至小马驹和幼犬等。除了这种可能性（这种可能性肯定存在）之外，还有一个因素是功能效用（functional utility），即这些符号在整合满足需要以及避免或减少焦虑（这种情况在生命开始之后不久就会出现）所必需之情境方面的功能效用。这便是我所提到的“有用的”（useful）和“无用的”（useless）这两个词语的含义——这两
120 个词很容易让人误解。不过，请记住，当我说一个符号“有用”，或者说那些“无用的”符号并不是在生命早期阶段组织起来的，我所说的是功能性方面的效用，这是从促进某种在满足需要或避免焦虑的过程中非常重要的功能性活动的意义上说的。仅仅是在这个方面，这两个不确定的词语——有用的和无用的——在此处进入了我们的思维中，而且我确信，其他许多可能的意思将不会偷偷溜进你的思想。关键在于，婴儿从其主要的未分化经验中分化和组织起来的东西，便是对他整合倾向的有用补充，正如我前面所说，这些有用的补充通常发挥着回忆和预见的作用。

我再重复一遍，我们没有理由推测无用的符号是在在婴儿的经验范围内组织起来的。因此，在婴儿自身需要得到满足的情境里，不存在将温柔的真实母亲与温柔的母亲帮手加以分化的过程，原因在于，在生命最初的几个月里，这样一种分化对需要的满足毫无促进作用。同样的道理，在生命最初的几个月里，将焦虑的母亲与焦虑、恶意的母亲帮手加以分化，也无法促进对焦虑的避免和缓解（这一阶段主要是避免焦虑）。实际上，不管是否涉及母亲或母亲的帮手，婴儿身上所发生的事情都是相同的；唯一有意义的“目标”就是避免焦虑，而既然引出了焦虑，这个引出焦虑的人

看起来怎么样或者自认为怎么样就几乎一点都不重要了。[①]

婴儿并不分化经验中无足轻重的细节，而仅仅分化模式，即超越有限 121
区域的事件才会有显著的差异。随之而来的满足与焦虑有着最为显著的差异，而且，在生命最初的几个月里，不管婴儿怎样整合必需的人际情境与解决人际情境的活动，预示着即将出现之满足的特定人物的身份都无关紧要。

在此，我想提醒你们注意一下在一开始本讨论时说过的内容：我们关于人际情境的最早的例证（也就是，唇间乳头）是以一种双重形式（即婴儿对水和食物的需要，以及母亲为此而给予温柔的需要）而得到整合和维持的。而在这里，我要说的是，在生命最初的几个月里，婴儿在即将得到之满足方面所发挥的作用——他在唇间乳头整合中所发挥的作用，以及他在维持这种整合，并通过确保有足够的水和食物来满足自身需要以将其分解的过程中所进行的活动——对于你们或我在考虑这一情境时可能觉得非常重要的资料内容来说，毫无用处可言，也不会因此而得到促进。如果母亲将乳头置于恰当的位置，即放在婴儿的嘴巴能够触及的范围内，假定这种情境不会引起任何焦虑，那么，这就等于是提供满足之情境的完满整合。在生命最初的几个月里，情形就是这样的，因为这个阶段存在着人类
婴儿生存所必需的人际合作。一开始，不会出现什么显著的差异，除非提 122
供奶汁的人——相对年长的人——很焦虑。在这种情形下，正如我已经说过的那样，行为和满足都会受损或倒退，婴儿也会承受焦虑之苦。正因为

① 沙利文在1948年的系列演讲中，以稍有不同的方式做了这样的表达：“就合理的可能性而言，我们可以认为，婴儿所能做的事情主要取决于他做此事的生理能力，但实际上却取决于做此事的有用性。而且，在依赖性极强的生命阶段——婴儿早期——尤其有用的是，改进那些发挥作用的人际情境和那些因导致焦虑而让人极其受挫的人际情境的分化过程。在生命初期，所有的关系（不管是与谁的关系），只要是满足婴儿需要的一部分，通常都会融合成一种单一的人格化，我给它起了个名字，叫‘好母亲’；而所有的经验（不管是与多少人的经验），只要导致严重的焦虑，通常都会融合成一种单一的人格化。我给它起了个名字，叫‘坏母亲’。我认为，随着距离感受器变得更为有效，能够更好地彼此相连，能够更好地与有机体的其他部分相联系，分化过程的发展主要是为了这样一个目的，你们可能会说这个目的就是，对那些导致焦虑的不当行为保持警觉，也就是说，在许多可以被感知和组织为经验的事情中，婴儿要对那些可以归为禁止姿势的东西保持警觉。他从周围移动着的模糊不清的东西中所挑选出来的东西（他还学会了将其视为焦虑的先兆）就是这样被合并到了一起的。婴儿做出此种分化，并不因为他有任何超高的机能，可以避开焦虑，而是因为焦虑让他极其不舒服，而且还代表了生活中的重大失误，而在婴儿生活的其他方面，可能发生的最糟糕的事情是，从需要出现到需要得到满足这个过程所需时间很长。不过，期间也会介入情感淡漠，权当休息，以便在休息结束时恢复精力，重新开始。不过，由于焦虑，所以不可能休息，也不可能做其他事情，只能是承受痛苦。因此，我认为，分化的发展——这是从改进学习这一意义上说的，虽然一开始可能看不到改进——很可能在于如何获得有关焦虑出现之可能性的第一手资料，就好像这对婴儿来说非常有益一样，因为焦虑是一种令人极不愉快的经验。”——编者注

如此，我相当确定地推断出婴儿经验中最初组织起来的两种复杂符号：好母亲和坏母亲或焦虑的母亲。

所以，我对这样一种观点做了一番思考，即婴儿注定具有两种关于育儿者的人格化（除非运气好得让人难以置信），而且，在生命的最初阶段，婴儿不管有多少人照顾，他都只需要两种人格化。至于婴儿未知世界里所涉及的成年人，他们每个人都有一个不同的关于婴儿的人格化。至此，我相信，我已非常清楚地说明了这一点，即从某种形而上学的意义上说，人格化并不是某个有机体，也不是或某个被人格化了的人。

喂奶，一种人际经验

我们可以这么说，在成为一个人的过程中所涉及的经验是从第一次喂奶的功能开始的。与呼吸系统和体温维持相联系的未分化经验很可能先于喂奶的经验，但是，喂奶是与口部区频繁而又周期性发生的活动联系在一起的，不久之后便形成原始人格化（primitive personifications）的原始感觉，即源于此。喂奶情境中超出生理之外的因素*（extraphysiological factors）是婴儿对好母亲的一种不断发展的人格化，也是母亲对婴儿的一种或多种人格化。好母亲开始于对一个好的、令人满意的乳头的辨别或分化。也就是说，它被分化成一种经验模式，这种经验模式显然不同于焦虑的乳头。人格化随着辨别我曾谈到过的各种乳头（不同于充满了焦虑的乳头）而不断发展，而且，源自于距离感受器的原始感觉会被附加到这些最初的、更为纯粹的口部资料中。据此，我推断，口唇动力机制或多或少归
123 属于嘴部区域，但在生命的最早期也包括听觉渠道，因为婴儿所能获得的信息便是他所听到的一切。在生命早期，听觉区域开始分离为一个独立的相互作用区。在这些事件发生的过程中，各种类型的乳头成了经验模式（即人格化、好母亲）的一个重要部分；但是，即使是人格化的这一部分也已经扩展到了口部之外的区域（extraoral zones），将双手、臀部和双足等区域的原始感觉也包括了进来。喂奶情境还包括其最重要的细节，即唇间乳头，这是它最古老的核心，由辨别各种类型乳头等额外资料来加以详尽阐释；不过，此时它所展现的是由双手等来操作的活动模式。

我们所说的躺着喂奶（nursing-when-recumbent）和抱起来喂奶（nursing-when-erect）之间，存在着明显的区别。可观察的附属运动表明，这两种情形之下存在有相对持久的差异。现在，我要说一说婴儿的人格发展，比如，不足 6 个月大的婴儿的人格发展。此时，婴儿在喂奶时已经出现用手臂、腿、脚等方式来与其母亲的身体、衣服等接触，我们称这

些活动为附属运动（accessory movements）。在人类身上，就我所能推测的而言，这些运动与吸到乳汁并无多大关系，而是它们往往会成为模式（pattern），也就是说，它们会成为喂奶的习惯性伴发运动（habitual accompaniments）（我们这样说可能有些鲁莽）。即使在生命的早期，这些附属运动——它们大概提供一些原始感觉，而这些原始感觉被组织成好母亲的人格化，并成为婴儿吮吸经验的一部分——在母亲碰巧躺着喂奶相比于坐着喂奶时，也会表现出某些差异。这些附属运动，尤其是手臂和手的运动，不仅仅只是与吃奶相一致的运动，实际上也是一些行为的细节，这些行为细节可能会一直持续，成为一个人不再吃奶数年之后的活动模式。它们中的有些运动会以疲劳、全神贯注等形式表现出来，成为个人所特有的奇妙运动。

此时，喂奶情境的整合中明显涉及的不仅仅是婴儿的口部区和母亲的
哺乳区。不仅仅是乳汁、母亲的体温、某些嗅觉等——这些是早期喂奶过
程中所涉及的——此时会进入周期性的喂奶经验。此外，还有其他一些重 124
要的感觉因素。例如，婴儿的双手这个因素；婴儿在喂奶情境中所整合的好母亲，此时就包括被抓、推、拉、摩擦以及被手掌和脚底敏感表面——手掌和脚底——碰触这些要素，以及所见到和听到的与喂奶情境相关的要素等。对婴儿来说，尽管所有这些要素都是与喂奶情境一次又一次相联系的原始感觉，但它们可被推定为若干项目，这些项目可被人格化为好母亲——请记住，婴儿不会像成年人那样，把母亲当成一个成年人来欣赏。

在一些有附属喂奶行为的哺乳动物中，这种行为与乳房有着非常明显的关系，但是，就人类而言，我认为对于一个正在吃奶的婴儿来说，玩弄母亲的头发就如同玩弄她身体的哺乳区域一样常见。然而，人类婴儿的附属运动可能与把奶水吸入嘴里的实际结构几乎没什么关联，这一事实就降低了这些附属运动为好母亲（奶源）不断发展之人格化所做出的实际贡献。

区域需要与一般需要

此时，为若干相互作用区之间的转化提供能量的生物学组织因素，在这些区域中表现为动力机制，并且表现出吮吸、感受、口部运动和双手操作等需要。前面我们已经讲到过两类对精神病学尤其有益的动力机制：其中，第二类包括那些主要涉及把特定相互作用区之间的能量转化特征概念化了的动力机制。直到此时——或者我们可以说，婴儿子宫外生活的第二个月或第三个月——我们已经考量了对水和食物的需要，它们作为以一种

动力机制、一种整合倾向，在喂奶情境中得到满足，而就婴儿而言，这种
125 动力机制或整合倾向会以适当而又合宜的行为表现出来。但是，我们现在已经进展到这一点，即我们正在说口部区本身就是一种动力机制，而作为一种动力机制，它表现除了一种吮吸的需要，就像双手通常会表现出感受和操作等需要一样；顺便说一下，口部区也会进行大量的操作。我们可以说口部区和手部区（manual zone）是为了另一种动力机制，也即需要（needs）而存在；然而，这些区域（它们本身被视为动力机制）会表现出区域需要（zonal needs），吮吸的需要便是其中的一个特例。

确实，这些区域需要必须从量上满足对由一般需要所整合的情境的解决——这些一般需要指的是对氧气、水分、食物等的需要；但是，同样正确的是，这些区域需要通常（如果不是一直如此的话）超出了这种必要的量的要求。这里所说的量（quantity）指的是在相互作用区转化的过程中所提供的能量的量（这种转化表现为以区域为中心的交换活动）。换句话说，在发展相当早的时期，诸如口部区等所需转化的能量可能大于为满足对水和食物的需要而所需的能量；这种超额会表现为活动（这种活动不是满足对水和食物的需要所必需的）的维持，而是开始成为一种对特定相互作用区进行练习的需要（我们姑且可以这样称谓）。因此，在生命的早期，为吮吸动作中的转化所提供的能量可能大于为吮吸乳汁的转化所提供的能量，这种超额部分会表现为一种吮吸的需要，这种需要并不一定与乳头相联系，与从乳头里吸到乳汁也没有什么联系。

几年前，戴维·M·利维博士的研究工作为精神病学理论这一完整取向的可能性做出了非常重要的贡献，他对于这一点的研究，最早出现在他的这一研究中，即吮吸拇指与从富有营养的乳头里获得奶汁的容易
126 程度之间的关系。[①]如果吮吸可以很容易地满足对食物的需要，婴儿就会大量吮吸别的东西；而且婴儿的嘴唇也可以碰触到上肢和下肢（upper and lower extremities，尤其是上肢），它们在某种程度上也为婴儿提供可吮吸的东西。利维博士的基本研究将这一方面做了进一步的发展，拓展到了小鸡的啄食行为。通过实验设置，他发现，如果这些小鸡极易获得足够的食物，它们就会啄自己或互相对啄，而且，事实上，在某些情形下，它们几乎会互相啄光羽毛，为的是释出这种区域需要，也就是，为

① David M. Levy, “Fingersucking and Accessory Movements in Early Infancy: An Etiologic Study,” *Amer. J. Psychiatry* (1928) 7: 881-918.

了转化能量，为口部区的活动提供食物保障，而这超出了对食物的需要。[①]

所以说，在生命早期，这些相互作用区开始明显成为独立的动力机制，并且在每一个区域转化的总能量中占有或多或少固定的部分；能量只有在做功时才会转化。因此，存在着一种吮吸之类的区域需要，你可能会说，这种需要与对食物的一般需要之间，即使未必相关，至少其附属性是极强的。如果食物的供给大于区域的需要，那事情就非常严重了。但是，如果区域需要超出了食物和水的保障所需的程度，释放口部区紧张的行为就会出现，而且这种释放超出了食物和水的保障所需的程度。顺便说一下，口部区很容易得到转化所需的能量，而且，与一般需要相比，口部需要对于理解人格的发展而言具有非常重要的作用。关于这方面的思考，就讲这些。

人际经验中的肛尿区域

现在，我们来看一下婴儿共存中另外两个重要的区域，即肛区（anal zone）和尿区（urethral zone）。这两个终点站位于食物残渣和多余水分的排泄之处。我们可以将这里所涉及的一般需要称为对于排除有机体共存和功能活动中所涉及之固态废物和液态废物的需要。潜在于这些需要之下的 127
紧张，会被感觉为解大便和尿尿的周期性需要；在经验这些感觉到的需要的过程中，神经肌肉器官（neuromuscular organs）两个系统的紧张具有关键的重要作用。现在，你们会注意到，我在此处的思维发展方式稍有不同。我在讲到对食物和水的需要时，并没有详细地指明任何器官在感觉到的需要中具有关键的重要作用；但是，很可能是因为肛区和尿区属于排泄区域，废物在此处"被抛出"，而且也因为我们将要讨论的各个其他方面的考虑，所以这两个区域及其感受到的需要，实际上可分解为神经肌肉器官的有意义的参照。很可能主要由于改进了的生存价值，哺乳动物的躯体组织已经能够间歇地释放这些废物，尤其是在流体较少而黏稠物（粪便）较多的情况下，为这些废物分离空间，以与体壁隔离开来。

在这一点上，我想把自己从观察中推断出的一些内容引入对这个问题的讨论中，据我所知，这些推断并不为其他任何人的观察、研究或实验所

① David M. Levy, "A Note on Pecking in Chickens," *Psychoanalytic Quart*. (1935) 4: 612-613. "On Instinct-Satiation: An Experiment on the Pecking Behavior of Chickens," *J. General Psychol*. (1937) 18: 327-348.

支持，当然也并未得到我自己的足够观察和实验的支持。我想特别强调一下提供空间分离这个要素，空间分离即有机体与粪便在空间上的分离。如同婴儿对食物和水的需要那样，他们的尿尿、排便需要也需与一位相对成熟的母亲代理人合作才能实现，他们就需要这个成年人帮助把他抱离被尿弄湿了的被褥，并帮忙擦掉婴儿肛门及周围身体表面的粪便。拭去大便的过程，需要有人清洁弄脏了的区域，特别是肛区的黏膜与皮肤（mucocutaneous）的联结处。

我们通常认为，我们身体内部的覆盖组织（covering tissue）的特点，一般情况下，迥然不同于我们平常所认为的我们身体外部的覆盖组织。刚刚我讲到我“所认为的”体内的东西时，我所指的并不是超越任何可能性
128 的真实内部组织。鼻腔、嘴和胃肠道就其实际的意义而言都属于体外；但是，它们出于特定的躯体目的而被划归在体内，将它们与不属于身体的东西分离开来的覆盖物或膈膜（membrane），在特性上显然不同于皮肤、指甲和头发等，后者毫无疑问是在身体外部。我想提及的一些尤其重要的细节即是这些准内部覆盖物（quasi-inside coverings）的特征：它们分泌黏液，有着供移动东西物体等使用的毛状体器官（ciliary apparatus）。这些黏液膜联结着皮肤，其联结处始终是有机体共存中的一个相互作用区，尽管还存在有耳朵那样的区域（在这些区域，黏膜与皮肤之间的联结处并不暴露在外在世界中）。凡是黏膜与皮肤的联结之处，都会有真正对完整有机体整合来说的不同寻常的危险——由于联结血液供应的特定，以及这样那样的原因——而且几乎总是存在一个提供丰富血液供应的感受器官，就好像是为了保护这两种不同覆盖膜相对比较纤弱的结构。与消化道相连接的黏膜止于肛门，也就是说，它的末梢部位是肛口，或称肛门；而且，犹如双唇一样，在肛区也有一个膜和皮肤的联结之处。它与消化道的肛端相连，此处出现了一个特别的感受器分隔区，当这些感受器并非严格技术意义上的距离感受器时，我们可以称其为绝缘感受器（anticontact receptors）。

正如我前面所说，通过与母亲替代者合作而将大便拭去的过程，包括清洗弄脏的区域，尤其是肛门的黏膜与皮肤联结之处。在肛门区内，传导智力或智力基础的传入（即感受器）神经通路的终端器官，提供了原始感觉的一个特别重要的部分，它被打上了肛门相互作用区的烙印，或者被涂抹上了肛门相互作用区的色彩。我在前面就已经提到过，肛门原始感觉的这一特殊部分具有一种准距离特质（quasi-distance quality），因为它决定着有机体与真实粪便之间的分离——这里所说的决定，并不意味着大便是

由它产生的，而是表明这种分离是否真的发生。在不排便期间，大便会积 129
聚在消化道中的一段内，肌肉壁的紧张对三块肛括约肌（anal sphincters）的最深处施加压力，这种压力会让人产生想排便的需要。括约肌是多少有点像环形的肌肉器官，在需要闭合肛门时，它就会出现，此处的括约肌是由三块肛括约肌和两块尿括约肌（urinary sphincters）构成。顺便说一下，消化道的上端有一个很像括约肌的肌肉组织，叫口轮匝肌（orbicularis oris）。它也是一种环形的肌肉组织，虽然它的精确形状通常会由于嘴形（mouth form）的改进而被掩盖；相比于其他括约肌的机能活动，它的机能活动大为改进，而且它会与其他肌肉结构的机能活动结合起来，因为包括你在吹奏铜管乐器时，口腔尽头就会发生括约肌运动。

正如我前面所说，消化道直肠部分的肌肉壁对三块括约肌的内部施加压力，于是就产生了想排便的需要。现在，我们必须区分一下直肠与肛道，前者主要是一个贮存空间，后者始于内括约肌，穿过中间括约肌，经由外括约肌一直到肛门。这一肠道这样组织，就使得任何进入其中的粪便都必定会被排掉，而且，只要排便活动没有完成，就会产生强烈的原始感觉。这种强烈的原始感觉（源自于这一肠道的终端器官）是一种特定的不舒适感，当肠道中不再仅仅只有粪便穿过，而且还有其他一些必须排掉的东西穿过时，这种不舒适感就会出现。

在婴儿后期，粪便的排泄（而不是真实存在于肛道内的东西）只有在排出的粪便真的离开肛区中的那些准距离感受器时才告停止，而且，每团粪便与这些感受器的分离，只有在排便动作完成时，才会允许另一团粪便进入肛道。注意，这是一个有可能被研究证明为错误的资料领域，但是，我相信，我对此的陈述具有充分的基础。有一点是千真万确的：一团粪便
与肛门的分离，对于完成排便动作来说是必不可少的。在你们看来，这也 130
许是一件极其微不足道的事，但是，相比于大量正式教授的东西，它对于理论的实际意义要大得多。

婴儿在满足排便需要的过程中所表现出的恰当且合宜的活动包括：肛门括约肌装置的放松，以及在肛道放空自己时，直肠道肌肉壁紧张的协调增强。在生命很早的时候，很可能是在生命一开始时，与粪便相分离这个因素就开始变得很重要，而且会在某种程度上促进婴儿人格化好母亲过程中所组织的温柔经验。

尿区的操作也是通过一种相似的腔（cavity）与肌肉壁的结合而得以完成的，即对两块括约肌的最深处所施加的紧张的压力。像肛道一样，从第一块括约肌到第二块括约肌的尿道都必须排空，并产生强烈的原始感

觉，直至排尿完毕，而实际尿流期间则为例外。现在，从第一块括约肌流至后一块括约肌的尿水，在实际转移期间，原始感觉暂停，并且，只有在那个正常的、功能上完好的有用过程中断或即将结束时，它才变得有意义。在中断或结束的时候，消化道的括约肌间的部分（intersphincter parts）会引起强烈的原始感觉，这种感觉具有下述模式，即它源自于括约肌间的非排空状态，并且在它们排空时就会消失。括约肌间部分具有丰富的肌肉组织，以便于排放，除非有某种实质性的干扰，不然，排放的过程就会自动发生。排尿器官和排便器官之间最为显著的差别在于，前者少了一块括约肌。

就排尿的器官而言，男性和女性在形态学组织上存在重要的差异，这些差异源于外显的生殖器官的某些部分与尿道某个部分的结合。这些差异在发展史的较早阶段并没有什么特殊的意义，而且在婴儿期阶段还可能会
131 被人忽视。尿道（即从膀胱往体外排尿的通道）止于一个不太常见的黏膜与皮肤的联结处，男性位于能勃起的阴茎的尽头，女性则位于能勃起的阴蒂附近的外阴部。尿道的内衬（lining）与专门的上皮相连，该上皮由具有独特特性的感受器终端器官所组成，它的重要性只体现在生命的后来阶段，即情欲动力机制开始得到恰当的发展和成熟时。

有关间歇性排尿的原始感觉的更为重要的组成部分源于：第一，尿道较深的括约肌部分；第二，尿道的末梢部分；第三，与尿道口紧密相连的表皮。你们将会注意到，我到目前为止尚未提及任何对内括约肌施压的部分（内括约肌是另一个明显不同于肛门器官的区域）。就排便的需要而言，它是直肠壁对肛道内括约肌施以不断增强的粪便压力，而肛道的内括约肌通常被看做是排便的需要。然而，就排尿的需要而言，据我所知，它无一例外地涉及允许少量尿水通过内括约肌，因而触发了这个特别敏感的内括约肌区域，并产生一种急于排尿的强烈欲望。至于内括约肌受到何等程度的压力才可能成为这个特殊区域之经验的组成部分，我并不知道，但是，与肛道的情形相比，前者远不如后者明显。

这两种排泄功能的最初表现形式有明显的差异，因此，排尿方面的合作需要——与排尿需要的满足相关的温柔——可能主要是体温保持状况的一个方面，这一点显然不同于排便时的情况。尿是水盐溶液，富有溶解了的含氮废物，其中尿素十分明显。尿通常是无毒的，不含细菌及其他低等的有机物；换句话说，诚如你们可能会说到的，它通常不会被细菌、酵母、真菌等所感染。它完全是一种排泄分泌物，其数量和内容取决于体液电解质的平衡（electrolyte balance）和氮代谢（nitrogen metabolism）

等这些至关重要的因素。排便则是另外一回事了，它由排泄分泌物和随食 132
物进入的不能消化的东西所构成。它的构成物，甚至是它的稠度的变化幅度也很大。它对于各种低等有机体——如细菌、真菌和酵母等——来说是极好的养料，其中的代谢物，无论是对婴儿还是成人来说，可能都含有剧烈的毒性。随着食物（而非母乳）的引入以及以前排泄分泌物的相应稀释，这一点变得愈加正确。换句话说，当营养在婴儿体内得到正常加工时，排出物并不包括纤维素，而只是黏液和胃肠道的排泄成分；但是，一旦营养出了差错，未完全消化的奶液等就会被排泄出来；随后，当食物并不仅限于母奶，而且还包括一些不易消化的食物与易消化的食物混合在一起时，这些食物进而就会与排泄分泌物混到一起，构成粪便。

胃肠道是一个兼消化、吸收和排泄于一体的通道。分泌入胃肠道内的酶（enzymes）在若干方面会产生化学转化，转化成可在水溶液（aqueous solution）中吸收且变为有用的物质。在此处很重要的这种化学变化，就像吸收功能本身那样，是时间和温度的联合功能。食物从口部区转移至肛门区的速度，对于生存来说具有极其重大的现实意义，而速度允许这些有益的消化产物被充分吸收到何等程度，则是一种关涉能动性、水分和渗透紧张（osmotic tensions）的复杂功能。一般情况下，婴儿在子宫外生活头几周之后，肠内的东西在准备排出之前，往往会形成团块，不过，在整个生命历程中，在某种情形下，也有可能会出现拉稀现象。

在排尿方面，婴儿生存所必需的保育作用要相对简单一些。除了应当注意婴儿的排尿次数外，主要还要注意不让婴儿长时间待在尿湿的地方，以免因浸泡或潮湿而干扰他体内温度的控制系统，或危及他的外皮以及周
围的皮肤。而排便方面的保育工作，则是另一回事。它预示着要必须将其 133
清除。肛口也需要清洗，还需要检查大便，以推断肠胃功能是否正常，这对于生存和成长来说确实是必不可少的。对排尿的抚育功能和排便的抚育功能加以区分，非常重要。排尿受阻是一个非常严重的问题，但是除了确保不会发生这种情况外，抚育的功能仅仅在于看着婴儿不尿湿——尿湿将会干扰体温的保持、热量的散发等，而且如果长时间不尿的话，就会导致不幸的皮肤变化。但是，大便则是另外一回事了，它们极易导致细菌性坏死、真菌繁殖等。我已经提到过一些事实，这些事实表明，排便彻底，并将排出的粪便从肛口处完全拭去，显然是必须做的。而且，由于婴儿身体的快速成长主要取决于肠胃功能的成功运作，因此该功能所出现的任何障碍迹象都会及时地警告某个方面可能出现了严重的问题；而在这些迹象中，任何人都能观察到的便是粪便的特征。

所以说，肛门相互作用区必定关涉生命早期人际特征的诸多因素。以肛区为中心的功能活动通常涉及婴儿期焦虑的各种表现形式，尤其是当抚育功能的这些细节把抚育者弄得非常焦虑时，更是如此。我这么说，指的是一些觉得极难处理婴儿脏尿布等的抚育者。在这里，就像在前面已经考量过的其他需要的情形一样，焦虑的表现与排泄需要的满足之间呈完全对立的关系。焦虑的产生往往会导致大便的滞留，并伴有愈加强烈的需要排便的紧张感。此时，可以肯定的是，进化的变迁保护了我们，让我们免遭由于焦虑的存在而造成的完全压抑排便需要的可能性。但是，焦虑的产生往往会延长大便滞留的时间；同时，直肠内的东西越多，内括约肌所承受
134 的正常压力就越大，排除直肠里这些东西的需要也就越强烈。在尿尿、拉屎这两项排除废物的活动过程中，焦虑到底如何干扰整个原始感觉领域的问题很快就会变得很明显。但是，在这个特定的时刻，我们应该注意到一点，即大便里的水分在很大程度上是一个关涉食物在肠胃道里逗留多长时间的问题，水分是决定大便稠度的主要因素。换句话说，在其他因素相同的情况下，滞留的时间越长，大便的稠度就越高，到了一定程度后，大便就可能会变得极其坚硬，数量不断积累，直至合成一个团块，以至排便竟成了一件痛苦的事情——这样，粪便在通过肛道联结处时，可能真的让人非常痛苦。因此，就焦虑往往会引起便秘这一点而言，与周期性排便需要相关联的焦虑可能逐渐地——比如，在婴儿期生活的第四、五或第六个月——与正常满足排便需要的过程中所感受到的痛苦相联系。这时，这种痛苦并未消除排便的满足感，但是，这种痛苦绝不是有关施虐—受虐狂的引人注意的疯狂想法。因此，有关与环境相互作用的这一特定区域，焦虑的显著影响之一在于，在满足清空肠道内粪便这一需要的过程中，它有可能会导致实际的肉体痛苦。

第八章
作为一个人的婴儿

婴儿对自己身体的分化 135

正如我已经提出的那样，从它虽然是满足婴儿对水和食物之需要的主要相互作用区，但它同时也表现出了一种过剩（excess），超过了分派到该区域的能量需要这个意义上说，口部区是一种独立的动力机制；这种过剩表现为吮吸、舔嘴唇等需要，这些需要与对饥渴的需要或满足全然无关。在这种情况下，在各种以该区域为特征的活动中，会出现一些可以笼统地称之为“愉悦”（pleasure）的东西。

婴儿在 6 个月大时，就会表现出来许多区域需要，其中一些需要与符号过程（sign processes）相关。不断成熟的过程快速进行着，例如，两只眼睛以双眼视觉和对距离的视觉判断所必需的方式会聚（converge）。但是，这并不意味着婴儿在 6 个月大时就特别擅长判断距离。6 个月大的婴儿，两只眼球的特定协调活动已经成熟，这样，中央凹（fovea centralis）——每一个视网膜上最为敏感的视觉中心——就能够瞄准正在注视的特定物体。此外，两个或多个相互作用区的协调活动也在这个时候频繁出现。有一段时间，婴儿的两只眼睛便已经能够转向声源，而到了 6 个月大时，婴儿的整个头就会经常朝着声音的方向转动。手和臂的运动也得到了很好的发展，还能够把抓到的任何东西都塞到嘴里。手和嘴的协调活动是这两个相互作用区早期协调的一个重要方面。婴儿在早期数月期间，差不多就是以这种方式运动的，譬如，他会把用手所能拿到的任何东西放进 136
嘴里，而且，他通常会用嘴巴笨拙地舔、吮吸、玩弄这些东西。所以，手指、脚趾，以及一切可以抓到的东西，都是用嘴巴来加以探索和利用的。

这种手—口协调的结果，便是开始了对一种极其重要的经验模式的辨别——将婴儿的身体从宇宙万物中分化了出来。如果我们把这一经验比作婴儿对乳头的分化（即把乳头分化为好且令人满足的乳头、好但不能令人满足的乳头、坏的乳头），那么上述观点很可能就会变得更清楚明晰一些；婴儿对乳头的这种分化主要是一种区内辨别（intrazonal discrimination），也就是说，主要是在口部区内产生的一种原始感觉组织；虽然双眼在一开始并未分化成一个重要的相互作用区，但却逐渐地在发挥作用。不过，在手—口协调方面，我们所讨论的是以一个以上区域的原始感觉为基础的分化。既然婴儿在吮吸拇指时不能吸出奶水，那么有人可能就会认为该拇指因此而被婴儿归入坏的乳头一类——尽管它适合于满足吮吸这一区域需要；但是，该拇指是独特的，不用于任何乳头，因为它实质上是区域原始感觉的一个源头。拇指通常会感觉到被吮吸。

这里所涉及的周期性多区域原始感觉（recurrent multizonal sentience）在许多方面都显然不同于这样的周期性多区域原始感觉，即距离感受器与口部区、手指或肛区的接触感受器一起参与其中的周期性多区域原始感觉。正如我在前面较为详细解释的那样，后一组多区域原始感觉既为对好母亲的不断发展的人格化提供经验，同时也为一些促进对坏母亲之人格化的不适因素提供经验。婴儿的恰当活动——虽然这种活动通常适合于唤出好母亲、好且令人满足的乳头，以及好母亲确保会让其满足的合作——并非总是有效的。有时候（至少在短时间内）是全然无效的。有时候，它会严重受挫，而且坏母亲会出现并接近他，最终导致焦虑，而且，在某些情况下，甚至会导致实际的痛苦。

但是，婴儿为了确保唇间拇指（thumb-in-lips）情境而做出的恰当活
137 动一旦成了模式，便始终是适宜的，除非它受到焦虑的阻碍。当然，一定数量的试误学习（trial-and-error learning，我们在后面将会讨论这一点）对于婴儿合理地保证将拇指放入嘴里的活动来说是必不可少的，但是，随着神经肌肉器官的成熟，它就会逐渐变得相当可靠。只有在婴儿感到焦虑时，它才会失败。不过，在这种情况下，失败并不在于它没有被组织，而在于它成了不断发展的伴有焦虑的经验体系，也就是说，焦虑经验体系的一部分。当婴儿焦虑时，这种焦虑要比由于焦虑而阻碍的事物明显得多，以至这种失败不会被组织成为创造唇间拇指情境而做出之活动的失败。在唇间拇指情境中，没有哪种失败会被组织进婴儿的经验中；婴儿这一操作（吮吸拇指）所取得的始终如一的成功，随着他不断地接近预期的目标，而在多区域经验中被明显地区分了出来。这不同于吸引母亲出现、获得食物、吸引母亲给他清洗和盖被子等活动，因为后者即使恰当且合宜，但偶

尔也会失败。就婴儿而言，他们所预期的满足（foreseen satisfaction）会将其各种需要分化出来。对饥饿的预期满足有可能（至少会在短时间内）会相当严重地受挫。但是，当唇间拇指情境是适当的情境时，对吮吸这一区域需要的预期满足便总是会带来满足的实现。所以，这便是该情境与前面所提到的那些情境（这些情境与婴儿明显相关，且对其很重要）之间的一个重要区别。

婴儿到了6个月大时，抓取动作、通过动觉感受[①]把手放进嘴里这一动作、吮吸，以及其他将任何东西放进嘴里的操作——所有这一切在许多情形里随着视觉和其他相伴的原始感觉而大大地进步了。但是，在婴儿的经验中，即在这般抓取、把东西送进嘴里并摆弄的经验中，他能放进自己嘴里的仅仅是他自己身体的一些部分（通常是他的拇指），总能感觉到被吮吸，且被口腔摆弄。因此，在一切被放到嘴里的东西中（这些东西事实上就等于是一切能被移动的东西），拇指是唯一感觉到被吮吸同时嘴又“感觉到在吮吸”的东西。 138

现在，手真的会感觉到一些与送入嘴里的各种东西的口部操作相关的事件，但是，这些手部经验和与之同时发生的口部经验相对来说是多种多样的。手会感觉到各种各样的东西——比如，一个球、一块积木或床栏。手可以感觉到这个球或这块积木以及诸如此类的东西，同时，嘴也正在感觉这个球或这块积木，但是，就我们在此时刻所能推断的而言，手的感觉和嘴的感觉与这个物体都没有特殊的关联。手上会有一种原始感觉，随着时间的持续，这种感觉会大大增加我们对物体的熟悉程度；同样，唇上与嘴上也会有十分强烈的原始感觉，这种原始感觉也会大大增加我们对物体的熟悉程度。不过，我们并没有特殊的理由认为有必要或者很可能将它们组织进特定物体的任何单一概念中。这与唇间拇指经验完全相反。可以说，放进嘴里的物体（而不是拇指）让手产生的所有这些感觉会结合到一起，组织成关于在可用手提取之物体中生活的原始感觉；但是，在这些情形下，手部触觉与口部的各种感觉要素之间完全一致的情况并不会出现。

下面这样的情况也可能经常出现，即抓取奶瓶而产生的手部感觉与玩弄乳头而产生的口部感觉之间存在着相当持久的一致性，但是，感觉到的

① 所谓“通过动觉感受”（kinesthetically sensed），我是指那些感受过程的类型，这些过程使我们了解自己关节等的位置，或者更具体地说，了解关节表面的位置和关节表面的紧张等，并在我们拥有大量经验之后，据以知道我们的极限在何处。这些表面的运动使我们了解（或者感觉到）身体的构造。把拇指放进嘴里这个动作就包括学会肘、腕及其他关节是如何感觉的，或拥有未分化的经验（这些未分化的经验能够有效地引起肌肉运动的调节）等。

口部需要、手部需要与对满足的预见（这种预见是通过整合恰当情境的活动实现的）之间的关系，并非总是成功的。而且，这种有关奶瓶和乳头的情境——到了6个月大或者再稍大点，婴儿便能够抓住奶瓶，并将奶嘴放
139 到嘴边——实际上确实依赖于某人提供奶瓶，而如果奶瓶掉落的话（婴儿想要奶瓶时并非总会发生这种情况），则有赖于婴儿能够够得着奶瓶。事实上，极为常见的情况是，婴儿要得到奶瓶和得到母亲可以为其提供乳汁的乳头往往需要付出同样的努力——他们必须哭叫——而婴儿到了6个月大时，他们常常无缘无故地大哭大叫。所以说，虽然唇间拇指与预期满足之间总是存在某种关系，但这绝不是与任何其中存在某种中介物（比如，手与嘴唇之间的中介物）之情境之间始终存在的关系。唇间拇指是可靠的，可以独立地唤出好母亲；婴儿不需要他人的合作，便能够使其产生，也就是说，独立于任何人格化的过程，不管是好母亲还是坏母亲，都是如此。尽管婴儿不能靠吮吸拇指来生活，也不能因此而满足他对食物和水的周期性需要，但是，通过在满足这一特定的口部区域需要方面（正如我在前面所说，这一特定的口部区域需要可获得的可转换能量通常超出了哺乳行为所必需的能量），将自己的经验组织成自足的经验，婴儿已变得成熟，并获益颇多。

感觉到之需要的相对恒定的一致性，通过适当且合适的活动对满足做出的预期，以及在保证预期之满足方面依赖于一个至少隐约认得的他人的合作——所有这一切很快都会逐渐地成为一个主要经验模式的重要组成部分，这种经验模式是用“我的”（my）这个词来标志的，更具体地说，是用“我的身体”（my body）来标志的，如果用专业的术语来说的话，则是用“我的心灵”（my mind）或者甚至“我的灵魂”（my soul）来标志的。请记住，我在这里暂时忽略了焦虑对抗——从阻碍的方面而言——恰当且合宜之活动的经验，正如我在前面所说，这种恰当且合宜的活动往往会带来焦虑经验（experience-with-being-anxious）、焦虑时的经验（experience-while-being-anxious）或带有焦虑色彩之经验（anxiety-colored experience）的组织，因此并不计入有关需要及其满足的资料的组织。唇间拇指的情境是我们所遇到的第一个情境，在其中，两种区域需要都会通过一个恰当且合宜的活动而获得满足，这个活动是婴儿不需要与成人合作便能
140 完成的，也就是说，在此活动中，不需要唤出好母亲，而且在这个特定的阶段，也没有唤出坏母亲的危险。这便是第一种这样的情境，即在其中，感觉到的需要与对其满足的预见通过某种活动（这种活动总是恰当且合宜的）以及两种区域需要的满足，而一直存在恒定的一致性。

这是一种经验模式，或者说，是一种将被组织成模式的经验。这是一种极其重要的模式，因为这种模式将随着年复一年的进一步经验而发展成一种符号——一种非常复杂、富有意义且丰富的符号；这种符号是人们称之为“我的身体”的资料组织，从某种不甚确切的意义上说，它实际上可能包括任何从严肃的意义上将“我的”一词用于其上的事物中。当然，我并不是说，婴儿吮吸拇指和感觉到拇指被吮吸的经验马上就会发展成为一个关于其身体的重要公式（considerable formulation）。但是，这是该公式的起点；它是经验的典型（type），或者说是活动序列（activity sequence）的典型，在某种程度上可以说是经验的范例（paradigmatic of experience），据说其中包含“我的身体”。鉴于我们后面将要谈及的各种理由，正是这种模式，即“我的身体”［它与牢固确立的独立感（feelings of independence），或者你也可以说是牢固确立的自主实体（autonomous entity）感之间有很大的关系］，已成为把握人际关系方面发展的一大障碍，但支持我多年来称之为独特个性的错觉（the delusion of unique individuality）[①] 的东西。这个不同寻常的、以“我的”为特征的经验模式是如何形成的？它为什么会变成现在这个样子？它怎么会早在婴儿于子宫外生活6个月时就出现？试图弄懂这些问题的重要性在于，它让我们知道了要从这一大类经验中分离出来是多么的困难，后一种情况在复杂化人际关系方面会产生恶意、误导的作用。任何出现得如此之早的经验，其主要的发展都有着很难从理性上加以理解或系统阐释的根源。

下面让我们简要归纳一下这种经验的起始，到了婴儿中期，婴儿的双 141
手就会开始探索其生活空间中一切可接触的部分，而且，他还会遭遇各种各样的物体，这些物体可以分为两大类，即自我感知类（self-sentient）和非自我感知类（non-self-sentient）。拇指便是我所说的自我感知类的经典例子。婴儿不仅用手，而且用嘴，更确切地说，用手—嘴的合作来发现它。嘴巴会感觉到拇指，拇指也会感觉到嘴巴；这就是自我感觉。正如我在前面所说，这是一个重大发展的起点。但是，双手在不连同嘴巴的情况下，也会进一步增加这同个一般领域所能阐述的大量感觉，这种阐述的基础是，尽管双手触及的很多东西都会被手感觉到，但它们不会感觉到双手，不过有一些东西，不仅会被手感觉到，而且，它们也能感觉到双手。

---

① 参见沙利文的论文，该论文最初是1944年一场演讲的内容，后来在沙利文去世后发表，内容稍微做了一些修改，即“The Illusion of Personal Individuality,” *Psychiatry* (1950) 13: 317-332。——编者注

对于前者（自我感觉）的理解，通常会成为附加的前信息（pre-information）或信息，很快就会被组织为关于身体的概念；而对于后者（非自我感觉）的理解，将（不过，这显然是后来才发生的）成为有关外部现实——身体之外的东西——的复杂概念和错误概念的组成部分。

有人可能会随口就说，婴儿此时正在“学习”他自己的身体。这一说法虽然客观，因为人们可以据此用一般的措辞把婴儿正在做的事情描述为所观察到的事情，然而，就促进对人格发展的研究而言，这却是极大的误解。从婴儿的视角来看，不管用什么样的理由，大量对婴儿行为的解读都不可能是这么回事。

焦虑对婴儿认识其身体的影响

在婴儿对于哪些是属于婴儿的东西认识——哪些是自我感觉，哪些是既能去感觉也能被感觉到的东西——受到强有力的影响（这种影响是由于构成婴儿可证实之客观世界的成年人越来越多了而导致的）之前，并不会朝多个方向快速发展。婴儿之所以甚至不能自由地获得对其身体的认识，
142 原因有二，其中一个我们在前面已经稍有提及：首先是育儿者所承担的社会责任，即养育婴儿，并使其成为一个正派、为社会所接受的人；其次是育儿者所持的各种信念，其中一些信念可能是有效的，也就是说，接近于宇宙中所固有的东西，尤其是接近于养育婴儿的过程中所固有的东西。

这些社会责任和信念，很快就会开始干扰把拇指放入口中的情境。手部区域的倾向不仅在于抓取东西并将其送入嘴里，而且还在于拉扯、笨拙地玩弄东西，等等。由于手部区域对其所接触到的东西所产生的这种影响，也由于此时牙齿的萌生，因此，人们认为——对此，我也毫不怀疑，其至少在某些情况下是正确的——过多地将拇指或手放进嘴里，会导致美学方面的不幸，甚至还很可能会导致消化功能方面的不幸、牙齿畸形等，因此，如果不对这种行为做出干预，婴儿就可能会长出龅牙。于是，为了美观而需要做正牙干预，而这又需要一笔昂贵的开销，而且还不受孩子的欢迎。所以，对许多育儿者来说，非常重要的一点是：采取措施干预婴儿最初的自足（self-sufficiency）冒险行为——吮吸拇指。而随着时间的推移，就会出现不同程度的焦虑（其在婴儿看来，等同于禁止姿势等），这种焦虑会干扰婴儿的一个十分重要的发现，即从某种奇妙的意义上说，他自己的身体始终是可靠的。于是，婴儿以吮吸拇指来满足嘴部过剩区域需要的活动，被育儿者视作需严厉禁止的行为。据我所知，这种严厉禁止从来都不曾立马生效，而且即使生效了，婴儿也依然会在母亲不在身边时吮

吸他的大拇指。因此，唇间拇指经验总是会发生；我们很难找到一个不吮吸拇指的婴儿。为防止婴儿做出吮吸行为便让婴儿的手离开嘴巴的做法，无异于抑制器官（restraint apparatus），而且，这般早期抑制的结果很可能会导致我们可以想到的不属于人类的行为。于是，婴儿总是会有这样的发现，现在对这种发现的称谓可能有多种，如自足（这种称谓让我更为担忧）或自主性欲完满（autoerotic perfection）。但是，正如我在前面所说， 143
在大多数情况下，它只是一个时间问题，即在这种发现之前，婴儿已屈从于照看者这个文化载体的强大压力，唯恐因此而带来坏的影响。

正如我在前面已经说过的那样，通过对手的探索，婴儿会发现除了嘴巴之外的许多东西——其中包括脚、肚脐、肛门和外生殖器。就我在与育儿者的偶然接触中所发现的而言，大多数育儿者对于婴儿关于肚脐的感受不怎么当一回事；到了婴儿的双手能够灵活地玩弄肚脐时，肚脐很可能已经愈合得非常好了，因而不存在致命的感染危险。而且，由于身体呈蜷曲状是一种与生俱来的运动模式，例如，在很早的时候，婴儿的手与脚便可以互相接触；这一切在母亲看来都是完全正常的。

但是，从几何学的观点看——会阴区（the perineal region）、肛门和外生殖器的感受——还有一种同样便捷的探索，这种探索按照育儿者的判断，却是一个全然不同的问题。诚如我在前面所提出的，我们有某个确定的理由可以认为（这个理由很可能是人类组织中根深蒂固的），婴儿至少会与尿和粪保持一定距离。尤其是在西北欧文化中（如果可以这样来描述一个文化区域的话），婴儿显然都被灌输了这样的观念，即大便有害，甚至肛门区域也是有害的。任何一个母亲都知道，婴儿会把摸过肛门的手直接放进嘴里；由于细菌学说的快速发展，以及对生理纯洁和性纯洁的怀疑——这些均被写进了所谓的西方文化的基督教的基本教义中，而这进而又成了犹太教的基础——因此，许多母亲觉得，一根手指在摸过阴部之后便放进嘴里，将会带来很大的灾难。因此，对于婴儿用手碰触大便，或者用手摸弄肛门区的做法，育儿者通常会感到极其厌恶。而且，即使育儿者并不这般看待这些事情，她也知道，大多数他人都是这么看的。因此，育儿者越早制止她的孩子摆弄身体的那个部位，她在社区中的地位就越高。正 144
因为如此，在许多情况下，母亲们在强行禁止婴儿吮吸拇指的同时，几乎总是强行禁止任何摸弄大便或肛门的行为。

尽管与情欲点相关的社会责任和信念稍微有别于适用于大便和肛道本身的社会责任和信念，尽管它们常常会被混淆，也就是说，它们事实上常被一起提及。这些信念和社会责任——在我们目前所谈及的这个社区中，摸弄自己的生殖器和他人的生殖器，会危及公共礼仪和个人地位——往往会导致育儿者必须强烈禁止婴儿用手探索外生殖器。

因此，文化方面对于粪便的强烈禁忌——甚至是对于泥土（因为它最终会含有一些粪便的成分）——以及有关玩弄外生殖器，甚至是看一下外生殖器的强烈禁忌，都有可能唤起育儿者的焦虑情绪以及各种与焦虑交织在一起的感受。育儿者的焦虑程度，以及焦虑在何种程度上构成某种混合情绪的一个重要部分，可以在不同程度上与这两个活动领域联系到一起。一方面，育儿者的态度可能是这样的，用我的话说，婴儿只需要成为适合在他那个特定社区生活的人，也就是说，他会逐渐地失去对排出的粪便、有知觉的肛门和外生殖器（它们既可以去感觉，也可以被感觉到）的兴趣。母亲会从习俗、信念等方面非常明确的考虑来让婴儿失去这种兴趣，而且，她认定，只要婴儿参与其中，就会发展出为社区所接受的兴趣。另一方面，育儿者的态度也可能是这样的：由于婴儿玩弄阴茎，育儿者就会陷入一种持久而又非常严重的焦虑状态中，譬如说，当婴儿的手沾染上了大便，她就会陷入一种持久而又严重的焦虑状态。有时候，一个先前不了
145 解这一行为的精神病医生就会说这是一种明显的严重心理障碍，也就是说，育儿者患有重性精神病。这种态度可以通过让婴儿产生难以承受的焦虑，从而成功地消除他拨弄生殖器的机会。因此，育儿者的社会责任和信念很容易就会干扰婴儿可依赖的、独立的、为满足纯粹的区域需要而做出的适当且合宜的行动，且这种干扰的程度是惊人的。而这有可能会导致育儿者做出各种各样的努力——如果事实上没有疼痛的知识灌输，或使用可信的矫正干预（orthopedic interferences），禁止姿势就会变得越来越令人不快——这些努力将倾向于强化将这些具有“己有性”（ownness）的区域隔离成古怪的东西，对此，我们很快就会将其作为所谓非我（not-me）的人格区域来加以讨论。

因此，育儿者（她们很可能是文化、偏见、心理障碍等的化身）通常会给经验模式（这种经验模式很快就会表现为被称为“我的身体”这种非常广泛的符号组织）的发展带来很多补充和限制；因此，我认为，我们完全有理由这么说，即没有哪个人能够成为只以成熟态度对待自己身体的人，换句话说，没有哪个人能够只获取通过使用成熟人类能力才获得的那种程度的信息。

面部表情的学习

为了更为全面地了解婴儿中期——6～8 个月的婴儿——所发生的事

情，我想提醒大家注意一下另一个业已发挥作用的极其重要的人际过程类型。面部表情学习（learning of facial expressions）中所涉及的人际过程与“我的身体”的经验有着密切的关系，而且可以称其为一种已有性变化（vicissitudes of ownness）。

我们生来就有联结头部骨头和软骨的肌肉器官，这种肌肉器官能为婴儿这种潜在动物（因而也包括人类）的生存做大量有益而必要的事情。这些肌肉结构中有许多都位于相对较薄的覆盖物——皮肤、脂肪组织等之下。这些肌肉——神经中枢和肌肉组织本身——的效应器能够非常明显地表现出姿势的紧张度（postural tonicity）。许多骨骼肌也能够表现出这种 146
姿势紧张度，只是方式不如前者那么精炼。这种姿势紧张度与最为简单的功能并无直接的关系。例如我手臂部位的这些肌肉，其最为简单的功能在于牵拉我的手臂，而且，通常情况下（除非我睡着了或身体失去了知觉），这些肌肉可以保持一种姿势，这样，只要恰当地激活它们，它们立即便能够牵拉手臂；也就是说，当我把手放在大腿上时，这些肌肉并不是无力地垂在那里。相反，它们是以这样一种姿势放在腿上，即当我绷紧这些肌肉时，这个姿势让我可以立刻抬起我的前臂。我们通常称此为姿势紧张（postural tension），而且，就手臂肌肉即许多其他肌肉而言，这种姿势紧张从本质上说是一种积极主动的休息状态，这样，如果有几何的变化（changes in geometry），便可立刻生效。

由于面部有很多这种效应器结构，因此它的姿势紧张与臂部的情形大不一样。虽然一个人在咬一根约 0.3 米长的铁钉时，从其表情便可以看出，他的嚼肌和咬肌保持着一种非常高度的姿势紧张，但即使是我们称之为情绪表情或表情姿势（emotional expression or expressive postures）的这些极端例子中，这些肌肉也并非随时就能轻易地准备好行动。事实上，转换面部许多肌肉的姿势紧张模式，就会导致面部表情出现大量的变化。

到了婴儿中期，仅仅是因为与育儿者及其他重要他人的接触，婴儿便已经习得了一些正确和错误的面部紧张模式。在所有这些学习中，最为重要的是通常称之为微笑（smiling）的面部姿势的协调与姿势的变化，也就是表情的运动。有人可能认为（事实上，我确信多年来人们也是这样教孩子的），人生来就有微笑或诸如此类的本能，而我认为，除此之外，人还有表达各种事情（从敬慕到厌恶等）的本能。但是，当我们将自己的目光移开自己的社区，去看一看那些迥然不同的文化区域（例如，在大战以前 147
和西方文化传播时期的巴厘岛或密克罗西亚岛）的婴儿时，这一极其简单的观念受到了挑战。非常奇怪的是，在这些地方，有些人似乎并不具有我们所说的微笑本能，相反，他们以一种非常不同的方式来表现其微笑本能，这种方式是如此不同，以至于你在另一个相似的情境里注意到其他人也是以这种方式表示微笑时，才知道原来那就是微笑。问题在于，人类面部的静止表情无穷无尽，而且，这些所谓的表情肌肉之静止状态又有无数的变化。所以说，所谓表情之数目确实多得惊人，这些表情最初通过未分化经验的组织，后来进一步发展成为不同区域的感觉的结合，逐渐从大量面部活动中挑选出近似于文化载体视之为表情的东西。这事实上就是我们的各种面部表情得以形成的方式。

面部表情始终是姿势紧张与运动的结合。也就是说，例如，一种固定的皱眉蹙额的方式，很快就会丧失其与任何人交流的能力，而且会被视为一种脸部特征。但是，对于彼此相识的人来说，即对于处在相同文化或几近相同文化的居民来说，从某种暂时固定的姿势到另一种暂时固定的姿势的规定性变化，有着重大而又可靠的交流功能。这些表情都是习得的——而且，这种学习是在焦虑影响之下（或没有焦虑的影响）通过试误进行的。在成功的情况下，没有什么禁止的东西，没有欣快所带来的令人不适的干扰。而在失败的情况下，欣快会产生干扰，而且还可能是因为社会责任、对智力发展的预期，以及育儿者对婴儿的影响等因素。因此，人们事实上是在焦虑的影响之下，通过试误学习学会表达自己的情绪的。现在，我不打算在这里讨论婴儿在其生命伊始哭叫时是什么样子的，而将讨论他
148 在满 12 个月大哭叫时的样子，到了 12 个月大时，婴儿的哭叫通常会表现出育儿者的预期、较小禁忌姿势的使用、焦虑等的大量影响。

音素的学习

现在，我将简要介绍另一种类型的学习，它出现于婴儿中期，对此，我将较为详细地做一讨论。如果婴儿没有任何遗传上或病理学上的不幸，到了 6～8 个月就会出现一种学习形式，它是在以后生活中居于绝对重要地位的人类潜能的一种表现：它并非焦虑影响之下的试误学习，而是通过学习人类榜样或模仿人类而进行的试误学习。在这里，它不是指育儿者（她决定着成败）带有焦虑色彩或保护欣快的态度，而是指婴儿业已发展了的两个相互作用区之间的协调。我们在前面曾谈到过协调的发展，即婴儿将拇指放进嘴里。这似乎是由人类以及某些密切相关物种之中枢神经系统中的某个相当惊人的联结来安排的，对人类以及某些密切相关的物种来说，嘴巴是早期认识现实的主要工具。但是，我刚刚所说的两个区域之间的协调，是指当我们第一次提到它时，也即当我们谈到婴儿听见自己的哭

声时，我们尚未把它分离成区域的那种协调一致。下面，我来谈一谈作为一个独立的相互作用区的听觉。声音产生与听觉区活动之间的微妙协调，随着成熟而不断发展，此时，婴儿正在对所听到的各种相近的声音“进行实验”（experimenting）[①]，不用说，这些声音当然是他人发出的。婴儿无需模仿他自己的声音——他的声音就在那里，而且一直都会在那里。我们前面提到过的第一件事，便是出生时啼哭（birth cry），我曾提出，这种啼哭是婴儿听得到的，但是，它也很可能是通过骨传导（bone conduction）或其他固体传导（solid conduction）才听到的。不过，我现在要谈论的是试误学习这个较长时间的过程，据此，婴儿开始使他自己发出的声音接近于他所听到的声音。这一发展（追本溯源，往往出自我们平常称之 149
为咯咯声和咕咕声等颇为奇怪的噪声）在之后数月里继续发展，经过牙牙学语的阶段，真正到达声音连续体上的那些特定站点（particular stations），这些站点就是音素（phonemes），婴儿生活中的重要他人就是凭借这些音素来建构其语言的。如果婴儿失聪，那么，这种发展就不可能出现；如果婴儿生活在一个完全寂然无声的环境里，那么，这种发展也不可能出现。但是，除了这些情形之外，早在婴儿出生后 8 个月，听觉感受器和发声器之间的协调便已经开始表现出来，事实上还获得了正确发音所需的初步能力，不久之后，语言的整个结构便由此形成。

---

① 当我在谈及婴儿时使用诸如“进行实验”（experimenting）等词语，你们一定要记住，那全是不真实的语言，而且，我所说的意思不同于你们在词典里所查到的意思。

第九章
学习：经验的组织

150 现在，我想开始讨论一个十分重要但我却从来都未能很好地加以控制的领域。毫无疑问，这是一个需要多学科思维的领域，但很遗憾的是，那些或许能够为这样一种多重取向增加最多贡献的人，就是觉得精神病学家与该领域无关的人——这是同行业对抗的一种形式，我相信，这种对抗形式将会逐渐地消失在历史的长河中。现在，我想开始讨论的主题是学习（learning），也就是经验的组织（the organization of experience）。

到目前为止，婴儿的成熟过程尚未包括任何或多或少具有划时代意义的发展（对此，我们在后面将会论及）——例如，语言的习得（不同于极少数被他人认同为词语的声音）、与同伴交往的需要、其他一些标志人格发展阶段的成熟过程。不过，除此之外，还存在一系列真正会让人感到吃惊的潜在能力的成熟过程，婴儿到了 9 个月，就会表现出通常不会让人误解的过程迹象，这些过程是人类生活方式的模式，是人类生活的基本形式，而且，在很大程度上为人类生活方式所特有。成熟已在进行，从而形成由人性动物变成人的能力，经验也会在各种机会中得到组织，这些机会
151 有的是由于与哺育者合作而获得，有的则在相当偶然的客体物理环境中获得。

因此，婴儿在 9 个月大时，便出现了经验的组织，这些经验组织表现为构成人类生活全部类型的许多行为范畴中的回忆和预见。不用说，我们都知道，这些组织的发展还不完善。但关键在于，它们表现出了各种模式，这些模式使得婴儿在 9 个月大时，很可能已经组织起了人类生活中一个大领域的各种雏形。这些组织表现为所涉及的各种动力机制的发展，既包括适宜情境中整合（integration）与维持（maintenance）的动力机制，也包括在解决各种情境时——在将获得满足作为目标时——行为的矢量特质（vector quality，即适当性与充分性）。稍微变换一种说法，我们可以

说，对 9 个月大的婴儿所处各种情境的密切观察表明，在他们身上，已经存在一个相当大的经验组织，我们可以称这个组织为适当动力机制的发展，这些动力机制既用于整合和维持情境，也用于选择——我是在十分广泛的意义上使用选择这个词的——那些适当而又充分的能量转化或活动，以完成对情境的解决，也就是说，以满足所涉及的需要。

我们可以把这一发展视作各种学习过程（这些学习过程以婴儿各种能力的不断成熟以及表现这些能力的机会为必要基础）的结果；在大多数情况下，表现能力的机会还包括一个元素，即与哺育者的合作，也就是人际关系要素。首先，人的能力总会成熟；其次，人必须拥有适当而有用的经验，这样，能力（在致力于目标的活动中实际表现出的能量转化）才会出现；我们称之为学习过程的这种经验与后者有很大的关系。

通过焦虑的学习

现在，我打算对学习过程做一探索性的分类。我认为，所有学习中，
第一种毫无疑问是与焦虑有直接联系的学习。我在前面已经试图提出，并 152
且还将一次又一次地提出，严重焦虑对于信息的获得很可能没有任何帮助。严重焦虑的后果，通常会以某种方式让我们想起头部受到的一击，因为这样的一击简简单单地就消除了近似于焦虑出现的东西。如果你的头部遭到严重打击，那么日后你将极易患上不可医治的完全遗忘症，包括你可能连头部遭受打击之前几分钟发生的事也想不起来。焦虑也会产生与无用混乱相似的效应，而且，还可能会使焦虑发生之前的感觉因素出现无用的障碍，这是一种非常显著的现象，以至于在后来的生活中，心理治疗的主要问题经常得围绕着让患者看到何时需要对焦虑进行干预这个问题，因为那个区域已经出现严重障碍，就好像它已经不存在了一样。

通常情况下，不那么严重的焦虑确实会使得某种导致焦虑的情境逐渐成现实，而且，毋庸置疑的是，甚至从生命伊始，就存在某种具有抑制性质的学习；也就是说，存在着某种迁移（transfer），即“我的身体”的属性向宇宙的“非我”方面迁移。不过，尽管存在所有这些因素，但生活中具有最大教育影响的无疑是焦虑，且是无限制的焦虑。

从广义方面看，更为重要的是下一个学习过程，即以焦虑梯度（anxiety gradient）为基础的学习，也就是说，学会辨别焦虑程度的不断增强，并学会在朝着降低焦虑的方向改变自己的活动（事实上，在我们在所处的特定社会中逐渐成为可以接受的人方面，这一点很可能也非常重要）。正如我在前面所说，梯度这一概念，或许可以用温泉附近变形虫（阿米巴）

的分布来加以说明。水中的热传导将会导致出现一个温度梯度：从极高的完全超过变形虫生存温度极限的温度，一直到低于变形虫成功生活所需的温度。对变形虫的成长来说，有某个温度是最佳的，处于这个温度之下，变形虫的密集程度将很高。但是，由于变形虫的特性，或者是由于只能容纳一定数量变形虫之物理空间的特性，变形虫的密集度会朝两个方向变化。有些变形虫因进入了较热的水区而很快变成三角形状，还有些变形虫
153 （很可能是较劣等的变形虫）则由于进入了较冷的水区而长出了尾巴。导致变形虫密集度降低的因素，尤其是从热水方向撤退出来的因素，是变形虫要回避其成长过程中所不能忍受的温度，这与任何生物成长过程中所表现出来的其他活动相比，不是什么神秘的事情。这些变形虫由于受到热能的影响，其密集度会在距离热水一定距离的某个地方骤增，并且朝着冷水的方向相当缓慢地降低密集度。

欣快何时开始减弱——人们何时变得焦虑，这个问题在人类生活的早期就开始有所区别，而且确实存在着一个梯度的区别。焦虑和欣快的全或无（all-or-nothing）特征，在生活早期就已经消失——事实上，我怀疑它是否存在过——在任何一个社会中，大量的人类行为都是在从焦虑到欣快这个梯度的基础上习得的。例如，用手指摩擦肛门区所带来的满足感，在某种情形下——哺育者这位社会监察员在场时——可能会使得焦虑骤增，以至于在生命早期就可能确实存在这种学习。首先，婴儿可能会习得当哺育者在身边时不该出现这种行为，它在某种程度上是通过纯焦虑（pure anxiety）而习得的；其次，婴儿可能会习得，毯子摩擦肛区这一特殊情况——即使婴儿并不认识到毯子本身——似乎很少具有焦虑骤增的显著特征。所以，此时，对肛区的直接操作可能会被限制，从而进入睡眠期，或者，如果冲动甚强的话，可能会从事一些中介操作。

现在，如果说我已把问题说得非常清楚了的话，你们就会发现，我在这里为一类极其重要的过程提供了一个公式；我从未为这一过程找到一个令人满意的名称，因此，我依然采用最为传统的精神分析观点中的一个古老术语——升华（sublimation），即解决情境问题（主要是关于区域需要的情境问题）的长线迂回方法——这是一种业已证明为社会所接受的长线
154 迂回方法。然而，在考虑婴儿期这一阶段时，我们不应根据冲动、社会可接受性等术语来思考，而应认识到，实际上可以描述和可以理解的因素是焦虑梯度，而且，通过焦虑梯度进行的学习通常包括一些无理性可言的把戏（它们会使婴儿获得满足而不会导致其产生明显的焦虑）。不用说，它始于这样的时候，即母婴双方都认为有效的公式完全无法想象之时。

> [因此，婴儿]学会了根据这个焦虑梯度画出一条路线。为了避免变得更为焦虑，一些简单的操作（它们可以缓解某些需要的紧张）不得不变得更加复杂。当儿童无意间便采用某种局部的、稍欠完整的但又回避焦虑的（这种焦虑通常出现在最为简单的让人充分满足的活动中）活动模式，从这个意义上说，他在数月之前便已表现出成熟的升华作用……升华作用究竟在两岁时复现还是在52岁时复现，不是一个可以沟通的意识思维问题，而是在避免焦虑或使焦虑降至最低限度的过程中，以不完善反应方式来实施的参照过程的结果……①

这一无意间的发展（它是升华的模式）成了学习如何做人过程中的一个重要元素——学习如何做人也就是，学习如何在一个既定的社会中表现出应有的行为。

其他学习过程

另一个重要的学习过程是为了缓解需要紧张而通过"尝试—成功"(trial and success) 技术所进行的学习。例如，为了满足吮吸的区域需要，婴儿通常要学习如何把拇指塞入嘴里的适当位置。这事实上是通过手的尝试运动来完成的，辅之以一定数量的视觉和大量的动觉 (kinesthetic sentience)。期间，难免会出现一些失手的情况，但也会有一些命中的情况，命中数便是将拇指成功塞入嘴里的次数；正是这些成功，被标注成了"习惯"(habits) ——虽然"习惯"有许多不幸的内涵。换句话说，成功是感觉和效应器冲动发挥作用的模式。 155

因此，尽管婴儿的手所进行的操作性尝试中，有无数的尝试都失败了——这在婴儿期或许还不太让人吃惊——但其中一些取得了成功。而且，有关婴儿的研究表明，一次成功具有一种真正非凡的固着力量 (fixing power)。换句话说，凡起作用的东西，不管设计多么有误，都很容易成为个体活动资源的一部分，这一点就连在成年期生活中也是说得通的。所以，仅次于通过焦虑梯度所进行之学习的，便是这种通过尝试—成功技术来做事情的学习。

在婴儿后期，并且从那个时候起直至整个一生，学习的一个重要过程都是通过奖惩 (rewards and punishments) 来实现的。这种学习很可能在

---

① 本章所有引用内容，包括此处引用内容都引自沙利文的"Tensions Interpersonal and International: A Psychiatrist's View," in *Tensions That Cause Wars*, edited by Hadley Cantril; Urbana, Ⅶ.: Univ. of Ill. Press, 1950, pp. 95 - 98。——编者注

婴儿早期就已存在，但是较难确定，因为在这个阶段，奖惩学习必须依赖于共情因素。

> 在生命早期，激励学习的奖赏很可能开始于爱抚（fondling），即对孩子施以令其愉悦的操作。奖赏一般采取变化的模式，从对孩子相对冷淡到主动对他正在做的事情表现出某种程度的兴趣和赞许。追求“观众反应”（audience response）的需要，在人类生活的早期就已非常明显。
>
> 惩罚通常包括体罚、拒不接触、不予关注，当然还包括诱发焦虑——这是一种非常特别的惩罚。我不明白，惩罚除了会引起焦虑外，为什么它不能作为一种教育的影响。痛苦在生活中具有十分有效的功能，孤独和对强行隔离的预期，即“对放逐的恐惧”（fear of ostracism），早在发展的第三阶段便是一种重要的影响。

下一个极其重要的学习过程，是人类榜样的试误学习。在前面讨论面部表情时，我已提到过这一点；正如我在前面所说，微笑出现得相当早，不过这种学习的其他一些例子只能在婴儿后期观察到——在 18 个月的婴儿身上，肯定能观察到，在 12 个月的婴儿身上，很可能能够观察到。在这类学习中［与操作性学习（the manipulative learning）不同］，错误很重要。你们也许会说，成功的重要性是不言而喻的。成功一旦获得，问题
156 即被解决。另一方面，操作的成功会产生这样的影响，即很快就会在行为模式上打上烙印。但是，在这种特定的学习方式中——向人类榜样学习——必须将错误牢记于心。这是人们在成熟个体（他们已成熟得足以清晰地交流其经验）的意识内容中所观察到的部分。

> ［这种学习不仅在面部表情的模仿中得到了例证，而且］它无疑是语言习得过程中的主要动因。任何一种言语体系的音素都与文化需要有关。儿童会从其发出的大量难以确定的语音中，学会逐渐地接近他身边的重要他人所使用的特定音区。他还以同样的方式学会他们言语中的音律模式；通常情况下，他能够在“使用”任何词语之前模仿讲话的音调、音律和序列。

我所知道的另一个十分重要的学习过程是斯皮尔曼所说的关系推断（eduction of relations）[①]，这是一个非常精炼的过程。这种学习会逐渐成

① 参见第五章，脚注 1。——编者注

为一种高度复杂、相当醒目的能力，但它又绝非仅限于人类。它是我们神经系统中的一种能力——具有无限的复杂性——这种能力使得我们越来越清楚地看到了自然界中持久存在的各种关系，这些关系也因而在很大程度上是可以信赖的。斯皮尔曼创制了高级智力测验，它们实际上完全取决于推断或理解的能力，众所周知，世界的特征在于越来越复杂的系列关系。

> 这种学习生活的第一批例证纯粹是推理问题，但是，我们完全有理由相信，一些有关非常重要之前概念（preconceptual）“物体”（此时，被称为“我的身体”）各“部分”的基本的机械—几何关系（mechanical-geometric relations），婴儿在出生后不久就能理解。

而且，在婴儿身上，在他尚未使用词语之前与育儿者之间的人际关系的某些基本方面，我们可以观察到这个推理关系的过程。

至此，对于我所能阐释的每一个重要的学习过程，我都已经做了说明，至少，它们是学习的雏形，发生在言语出现之前。我想再次强调一下这样一个事实，即通常情况下，早在婴儿 10 个月时（在许多情况下，不 157
到 10 个月），就出现了非常多的通过试误或模仿而进行的发声学习，这使得婴儿能够对一个离他很近的人发声，就好像他正在对自己说话一样。这确实是人类能力的一个令人惊叹的例证。我想提醒你们的是，在你们与友人、敌人、陌生人以及知己者相处时，你们讲话时音调模式方面的变化与重音，可以做到词语本身所不能做的事情。当你们发现这种形式的学习出现得有多早，这种形式的学习有多重要，所学到的东西具有多重要的根本作用，而且，这种学习早在人们能够交流思想之前就已存在时，你们也许就会对婴儿期这一阶段的重要性印象更深了。

第十章
自我系统的起始

158
人际合作的三个方面

在成为一个人的过程中，我们已经到了婴儿后期，我们发现，这时的婴儿越来越屈从于父母的社会责任。当人们逐渐地认识到婴儿是可教育且有能力学习时，育儿者便越来越减少对婴儿表示温柔或给予其温柔的次数。早期认为要无条件（unqualified）与婴儿合作的感觉，现在则变成了这样一种感觉，即婴儿应该要学习一些东西，而这就意味着育儿者在某些情形下要限制其温柔的合作。

对肛门相互作用区的机能活动所进行的成功训练，则强调了温柔的一个新的方面——温柔（温柔是育儿者眼中的好行为所带来的结果）的附加作用。事实上——不管婴儿对此作何理解——这是一种奖赏（reward）。与排便相联系的被认可的社会仪式一旦发挥作用，奖赏就会增加肛门区的满足。这就是具有奖赏性质的温柔，而之所以获得奖赏，是因为学会了某些东西或表现出了某种正确的行为。

因此，母亲或负责同化或社会化儿童的双亲，此时以一种所谓奖赏的方式往她越来越中性的行为（neutral behavior）中增加了温柔的成分。我认为，最为通常的情况下，父母在这么做的时候，并没有想到是在奖赏婴儿。非常常见的情况是，这种具有奖赏性质的温柔只会出现在育儿者对于婴儿习得了某种技能而感到非常愉悦时——比如，婴儿大胆地坐上了马
159 桶，或者诸如此类的事情。但是，既然温柔通常情况下会由于父母亲的训练需要而变得越来越受限，因此，这些直接表达温柔的偶发行为（通常伴随着诸如排便等需要的满足），实际上就成了一种附加物——由于表现出好行为而得到了额外的东西——这就是一般模式的奖赏。当我们将训练程序妥善调节至适应婴儿的学习能力时，这种类型的学习就会发生。在婴儿

期的最后几个月间，友好的反应（即母亲对婴儿很好地做出某件事情而产生的愉悦反应）越来越成为具有特殊性的东西，而在婴儿早期，只要母亲是一位让人感觉舒适的育儿者，当她在婴儿身旁时，温柔就是普遍存在的。因此，从某种程度上说，我们可以将这类学习称作奖赏影响下的学习——奖赏其实就是肩负同化或社会化责任的育儿者所表现出来的温柔行为。

对口—手行为的机能活动所进行的训练——用手把东西送入嘴里等——开始强调获得认可之情境与带有焦虑色彩之情境之间的分化。在这一特殊领域里，训练很可能（在几乎所有情况下）集中在这个方面，即焦虑梯度首次在学习中占有极大的重要性；正如我在前面已经强调过的那样，某种未得到满足的行为会使得焦虑不断增强，而婴儿通常能学会与不断增强之焦虑相伴的活动保持一定距离，或回避它们，就像变形虫回避高温那样。

通过焦虑梯度来学习，是婴儿期和童年后期主要的学习方式，这样，婴儿通过育儿者温柔的禁止姿势，或者通过育儿者适度的担心、关注或伴有某种程度之焦虑的不赞同，学会了描画他自己的路线。有人可能会说，婴儿选择不伴随不断增强之焦虑的行为单元时，其实在玩一个变得越来越热还是越来越冷（getting hotter or colder）这个老游戏。婴儿期之后，在人格发展的过程中，最为严重的焦虑是一种罕见的经验，而焦虑（在一个没有特定危机且高度文明的社区里，焦虑是成年生活的一种功能）对于大多数人来说，算不上非常严重的事情。不过，我们必须认识到，焦虑正是人们大部分不当、失效、过于刻板或其他不幸的表现的原因所在；就其基 160
本意义而言，焦虑也是精神病学家所关注的大量事情的原因所在。唯有理解了这一点，我们才能认识到，一个人是否变得焦虑的问题，在很大程度上是一种决定人际关系的基本影响，也就是说，焦虑不是原动力，它并不产生人际关系，但它或多或少指导着人际关系发展的进程。即使在婴儿后期，也存在大量通过焦虑梯度而进行的学习，尤其是在那些育儿者没有焦虑情绪但依然强烈地热衷于培养正常儿童的情况下，更是如此；在阻止婴儿把不该放入嘴里的东西放入嘴里时，往往就会第一次出现这种学习。这种学习适合于广泛的行为领域。不过，在这里，我试图要找到的是这些问题的起点。

手部—探索机能的训练——有关手部—探索机能，我在前面有关婴儿用手接近肛区，或插入大便，或者摆弄外生殖器等方面已经探讨过——几乎总是开始于对情境的辨别，这些情境的标志是不可思议的情绪，我们到后面将会讨论这一点。我们可以将这种不可思议的情绪描述为严重焦虑的突然发生，它既可能因为学习过程等受阻而引起，也可能因为对先于极不愉快事件之情境的信息记忆所引起。

在婴儿早期，当情境接近“全或无”的特征时，诱发的焦虑易于从适度的欣快状态突然转向极度的严重焦虑状态。正如我前面所说，这种严重焦虑具有当头棒喝般的效应，因为人们处于强烈焦虑状态之下时，就如同当头棒喝时，对于究竟发生了什么事情，一点也不清楚。这种教育效果绝不像我们前面讨论过的其他两种情境的教育效果那样简单而有效，因为严重焦虑的突然出现，事实上会阻碍对即时情境的任何明晰的领会或理解。
161 不过，这并不妨碍回忆，并且，当回忆得到了充分的发展时，人们便可以回想起在严重焦虑期间所发生的事情——当严重焦虑扰乱一切事情的时候，人们会产生一种表达其行动的感觉——然后就会逐渐成为我们所有人都“不可思议的禁忌”（uncanny taboo）的区域。我认为，这是一种很好的描述这样一些事情的方法，即人们一旦遇上这些事情，便会立刻停止。相比于其他两种训练，这种训练的直接效果要差一些，而且我还得说，它更可能会导致对现实的歪曲认识。

好我、坏我与非我

至此，我已提出了人际合作的三个方面，它们是婴儿的生存所必不可少的，而且还对学习起着支配的作用。也就是说，人际合作的这三个方面需要对婴儿的同化或社会化。按照习俗，婴儿在婴儿期结束前会接触所有这些方面。从这三种经验——有关奖赏、焦虑梯度，以及实体发生的突然被严重焦虑淹没的经验——中，出现了我（me）的三个方面的最初人格化，我始终与我的身体（my body）的感觉联系在一起——你们应该还记得，我的身体是一个经验的组织，凭借其自我感觉特征而逐渐与其他一切区别开来。这三种不同类型的最初人格化（它们有着理解身体的共同元素）大约在婴儿中期组织形成——我不能确切地说出其时间。我在前面已经说过婴儿最早的双重人格化是把真实的育儿者分为好母亲和坏母亲。而现在这个时候，有关我的最初人格化是好我（good-me）、坏我（bad-me）和非我（not-me）。据我所知，在这样或那样的文化里，在几乎每一个为生活而接受训练的例子中，都不可避免地存在人格化的这种三重分裂，这些人格化的核心——这个核心将其最终合而为一，而且，使其始终保持密切的联系——在于其与不断成长之“我的身体”概念之间的关联。

好我是这样一种最初的人格化：它组织着使得满足得以增强的经验，

也即育儿者对事情的进展感到愉悦，由此更多地给予婴儿具有奖赏性的温 162
柔，使得婴儿体验到满足感得到增强；所以，从某种程度上说，育儿者是自由的，她往往会逐步地向婴儿表示其温柔慈爱。好我的终极发展，便是通常所讨论的“我”（I）这个主题。

另一方面，坏我则是组织不断增长的焦虑经验的最初人格化，这种不断增长的焦虑在或多或少被明确理解的人际环境里，与育儿者的行为相联系。也就是说，坏我是以不断增长的焦虑梯度为基础的，而且在生命的这一阶段，进而有赖于能够诱发焦虑的某个人[①]对婴儿行为的观察（即使是误解）。婴儿的某种行为与母亲不断增强的紧张以及日益明显的禁忌常常同时出现，便是这种经验的根源，它通常会被组织成我们可用坏我来标志的尚未成熟的人格化。

至此，我所提及的两种人格化听起来好似一种关于现实的阐释。然而，这两种人格化是1岁或1岁以上儿童交际思维（communicated thinking）的组成部分，因而，假定它们在这个较早阶段就已经存在，并不是一种未经证实的推理。当我们进入这些最初人格化的第三方面，即非我时，就进入了一个不同的领域——一个只有通过某些特殊的情境才能知道的领域，这些特殊的情境并非位于我们的经验之外。我们大多数人明显遇到非我的人格化是在睡着时候偶然做的梦境里；不过，患有严重精神分裂症的人会非常明显地遇到这种非我的人格化，在他们看来，这些情况是非常真实的。事实上，非我的人格化始终存在——尽管不是每一分钟，但是每一天，每个人的生命中都存在——有时候以一些不被注意的现象，但应
该有其他的现象出现；而且，在许多人身上——我不知道这些人占多大比 163
例——它以间接的方式（分裂行为）非常明显地表现出来，在其中，人们会做出或说出他们不知道也不可能知道的事情，也即那些对别人来说非常有意义而他们自己却一无所知的事情。正如你们所知道的，我们在患有严重的心理障碍时所遇到的特殊情境，可能出乎你的意料之外；但是它们绝非天方夜谭。正是有这些特殊的情境作为证据——既包括每个人都会遇到的那些情境，也包括患有严重人格障碍者所遇到的那些情境，所有这些情境，我们后面都会谈及——我才选择提出这第三种最初的人格化（它与对“我的身体”的不断增长的认识是交织在一起的），即非我的人格化。这是

① 顺便说一句，据我所知，任何人都能诱发婴儿的焦虑，但是满脑子考虑诱发也没什么用，因为事件发生的频率（frequency of events）在所有学习过程中都具有十分重要的意义；而且在生命的这一阶段（当婴儿差不多9个月或10个月的时候），婴儿的人际情境中经常出现的人很可能就是母亲。

一种进展极其缓慢的人格化，具有一种始终相对原始的特征，也就是说，它是以不完善的经验方式，用通常非常简单的符号组织而成，且由片面理解的某些生活方面组成。这些方面在此时被看做是“可怕的”，稍后，就将会被分化为伴有敬畏、恐惧、讨厌或害怕的事件。

非我这一最初的人格化进展通常十分缓慢，因为它来自高度焦虑的体验——这是一种非常拙劣的教育方法。这样一种复杂而效果相对欠佳的认识现实的方法，自然会导致经验组织的进展相对缓慢；而且，这些经验在很大程度上被斩头去尾，以至难以说清它们实际上是什么。因此，这些以不可思议的情绪为特征的经验——这意味着这种经验在被观察到时，会导致母亲表现出强烈的禁止姿势，同时还会导致婴儿出现强烈的焦虑——并不像其他两种组织那样对任何事情都有着清晰而又有用的指导作用。因为以不可思议的情绪为特征的经验（它们通常是以非我的人格化来组织的）不可能与因果有明确的联系——不可能用让人印象深刻的方式来处理这些经验，这些让人印象深刻的方式是我们在后来解释我们的参照过程时所用到的——这些参照过程作为相对原始、简单、不完善的象征，在整个生命
164 历程中一直存在。这并不是说成人身上的非我成分是婴儿期的，而是说，非我成分，就其基本方面而言，实际上超越了交往术语的讨论范围。非我是一种非常“私下的”（private）生活方式。不过，正如我在前面已经说过的，非我通过我们称之为梦魇的这种令人极不愉悦的情绪的爆发，会在每个人——或者，近乎每个人，对于这个统计数字，我不敢保证——童年期之后的不同生活阶段表现出来。

我认为，这三种关于我的最初人格化，就像早先时候客观上相同的母亲的两种人格化一样区别明显。但是，随着我的人格化的不断发展，母亲的人格化也会出现某种变化。在婴儿后期，有证据表明，这种最初的人格似乎已经融合了先前好母亲和坏母亲这两种迥然不同的人格化；而且，我们发现，在婴儿期结束后的一年或半年内，只在睡梦等相对模糊的心理过程中，才清楚地显示出作为好母亲和坏母亲的育儿者的双重人格化。但是，诚如我在前面曾提出的，当我们考虑构成心理障碍问题的特别失效、不当的人际关系问题时，会再次发现，用这种双重事件开始组织经验的倾向，不论从何种意义上说，都没有完全消失。

自我系统的动力机制

根据成为好我的基本合意性，根据在涉及日益变得重要之他人的情境中焦虑稍微增加就会发出警告的日益增强的能力——焦虑稍微增加，也就

是欣快稍微减少——一种极其重要的次级动力机制出现了，它完全是人际经验（这种人际经验产生于在追求一般需要和区域需要的过程中所遭遇到的焦虑）的产物。我把这种次级动力机制称作自我系统。作为一种动力机制，它是次级的，因为它没有任何特定的相互作用区，在其背后也没有任何特定的生理装置；但是，它事实上可以使用所有的相互作用区，可以使用所有从人际视角看具有整合性且富有意义的生理装置。通常情况下，我 165
们会发现，它的触角遍及所有可能出现焦虑之领域中的人际关系。

成为好我的基本合意性（essential desirability）另一方面也正好说明了焦虑的基本不合意性。既然好我的最初人格化基于通过温柔而增强满足的经验，那么，自然就存在一种活生生的好我的基本合意性。而且，既然此时婴儿的感觉能力及其他一些能力已经成熟——甚至有一些证据表明此时空间知觉（这是出现最晚的知觉之一）也很可能出现了——随着这一基本合意性，自然就出现了不断增强的碰到细微禁止就发出警告的能力——细微的禁止也就是细微的焦虑。就当前讨论的目的而言，这两种情境都是涉及另一个人——育儿者，或多个育儿者——的情境，而且，这个人正在变得越来越重要，正如我在前面已经说过的那样，这是因为她的温柔合作的表现，由于她试图教导婴儿并使其社会化，而变得复杂起来；而这使得他们之间的关系变得更加复杂起来，因此要求婴儿更加有效地分化禁止姿势等。正是出于这些原因，婴儿后期便逐渐形成了一种经验组织，这个组织最终将在人格方面具有惊人的重要性，而且完全来自婴儿此时所涉及的人际关系——而且，这些人际关系在婴儿的一般需要和区域需要满足方面，有其动机（或者用一个比较好懂的词来说，有其原动力）。但是，出于育儿者的社会责任（这种责任涉及婴儿需要的满足），便出现了婴儿的组织，我们可以说这个组织是一种指导如何与这个重要他人一起生活的动力机制。所以说，自我系统是一种教育经验组织，它由于回避焦虑事件或使焦虑事件降至最低限度的必要性而产生。[①]自我系统的功能活动——现在我是从动力机制的一般视角来谈论这个问题的——主要指向于回避和最小 166
化这种断断续续的焦虑紧张，因而也间接地用来保护婴儿免遭有害的、与追求满足（缓解一般紧张或区域紧张）相关的不测事件。

因此，我们可以预期（至少在整个生命历程中），自我系统的成分将

① 由于降至最低限度（minimize）一词可能有歧义，所以我应加以明确说明，所谓降至最低限度（minimizing），我所指的是行为朝着缓解焦虑的方向而做出的活动。所以，降至最低限度并不是说“没有”，因为据我所知，人类的独创过程不可能没有焦虑。

一直存在，并且表现出与如下两种需要相关的功能活动：一种是每个人都具有的一般需要，另一种则是为各种相互作用区提供过剩能量的区域需要。自我系统“部门”（sector）与任何特定的一般需要或区域需要之间的关系是多么明显，或者说，它的表现是多么频繁，都纯粹是当事人过去经验（past experience）的一种功能。

我曾说过，在经验的组织中，自我系统始于育儿者的禁止姿势，而且，这些禁止姿势是坏母亲人格化的提炼；这似乎表明了一点，即自我系统是通过坏母亲的并入（incorporation）或内投（introjection），或者说只是通过母亲的内投而逐渐形成的。我们在谈到自我系统时，通常不用并入和内投这两个术语，而在谈及精神分析的超我（psychoanalytic superego）时经常会用到（超我与我谈到的自我系统是两个截然不同的概念）。但是，如果我至此的讨论恰当成分的话，那么，显然，在谈到自我系统的发展时用这两个术语是相当草率和过于简单化的（若是没有十分神奇的言语姿势，其意义就不可能很明晰）。我还说过，自我系统是逐渐形成的，其原因在于，追求一般需要和区域需要之满足的过程日益受到那些试图训练幼儿的育儿者的干涉。所以说，自我系统（绝非像育儿者的功能或同一性那样的东西）是为避免日益增强的焦虑程度（这些焦虑程度与教育过程有关）而出现的一种经验组织。但是，对婴儿来说，在婴儿后期（这种情境在人生任何时候的大多数情形下都是相似的），这些焦虑程度并不意味着
167 育儿者（使婴儿社会化的人）从她灌输给婴儿的文化视角看，相信她所意指的内容或她真实代表的意思。一个人以某种方式从另一个人身上汲取组成其人格的成分，这一观点是不可取的，因为它忽视了这样的事实，即在一个无疑真实的“外在物体”（external object）与一个无疑真实的“我的心灵”（my mind）之间，存在着一组过程——感知活动、理解等——这组过程是属于插入式的（intercalated），高度从属于过去经验，且越来越从属于对不远将来的预见。因此，如果我们对另一个人在任何一个重要方面的知觉都是精确的或准确的，那么，这事实上将是自古以来的一大奇迹。所以，在这一点上，我竭尽全力地劝你们，不要把你们的思想禁锢在这样一种观念上，不要认为我论述的这些东西，就好像是接受他人的价值标准等。相反，我正在谈论的是经验的组织，这个组织与在成为一个人的过程中相对成功的教育相关，它会在婴儿后期开始显现。

我在谈论自我系统时，想让大家都清楚地知道一点，即我正在谈论的是一种动力机制，这种动力机制在对人际关系的理解中会逐渐变得极其重要。这种动力机制是一个解释性的概念；它并非一种东西、一个领域，也

不是诸如超我、自我、伊底（本我）等概念。[①]在这一概念所解释的东西中，有一种可以被描述为准实体（quasientity）的东西，即自我的人格化。这个自我的人格化便是当你说你自己是“我”（I）时所谈及的东西，也是当你谈论“我”（me）和“我的”（my）时通常（如果不是总是如此的话）所指的东西。不过，我想非常清楚地表明一点：人格化与被人格化者之间的关系始终是复杂的，有时候是多重的；人格化并不是对被人格化者的恰当描述。在我努力地想清楚表明这一点的过程中，我总是一而再再而三地被迫在我的讲授中将个体发展史方面的起始内容向后推，以便从近便的观点看，关键性的偏离变得更加明显了。因此，我现在所讨论的极其重要的自我动力机制的起始是一个时间点，在这个时候——此时还远不存在自我 168
的人格化——只有好我和坏我的初步人格化，以及更不成熟的非我的人格化。这些最初的人格化绝不构成你们在成年后彼此谈及你们自己时认为自己所表现出来（你们相信其服务于此目的）的自我的人格化。

自我系统的必要方面和不幸方面

可以说，自我系统的根源在于文化的非理性特征（irrational character），或者更具体地说，在于社会的非理性特征。如果不是因为这样的事实，即为了与同伴维持可行、有利且令人满意的关系，人们不得不延续许多规定的行事方式，或者，如果有关维持同伴关系之行为类型方面的规定是完全合理的，那么，就我所知而言，在成为一个人的过程中，任何类似于我们经常遇到的自我系统这样的东西不可能有进展。如果作为任何特定社会之特征的文化规定更好地适应于人类生活，那么，有关合并或内投一个惩罚性的、批评性之人的观点就不会出现了。

然而，即便如此，我依然认为，一个没有自我系统的人是无法想象的。极其可能的情况是，我们已经讨论过的教育类型（甚至很可能还包括非我的人格化中所组织的某些不可思议的经验）不可避免地会出现在人性动物成为一个人的过程中。我之所以这么说，是因为作为人格之基础的人性动物的巨大能力必将导致极其复杂的特化（specializations）——生活、

① 请不要拘泥于我的自我系统是应该叫超我还是应该叫自我这样一个问题。据我推测，在我称为自我之人格化的东西与常被认为是精神分析之自我的东西之间（也许存在于堂表兄弟姐妹的领域内，或者更亲近一些的关系之内），必定存在着某种显著的关系。但是，如果你明智的话，你就会将此作为笑谈而不予考虑，因为我对此也一点没有把握；我曾尝试发现不同理论体系之间的相似之处，却一无所获，只感头疼不已，一晃这已经过去了很多年，这件事情就只能留待勤勉之人和学者去做了，而我既不是勤勉之人，也不是学者。

官能以及这样或那样的分化；为了让孩子在人群中（在一个不断发展的社
169 会中，这是必定会涉及的）保持一种可行的、有利的、得体的、合适的关系，必须在他们开始有意义地参与家庭群体以外的社会之前教给他们大量的东西。因此，我认为，各种学习类型的次匠意作用（secondary elaboration）——我称之为自我系统——是人类在任何情形下普遍存在的现象。但是，在一种理想的文化中（这种文化从来没有见到过，而且目前似乎也不可能存在），自我系统的适当功能显然不同于其对于我们文明社会中的居民所具有的实际功能。在我们的文明社会中，没有哪个家长群体真实地反映了在生活中训练孩子的社会组织的本质；童年期之后，当家庭在同化和社会化方面的影响开始由于其他一些影响而减弱或增强时，你们可以说，这些其他的影响是指，每个家庭在教育子女方面所摘选的文化成分与其他的文化成分产生了冲突——所有这些成分都或多或少属于同一文化系统，但是当它们混杂在一起时，就会有完全不同的重点和重要性。由此而产生的结果，在文明的社会里（诚如现存的社会），在生活中实际起作用的自我系统常常是非常不幸的（unfortunate）。但是，我们不要忽视这样一个事实：自我系统之所以形成，是因为（也可以说是它的目标）在保证必要满足的同时没有再招致严重的焦虑。不管在许多情境里，自我系统的表现是多么的不幸，都请记住，如果个体不保护自己免遭严重的焦虑，他实际上就会一事无成，换句话说，如果个体必须做某件事情，他就得花费不堪忍受的长时间去把这件事情做好。

所以，你们看，尽管自我系统真的是人格有利改变的主要绊脚石——这一点我将在后面展开——但我们也无法改变这样的事实，即它也是阻止人格不利改变的主要影响。精神病学家在很大程度上擅长系统阐释他人的自我系统，他还整合了这个他人的自我系统，并且，我得说，他“凭直觉知道”其患者自我系统的各个方面，这些方面往往使得这位患者一直过着
170 他正表现出来的那种病态生活，这种病态生活也依然绝不会把自我系统视作痛惜的东西。无论如何，不管我们是痛惜它还是赞扬它，它都一直在我们面前。自我系统这一概念在理解人际关系的变迁方面是极其重要的。如果我们知道了自我系统是如何开始的，我们很可能就能够遵循这个与其功能相关的、最为难懂的观念。

自我系统是教育经验的产物，其中一部分具有奖赏的特征，另一个极其重要的部分具有我们在前面曾讲到过的梯度焦虑成分。但是，在生命的早期，焦虑也是自我动力机制功能的一个非常明显的方面。自我系统也是回忆和预见这两种经验功能的代名词。既然在自我系统中组织起来的令人

烦恼的经验是与日益增长的焦虑梯度相联系的经验，那么，广泛发挥作用的回忆成分，会干预生活中相当于对焦虑之警告或预见的自我动力机制，也就不足为奇了。对焦虑的警告意味着出现了明显的焦虑，它确实是一种认为焦虑会变严重的警告。

在这一点上，我想简要地提及两件事情。其一，婴儿对于“无法获得之物”（the unobtainable），即他对所处的情境无能为力（而不管育儿者如何合作）的发现。婴儿哭着要月亮便是这种情境的例证。在婴儿期快结束时，我们可以观察到，婴儿对于这些无法获得之物的态度就好像它们不存在一样；也就是说，它们并不唤起区域需要。这可能是对生活中表现出来的一个极其重要的过程的最为简单的例证，这个过程便是我所说的选择性忽视（selective inattention）。

我想提及的另一件事情是：在父母的影响与婴儿的实际可能性及需要特别不一致的地方——在言语尚未成为家人间交流的主要工具之前，在言语尚未具有任何交流功能之前，在有指称的词语尚未含有任何意义之前——就可能在坏我和非我的人格化中灌输这些灾难性的曲解（这些曲解到后来会表现出来），并因而在后来的整个人格发展中阻碍十分幸运的经 171
验。后面，我将讨论一些典型的歪曲，其中最为恶意的歪曲发生在婴儿后期，它是育儿者深信这一点而导致的结果，即婴儿有意志（wills），必须对婴儿的意志加以指导、控制、改变和塑造。最后当我们讨论心理障碍的概念时，我们将不得不选择一些特别典型的歪曲表现，这些歪曲表现自第一次发生起，在继后的每个阶段都会出现。

第十一章
从婴儿期向童年期过渡：言语获得

172 ## 父母在教育方面之努力的一致性和明智

在婴儿后期，父母（尤其是母亲）越来越努力地完善婴儿的社会化或开始社会化。在这一社会化的过程中，我想强调一下婴儿经验中的频率（frequency）要素，无论是在发展相对不充分的人类对复杂实体的学习过程中，还是在获得复杂行为模式的过程中——这越来越成为婴儿实际所处的情境，频率要素都非常重要。除频率要素之外，还有一个非常重要的要素是一致性（consistency）；我们可以将一致性视作频率的一种功能，因为一致性意味着一种特定事件模式的重复，就好像不一致性（inconsistency）意味着某一事件模式的出现频率在减少，或者事件模式发生了较大改变。婴儿自出生第一年末起所表现出来的许多困难，都可以证明是业已适应文化习俗的父母在教婴儿认物认人等努力方面所出现的不一致所累积的结果。如果父母不能提供一成不变的事件模式，那么，到了儿童把言语作为其杰作时（比如在3岁时），这种不一致性便会表现出极大的意义；但
173 是，那时极不一致的父母影响，犹如1周岁末时完全一致的影响一样，都是不可能的。因此，我们很难说清楚人际事件的一致性与频率的偏差究竟是从何时开始影响人格的发展的。

现在，除了婴儿所经历的人际事件中的一致性或不一致性、频繁或不频繁等要素之外，还有一个要素必须加以考虑，在找不到更好的词语来描述的情况下，我姑且先称之为教育努力的明智（sanity）。所谓明智，我的意思是指父母为了与婴儿在某一既定时刻的观察、分析和经验表达等能力相一致而修改自己的教育努力。请允许我举几个反面的例子，它们将能论证我要说的问题。

第一个例子，我们可以将其描述为意志论（the doctrine of the will），

这是父母给出错误信息而导致的结果，即在这个文明社会中，所有过于容易而无法习得、保持的东西。现在，我不能在此详尽地讨论意志的根源（从这些根源之中，我们会产生这样的错觉，即我们或多或少有着某种强有力的，或者至少是神奇的潜力）。不过，我真的希望你们能够注意一下这种对待 1 岁婴儿的方式（好像他故意让大人烦恼一样）所产生的灾难性后果。不管我们当中有些人怎样看待这种意志，我始终认为，我们当中的大多数人并不会把这种强大的意志观点推而广之，以至把才 12 个月大的婴儿的表现也包括在内。不过，有些父母却正是这样做的，他们好奇地（如果不是亚精神病的话）进行着一切尝试：引导、指导、改变、控制这个倔强任性的婴儿。

我要说的第二个有关婴儿 12 个月以后在社会化影响过程中所遇到的不明智对待的例子，不那么明显地以有关人格发展之难以形容的误解为基 174
础。不明智的对待会使婴儿受制于一个人，也即受制于养育者，她对于婴儿必将长大这一事实深感懊丧，并想方设法鼓励婴儿保持现状。于是，她以阻止其后代成熟过程的方式提供体验、奖赏和焦虑。除非他们的关系中发生了某种根本的改变，否则她将设法让孩子一直保持幼稚。

我想考察的另一个有关缺乏明智之教育努力的例子是这样一种观念，即婴儿满 15 个月大时必须保持整洁、干净，并将此视作一种不胜骄傲的成就。我就曾在许多患有严重——实际上是非常绝望——障碍的人身上，看到过有关这种早期训练的相当可靠的证据。我认为我这样说是对的，即能够使得 15 个月大的婴儿既整洁又干净的唯一办法，就是在“我的身体”（my body）这一概念及其与“我”（me）这一概念之所有关系的演化过程中，建立起严重的焦虑屏障，以阻止婴儿发展出任何有关会阴区的实用、有益、有助的感觉。

我在大量出现了障碍、失调的人格中发现了另一种早期训练所导致的后果，这种早期训练我们可以视之为不明智的——对此，我已做过讨论；它就是我们过去常说的原始的生殖器恐惧：父母被婴儿摆弄外生殖器的表现弄得焦头烂额。在婴儿期结束以前，即还没有出现任何言语行为的时候，所有让人难以置信的矫正手段——例如，在睡衣裤内放弹子、绑绷带，以及这样那样的东西——有时候都会被用来防止婴儿用手探索外生殖器这种让人非常讨厌的行为。因为这种训练往往发生在生殖器感觉被整合进经验之前，所以，它显然与那些对我们后来的生活有用的事情毫不相干。即使它发生在特殊的生殖器感觉出现之后——我们必须记住，这种感觉在情欲动力机制成熟之前还是十分有限的——它也似乎仅仅代表着在

“我体内”凿好的一个洞，并且得为后来生活中所遭遇到的一些怪癖负责，如希望由他人来实施手淫，如果自行手淫的话，就会感觉很糟糕，等等。这些容易让人误解的有关后来所谓性生活的复杂观点，便是人格发展严重偏离（这种严重偏离发生于童年期之前）所导致的结果。

现在，我呈现在你们面前的这些“不明智”的例子可以归在一个标题之下（我在前面曾谈及过这个标题），即父母对婴儿的期望，这些期望是存在于育儿者身上的婴儿人格化的一部分。即使在父母的纯粹期望这个领
175 域里，在婴儿期快结束时（此时，婴儿在某种程度上已经习得了面部的表情姿势，即所谓的愉悦和不愉悦等表情，并且已经丧失了出生时以及出生后几个月处于支配地位的很多特殊的面部轮廓特征），一种特殊的恶意有可能会出现。在一些家庭中，以及在一些养育者身上，情况就是如此，关于婴儿的预期此时开始以以下两点为基础而呈现出特定的色彩：一是其他人断言婴儿看上去像谁；二是其他人此时已经察觉出婴儿所表现出的“性格像谁”的迹象。这个被假定与婴儿在外貌或性格方面很相像的人，可能是他的亲生父母，也可能是亲属，甚至可能是一位虚构的祖先。在某些情境里，这些设想的外貌或行为雏形方面的相似，在养育者对行为的系统阐释方面，要比科学公正的观察者可能观察到的婴儿外貌或行为要重要得多。不管在什么地方，只要父母的预期导致了这种情境，一些偶然事件就真的会开始优先于某些已经开始的学习过程，并因而干扰这些学习过程，对此，我马上就会谈到。

外显过程和内隐过程

现在，我想进一步展开我在讲述过程中尚未充分展开的论点。就像我在前面讨论回忆和预见那样，这里的讨论也围绕着过去经验对生活的影响，如果过去经验出现得够频繁的话——或者其重要性得到充分证明的话——因为，这样它就会被组织成信号。在当前的行为中，这一组织经验的功能在某种程度上可以被称作回忆与预见方面的信号过程的表现。到第九或第十个月时，观察者对这种组织经验的重要性的认识，还只能靠推理来进行。这种重要性虽然没有得到明确、客观的论证，不过可以根据所观察到的东西来推导。

在这一点上，我想持久性地区分一下参与性观察者所观察到的东西与
176 观察不到但通过所观察到的东西可以推断出来的结果——从婴儿期一直到生命结束，这一区分都非常重。这就是人际关系中的外显过程（overt

processes）与内隐过程（covert processes）之间的区分。[①]

我到目前为止所描述的内容中有很大部分都涉及内隐过程，并已经得出结论认为这是推断的结果。言语行为一出现，它便成为永久的东西，这对于正确推理的可能性来说，是一个极为理想的指标。此外，在婴儿期的后几个月里，由于延迟行为（delayed behavior）现象开始显现，关于内隐过程的某些推断就有了较为可靠的依据。我在前面曾讲到过焦虑的紧张是如何在与需要相对立的直接矢量（direct vector）中起作用的。现在，我们有可能在年幼的孩子身上观察到，需要本身会相当明显地表现出一种特定的层级组织（hierarchical organization）。有时候，饥饿优先于其他正在发生的事情，行为就会旨在满足饥饿——或者干扰其他正在发生的事情；但是，当饥饿得到满足（而非伴发睡眠）时，这种受到干扰的活动会再次出现，并且显然以某种休眠的状态一直等候着，直至强大的动机自己得到解决或得到了满足。人们偶尔也会看到，当这种受到干扰的活动再次出现时，其情境模式真的会发生某种变化。从这一观察中我们可以推断，与延迟的或受到干扰的动机相联系的某件事情肯定正在进行，同时强大的动机正在趋向满足。这种推理活动，我称之为内隐活动，与明显表现出来的活动形成了鲜明对比。[②]

因此，我认为，到了婴儿期结束和童年期开始时，人们所能看到的只 177
是能够被解释为幕后的符号操作的继续，人们可能会说，幕帘就是正呈现出来的活动，即与一种更为强烈的需要的满足相联系的能量转化。这就好像是某些信号加工已经在进行，期间满足某种并发需要的行为处于运作状态，而且整个事情都已以内隐的方式进行。这类事情，人们在自己的身上可以看得清清楚楚，最明显的例子很可能就是这样一种现象了，即人们可能对下午或晚上的某个问题大惑不解，一夜醒来，对这同一个问题可能就全然明了。

现在，这些内隐过程可能会被视作极为私人的，也绝非完全直接地受制于社会模式或教育变化的影响，这种社会模式或教育变化无疑主要适用

---

① 我并不总是使用这些术语；以前，我谈论过隐含过程（implicit processes），而不用内隐过程。现在，我放弃了“隐含”这个词，因为它有着许多细微的意义差别，而这些差别要么令人感到棘手，要么与正在试图表达的内涵不相干，因此“内隐”这个常用词似乎更为可取。内隐与外显正好相对应。

② 事实上，我已获得大量的资料，这些资料表明，从即使不到 6 个星期的婴儿所表现出来的延迟行为中，也可能推导出内隐的过程。如果这些资料是正确的，那么，它们便意味着与区域需要和一般需要相联系的内隐符号操作，在人类幼婴分娩后的生活中，以一种早得惊人的原始形式显现了出来。

于1岁婴儿大量的外显行为。不过，归根结底，不管婴儿对他人的人格化是多么少，这些内隐过程都源于本质上具有人际性质的经验组织。也许，只有这个时候，即当不可能把内隐过程视作人际现象的时候，才是人际事件的综合得以发生的时候——就好像这些过程中经常发生的那样——这时，人们通过一种新的方式把原有的经验加以结合，得出了诸多新的结论；这种现象发生时，似乎与特定的人际事件并无直接联系。

我相信，随着自我系统及其功能这一主题的进一步展开，有一点会变得越来越明显，即对于1岁婴儿来说完全恰当的内隐过程，主要借助焦虑指导下的学习，此时已经完全从成人的信息库里被驱赶了出来；而且，这些内隐过程出现的可能性会迅速引发某种程度的焦虑，这种焦虑足以干预内隐过程的显现。

178

姿势与语言的学习

在从1岁末起进行的学习中，直接而又非常重要的累积是外显行为的习得，这种外显行为通常属于我们可以称之为人际交往行为的两大类，即姿势（gesture）的人际交往行为和语言（language）的人际交往行为。[①]为了表明言语之姿势操作（gestural performance of speech）的重大性，我想指出一点，将姿势成分从语言行为中剥离出来，只是生活中相当受限的领域——例如，当一位科学家正在成为一位优秀的科学家时。大多数人都会发现，这样刻板界定的语言行为比交往行为更令人昏昏欲睡。

婴儿所表现出来的姿势学习（包括对面部表情的学习），当然发生在1岁以前，人们也许会称此为对言语姿势的最初学习。这种学习充其量是通过对人类榜样所进行的试误学习来进行的。前不久，我观察到了在我极其有限的阅历中最为令人惊异的例子。跟随我的一位全职护士大约在11个月以前生了一个强壮的婴儿，上个月，出于对婴儿的兴趣，我第一次见到了他。在这次拜访期间，我非常惊异地注意到，在我们对话时，这个婴儿一直在进行着一种非常有趣的、属于他自己的对话。我发现，引起我注意的是他那优美的语调模式。可以说，声音中很可能只有50%符合英语中的规则音位，但音调，即调型（the pattern of tone），却是言语；在言

① 沙利文对“姿势”（gesture）一词的使用，比其常见含义要宽泛一些；在另一些演讲中，以及在本演讲的其他部分中，他所说的“姿势”之义将会变得越来越清晰，不仅指面部表情和躯体其他部位的示意动作，而且还包括音调、节奏和语调。换句话说，他所说的“姿势”是一个与言语的“指称”（denotative）方面相对的“表意”术语——这些术语是他在1948年的系列演讲中所用到的。——编者注

语没有清楚表达出来的情况下所发出来的声音，便是我们的言语的真实样子。换句话说，婴儿在不到1岁时，就已经开始对所听到的东西进行试误学习——他是在一个充满语声的家庭里被抚养长大的——在他的能力范围内，在对言语音调的学习方面取得了很大的进步，以至于他在这方面毫无 179
明显的婴儿气。它与言语是如此相像，以至于我只有仔细聆听，并且在听了一会儿之后才能区分开来，然后我才能说，这个婴儿的反应包括许多绝非英语词汇的东西。这便是对大量姿势言语之早期习得的一个例子。

我想提出一点，通过对人类榜样的试误学习来习得言谈举止，绝不仅限于生命早期。表现出模仿行为的成年人（尤其对言语之姿势方面的模仿），数量大得惊人。精神病医生经常会看到，患者有时候会学医生那样发声；不过，如果仔细分析，就会发现，即使他们所用的音素完全不同，但他们的语调、音调等却与精神病医生的十分相像。举例来说，尽管过去我很轻易就能辨认出打电话给我的是两个人中哪个人的声音，但现在我却再也分辨不出来他俩在电话里的声音。有一个特别的例子，我有一位老朋友（由于某种原因，我从未有空对他进行调查研究），他在其职业生涯中很早就习得了一个习惯，即他能够控制自己的微笑就像操作电钮一样，按一下就能打开，按一下就能关上。我观察过他的一些同事，他们在职业生活中都能在某种程度上习得这种让微笑瞬现即逝的技能。因此，我提出，婴儿期最后阶段开始的有些东西并不会终止在那个时候。

甚至在童年时代以前，对言语之姿势方面等的学习就已经显现；而且，越来越多涉及言语行为之非口头（nonverbal，不过具有沟通的效果）方面的学习，到此时已经牢固确立，且在此后的很长一段时间内，始终是我们表现出来的能力之一（尽管这种能力可能并不太引人注意）。换句话说，在言语本身真正成为可能之前——我所考虑的婴儿期内——大量的学习不仅可以归入言语行为，而且实际上在那些并不特别受焦虑阻碍的婴儿身上能够清楚地显现出来。毋庸置疑，婴儿从母亲的言语表现中学到的第
一样东西就是音调和缄默（silences）的连续交替——请记住，缄默如同 180
声音一样也是言语的组成部分；这种连续交替从某种程度上说是有节律的调型，所有家养的动物都会对其表现出相当明确的敏感性。我相信我已清楚表明，随着各种不同的成分最终加入语言行为——这是婴儿很早就表现出来的理解音律和更为总体之声音模式并使之日趋完善的能力——通过对周围他人的试误学习，那些构成家庭语言所需的语音小范型或亚范型就会变得更加精炼。

语言学习中奖赏和漠不关心的作用

现在，我想请你们注意一下母亲及其他重要他人的反应对这些能力所产生的影响。在相当早的时候（我假定是 8 个月或 9 个月大的时候），婴儿就能把诸如“da”那样的声音间隔开来，以发出“da-da-da”这样的声音。这就意味着，婴儿已经掌握了音调重复的要素（即有节律的发声活动）。在这个过程中，婴儿于某个恰当的时刻碰巧发出了一些像“dada”这样的声音，结果，热情的父亲就会想这孩子是不是想喊“妈妈”（mama）或“爸爸”（papa）呀，并做出一定程度的反应。如果婴儿碰巧发出了一声“妈妈”的音，大人就会认为孩子已经学会叫妈妈了（我认为这几乎是不大可能的），并且会给予其一种强烈的温柔反应。虽然我可以肯定这样的举动不会让我对那样的父母产生好感，但是我想我所能做的也许只能就是这样了。因此，通过重复音节实验，那些碰巧接近婴儿交谈时所应该发出之声音的实验，会让育儿者铭记于心，并因而会得到育儿者更多的反应、重复和注意。当学习发展到这样一种程度，即当婴儿说出了不同的音节形式、不同的音素结合以及一些模糊的、试图模仿所听到的声音时，事实上，声音、调型、节奏，以及构成各种形式的世界语言（包括宝宝的
181 私下语言等）的极其丰富的发展也已经开始了。正是在婴儿不仅仅用 dada、caca、mama 这样的声音来指称事物时，学习的要素通过奖赏而进入，这样，孩子通过试误学习，对于自己所发出的声音以及发出所听到之声音而产生的满足感随着育儿者的温柔反应而增强。此外，还出现了另一种巨大的教学影响，这种影响我在前面尚未做过强调，即通过漠不关心（indifference）的手段来教学。它虽然一直都存在，但只有在额外温柔奖赏这一教学要素成为婴儿生活中的重要一部分时，它才具有特殊的意义。这种通过漠不关心来进行的教学是人在后来生活中受到的最强有力之影响的一个范例，对此，我将不惜离题，花时间和篇幅来阐释对排斥（ostracism）的害怕。

婴儿语言发展中非常重要的成分是，虽然他发出的许多声音会获得奖赏，但也有很多声音不会激发母亲任何的反应——不用说，她越忙，想象力就越少，不能激发其反应的声音的比例也就越大。后者只适用于在听到它们时早已存在的微小的区域满足，它们因此而经常会退出，因为它们实现不了任何目的——它们不能获得任何特殊的回报。因此，也许从某种程度上说，从 12 个月到 18 个月，育儿者在场时碰巧没有“击中”的那个区域的发声努力，会很难获得频繁的重复。随着人际关系的发展，漠不关心

影响之下的这种社会化要素——这是一种既无温柔奖赏又无焦虑的情形，而是一种什么事情都没有发生的情形——会变得颇为有力。

我向语言

在学习已经正常进行的这个阶段，婴儿发展出了一种语言，这种语言
既不是母亲的语言，也不是英语（我假定这是一个讲英语的家庭），而是
婴儿自己的语言。在此，我们要特别恰当地指出爱德华·萨丕尔的论述：
“……语言的诸要素，即标注经验的符号，必定……与有限经验类别的所 182
有经验相联系，而不是与单一经验本身相联系。”[①]正是基于这样一种对语
言的解释——顺便提一句，这种解释是我听到的唯一有意义的解释——我
们发现，孩子正在发展一种语言，在这种语言中，存在着一定程度的一致
性（consensus），即某一特定的声音指向某类特定的事件，也就是说，指
向某一类特定的经验。例如，我们假定，当母亲拿起用过一年的奶瓶或饭
碗等东西时，孩子完全出于偶然地说了声“ha”。现在，在某些特定的情
形下（这些情形我不可能展开讨论），有一种情境就很可能会被确立起来，
致使下一次这种情境再度出现时，他便会又一次发出“ha”的声音，这
样，“ha”指向食物的这种可能性会给母亲留下非常深刻的印象。很快，
“ha”——一个发音完美的词——便会真的用来指食物。不过，这在与玛
丽婶婶交谈时可能并不十分有用，因为她是这屋子的稀客，但可以告诉她
这一点。关键在于，它在某种意义上说是一种完美的语言——而且，这样
一种语言发展非常迅速——但它极少具有普遍的沟通力量。这就是我们后
来称之为我向（autistic）的东西[②]；把我向语言描述为婴儿的私下语言是
相当危险的，因为它的发展根本就不是私下的。某些声音的组合，是通过
母亲的影响而逐渐用来指某些事件的。不用说，如果保姆等人在这地方兜
圈子，那么，孩子的这种语言将对她们中的任何人都几乎不具有沟通的力
量。不管怎样，这种语言的沟通力量都是有限的，因为它完全是一种名词 183

---

① Edward Sapir, *Language: An Introduction to the Study of Speech*; New York: Harcourt, Brace and Co., 1921; p. 11.

② 沙利文说过“我向的”（autistic）是“……一个形容词，我们通常用这个形容词来指一种原始的、未社会化的、不适应文化的符号活动状态，以及后来与这一原始状态（相比于更为成熟之人格做出的明显有效、一致确认的符号活动）更为相关的状态”（*Conceptions of Modern Psychiatry*; New York: W. W. Norton & Company, 1953, second edition; p. 17）。

帕特里克·默拉希（Patrick Mullahy）曾将沙利文的“我向的”这一概念描述为“不完善反应模式的亚种……是不完善反应模式的言语表现”（“A Theory of Interpersonal Relations and the Evolution of Personality,” the same reference, p. 126）。——编者注

性的语言；顺便提一下，当它成了动词，从育儿者试图教授它们的用处这个意义上说，这种学习要蓄意得多。

我在前面就已讨论过孩子通过确立特定发音调型和特定事件或物体之间的联系来创造单词，也已经讨论过孩子学习育儿者所教的特定的单词。现在，这两类单词都构成了孩子的词汇，而且两者都是我向的，因为在一个词与该词在用于成人间交流目的时具有的真正有意义的含义之间，缺乏明确的关系。而且，在许多例子中，母亲已满足了某种我并不十分理解的需要，其方式是让婴儿长时间（甚至在我向语言出现以前）接触她所处社会之交际语言的各种奇腔怪调，这些奇腔怪调被称为“牙牙学语”（baby talk）。某种“牙牙学语”已教会婴儿对言语的音调模式表示有意义的赞同或禁止。有人认为有些“牙牙学语”具有教育的价值，因为人们通常假定这是婴儿能够自行操控的一种言语。不过，我担心，在婴儿听到的“牙牙学语”的数量与其学习单词的能力之间几乎不存在任何相关。

作为综合经验的语言

就单词的词典含义与婴儿通过名词和动词对经验和活动的理解及组织之间碰巧存在一致性而言，婴儿的语言开始显现出我后面将要讨论的综合模式的经验。事实上，综合模式中第一种经验组织属于姿势和言语两大交际行为的范畴。正如我们到后面将要表明的，由于综合与诸如意愿假象这样的东西密切相关，因此，我应该强调指出，最好用那些业已得到一致证实的词语来说明综合的符号。当婴儿或幼儿习得了一个合乎情境的、完全正确的单词时，一致（consensus）就算达到了，也就是说，这个单词在
184 育儿者看来的含义与在婴儿看来的含义是一致的。顺便提一句，在整个生活中所遇到的大量困难都源于这样一个事实：由于单词本身并不载有意义，而是引发其他的意思，从而导致交流行为的失败。而且，当一个单词在听者看来的含义与它所预期激发的含义相差甚远时，交流也不会成功。

诚如我在前面曾提到过的，综合模式经验的首批例证出现在出生后12个月到18个月之间，此时，语言符号——单词、象征——得到了组织，它们事实上具有交际的性质。当然，在生命的这段时期内所进行的大量东西并非采取综合模式：还存在母亲的非交际行为，以及就所涉及的婴儿区域满足而言的全部非交际行为；婴儿甚至还开始回避一些禁止姿势，这是婴儿自我系统的最初表现。

沉思：非言语的指向过程

随着婴儿真正的我向语言的发展——我已尽力用“ha”意指食物的例子来说明这种现象——我们开始观察到证据，表明它们与后来被称为沉思（reverie）的大量过程是一致的。在这个早期阶段，沉思在某种程度上表明了外显与内隐之间的关系，因为不管有没有人在倾听，孩子都会用他自己的语言进行某种程度的练习，这种语言最初是可以听到的，即外显的语言。逐渐地，这种语言变得越来越内隐（我这么说并不是指他变得越来越沉默）。但是，他的行为开始便显出延迟过程，甚至涉及发声，所以，我们能够假定存在着一种变化（事实也许就是如此），即从可以听到的言语变为无声的言语。不过，我希望你们不要把我的话转译成华生派的心理学（Watsonian psychology），也不要认为我是在意指从外显喉部行为到内隐喉部行为的逐渐过渡。事实上，我在谈论内化（internalization）或外显过程变得内隐时，我认为，言语在很大程度上是一种属于喉部的听觉功能，我绝对不是意指运动肌的紧张等。当然，我们大家都知道，这种逆转有可 185
能是成立的，而且，通常情况下，那些长期内隐的过程可能会外显地表现出来。

正如我已说过的那样，甚至在出生后 18 个月，就已有一些证据表明存在我们所谓的沉思过程，而且这个过程将会持续一生。这个时候，婴儿会得到一种婴儿语言——一种我向语言，因为这种语言来自婴儿的实际经验，并在极其有限的程度上属于精确的语言教学。在生命的第二年，这个沉思过程继续以此种纯粹的我向语言向前发展。就语言过程而言，沉思往往会持续一生，只是出现得不频繁而已，而且在一些特殊的情况下，它将表达出来，对听者来说意思十分清楚，且具有交际的功能。只有为表达、交流做准备的沉思过程，才具有我们希望自己所说所写的思想要表现的属性。相对而言，沉思过程的继续并不受制于语法规则及造完整句子所必需的东西等。

顺便提一下，当人们谈到非语言的参照过程，即无词思维（wordless thinking）时，他们似乎彻底不知所措了；这些人似乎完全没有能力掌握这样的观念，即大量内隐生活——难以客观观察，只能通过推理的生活——可以在不用词语的情形下进行。据我所知，严酷的事实是，大多数人的生活都是这样继续的。无论如何，这都并不降低词语和姿势这两大交际工具所具有的极大重要性。有可能也会出现这样的情况，譬如说到了三四岁的时候，儿童对词语（大多数仍属儿童的特殊语言）的使用在很大程度上很可能就像书中对图片的使用；它们对参照过程起到修饰、集中或说明的作用，这些参照过程不是言语过程，而是诸如辨别好乳头和坏乳头等早年时期以不完善反应方式组织起来的经验的表现，这些我在前面已经谈论过。

186 象征的与非象征的

在这个问题上，我想谈一谈一种对事物的抽象分类，它有助于思考，这种分类在社会心理学理论领域已发展得相当牢固：也就是说，把一切活动，无论是外显的还是内隐的，分成象征的（symbolic）和非象征的（nonsymbolic）活动。我曾一度认为可把它用于精神病学理论的介绍，但现在我认为它与此无关。一旦做出外显和内隐的区分，那么，它们之间的区别便是不言自明的；只要是涉及生命的头 18 个月或 20 个月，作出象征和非象征的次级抽象概括是十分容易的事，这种抽象概括能被投射到后来的生活中。这种观念大致是这样的：当婴儿从乳房汲取营养时，他是非象征地做出行为；当婴儿称一个无生命的玩具为“小猫”时，他便是象征地做出行为。现在，我尚无反驳下述事实的意向，即婴儿一生下来就是由中枢神经和肌肉组织等构造提供活动的，这就好像是实际上吮吸一个事实和吞食一个事实的精巧装置一样。任何一样东西，第一次发生时，它很可能是非象征的。但是，从出生伊始，与年长之人的合作对婴儿的生存来说是必要的；而且，从出生伊始，焦虑所产生的强有力的影响通常会允许经验组织产生，或防止经验组织产生，或逐渐把经验的方向引入为他人所赞许的渠道。因此，非常明显，在婴儿 1 岁时，甚至刚出生时，所从事的大量事情都是高度象征性的。我一开始就强调过，按詹宁斯（Jennings）的观点，回忆和预见即使在变形虫的水平上也是显而易见的。在任何地方，只要回忆和预见现象在人类身上得以清晰显现，并从而以交流的方式推断出某种东西，人们就能发现对某种与之相关的成就的明确预期。我担心，出于实践的目的，一切人类行为都会非常纯粹而又毫无疑义地把经验的组织
187 表现为有效的标记——不论是信号还是符号——以至对人类行为方面什么是象征和什么是非象征的分辨会产生更大的误解。因此，在不否定人类中可能存在纯属非象征操作的前提下，我想说，出于精神病学理论的目的，我唯一关注的是外显的和内隐的象征活动，也就是说，在满足或者回避、减少焦虑方面，受先前经验的信号组织所影响的活动。

第十二章
童年期

语言在人格化融合中的作用 188

至此我们已经花了好几章的篇幅讨论婴儿期，现在我们要离开这一主题。在讨论语言行为时，我希望能够清楚地表明一点，即要想婴儿在语言行为方面取得成功，所涉及的重要成年人需要做出赞许、温柔等反应。这种言语行为所具有的异乎寻常的价值（尤其随着它在学龄期显现）是我们难以意识到沉思过程（沉思过程通常表现为一种相对简单的经验的不完善反应方式）的重要因素之一，甚至有些高度发展的不完善反应形式使人甚至难以意识到某些沉思过程。就那些并非天生聋哑的人而言，言语行为具有近似魔力的性质；例如，我们中有许多人，尽管被恰当地授以了这样或那样的博士学位，但仍经常十分清楚地表明我们的某些言语行为有赖于这种真正的魔术般的潜力。在精神病学实践中，我们有时候会遇到过这样的成年人，他们特别依赖于言语行为的潜力，很清楚，这就是他们难以与别人相处的一个显著特征。

现在，在很大程度上由于语言行为的特殊力量而在童年早期阶段表现
出来的一个结果便是人格化的融合（fusion of personifications）。就觉知
（awareness）而言，这种融合是最终的，也是绝对的；但是，就人格而
言，它并不需要像任何这样完整的东西。现在，我想要提及的是到这一阶 189
段已经出现的养育者或养育者集体的双重人格化——好母亲或坏母亲（或邪恶母亲）的人格化。若无言语行为在人际情境中起着不可思议的作用，若无年幼儿童周围的成年人赋予他巨大的能量，用人类最重要的工具（即语言）去武装儿童，儿童就不可能把两个母亲的最初印象保存下来——在满足需要的过程中给予温柔和合作的母亲，以及在满足需要的过程中伴有焦虑和干预的母亲。你们可能会说，虽然这种将一个现实的个体一分为二

的做法能在较低的人格层面上继续，但却几乎不可能长期存活于高压的文化移入（high-pressure acculturation）之下，这种高压的文化移入会让我们称呼一个人为“妈妈”，而称另一个人为“姐姐”，等等。因此，不管好母亲和坏母亲这两个分离的人格化组织得多么彻底，它们的个体性都会在学习语言的过程中消失殆尽，或融入后来的人格化之中。但是，我们不能把这种融合视为是综合的。换句话说，所有组织进婴儿期坏母亲人格化中的特性，并不必然出现在童年期明显开始的对母亲的人格化过程中；而且，在任何情况下，婴儿期好母亲的一切属性也几乎不可能融入童年期对母亲的人格化过程中。在某些情形下，我们能看到证据表明这最后一句话是毋庸置疑的，也就是说，在后来的生活中，个体会寻求（而且可以十分清楚地证明他确实在寻求）某个符合好母亲人格化的人，而这种人格化在“现实”母亲的人格化中并不显示出来。某个人格阶段的人格化进入后一人格阶段人格化的特别复杂的方式——尽管很少有情况完全如此——在很大程度上可以归因于有声言语行为的独特力量，而且只要他处于有组织的教育情境中，也可以归因于童年期及其继后的发展期对语言行为习得所提供的高度奖赏。

190

逃避的原理

现在，我想进一步论述自我系统的发展，对此，我一开始将概括一下背景，然后系统地阐述我所谓的逃避的原理（theorem of escape）。与假定组织人际关系知识的其他动力机制不同，自我系统尤其抵制凭经验而做出的改变。我们可以用一条原理来表述这一点：根据自我系统的本质——其共有的环境因素、组织和功能活动——自我系统往往能够逃避与现行的组织和功能活动不相宜的经验影响。如果你想根据精神病学的这一系统来理解人格，或者，如果你想从事该系统所蕴含的治疗的干预类型，你就得理解自我系统的这一特性。我在前面谈及自我系统时，曾说过它具有纯经验的根源，而且我说过，与需要的动力机制不一样，它并不依赖于那些构成人性动物之基础的物理化学共存的特性。这个自我系统完全导源于人类必要环境的人际方面；它因极不合意、极不舒服的焦虑体验而被组织起来；而且，组织的方式是为了避免或尽量减少现存的或预见的焦虑。

但是，我想重申一点，我们并不能完全理解引发焦虑的情境特征。很明显，由于母亲焦虑就会导致婴儿焦虑，因此我们不能指望婴儿能够充分理解产生焦虑的原因；有一点或许让人难以理解，即在成年人身上，同样也存在不能发现引起焦虑之情境的情况。随着我们的年龄越来越大，我们可能觉得自己能够对一些事物加以命名，或对其做出解释，而这导致我们（部分地）看不到引起焦虑之情境所具有的特征（人类从来都不曾能够完全理解、把握这个特征）。有一则古老的故事，说的是一个病人痛得十分厉害，他自觉病得很重，但是当医生说“哦，只不过是阑尾炎”时，他觉 191
得舒适多了。这便是当有人在言语上给我们贴一个标签，我们便感觉好很多的一个小例子，这就好像是通过这个标签，个体就熟悉了一组新的事实——要是对别人也能这样就好了。我们经常做的很多无效而又不适当的事情，都是这样的——如果我们能毫不费力地说出一套词语的话，就会感觉更舒适、更值得，通常情况下，这套词语就像传统妇女解释神秘事物时说“我这样做是因为……”一样有效。事实上，在漫长的精神病治疗生涯中，我会说，我已经对那种以“正是因为……”来结束的文饰作用（rationalization）越来越有感情；后面跟的词语越多，就越难猜出它在多大程度上是个人的套话——诚如其名称所表明的，文饰作用——而且，也就越难猜出人们本该看到的重要线索。

因此，不管我们作为成年人能够在多大程度上谈论引起焦虑的情境，我们都几乎不能把握这种情境的特征——当然，儿童也不能把握它们。因此，对于自我的动力机制，我们所要补充的是：要么对引起焦虑的情境作不完善的观察（imperfect observations），以及对为减少或避免这些情境重复出现而做出的成功干预作不完善的观察；要么是一些确定的创造（definite inventions），通过这些创造，较为简单的操作会建立起更为复杂的操作，即通过重组旧事物——对这个概念，我在后面将作简要讨论——从而创造出新的事物。此外，文化本身的基础并不在于哪一条甚至能为天才所把握的一般原则，而是基于许多矛盾的原则。正是在我们这种文化的生活教育中，我们所有人都体验到了大量的焦虑情绪。

尽管任何一种反复出现的经验都会很快增加进来，并修正那些在满足需要的过程中任一动力机制的表现，但自我系统的特殊结构和功能活动在于，个体要经历一系列的失败——我们称之为安全操作（security operations），当自我动力机制是活动的核心原动力时，它便是典型的表现——而无需凡事都去学习。事实上，机遇在于，在遭遇引起焦虑情境的微弱线索时，自我系统的活动会更容易发动，但依然没有表现出从那些与满足生物需要相关之失败中获益的类型。我们在研究对经验的这一让人觉得奇怪的迟钝反应时，可以看到，这些毫无益处之经验模式的特征在于，无法根据业已并入自我系统的倾向来进行理解或分析。 192

不用说，避免从经验中得益的自我系统的终生倾向并不是绝对的。但是，我想强调一下自我系统的这种一般倾向。为了强调我们非常不理性和完全不愉快（如果我们期望别人，只要涉及他的自我系统）——虽然这在自我系统并不涉及的所有领域里都是一个十分合理的预期——他便能从其经验中迅速得益，我已陷入一个阐释原理的困境。这并不会使自我系统完全无力改变自婴儿期起的主要特征；事实恰恰相反。由于对人格的一般性影响（这种影响会与每个发展时期的早期阶段新成熟的需要或能力相伴随），自我系统的功能活动在方向和特征上总会有所改变；而且，正是在这些时期，自我系统特别容易发生幸运的变化。据我所知，这个自我系统能在任何人格系统中为经验所改变；但是，这种经验（更确切地说，这种可以期望变化的装置）通常必须十分周密，而且持续时间很长。这个自我系统对于作为经验之结果的变化的抵抗，在很大程度上是我们发现在治疗中根据复杂组织的、相当持久的治疗操作来思考相当有益的原因所在，而依据这样的治疗操作，我们逐渐建立起了一系列要求自我系统进行扩展——吸收先前已有的经验——的情境，因为在特定的人际情境里，选择性忽视对患者对焦虑的易感性没有实质性影响。

升　华

现在，让我们回到有关童年早期的讨论，请大家把注意力放到与幼儿追求需要的满足有关的活动上——到此时为止，这种活动既是外显的，又是内隐的。到此时，这些需要不仅明确涉及与生化世界的必要共性（com-
193 munality）——对食物、水、氧气以及废物排泄等的需要——而且还包括一种不断增长的对区域需要的补充。这后一类需要包括表现每一种成熟能力的需要——我们所看到的是儿童在表现出任何一种已经获得之能力时的快乐。行为模式与外显过程——它们在早期只能通过推理得知，而现在变成可用客观方法加以证实了——的改进，源于新能力的成熟以及以往的经验；而且，在某些情况下，这些改进，正如通常所速记的那样，会被归为关于“现实”的改进了的信息。所有这一切，不仅会导致从旧模式中创造出新模式，而且还会导致从与成年人（这些成年人正不断地适应文化）相处的人际情境中以某种方式（这些方式我在前面已做过描述）获得信息。

在这些创造中，存在一种行为改变的模式——一种对行为模式和外显过程的改进——根据我的定义，这种改变模式具有很广泛的意义。我像往常一样，懒得或无力为这种行为改变或参照过程改变的模式寻找一个术语；因而带着我至少体验了 10 年的同样的不满，我再说一遍，我现在正在讨论的是关于升华的变化。诚如我在前面已经说过的，我在谈论升华时，所讨论的东西并不是弗洛伊德在提出该术语时心里所想的东西；我关于升华的思考，使它成了比经典精神分析研究可能提出的内涵多得多的过程。由于缺乏一个更为恰当的术语，我将继续称这些表现为升华，它出现在婴儿后期，在童年期变得明显，并且在继后的时期变得非常明显。由于这是行为和参照模式中变化之重要表现的标志，因此，请允许我对此稍作详细的说明：

对于一个遭遇焦虑或与自我系统相悖的行为模式来说，升华作用是一种无意的替代（unwitting substitution），它具有一种社会上更可接受的活动模式，这种活动模式部分地满足那个导致麻烦的动机系统。在更为幸运的情形里，睡梦中所发生的符号过程会处理那些尚未满足的需要。

注意，这是我第一次特别强调无意（unwitting）这个词。我希望，通过讨论我们所有人的外显生活，我已为其准备好了途径。在婴儿身上，那 194
些可予推理的外显过程当然不能被认为处于婴儿的觉知范围之内，即不处于他清晰的认识或理解的范围之内。正如我在前面所提出的，我认为，在我们的生活中，除了最后一步——或者除了最后几步——我们每个人，无论表现是多么不同或多么相同，通常都用十分外显的行为来表示所谓意识或觉知的内容。因此，我所谓的无意（unwitting）或没有注意(unnoted)，指的是那些确实已发生的大量外显的参照过程，但是，当事人对它们的出现却完全不知，只能根据他确知的或确实注意到的东西来进行推导，换句话说，根据其所谓的意识领域中出现的东西来进行推导。要在我所指的意义上使用升华这一术语，大家必须看清这样的事实，即它出现于意识内容领域之外；其原因虽然错综复杂，但颇为重要，而且，到我们讨论所谓心理障碍的特殊模式时，该原因很可能就会变得明晰起来。现在，我想描述一下这种升华作用中所发生的事情：升华中发生的事情是一种与社会监护人或适应文化者所施加的焦虑相悖的需要；一个显著的例子——当然，没有哪个例子是完美无缺的——便是年幼的儿童把沾有粪便的大拇指放入嘴里。当我们发现这个年幼的儿童在以这种特定的方式玷污手指时，总是或经常挑出某个特定的玩具并吮吸它，于是我们便可以确定存在一种对吮吸玩具之经验的“替代”，即以吮吸玩具来替代把沾有粪便的大拇指放进嘴里的经验，在婴儿后期，每当有诸如此类的事情发生时，我们几乎不可能假定这是婴儿深思熟虑的结果，而且正是出于这个原因，它似乎成了一个特别好的例证，用来唤起人们注意一生中升华作用得以发生的方式。持有这种观点的人永远不会明白升华虽然时而发生，并得以继续，但却是无意的。至于发生什么以及什么东西得以继续，是一种对需要的部分满足；这

种部分满足替代了与焦虑相悖之需要的满足，即替代了被周围重要他人的
195 禁止姿势所禁止之需要的满足。至于什么东西被替代，也就是说，在对这种特定的满足需要的行为的替代中所出现的东西，并不是那些得不到赞许的东西，或者说并不是非常不赞许的东西——并非作为自我系统活动之目标的东西，不管这种活动有多原始。

这种升华作用，或者对目标的特定替代，按其在满足需要方面所占比例而言，可以说（而且事实也是如此）几乎完全能够满足，因此，只有很小一部分剩余的需要未能满足。在我的例子中，手指沾染粪便并不意味着嘴边都是粪便，一个玩具的替代并不能满足有关的需要，因为这种需要包括吮吸满足和被吮吸满足的结合，而玩具却是没有感觉的。那么，未为这些长期被社会赞成的技术所满足的过剩的需要是什么呢？在许多例子中，这种过剩的需要可以通过外显操作来解除。对生活繁忙的成年人来说，从事这种外显操作的大部分时间是在睡眠期间；尽管并非必定如此，但通常都是这样。在童年期，这种外显满足并不一定被推至睡眠状态，而到了童年后期，在需要满足的过程中，某个遭禁活动的未满足成分，可能会如实地反映在幻想的活动中。问题是，这个未被升华作用所满足的过剩需要，会由于那些外显的或内隐的符号操作而得以满足，而这些符号操作并不特别与社会审查相冲突，也就是说，它们与焦虑没有特别的关系。不用说，在追求那些很少隶属于外显过程的满足时，存在着某些行为或外显过程的模式。我们在讨论青年期时，会发现这是真正的欲望（lust），至少我是这么看的。某些构成欲望模式的区域需要可以得到升华，但如果个体依赖于这些过程来解决整件事情，那么麻烦即使不在眼前，也会离他不远了。

大量所谓的学习，都是由行为的改进和外显参照过程的变化所构成的，而行为的改变和外显参照过程的变化则通过相对简单的升华过程来实现——通过将需要部分满足的活动与其他活动的模式相结合——很可能纯
196 粹在于追求安全感，也可能有一部分在于追求其他的满足——这样就能成功地避免焦虑。但是，当这类事情构成学习的重要部分时，人们不能指望正在从事这种学习的人会知道自己是如何学会这些内容的。当所谓的替代明确在意识领域运作时，教育过程几乎不能有效地起作用（如果它确有作用的话）。我不时地听说，我们应该给幼儿机会去理解为什么需要某些事情的原因。如果这一点十分必要的话，那我们也许要到60～140岁才能成熟，我怀疑有多少人能受得了这种冗长而又乏味的等待。因此，正是在这类行为改进和发生在意识之外的外显过程中，人们才可以发现对一个生活在完全无理性之文化中的人实施教育的重要内容，这种外显过程虽然发生

在意识之外，但它既具有放弃即时的、直接的和完全的、社会上赞许的模式，即在睡眠中或用某种其他方式解除任何过剩需要的模式。

行为模式的瓦解

在那些不太成功的儿童培养方案中——在那些难以评估技能、独创性和理解（父母试图借此来推卸他们的社会责任）的家庭里——在童年早期，我们就会看到儿童在焦虑压力之下出现行为模式和外显过程模式瓦解的第一批例证。与升华稍有不同的是，它近乎我在前面说过的非我的人格化。现在，我正在考虑一种情境，在此情境中，一种追求满足的行为模式，以及与这种满足相关之回忆和预见的练习都被育儿者中止（stopped）了；于是，依赖于需要的特征——这进而又在某种程度上有赖于人格的进展阶段——要么会出现大量的麻烦（这是从这一行为事实上并未被儿童所抛弃，而且越来越多的焦虑堆积在人格之中的意义上来讲的），以至人们可能会说整个生活（whole of living）都相当混乱，要么行为和外显过程的这一特定模式（particular pattern）会瓦解。不过，被瓦解的东西在那
个过程中并不会中止；它不像魔术师手心里的一枚硬币，会消失得无影无 197
踪。那么，那个已为焦虑的前期运用所瓦解的行为和外显过程的模式又变得怎样了呢——只要焦虑得到发展，它就会与自我系统发生完全冲突？据推测，由于在这个极其简单的升华模式中，活动的重新结合此时并不会发生，因此，在更为复杂的活动模式中——其大量的模式最好用我们即将考虑的心理障碍来揭示——却可能出现活动的重新结合，或者可能存在所谓的对早期模式的回归（regression）。

如今，回归这一概念常常被用作一种纯粹的套话；也就是说，精神病学家经常用这个术语来搪塞他们完全不理解的神秘现象。当我使用回归这一术语时，我并不希望大家将此视作某种晦涩难懂、听起来明智但又不可名状的东西。回归这个概念指的是一种十分罕见、高度病态的现象，可以根据一个极易观察的强度（strength）来加以消除：在任何一个儿童的生活过程中，实际上在 24 小时的间隔里，当儿童完全疲倦时，你们便能够观察到那些未被深深铭刻之行为模式的瓦解。十分常见的情况是，入睡之前，儿童会重视其早期的行为模式，而这些行为模式在其生活中较为清醒的时期是不会再出现的。不过，当动机系统的模式很好地确立之后，这些日常的瓦解要么变得很不显眼，要么完全不足为证。例如，一个完全不再吮吸拇指的儿童在入睡之前通常会再次吮吸自己的拇指。与吮吸拇指相关的区域需要在许多方面已有所改进、扩展等；但是，随着所谓疲劳状态的

伴发，更为复杂、近期形成、提供满足的行为模式（偶尔还包括保护安全的行为模式），会就此破裂，而直接满足这个特定区域需要的某个早期阶段就会再次出现。这才是真正的行为模式回归的例子，据此，我相信你们能推断出这个特定概念可被合理推导的限度。

198

交互情绪的原理

接下来，我要讨论的是各组人格化在童年早期的交替变化；这些人格化目前被融入自我的人格化中，也就是说，被称作好我和坏我的人格化，以及残留的、模糊的非我人格化。由于这个时期日益受到成人环境的社会化影响，能够并入坏我人格化的经验经过这些早期阶段得到了发展，而好我的“自然性”变得更容易遭到反对。

有关各种人格化的交替变化［目前，它们将以人格化的自我（personified self）而告终］，我想提一个促进并极大地修正了最初的温柔原理（initial theorem of tenderness）的理论阐释。我的最初原理大致认为，需要的迹象（诚如婴儿所表现出来的那样）使育儿者做出了温柔合作的行为。在婴儿尚且处于完全依赖育儿者的时期，这种说法是成立的，但是，到了童年期，育儿者的社会责任就会开始对其加以干预。因此，从童年早期开始，另外一种一般陈述可能适用于人际关系，由于缺乏一个更好的名称，我曾称之为交互情绪的原理（the theorem of reciprocal emotion）或交互动机模式：人际情境中的整合是一个交互过程，在其中：（1）互补的需要（complementary needs）得到了解决或得以加剧；（2）活动的交互模式得到了发展或得以瓦解；（3）对相似需要（similar needs）之满足或受挫的预见得到了促进。

我在此说互补需要得到了解决或得以加剧的时候，你们会察觉到这是相对于温柔原理的一种改变，在温柔原理中，互补的需要会明确得到解决。但是，就更为一般的目的而论——在童年早期起的人际情境中——我们发现，当存在互补的需要时，一个人需要温柔的事实可能会带来温柔，或者可能会带来对温柔的否定，或是加剧对温柔之需要的不加掩饰的焦虑。我的原理的第二部分是，活动的交互模式得到了发展或得以瓦解。在讨论婴儿时，我们看到，婴儿的吃奶行为有着某种稳定的成长，而在育儿
199 者一方，则存在某种与这不断扩展之吃奶行为模式的合作。但是，从更为一般的观点看，情形或许正好相反；人际情境中合作活动的先前模式现在可能已被瓦解，因为在母亲看来，婴儿的成长已允许他摆脱她早期所容忍的事情而开始接受教育。我的原理的第三部分是，对相似需要之满足或受

挫的预见得到了促进。对预见满足的促进是在追求满足的过程中行为继续改进的一个特定例证，它发生于人际情境鼓励这些改进之际。而且，对预见受挫的促进是引起自我系统过程进行干预的一个例子；预见的并不是需要的满足，而是禁止的姿势和焦虑（焦虑将随着需要的直接显现而发生）。

就这一原理本身显现出来的积极方面而言，互补的需要会在个体所经历的人际关系中得到解决，活动的交互模式得到发展、改进，变得更加完善，而且通过改善操作，便可以预见如何才能更快、更持久地获得满足。现在，所有这一切产生了与好我的人格化全然相一致的经验，而且正如我们有时候能从幼儿的嗓音和其他表情中所观察到的那样，表现为他们在其能力运用方面的欢快与骄傲——这是传统上的一种误称。但是，随着幼儿社会化压力的不断增大，交互过程的消极方面自然会出现；由于需要受阻而得以加剧，活动的模式不得不升华或瓦解，而且，在某些情况下，受挫——不利行为结果的可能性——显然被预见为摆脱那些模式的部分过程。

自我系统的进一步发展

现在，产生自这些情境的所有经验，都自然地倾向于适应坏我的人格化。此外，由于此文化中训练的童年期一般模式，使得自我系统的某些特 200
殊附加物得到了培养。你们也许还记得，自我系统的一切都出自人际关系，来自对人际关系经验的意匠作用（elaboration）。我所提及的特殊附加物，指的是一种我们称之为厌恶（disgust）的生物反应的发展——这种厌恶代表的是对某种一直存在之事物的意匠作用，反过来说即是将胃肠排空的能力——我在后面分析羞愧（shame）这种情绪时，将进一步阐释厌恶体验的组成部分。

随着后来成为人格化自我的三类人格化——好我、坏我和非我——的成长，我想讨论一下语言教学中的一些不同成分是如何干预人格化自我之更为令人满意的发展的。这种干预发生时，不断适应了文化的成人所表现出来的行为方式会教导幼儿，对于那些与焦虑密切相关的不良行为，育儿者的某些发音过程可能具有某种抚慰效果，也就是说，这些不良行为通常情况下是被严加禁止的，以至它们必须尽可能加以升华，否则就会被瓦解。

由于我们已经知道某种行为会危及我们的人际安全感——这种行为肯定是得不到赞许的——因此我认为，从某种程度说，我们每个人在我们的早年岁月里——很可能包括整个童年期，而且肯定包括少年时代的后期——都有机会知道某些词语和姿势的结合，可以将清楚预见之与某种行为相关的焦虑这种危险减少到最低限度（如果不是将其彻底消除的话）。现在，为了让儿童拥有比其行为表现更为优越的现实品质，不断适应了文化的成人就会对儿童实施语言陈述，而儿童正被训练成不能应对自己生活的人。这便是问题的症结所在。然而，在许多家庭里，下列这样的陈述是家长在教育幼儿时经常说的："威利，我告诉过你不要那样做。现在你该说对不起。"这就是我所说的劝解姿势（propitiatory gesture）的一个典型例子。如果威利顺从地说出了那个对不起，则就被假设为明显地缓和了情
201 境，尽管这几乎可以说是威利肯定不能理解的东西——如果事实上确有人能够理解的话。这类事件的结果是，它干预并延缓了把好的、坏的、漠然的以及未知的方面融合进人格化自我，致使儿童继续保持有关"我的身体"的三类人格化（这超出了合理的范围）。因此，你有时候会听到这些儿童后来对你说"哦，这不是我做的，是我的手做的"，或者说"哦，妈妈，我是个坏孩子"，或者其他诸如此来的话，所有这些并非证明教育特别幸运的证据。

在童年期，某种惊人的事情会慢慢发生，它表现为对温柔之一般需要的成分，对温柔的一般需要是婴儿早期的特征。这一成分，在关于后来出现的某些癖性（idiosyncrasies）的理论解释中，我把它当作对身体接触的需要来提及。在童年期，这种需要的意匠作用首先表现为一种对参与者的需要，而后表现为对观众的需要。后来，婴儿以及幼儿显然爱与母亲一起玩，喜欢与母亲一起从事某些能够满足特定区域肌肉需要的练习；在稍后阶段，他们会形成一种确定的偏好，喜欢在提供温柔、提供赞许的成人面前进行种种表演。但是，如果母亲对其他方面的要求太多，或者如果她养有几个孩子，或者如果她对于养育孩子一无所知，或者如果有许多其他五花八门的状况，包括母亲患有心理障碍，或者对于孩子的意志或精神等有着疯狂的想法，那么，十分常见的情况是，儿童所表现出来的对温柔的需要总是遭受挫折，以至他所表现出来的与温柔需要表达相联系的行为和外显过程不得不屈从于改变。当然，这些东西有很多可以融入升华的概念，因为这些儿童中有少数幸运儿发现，每当升华出现，温柔就会再次出现，而且，一切都会变得很好。但是，他们当中还有很多人并没有那种经验，以至被迫去瓦解那些表现为温柔需要的行为模式和外显操作，因为他们预见到——根据最有可能的理由，即发生的频率——他们所表
202 现出来的温柔需要会遭遇挫折。在这种情况下，一段时间之后，某种行

为模式会得到发展，就好像坏我成了这幅图景的核心部分；当需要温柔时，憎恨行为的替代作用就会出现——“恶作剧”是母亲常常用来向阿加莎姨妈谈及此事的措辞。后面，我将进一步讨论这种发展，因为它对于我们在理解患者以及后来生活中的他人方面所遇到的许多困难来说十分重要。

第十三章
恶意、憎恨和隔离技术

203 应具行为与隐瞒、欺骗的必要性

现在，我想进一步讨论人变得怀有恶意（malevolent）这一非常有趣的现象，而且，我们将会看到我们能否趋向于达成共识。发生在童年期的许多事情的总体模式（相比于人格的婴儿阶段）包含两个显著要素。其一，诚如前面已经强调过的那样，即对不仅具有私人性且具有交际性之语言的习得，对这种极其重要之人类工具的学习总是会带来极大的回报。不过，第二个要素，就人际关系的实际发展而言，是介于两个时期之间更为显著的差别；我们本可以根据应具行为（required behavior）来对其加以陈述。婴儿呱呱坠地之时，几乎没有任何能力保障自身的存活。在婴儿期，他仅仅学会了有关区域需要和一般需要的最为粗糙的文化模式。但是，在整个童年时代，合作的需要越来越强烈。人们期望儿童去做那些引起他注意或给他留下印象的事情，这些事情通常是权威环境向其提出的行为要求——通常是母亲的要求，父亲的要求也会日益增加，很可能还包括同胞兄妹或仆人等的要求。

在童年期——至少与前三分之二的婴儿期相对，而且，人们希望是整
204 个婴儿期——一种新的教育影响出现了，这种新的教育影响就是恐惧；这一点，我们虽在前面谈及过，但没有给以太多的关注，因为它对到此为止的人格发展还不具有显著的意义。恐惧与焦虑之间的区别极其重要。据我所知，非常严重的恐惧与非常严重的焦虑，让人产生的感觉是一样的——两种情况下所感觉到的成分是一致的——但是，生活中这两个强有力的分离过程之间的区别有时候是至关重要的。我认为，焦虑是一种通过与重要年长他人的共情联系而获得的东西，而恐惧则是当一般需要的满足被延迟到这些需要变得十分强而有力时才出现的东西。在这些一般的需要中，我

们在这里特别想要讨论的需要是对于摆脱痛感（painful sensations）的需要。在这里，疼痛（pain）并非比喻性或象征性地被界定为痛楚（hurt），而是根据其最为明显的核心意思被界定为痛楚——例如，对真实生理组织的压迫或切入，或者某个重要器官内部功能所出现的不测事件，都会造成疼痛。

在童年期，与婴儿相对的儿童，在某些时候应该或需要对其加以惩罚，这种情况在现今很可能并不普遍，但我认为，在几乎所有的文化中都依然常见；我所说的惩罚指的是施加痛苦。这样的惩罚可能并不导致任何的焦虑，也可能与焦虑密切地联结在一起。有些看到孩子违背规则的父母，会从方法学的角度觉得有必要以某种多少有些明确的方式，对其施以大量的痛楚，而不会使其有任何特定的焦虑。尽管他们在这样做之后，很可能会感到有些后悔，也可能会产生某种单一的中性感觉（人们在训练宠物时常常会有这种感觉）。然而，许多父母出于种种原因，常常让儿童既痛苦又焦虑。不过，就惩罚来说，导致疼痛（causing of pain）常常被用作一种教育影响，这意味着一种新型的学习—— 被迫通过区别违背权威与接受疼痛之间的关系来进行学习。

通常情况下，儿童会屈从于惩罚——这是一种有时伴有焦虑、有时不伴有焦虑的痛苦，但在这种情形下几乎总是伴有焦虑——而在这种情况下，他可能已经预见到了惩罚，除非区域需要或其他需要的压力使这种预见不能有效地防止该行为。在一组并不十分常见但重要得多的情境里，也 205
即在儿童不可能预见这样一种行为结果的情况下，出现的惩罚几乎总是带有大量焦虑的痛苦。这种情形尤其可能出现在易怒、脾气暴躁的父母身上，他们在自己的生活中被许多焦虑的情境所折磨，往往相当明显地把这种情绪发泄在他们的爱犬或孩子等身上。

由此，我们看到，在童年期出现了一种新的教育影响，这种影响非常明确地表现为害怕权威人物对其施以痛苦的能力。这是焦虑和恐惧之间区别的独特之处。在焦虑的情况下，这些因素至多只是相对真实的，但是，在幸运的情况下，在个体遭受痛楚的情境里，这些因素则是能被观察、分析和识别的，并且可被并入对未来的预见之中；如果焦虑非常严重（正如我在前面说过的那样），则这种焦虑具有近乎迎头一击的效应。因此，关于将来加工什么，个体拥有的资料非常少——我们几乎可以这样说，没有什么特定、具体的东西可以构成信息和预见。

在童年期，父母越来越努力地施教，履行其社会责任——我很抱歉地说——履行其人格中大量更为不幸之特质，在许多情况下，只会造就这样一个孩子：他要么“顺从”，要么“叛逆”，而且，这种结果可能出现得相当早。当然，这种模式可能会在同一个儿童身上交替出现，并与现存的好我人格化和坏我人格化有着一种非常明确的关系；在相当健康的环境里，好我往往相当确定地与顺从（obedience）相关——但依然拥有游戏等广泛的自由天地——叛逆（rebelliousness）则倾向于成为坏我人格化的组成部分。

在这个发展阶段——此时，父母正日益努力地教导他们的孩子，孩子的能力正日渐成熟，而且他正在组织以往的体验并在游戏和虚构中实施他的幻想和内隐过程——儿童从很早就开始能够辨别有权威的人物，随后（但依然相当早），开始能够分辨权威的情境。换句话说，对于何时能够冒
206 犯权威是极不安全的，什么时候会出现“幸免受罚”的机会，几乎所有的儿童都会辨别某些对其有用的线索（indices）。我认为，这是一种健康的辨别，它通常能够提供有益的资料，虽然在某些情境里，当然指的是当家长以不适当和不充分的生活方式对待孩子的这种辨别时，它可能会对后来的生活经验造成不幸。随着人们所假定的儿童完全依赖于母亲的关系处于中止状态，而父亲变得越来越重要时，儿童对不同权威人物和权威情境的辨别，就其成功性而论——提供预见事件过程方面的可靠资料——无疑会有助于对人际关系之预见的发展和重要性。但是，由于权威人物会令儿童感到困惑，而且权威情境常常不一致，因此，根据儿童的成熟能力和经验，他们常常不能理解——于是，甚至在刚满 30 个月的幼儿身上，我们也能看到高级预见发展方面开始表现出来的退化。在这样的情形下，完全可能出现的情况是，在发展的稍候阶段，有意识的预见训练，即如何实现某个可认识之目标的有意学习，将难以得到高度的发展。

在几乎总是与儿童参与生活、与父母“合作”、执行指示、做家务等训练相伴随的事情中，非常常见的是将责任观念和义务观念强加给了儿童。这当然是在为遵循社会秩序的生活作充分准备；但是，在父母无知或患有不幸人格怪癖的情形下，这种责任观念和义务观念的训练，通常包括十分重要的大量附属（很可能是掺杂的）训练（也即经验，我认为，在许多病例中，这种经验都被错误地假定为教育的经验），在这种情况下，应该（ought）的观念非常明显。

当“应该”变成一个适当陈述文化传统的词语时（这些文化传统是儿
207 童社会化过程中所必需的），人们真正面临的是一项需要最为惊人之天赋的任务。如果发展文化成为一个或一群极富天赋之人的工作，而这个人或这些人又对其同胞抱有极大的责任心，那么，非常可能出现的情况是，人

们会建立起一个在各种情境里都起支配作用的原则的极大的陈述结构，而其结果将是一个一致的、从理性上可以理解的社会制度。不过，就我所知，迄今并没有哪个地方明显出现了这种状况；也许，在不同的时期，在以各种人群为特征的、严加管理的群体之中，可以找到走向这样一种社会秩序的最为便捷的途径。例如，至少在诸如军规之类的东西中，常常会出现想要体现稍微有些矛盾之要求的企图；但是真正遵守军规的勤奋学生通常会发现，只要付出极小的努力就可以发现权威方面的细小冲突，而这样一种冲突，根据冲突的权威性陈述，为解释某种情境提供了机会。但是，如我所说，这样的军规确实提供了一种近似于该理性文化的理想状态，因为有许多富有独创性的人（他们中有许多人对维持这种军事性的特殊社会组织颇感兴趣）都力求使应该（ought）和必须（must）的陈述变成能为相对缺乏这方面知识的人所理解的词汇。

但是，当它逐渐将文化规范强加给儿童时，这些规范常常明显自相矛盾地出现在不同的场合，因此他们需要对权威情境予以复杂的区分。而且，就这些规范可能具有的合理性而言，儿童往往好多年都不能理解这些规范。最为重要的一点是，大量接受由于焦虑、奖惩——温柔和恐惧——而引起的无理性的、冲动的教育类型的儿童，很早就发展出了隐瞒内心真实想法的能力，隐瞒他们实际上已在某人背后所做的事情，由此欺骗权威人物。在这种隐瞒和欺骗的能力中，有些实际上是权威人物教出来的，有
些则代表着对人类榜样进行的试误学习，也就是说，通过观察和分析兄 208
弟、姐妹、仆人等的表现、成功与失败进行学习。

言语化与“好像”的表现

现在，这些不断增强的隐瞒和欺骗的能力，往往很早就沦为——从广义上考虑——不合宜行为和不适当行为这两种重要模式，这两种重要模式在后来的生活中会变得很麻烦，由此称作心理障碍或心理障碍过程。我希望至此我已表达了一种非常坚定的信念，即没有哪种心理障碍模式如人们所说是纯功能性的（purely functional）——这种模式是一种与他人及他人的人格化不合宜、不适当的生活方式——包括所有对人类禀赋而言的全新的东西。我们在这些非器质性——没有缺陷——症状中所见到的一切，在我们每个人的发展史上都有其反映（尽管反映程度不一）。因此，我们会发现，儿童到了童年中期，就会非常熟练地隐瞒可能会带来焦虑或惩罚的东西——他们会根据权威人物或多或少认识到的其依从的程度或性质欺骗权威人物。

我们前面提到的两种模式的第一种——言语化（verbalisms），通常被称为文饰作用，往往会提供一系列貌似有理的话（不管实际上是否相干），并借此力量来免除焦虑或惩罚。言语化构成了我们称之为心理障碍（不管其程度是轻微还是严重）的不合宜、不适当生活的要素，其程度真的很显而易见。如果你认为它不是一种非常有力的工具，你就低估了它在服务于自我系统方面的惊人意义。自我系统的一个显著特征在于，它使得有益的变化十分困难，也就是说，自我系统倾向于逃避与其当前方向不协调的经验。

不过，第二种模式比之言语化甚至给人以更加深刻的印象：从隐瞒和欺骗的意义上说，它是对好像（as if）表现的不幸学习。这些好像表现包
209 括两大部分。其中之一（远非人格发展中的必然麻烦）是每个人在整个童年期成长过程中必不可少的部分；我们或许可以将其称作戏剧化（dramatizations）。儿童所完成的大量学习，都是以人类榜样为基础的，而这些榜样在这一阶段带有权威性（authority-invested）。儿童不可避免地以这样一种方式学习大量关于母亲的东西，而且，随着父亲的人格化变得越来越明显，儿童也以这种方式学习与父亲有关的东西；这种对人类榜样的试误学习，我们可在儿童假装动作像（acting-like）某个长辈和声音像（sounding-like）某个长辈的游戏过程中观察到，实际上，这是儿童在扮演成为自己。事实上，这个进程很可能是这样的：一个人首先试图让自己的动作像某个人，然后让这些动作就好像是他自己的（act as if one were）。

在童年期的前半部分，只有当这些戏剧化过程在隐瞒不合作方面和欺骗权威人物方面变得特别重要时，个体在学习成为一个人的过程中这个不可避免的部分才成为相当重大的问题——根据其在后来生活中所可能表现出来的东西。在欺骗权威人物的情形下，出于种种原因（其中有些原因我们将简要提及），这些戏剧化过程往往会成为我所谓的亚人格化（sub-personifications）过程。以成功避免焦虑和惩罚的方式来扮演的角色，或以带来温柔的方式（此时，没有以之前获得温柔的经验为基础的表现）扮演的角色，会被组织到这样的程度，以至于我认为我们可以将此称为角色面具（personae）；这些角色或角色面具通常是多重的，我们到后来会发现，其中每个角色都可以同样名之以我（I）。为了描述这种与理想的人格发展相偏离的现象，我在很早以前就提出了我—你模式（me-you patterns）的概念。我所说的我—你模式，通常指的是个体在与他人的关系中所表现出来的不一致的行为方式或角色。所有角色（或者说大多数角色）看起来似

乎都是真实的——自我的人格化——虽然从它们代表之持久特质之不同方面的角度看，其匹配的真实性不会比你在懂得梵语之前去翻译梵语那样好到哪里去。当这些戏剧化过程与学习成为一个人的过程之间的关系十分密切时，它们很可能在这样早的时期就已经把一个显然不合理的因素引入了自我的人格化过程之中。

我想提及的另一种好像表现，也许可以放在先入之见的标题之下加以 210
考虑。由于我养的一只长耳狗要比我现在所能想起的别的东西更能说明问题，所以我就以它为例说上几句。这只狗在同窝六只狗中是最小的，我一直将它与同窝的另外两只狗养在一起。另外两只狗，一只是相当大的公狗，另一只是十分机灵而又专横的母狗。我想说的是，毫无疑问，这只小狗既是那只健壮公狗的捉弄对象，也是那只机灵而又专横的母狗的捉弄对象。结果很可能是，这只小狗确实开始与它的大哥大姐保持距离，而且，我们还可以观察到，它在这种环境下十分勤快地挖掘大洞和大沟。其实，这是一种相当复杂的表现，因为小狗对从其两条后腿间刨出来的每一爪子泥土都加以认真的检查，生怕泥中有什么可吃的或有趣的东西被漏掉了；它会在其中一个洞穴里猛挖，绕圈奔跑，检查抛出的泥土，跳下洞穴又弄出满满的一爪子土——有一次，它这样劳动的时间竟长达数小时。不知怎么的，似乎它们之间存在一种默契：只要小狗这般勤快地工作，两只大狗就基本上不去管它。但是，时间一天一天过去了；现在，当小狗遇见两只大狗时，它不再害怕它们，而且对它们十分粗暴。而清洁工的出现却成了一种刺激物，引发了这些狗的恐惧——当清洁工出现时，它们全都十分不安，并且在某种程度上惧怕那些巨大的载重汽车和汽车周围的嘈杂声等。而当清洁工在附近时，这只小狗脱离了它的家人，独自跑了出来，对着清洁工狂叫。但是，它每叫三声，就会停止狂吠，然后发狂似的挖起洞来，绕着洞穴奔跑，检查挖出的泥土，然后又跑回来对清洁工狂叫。我想，我们不能合理地由此就推断说这只小狗非常胆小，虽然我们有极好的理由可以说明它过去曾是害怕的，而只能说这意味着它已变得非常习惯于先入之见，即以为通过挖掘便可以幸免于难，以至在这种情境下，过分的恐惧导致它再次出现了挖掘这一先入之见。

在人类身上，先入之见作为一种对付引起恐惧之情境或惩罚之威胁的 211
方法，作为一种规避焦虑或将其减少到最低限度的方法，出现得相当早。而且，父母权威将一些东西强加给孩子所采用的那些失去理性而又情绪化的方法，也往往让孩子觉得，伴随某种特定的之前觉得有趣的并很可能证明能让他得益的活动的先入之见，继续下去会很有价值，其原因并不在于能力的成熟或新能力的满足而使其被长期需要，而是作为一种避免惩罚和焦虑的先入之见。现在，如果这些表现不仅让儿童成功地避免了不愉快，而且让他获得了被温柔对待、赞赏等积极的奖赏，那么，自然而然会使他在后来习得一种极其复杂的生活方式——我们称之为强迫性的（obsessional）生活方式。

愤怒与怨恨

我在前面已经提到过通过在扮演像（like）母亲或像（like）父亲的过程中做一些事情而进行的学习，以及通过扮演成为（being）母亲和成为（being）父亲来进行的学习。在我们日常与同伴的接触中，以及在精神病医生与患者的接触中，存在一种学习的非常明显的一个特殊阶段。这是一种向权威人物的学习，是一种避免或抵消引起恐惧之情境的特殊方法。你们可能还记得，我们在前面曾讲到过通常可以称之为狂怒行为的活动是如何在年幼时出现的，当时幼儿被强加上了某些产生恐惧的生理抑制，尤其是干预呼吸运动的抑制。现在，在遭受痛苦的惩罚情境下，始终都存在一种抑制运动自由的因素——这是实施惩罚之人的一种非常蓄意的企图，以干预儿童逃避那种对其生理施加的痛苦。我认为，任何到此时为止都未曾经历过灾难性经验的十分年幼的孩子，通常都会产生对狂怒行为的恐惧。但是，狂怒行为在这种情境里并没有任何特定的价值。因此，鉴于分析和
212 辨别的可能性，同时因为预见的运用至今已实施得相当不错，因而取代狂怒本身而发生的是一种经常性的不测事件，我们可以将其描述为一种可以感觉到的成分——愤怒——这种不测事件会逐渐变得非常重要。尤其在儿童遭到愤怒父母的惩罚的情境里——但是，在所有的情形里，或迟或早，要是都能够改进对权威人物禁止姿势的辨别就好了——每个人都能学会以特殊的方法运用愤怒。虽然有些人了解到，愤怒本身能产生大量惩罚性的治疗，但我却认为上述说法很可能完全正确。然而，儿童在游戏时，总是——或者近乎总是，因此，我们不需要将大量的注意力放在为数甚少的例外情况上——跟他们的玩具生气，到后来会跟他们想象的伙伴生气。儿童生气的模式、导致儿童生气的环境等，主要得益于儿童与权威人物一起生活的经验；一般而言，儿童倾向于这样表现，即他的玩具之类的东西已经背离了与他成为母亲或成为父亲的事情有关的权威。由此开始，几乎每一个人——至少包括我们这个世界上几乎所有较为幸运的居民——都逐渐能够熟练、频繁地使用愤怒；而且当他们回避焦虑时，便会使用之。换句话说，在一定数量的人身上，愤怒逐渐成了一个由于轻微程度的焦虑而引发

的过程。不过，当儿童长到约 30 个月大时，有可能会出现这样的情况（当然，也可能不出现这样的情况）：在与权威人物一起时，儿童对愤怒的使用已经得到很好的训练。在较为不悦的父母环境中，儿童就得不到如此之多的鼓励，其部分结果很可能是，在某些不幸的家庭中，顺利进入学龄期的儿童会出现暴怒现象，这种暴怒现象从本质上说是尚未矫正的狂怒行为。

在其他许多不幸的家庭里，儿童发展出了复杂的矫正手段（complex modification）来矫正这种相对简单地使用愤怒的做法。这种较为复杂的矫正手段是这样一种情境的典型产物，即在该情境里，儿童非常正确地矫正他的愤怒行为（就他所能理解的而言），而几乎总是与焦虑相伴随的惩罚常常会强加在儿童身上，他们从事的活动中有一些被禁止的方面，而这些被禁止的方面是这个儿童到此时为止还无法预见的——当然，他也不可能理解受惩罚的原因。或者，尽管他预测到了受惩罚的可能性，但由于活
动非常有吸引力，以至他竟忽视了受惩罚的可能性。在这些情形下，许多 213
儿童都知道，发怒将会恶化情境，于是他们便发展出了我所谓的怨恨（resentment）。因此，怨恨指的是相当复杂之过程中个体感觉到的方面，这些相当复杂的过程，如果直接表达的话，会导致压抑性地运用权威的做法；于是，怨恨往往有着非常重要的外显表现。在处境最为困难的家庭中，这些外显过程因竭力隐瞒怨恨（唯恐遭到进一步惩罚）而变得复杂起来；而隐瞒怨恨的过程（其原因我现在还不能详尽涉及）是我们非常明显的最初群体过程之一，它起因于相当笼统地被称为“身心的领域”（psychosomatic field）。换句话说，在隐瞒怨恨的过程中，以及在阻碍人们认识其怨恨的自我系统发展过程中，事实上，人们不得不以一种完全不同于我们迄今所谈及的方式，来利用紧张的分配。而这些过程（它们与诸如发脾气等活动毫不相干）被用来摆脱紧张，以避免一些一旦出现、被注意就会带来惩罚的活动。

恶意的转化

所有这些关于童年期文化适应的一般见解，都是儿童朝恶意方向（不是朝顺从的方向，也不是朝叛逆的方向）发展之情境的背景。现在，童年期表现出恶意的方式可能多种多样。因此，所谓的胆小儿童（timid children），他们的恶意往往表现为害怕做任何事情，以至总是做不成自己最渴望做的事情。这个庞大的群体是一批不加掩饰的捣蛋鬼，从他们身上，我们可以发现潜在的恃强凌弱者，他们常常将恶意发泄在家里弟弟妹妹或

一些小动物等身上。

不过，诸如恶意这样的东西，作为童年期人际关系的一种主要模式，在什么情况下会出现得如此明显而又那么无所不在呢？多年来，研究者对这个问题进行了专注的研究，最终得出了一种理论，该理论与人性本恶的观念相融。大家都知道，有一个重要的社会理论认为，社会仅仅只是用来
214 防止人们之间彼此残害的东西；或者说，人类的品质中具有某种奇异的、被称作施虐狂（sadism）的东西。在研究某些令人费解的精神分裂症现象时，我尚未找到支持这些理论的证据，也即尚未找到证据来证明人性本恶，且人身上真实地存在着一种想要残害其同胞的需要。而且，随着岁月的流逝，我对于理解人类生活中为什么有那么多邪恶现象的兴趣，以这样的观察结果而告终：如果儿童拥有某种早期的经验，这种对其同伴的恶意态度就会看起来很明显；而如果儿童没有这些特定类型的经验，这种恶意态度就不是一种主要的成分。

这种模式大致是这样出现的：由于各种各样的原因，许多儿童都有这样的经验，即当他们需要温柔时，当他们做一些曾经带来温柔合作的事情时，他们不仅得不到温柔，而且对方还会以一种引起焦虑（在某些情形下甚至会使其倍遭痛苦）的方式来对待他们。儿童可能会发现，表现出对周围权威人物的温柔需要，会导致自己处于不利的地位，会被弄得很焦虑，还会被嘲笑，等等，所以，用特别的表达方式来说，他常常会受到伤害，或者在某些情况下，他可能真的会受到伤害。在这些情境下，发展进程的方向变了，变成了：所感觉到的对温柔的需要常常会带来一种对焦虑或痛苦的预见。你们可以看到，这时候的儿童已经知道，对周围的权威人物表现出温柔合作的需要，对自己极其不利，于是，他就会表现出其他的什么东西；而这些其他的什么东西便是基本的恶意态度，就好像一个人生活在敌人中间所持的态度——这种比喻很形象。以此为基础，我们在后来的生活中可以见到这类态度的明显发展，这时的少年实际上不可能感到别人是在温柔地对待他或善意地对待他；可以说，他所表现出来的态度就让他人受到了打击。这是早期这一发现的发展，即表现出任何对温柔等的需要，
215 都会带来焦虑或痛苦。其他一些意匠作用——你们可能会说，表现基本生活态度的恶意，表现为一个意义深远的人际关系问题的恶意——也恰好是这种早期扭曲的意匠作用。

朝着恶意方向发展的起点，往往会导致一个恶性循环。这显然是家长为造就一个行为良好、社会化良好的个体而尽其社会责任的失败。因而，事情在某种程度上往往按几何级数增长。通常情况下，家长为了减少社会

化孩子的失败或为其失败找借口的方式，会更进一步促进儿童恶意生活态度的发展——这种情况很可能出现在母亲身上，因为如果母亲不在恶意转化（malevolent transformation）过程中起主要作用，就很难描绘恶意转化的出现。如果母亲对父亲持十分敌意的态度，并且极少同情他或对他满意，我们就会看到这种转化的一个特别丑陋的方面；从儿童很小的时候起，母亲就说孩子的行为越来越令人厌烦，并把孩子的那些若无其事、带有恶意的表现，说成像他的父亲或像他的叔叔，等等。虽然这种最初的参照物很少提供相关的信息，但持续时间一长，往往就会使儿童歪曲自己的人格化，朝着可憎的、让人回避的方向发展，从而对他这样一种信念起了极其重要的强化作用，即他确信自己将一直受到不好的对待。

在漫长的发展过程中，具有更加微妙的破坏性的是这样一些情形：儿童的恶意是因母亲恶意对待儿童而发生，在此情形下（这种情形常常从儿童很小的时候就已经开始出现），常常会出现大量的语言参照，这些参照是母亲以古怪的形式向姨妈、姑妈、叔伯、邻居等人诉说“是的，他的坏脾气就像我”，或者“不错，他就像我一样叛逆”。我们应该记住，育儿者在一切人格演化过程中都必定具有重要的意义——她是不可缺少的；而当儿童认为生活是不安全的，因为他很像自己不得不与之一起生活的人，并因此而受到惩罚，那么，情况就变得至少有点难以理解了。于是就产生了这样一个疑问：如果母亲这样做是对的，为什么我就不对了呢？

请允许我用下面的话来结束本章：恶意这个一般概念相当重要。这很 216
可能是发生在童年期人格发展阶段的最大灾难，因为它所导致的这种“丑陋的”——人们通常都是这样说的——态度，对于个体在继后的发展阶段所能拥有的有益经验来说，是一大障碍。正是从人格发展的第二阶段起，个体便在很大程度上奠定了他对权威人物等的态度的基础。所以，从一个人从未觉得非常好或非常有价值这一意义上说，他是花费了一定的代价才学会规避引起焦虑和恐惧之情境的方法的；而规避这些情境的方法，并不能极大地促进他获得有用的信息以及对生活的预见。因此，就有可能会出现基本人际态度的严重扭曲；这种扭曲，即这种恶意，就像个体在生活中所遭遇到的那样，变成了这样的东西：曾经，万事皆如意，但那只不过是在我不得不与人打交道之前。

第十四章
从童年期进入少年时代

217 ## 发展停顿的意义

迄今为止，我们所讨论的大量内容主要涉及发展的停顿（arrest of development），发展的停顿这一术语，在精神病学讨论中是颇遭非议的，但是，为了使其内涵变得明确，我们所需要的不仅仅是在口头上说说而已。我称我们的讨论为关于“好像”操作的讨论、关于态度转化的讨论，以及关于恶意人际关系的讨论。这些作为发展停顿的内涵，也许并不一目了然。然而，正如我在前面所说，向恶意的转化可能很容易阻止从继后的发展经验中所获得的大量益处。为了避免焦虑和惩罚而使用戏剧化、强迫性先入之见等，事实上既十分严重地干预了对继后经验的经历，也十分严重地干预了分析和综合；如果成年人用各种影响鼓励儿童，去利用大量强迫性的替代和戏剧化，那么，在通常情况下能够有效展开的人际动机和行为模式方面，确实会降低健康的社会化。发展停顿并不意味着事情变得静止不变，也不意味着一个人因此而一直保持发展停顿时表现出来的样子。
218 人格发展停顿与出现偏差的明显迹象，首先表现为作为统计学上常见之特征的变化的延缓，到后来表现为人际关系方面的怪癖，不言而喻，这二者往往都是发展经验失败或被不幸扭曲的信号。因此，发展的停顿，并不包含任何静止不变的意思；它只是说建设性变化的自由度和速率非常明显地降低了而已。有时候，从童年早期起，自我系统中一直存在的某些特征强有力地暗示着一种静止状态。但是，这种静止状态并不像看上去的那样真实；即使自我系统似乎年复一年都一成不变——或者，只是有非常小的变化——但是，经验确实会出现，并且会在人格中得到精心阐释。因此，所谓的人格停顿，实际上意味着发展机会的显著减少。随着我们讨论的进一步进行，我们会越来越清晰地注意到，在发展的继后阶段，即在一些特定的阶段，伴有不幸干预的结果会出现。

自我人格化中的性别因素

童年期的一些影响有助于人格化的自我（即宾格的“me”和主格的“we”）沿着我所选用的所谓性别（gender）路线的发展——我使用“性别”这一术语是为了避免与我即将讨论的性欲（sexuality）概念相混淆，性欲仅在后来的生活中才变得极有意义。在这一点上，我想提醒你们注意一下我自己在很久以前所观察到的结果，我认为，这一观察结果在某些相关领域已为人们广泛接受：儿童会受到这一事实的影响，即与儿童同性别的父母有一种熟悉孩子、理解孩子的情感；与儿童性别不同的父母对儿童有一种不同的、不确定的、情有可原的情感。因此，父亲与儿子在一起比与女儿在一起感觉更为舒坦、自在；他因此而深信自己对儿子的期望是正确的，并且在做出不赞同等判断时几乎不会思考两次。母亲的情况则与此相反。结果，每个权威人物在对待与自己不同性别的子女时，其教育子女的方式通常更为理性，更富洞见。这是普遍可能会被误解为与诸如俄狄浦斯情结（Oedipus complex）概念相关的因素之一，恋母情结这一概念在 219
前不久的精神分析理论中颇为盛行。

那些以男孩或女孩为特定基础的人格化自我的附加因素，主要通过下列两种影响而得到显著提高：其一，儿童对与自己同性别的权威人物的角色扮演。另一种影响便是所谓的奖赏与惩罚——尤其是与冷漠和不赞同相对的兴趣和赞同——有时候是羞耻和内疚的影响，这些影响与我们前面在讨论儿童角色扮演问题时所讲过的“应该”事宜相对应，涉及儿童正在扮演的角色，既包括所观察到的儿童正在扮演的角色，也包括后来他说他正在扮演的角色。从性别的意义上说，这些影响往往通过对个体性别的特定社会期望，来教育儿童，并反复地给他们灌输许多文化规范。因此，当女孩子在游戏中关注那些看上去很女性化的事情时，这种游戏便会得到母亲的极大鼓励、关注和支持——如果碰巧母亲也赞同这样的女性化游戏，情形至少是如此。这样一来，由于权威人物对待特定游戏项目的态度，许多关于一个人在成长过程中应该如何做出行为的文化规范就传给了儿童。诚然，游戏在很大程度上是对人类榜样的试误学习。但是，赞同、不赞同、表扬、责备、引以为耻，以及引发内疚感等所产生的影响，都是值得一提的。

对外显行为之文化规范的学习

在向儿童传递某种文化规范时，还存在另一种强有力的影响，这一影响使得儿童的人格化比起简单地通过游戏和成熟，更能快速地实现过渡。它就是向儿童讲述、读故事这些广泛的实践。这些故事一般有两种类型：一类是社会所赞同的道德故事，这一类故事之所以能够在文化中根深蒂固，是因为它们能以一种儿童能理解的方式提出复杂的伦理理想。还有一
220 类是权威人物的创作，它们实际上可能与社会所赞同的道德故事不相关，而是父母人格的非常特殊的功能；父母在创作中塑造了想象的主人公，让其夜复一夜地经历新的历程，借助这些长期不断的故事给儿童以特殊的印象。据我所知，对这两类故事的影响从未有人做过十分精确的研究。但是，毫无疑问，它们对于幼儿（既包括处于童年早期的儿童，很可能也包括整个童年期的儿童）的影响，常常出现在很多年后所做的有关人格的研究之中。

由此，儿童获得了这样的印象，即他们应该受到我们称之为社会价值观、判断或某些行为类型之道德价值的影响的支配。由于这些概念主要表现为不完善的反应方式，所以它们并不一定与可观察到的父母行为或儿童有关父母的观念相关。通常情况下，这些价值观脱离了儿童本身的实际生活体验，而持续存在于明显的神秘体验中。但是，它们为言语化的产生提供了特别富饶的土壤；这些言语化，正是因为它们出自道德故事或文化遗产，因而能产生这样一种影响，即给他们留下相当神秘的印象。

儿童身上所出现的可表达、可论证、可展现、可述说的东西与事实上正在进行但却必须当做没有发生过的东西之间的区别，是一个非常重要之区别的一个特殊方面——这一方面，说到底，相当于是外显的行为，而且在权威人物面前必须保持内隐的行为。这一过程有一个特殊的例子，那便是这样一个毫无意义的问题：父母有时候导致了哪些祸根？而且，这个过程也是历史中哪些缺乏适当生活方式的人在其生活中通常会遇到的。当儿童能够理解这样一个事实，即他需要了解的一些东西是禁忌而不能加以论证或讨论之时，这种情况就会出现；于是，儿童开始问：哪些东西并不以信息的方式表达出正在探索的东西？当然，在我现在所论及的阶段，言语本身并不特别具有沟通性，所以，假定一个儿童所说的东西就意味着那些
221 词语平常所指的内容，绝不是太明智的做法。但是，我要说的是，在这样的情境里，孩子能更为清楚地表明对信息的需要，但他却因为害怕焦虑和惩罚的威胁而受到了阻止。因此，他便开始了另一种间接的行为，我们不

可将这种行为与强迫性先入之见或戏剧化相混淆：他提出了这样的问题，但往往也加上了一种我向成分，来取代那些不可能被探究的问题。儿童的年龄越大，这些我向成分就越接近实际所指事物的词语结合，因此，儿童可能会很合理地、费尽心机地探究：为什么父母早晨醒来总是忙这个忙那个而彼此不说一句话？换句话说，他真正想知道的是：为什么他们都闷闷不乐的，除了准备早餐、吃早餐这些事情外，好像彼此毫不相干？对于儿童来说，这实际上是一个十分神秘的领域，之所以这么说，原因在于：首先，由于儿童几乎不具备闷闷不乐的能力，从而也就无力理解闷闷不乐是怎么回事；其次，由于他处于这样一个必须参与的游戏之中——以父母等为观众的游戏——以至于对他来说几乎不可能花大量时间去模仿闷闷不乐的行为。所以，这里存在着一些令儿童困惑不解和深感不安的事情；但是，对这一领域的任何一种探索，都会带来一种由于强烈的禁止态度而引起的焦虑或惩罚的实际威胁。因此，儿童在试图弄懂难以理解的事物时，便会开始提出一些不相关的问题。此时，这些问题对儿童来说并非不相关，但是，焦虑因素使得儿童必须用一些词语来掩盖（conceal）他正在探究的内容（如果你想用这种方式来表达的话）。因此，在儿童反复提出的显然不得要领的，有时甚至让人生厌的问题中，真正的问题实际上是词语（这些词语所指的是儿童想知道的东西）的我向结合，并非父母所设想的有关问题的内容。到童年期末，随着发展的继续，这一过程变得更为复杂了。为提问而提问的成分（可能是恶作剧的一种形式）可能真的会变得相当合理，也就是说，儿童可能会就他真正在探究的事情提出一大堆问题，222
但是，他可能依然还是会这么做，这是因为在他周围的人际关系中，存在某种令人困惑、令人不安的成分，这使得他停止了探究，或者觉得探究受到了禁止。

诚如我已暗示过的那样，在整个童年期，都存在着常常被称为十分活跃之想象的东西，也就是说，各种各样的玩具被用作具有人格特质（即人性特质）的临时装饰物。慢慢地就出现了一种完全通过参照过程来进行想象的能力，换句话说，儿童无需任何具体的东西便能够拥有一种完美的“想象性”玩具。正如我在前面所指出的，大量的学习是伴随父母对这些想象性游戏、想象性对话等的兴趣而产生的。

在这个方面，儿童身上出现了一种元素，这种元素在数年的时间内都往往是一种极具扰乱性的经验。在这个阶段，虽然外显过程与必要的内隐过程之间的区别有时候可能已相当清晰，但有时候也会出现儿童假定为内隐的东西——儿童知道不应该暴露的东西——完全自显自露的情况，这是因为儿童理解许多事情的能力还十分有限。例如，儿童有时候可能会大声说话，而不是有意将某些事情告诉权威人物，而这仅仅是因为这是他发声能力练习和想象游戏的一部分；儿童的想法（或初步的想法）会被父母无意中听到，而后，奖励或惩罚（尤其是惩罚）便会施加在儿童身上，这一切会使儿童感到非常神秘。这有可能会让儿童产生这样一种想法，即他的内隐过程中有些东西暴露了，权威人物知道了他试图掩盖的、不想表露出来的东西，他知道一旦表露出来就会非常危险。在有些情形下，这种经验会在回忆和预见方面形成一组过程，事实上，这组过程在后来的生活中相当于一种感觉，即一个人的心理活动能被解读，或者至少可被奇妙而又精确地猜到。跟随着这种感觉——我认为完全是因为文化方面的人为现象——儿童很容易就会获得这样一种概念，即不知怎么的，这种能力与两
223 只眼睛有关。就我所知道的而言，这种概念在后来的生活中会恶化为错误的想法，即人的双眼以某种令人惊诧的方式成为人类心灵的窗户，通过这扇窗户，人们能够观察到一个人内心的邪恶，以及各种诸如此类的东西。如果这种假设在你们看来有些怪异的话，那么你们是相当幸运的，因为这是童年期经验的残留部分，当这些童年期的经验在后来生活中以精神失常的内容出现时，就会被看做一种明显的幻觉。顺便说一句，如果我一定要在此处的讨论中实现我的目标，那么，非常根本的一点是，你们已经认识到，你们所看到的非常明显属于精神失常内容的东西，恰恰正是你们没有放进自己发展史的东西。

区分现实与幻想的必要性

正如我在前面说过的那样，父母非常有必要参与到儿童的游戏中，至少要充当一名聚精会神的观众，而且，若有可能，最好充当其中的一个角色（除非有兄弟姐妹陪他一起玩，起到了同样的效果）。在大量的情形下中，现实情境并不允许权威人物表现大量的观众行为，儿童实际上是孤单的。这一阶段的孤单，就是我们后面即将讨论的孤独的预兆。“孤单的”儿童，即无法获得年长他人在场和参与的儿童，虽然消极被动，但却必定拥有非常丰富多彩的幻想生活，也就是说，他通过夸大那个充满其心灵并影响其行为的所谓想象的人格化，来弥补现实的缺陷。

当然，我们必须记住一点，即幼儿很可能不是这样来认识幻想的。幼儿知道大量关于一杯一匙或某些实际体验过的物体的“现实”。但是，除了他实际体验过的一些物体之外，他区分幻想之物体与我们通常称之为现实的物体的能力是非常有限的。因此，大量没有“现实性”可言但根据权

威人物的榜样或根据儿童自身不断成熟的需要，而在儿童心中构想而成的事物，具有与完全现实的事物几乎同样的真实性——至少这些东西在内隐 224
过程和游戏中会持续有效。事实上，这些完全现实的事物——对成人来说是“现实”的东西——为那些具有［我向的］①参照过程的儿童所关注，所以，对他们来说，这种“现实”和他们的幻想是不可区分的。反过来说，当然，那些在我们成人看来必须非常严肃对待的事情——如警察、交通标志以及诸如此类的东西——对儿童来说，却不具有任何我们所认为的意义。对非常年幼的儿童来说，摆弄玩具的目的在于激发新成熟的能力：它们并不具有我们成人生活中关于汽车碰撞、损害保险等任何关系。换句话说，在凡是人们认可为现实的东西和凡是属于儿童自己的东西之间进行区分，并不是这一早期阶段的特定任务。唯一的例外是引起焦虑现象的领域。但是，一般而言，我认为，如果不足 30 个月大的儿童认为那个并不出现的育儿者的操作是有效的，那么，这就不是他在后来生活中面临困难的特定证据。如果这个年龄阶段的儿童的需要和安全操作碰巧导致了对实际发生之事件的明显“伪造”（falsifications），那么我认为这仅仅只意味着儿童是活着的，而别无其他。

到了童年期末，社会化的压力几乎总是让儿童把注意力集中在认真分类，以确定哪些事情能够为权威人物所赞同的奖励上。这便是生活中交互确证（consensual validation）角色的首次亮相。我这么说的意思是，这是一种能够与其他人建立起来的一致性。一致有效的符号是几乎所有综合模式操作的基础。将综合模式操作与脑中所进行的其他所有东西区分开来的，便是它们在合适的情形下能十分精确地与别人一起工作。而它们能够十分精确地与别人一起工作的唯一原因，便是在与他人的实际接触中，存在着某种程度的探索、分析，以及信息的获得。社会化儿童这件事（这样 225
父母称之为纯属想象事件的东西便会被报告说不如实际上已经发生的事情那般真实），作为引入下一个社会化阶段的开端，到了这般程度，就会非常重要，以至于就像我经常说的，到童年期末，它实际上已被强加于每个人身上。儿童越孤独，把注意力集中于对实际发生之事与幻想之事作出区分的需要——继续回忆和预见的需要——就越明显。

在下一个发展阶段，儿童可能会犯令人震惊的错误，可能会因为把生动的幻想当作真实的现象而遭到嘲笑、惩罚等。如果仅仅因为事情本身令

① 此处插入了“我向的”（autistic）这一概念，因为沙利文似乎在此将儿童的我向参照过程与成人的参照过程，即对“现实”更有综合模式的成人参照过程进行对比。——编者注

人很不安，则一个“孤单的”孩子往往自然而然地倾向于变得与社会隔离，而这是下一个发展时期相对不幸的结果之一。这里还有一个循环过程，它近乎于一个恶性循环：儿童已经发展出了一种极富幻想的生活，以弥补没有观众和没有权威人物参与的不足，由于这种不足，儿童在快速辨别什么东西属私人幻想、什么东西可以进行交互确证方面，相对未得到发展；而且，这种不足进而会使得儿童处于被嘲笑、受罚等处境之中，并让他产生一种活在世上很冒险的感觉。这种冒险感觉与我在前面谈论的人格向恶意转化时所提到的冒险完全不同。冒险表明存在着受伤与焦虑的危险；而恶意则是一种特殊的转化，它来自于对事情的深信不疑的预见。我现在所谈论的冒险，在很大程度上并不是社会化过程中起部分抑制作用的人格转化。它是这样的：在你与人交往的过程中，它会使你周围的人不再具有诸如耻辱、焦虑和惩罚等敌对态度；而这些不可预测的敌对之源自然会降低你与人交往的自由和热情。

226

少年时代游戏伙伴角色的改变

有一个例子，乍一看与本主题无关，但它却真的能在很大程度上支持我所说的内容。或许，我可以用这个例子详细阐明童年期的自我中心性质。当今社会，儿童在过完整个童年时代之前，就往往会被放进正规教育环境中。根据我的图式来看，我认为，幼儿园内的成员应该是儿童。在这些幼儿园情境中，我们通常可以观察到这样一种现象——所谓的自我中心言语（egocentric speech）。大家都知道，到了童年后期，言语不仅会成为游戏的主要工具，而且也是儿童幻想生活的重要依靠。一个身处幼儿园环境之中的儿童，会像连珠炮似的对另一个儿童讲话，但是他的讲话一点儿也不受对方开始讲话或开始走开的影响。

随着童年期的继续，儿童会发展到这样一个阶段，此时幻想的特征会发生迅速的变化。这种变化表现在两个方面：其一，隐藏、遗忘或修正那些在童年早期就已经存在的、让人难以置信的、具有幻想性质的想象性游戏伙伴的东西，或对其丧失了兴趣；其二，试图使游戏伙伴的人格化与自己的相像。凡是在与这种可能性不相矛盾的情境中，儿童与同龄伙伴之间的真正合作活动便会开始。不过，即使在不可能有机会与别的儿童一起玩耍的条件下长大的儿童（他们出生在偏远的农场或其他远离都市的地方），也会出现游戏方面的变化或想象方面的变化。儿童现在开始有了相当现实的想象性游戏伙伴，而在以前，他大量想象性的游戏伙伴及其想象性的玩偶等，都属于明显的幻想。现在，这些游戏伙伴开始尽可能地像他一样，而不像《绿野仙踪》（*Wizard of Oz*）中的图画那样。我引用这一切，意指对同伴之需要的成熟，这种成熟标志着儿童进入了所谓少年时代（juvenile era）的阶段，正如法律所要求的，这是特定的接受正规教育的时期，至少在美国是这样的。

第十五章 少年时代

227 现在，我想概略地描述一下特别重要的少年时代（juvenile era）。实际上，对我们大家来说，我要谈论的许多内容都很容易理解——这些内容涉及一个人从上学开始到真正找到一位知心朋友这段时间内促进人格成长和发展方向的诸多因素——如果少年时代确有结束之时的话，那么，找到一位知心朋友，便标志着少年时代的结束。在接下来的前青年期（preadolescence），个体会发现，在知心朋友的陪伴下，他越来越能够谈论他曾经了解到的事情，而这在少年时代是不可能做到的。前青年期这个相对短暂的时期，一旦经历，便会在使一个人摆脱遭遇过的不幸事件的影响方面，具有相当惊人的价值。

不过，我们不能随意夸大少年时代的重要性，因为这是社会化开始的实际时间。在少年时代陷入困境的人，显然难以与他们的伙伴友好相处。在少年时代，许多重要的事情会发生。这是人生中作为一种社会化影响之家庭的局限性和独特性开始得到补救和纠正的第一个发展阶段。在少年时代必须矫正众多的文化癖性（cultural idiosyncrasies）、有价值的怪癖等，这些文化癖性和有价值的怪癖等是在童年期社会化过程中偶然习得的；如果在少年时代没有对其进行矫正，那么，它们便会存留下来，在继后的阶段阻碍发展的进程，或使发展的过程带上某种色彩。

一般说来，当一个人度过某个发展时期中多少具有决定性的若干阶段（thresholds）时，以前经历过的每件事情都无疑会产生影响；即使在自我
228 系统的组织中，这种说法也是正确的，正如我认为我不能对此做过多的强调那样，自我系统明显倾向于维持它的方向。各个发展时期的不同阶段所出现的改变，如同这里所勾画的那样，是十分深远的；它们所触及的许多东西是业已习得为人格的东西，通常情况下，这些东西会使人格变得严重不合适，或者与个人领域突如其来的新扩展完全不相关。由此可见，一个

发展时代的开端可能会对人格那些不适当的方面产生相当大的影响，而人格的不适当方面，一般说来产生自个体曾经经历过的事情。个体在迈入少年时代后，在获得社会技能（social skill）方面往往处于不利境地。例如，父母一方面教导孩子去期盼每一样东西，另一方面又教导孩子说，他最小的愿望对父母来说也很重要，而且，孩子在表述他所追求的目标时所遇到的任何晦涩难懂的东西，都会使他在夜间惊醒，以试图期待和满足他所谓的需要。现在，让我们来描述一下当孩子去上学时所发生的事情。或者，有这样一个“小皇帝”：父母完全听任孩子的摆布，而孩子则完全不顾父母的感受。而另一方面，有的孩子则被教育成不敢表达自己的想法，凡事唯唯诺诺。当然，这些例子仅仅是孩子在与权威打交道时所表现出来的许多非常不良之模式中的一些（这许多非常不良的模式是家长所允许或强加在孩子身上的）。所有这些孩子，如果他们在少年时代没有经历非常剧烈的变化，一旦他们长大成人，在任何特定团体中都会是让人无法容忍的成员。

在实施义务教育的文化中，正是学校这个社会在少年时代纠正或矫正了人格发展过程中所出现的大量不幸倾向（这些倾向是孩子的父母和家庭团体中其他一些成员强加在孩子身上的）。因此，促进少年时代成长的有大量因素，一是社会服从（social subordination）的经验，二是社会适应（social accommodation）的经验。

在考虑社会服从时，我们应该指出一点，即在少年时代，权威的类型以及对权威之服从的类型出现了很大的变化。社会秩序通过对正规教育的要求，提供了一系列新的权威人物，这些权威人物在其非人格（impersonality）方面往往是幸运的。于是，孩子便开始与下列各色各样具有权威性的人物接触，这些权威人物包括教师、文体活动指导老师、交通警察 229
等。在这些新的权威人物中，有些人在实施其权威时明显存在高度刻板的局限性；在任何情况下，他们几乎都明显地不同于家庭的权威，这不仅表现在实施权威方面，而且还表现在他们对少年的关心和兴趣方面。在孩子与老师以及其他各种成人权威的关系中，这些权威人物通常希望少年——他们的父母开始也是这样期待他的——按要求行事，并由此给予奖励或惩罚，也就是说，服从就可以获得奖励，不服从甚至反抗就施以惩罚。但是，对这些新的权威人物来说，每个人都或多或少具有正式强加在其身上的限制。同时，还存在这样一种可能性，即少年有可能会看到他的同伴之行为的成功或失败在与新权威人物之间的相互关系。除了成人权威以外，几乎每所学校里都有一些恶少——恃强凌弱的学生。生活能力方面有一部分令人难以置信的收获，正是来自少年能够在这些同伴不定期地、破坏性地实施权威之下摆脱困境。

有时候，家中某个人会具有十分大的社会重要性，以至于这些新的权威人物受到了威胁，从而给孩子特殊的照顾。例如，当精神病医生发现他的某个患者原来是一位举足轻重的政治家的儿子时，他可能就会发现这位政治家父亲的权威已经左右了他做出正确诊断的自由，而事实上，这位患者身上一直存在的异常情况，正是他孩提时代在家里获得的。但是，即便有出生和身份等异常的情况，一旦孩子离开家以后，他仍有可能矫正顺应权威方面的古怪行为。

然而，在几乎所有的情形下，对少年时代来说，更为值得强调的促进因素是社会适应性，也就是，在把握生活中许多细微差别方面有了惊人的发展。这些差别中有些被视作是恰当的，即使它们近期才出现；有些则被视作是不恰当的，但是，要是有人试图去纠正它们的话，将会是一种不明智的举动。这种情况产生自少年与同龄人（这些同龄人具有各种极不相同
230 的个性）的交往，对少年来说，在某种程度上适应交往或接触的对象是必要的。在这些少年中，有些人常常遭到其他少年的粗暴对待。在这个阶段——如果仅仅是因为以下原因就好了，即该少年刚刚脱离家庭情境走向社会，他以往的经验基本上来自兄弟姐妹以及想象的游戏伙伴——他对他人身上所具有的个人价值感就真的会表现出相当惊人的麻木性。因此，在学龄期，人际关系往往具有某种程度的天然性（在继后的生活中极少会出现类似的情况），这是一种规律。但是，尽管这样，少年仍有机会去理解权威人物是怎样看待其他人的，还有人们是如何看待彼此的，这已成为教育过程中一个特别重要的组成部分，即使人们通常都不会特别地注意这个部分。大量倾向于纠正以往社交所形成之特性的教育经验，至今从未有研究者对其进行过讨论。一个人在度过少年时代 10 年、15 年或者 20 年以后，比如当他正在接受一项广泛的人格研究时，他会很难回忆起这些经验。

在整个早期阶段，人格发展的速度是相当惊人的。当我们开始分析大量微妙的判断时，会越来越意识到这一点。这些微妙的判断是个体在不一致的文化中用来指导自己生活的，处于这些文化之中的人们具有许多特定的局限性以及独特的个体能力和责任。少年时代的生活教育非常重要。一个少年可以看看其他少年都在做什么——要么做了错事未被发觉，要么因为做了错事而受到责备——而且，他还能注意到他从未想过的人们之间的一些差异，因为在此之前他从未产生过任何与自身经验不同的想法。

权威人物

少年时代文化适应（acculturation）的最为惊人的方面，以及少年时
代人格的基本形成，很可能是对童年期权威人物——父母及其同系长
辈——分化的开始。未能把父母分化为普通人的现象，会显著地反映在后
来的生活中。这种区分在很大程度上首先是通过在特定教师身上发现他们
的优点，然后在其他教师身上发现他们的缺点，并将这些发现与家中的权 231
威人物进行经验交流（有时候不进行这种经验交流）而获得的。不过，如
果此时已经产生任何一种类似健康发展的东西，那么，在家中通常就会对
这些经验或体会加以讨论。由此而产生的一个结果是：如果讨论顺利进行
的话，少年便有机会逐渐将他的父母从神一般的人物降为普通的人。这种
类型的学习还有一个附带的结果（在大多数少年身上，这个结果很可能会
在他们读二年级时产生），那就是他们从其他少年身上学习有关他们父母
的情况。我们经常会听到低年级儿童说："我爸爸比你爸爸厉害。"但是，
更为重要的是指出这样一种情况，即少年会对自己父母相对的优缺点进行
比较（比较的次数令人吃惊），尤其是在这种优缺点对发展没有产生过任
何重大影响的情况下，更是如此。为什么一个少年不该在度过这个阶段以
后深信几乎没有人能像他的父母一样好——这种情况有可能存在，我们不
知道其原因所在。但是，如果一个人在度过少年时代以后，仍未能把自己
的父母与其他人的父母、老师等进行比较，也就是说，如果他们依然认为
父母或老师是神圣不可侵犯的，是世界上最完美无缺的人，那么，对少年
时代的社会化来说最显著、最为重要的促进因素就惨遭了流产。

竞争和妥协

有一种传统的说法认为——我们对成年人不恰当且不合宜之生活所做
观察的结果已经很好地证实了这种传统——就学龄初期的学校情境这一特
定范围而言，实际上存在两种学习，即竞争（competition）和妥协（com-
promise）。之所以说这两种学习非常重要，是因为各种文化背景下的基础
教育已为它们做好了准备，而且所有的文化都很珍视这些东西。不幸的
是，人们对竞争强调过多，尽管它的重要性正在开始衰退。少年的社会鼓
励各种各样的竞争性努力，而且，我认为，就少年本身而言，这样的竞争
是很自然的。此外，权威人物也鼓励竞争，也就是说，在任何一种重视竞
争的文化中，权威人物都在鼓励竞争的行为。不过，也有一些文化并不看
重竞争；在这些文化中，尽管也出现少年竞争的种种倾向，但这些倾向都 232

受权威人物禁止性影响的支配。在我们的文化中，这些竞争倾向得到了相当多的鼓励，实际上，如果一个人有躯体残疾，或者由于其他什么原因而在实施竞争时表现很糟，那么，现实中就会有人告诉他，他实际上是很难适应生存的，也就是说，他遇到了很大的麻烦。

另一个要素是妥协，它也始终是由少年社会本身来实施的，而且，从某种程度上说，它得到了学校权威人物或少年权威人物的鼓励。竞争和妥协这两个要素虽然是个体与同伴一起生活所必需的补充条件，但也可能发展成为人格的极其麻烦的特质（traits）。在我称之为少年的人身上，我们可以看到一种竞争的生活方式，其中，几乎所有真正具有重要性的东西都是“超越伙伴”这一过程的组成部分。而且，如果同时还出现了人格的恶意转化，那么，打败同伴就会成为人际关系整合中的一个显著模式。另一个阻碍发展的例子，并不是说一个少年在许多方面会一直像小学五年级的时候一样，而仅仅只是意味着，他在自由发展人际关系方面有些不正常，而这种不正常与少年时代的发展（尤其是这段时期所发生的一些特别不幸的经验）有关。所以说，在某些情形下，妥协也成了一件坏事。于是，我们会发现，有些人过了少年时代，竟然能够毫无怨言地让出任何东西，只要得到安宁和太平，他们就会倾向于这样去做。这是少年社会化的另一种不幸结果。

中心意识的控制

综上可见，少年时代是世界由于其他人的存在而变得复杂起来的时期。充分的教育努力（这种教育努力通过学校课程、教学等而规范起来）致力于把少年把我向思维从他们所表达的思维和其他行为中排除出去。对
233 成功表达方式和成功行为类型的学习，涵盖了众多的领域，并从各种教育影响那里得到了非常多的鼓励——从焦虑到谨慎地给予威望——以至于到了六年级、七年级或八年级时，一个资质正常的少年便已经放弃了许多的想法和行为方式，而这些想法和行为方式在童年期以及在家中曾被认为是恰当的。我认为，这便是进入所谓潜伏期（latency period）的主要因素，潜伏期这一术语是精神分析早期的重要概念之一。其实，少年时代的影响在于，它使得难以回忆童年期所发生的事情，除非事实已经证明童年期发生的事情是完全合适且容易改变的，从而满足社会的狂热尝试，即教导年轻一代如何学会交谈、阅读和“正确行动”（act right）。

放弃童年期的想法和行为方式这一做法，是通过自我系统对中心意识（focal awareness）不断增强的控制力量而实现的。而这之所以能够实现，

则是因为其他少年所做的非常直接、原始和关键的反应，同时也因为成人权威各种相对来说可用公式表示、可预测的表现。换句话说，根据相比较而言可理解的约束（sanctions）以及对这些约束的违背来说，少年有着各种非凡的机会可以学习大量关于安全操作的东西，学习如何摆脱焦虑。这显然不同于我们迄今为止所讨论的任何内容。由于可以避免焦虑的道德约束和行为方式是有意义的，而且可以得到一致的证实，因此，自我系统能够有效地控制中心意识，这样，那些没有意义的东西便不会被特别注意到。也就是说，意识的有效表现一直受制于焦虑，而且在某种程度上以综合模式表现出来——这是一种经验模式，它提供了预言新异事物的某种可能性，并提供了真正的人际交流的某种可能性。

对中心意识的控制往往会导致对选择性忽视之明智使用和不明智使用的结合。明智的使用，指的是对于不重要的事情无需操心，因为这是一些无论如何都不会有问题的事情。但是，在许多情形下，存在着许多不明智地使用选择性忽视的做法：个体往往忽视那些真正重要的事情；由于他找不到妥善处理这些事情的方法，于是便尽可能长期地把它们排除在意识之 234
外。无论如何，从少年时代起，自我系统便控制了意识的内容——自我系统控制了我们知道自己正在考虑的事情——就如同我们通常所说的那样，这种控制达到了十分惊人的程度。

升华的重组

当然，教育努力的一个部分，涉及获得死记硬背的资料和信息，从任何特定的意义上说，这些资料和信息都不是个人的；因此，少年常常会被灌输大量看似与他们无关的知识，但是，他们却不得不了解这些知识，以便得到老师的认可。然而，我在这里所关注的是少年的教育过程，这些过程主要是指那些从属于如何在生活中获得成功的教育过程。由于它是从属的，因此，它在很大程度上不是理性分析或有效阐述的一种表现形式，而是行为模式和内隐过程之升华重组（sublimatory reformulations）的一种表现。正如我在前面说过的，当一种得到社会认可的行为方式被一部分动机模式（这种动机模式对于权威人物来说是无法接受的，也是同伴所无法容忍的，或者出于尊重，表面上会加以考虑）无意地取代时，重组便发生了；当这种情况发生时，必定还存在某种尚未满足之需要的残余，它会在私下的白日梦过程（private reverie process）中得到满足，尤其是在睡梦中得到满足。

不幸的是，个体的大部分生活教育，都属于这种升华，也即显然无意于“理解”如何获得大量的满足（尽管不是完全的满足）。既然它是无意的，因此它并不特别地表现在对个体行为的有效理解上。不过，由于它并未超载，因此，这个过程也给了个体极大的保证，保证他去从事正在做的事情；而且，一个人的确定性（certainty）甚至不受下列事实的干扰，即其他某个人之所以获得不同的结果，是因为有更好的理由。因此，当一个少年获得了将自己与其他人联系起来的一种模式，且这种模式有效并得到了认可时，他便知道自己正在做的事情是正确的。这种确定性之所以产生，不只因为在少年时代自我系统控制意识内容的力量不断增长，而且还因为这种模式的获得本身是无意的。由于对任何人来说，没有什么特别的理由要把他如何实现这些行为重组的过程带入少年的意识之中，因此，我
235 们大多数人在进入成年生活时都带有根深蒂固的与同伴交往的方式（对此，我们无法做出恰当的解释）。甚至在对成人的治疗中，精神病医生也很难将患者的注意力充分吸引到这些升华的重组中来，以便使他们认识到，关于这些升华的重组，有些东西是很难做出解释的。人们对这个领域中受到的诘问并非完全无能为力，因为到了他倾向于对它进行探究时，他们会用各种方法来解决棘手的问题。

正如我前面所说，少年时代进行的大量学习都属于个体为保存某种程度的自尊（这是一种个人价值感）而表现出的竞争和妥协的操作。随着少年时代的发展，也就是当少年进入五年级、六年级、七年级和八年级的时候，他们必须根据自我系统中所涉及的竞争和妥协操作的观点去注意其他有关的人。这里所谓的其他人，是指构成少年世界的下列三类重要人物——家庭内的权威、家庭外的权威以及其他少年。我们的社会体系的性质是这样的：少年往往会交替地与家人和学校群体进行直接的接触——没有哪个少年能够摆脱家庭的影响；而少年与学校群体的直接接触包括两个方面，一个是与权威人物（authority carriers）的接触，另一个是与其他少年的接触。

排　斥

但是，随着少年时代的继续，一种强而有力的社会工具通常就会表现为将少年社会本身——学校中的其他学生——分成若干团体，这在很大程度上是大社会弊病的一种反映，而少年就处在这个大社会之中。背景的差异、能力的差异、成熟速度的差异、健康状况的差异等，往往会导致一个不可避免的结果，即某种程度上的内群体（in-groups）和外群体（out-groups）的建立。通常情况下，一些内群体与某组事物有关，还有一些内

群体与另一组事物有关；而且，在这些不同的领域，常常还有相应的外群
体。不过，在大多数少年社会里，往往也有一定数量的少年，他们常常遭
到那些显然受到学校当局的器重，或者一般说来受到少年社会尊重的少年 236
的排斥。这种隔离的影响（segregating influence），使得有些少年彼此相
处得很好，而且明显得到教师和交警的良好评价，或者，使得他们对其他
少年来说非常重要，即使后者被学校当局评价较低——这种隔离的影响很
明显，而且，对一些不幸的少年来说，这种隔离又是相当神秘的。个体与
这些居于正确位置的人相处的经验——这些人在少年团体中拥有一定的威
望，尽管这是一个十分松散的团体，但依然至少是由一定数量的人组成的
团体——使得他真正体会到什么叫排斥（ostracism）。因此，一些少年可
能感觉到被排斥（除非他们十分幸运）；如果他们相当不幸，那么，他们
便可能接受一种如何保持被排斥的地位方面的自由教育。

在任何一个学龄儿童习惯于彼此接触的大型团体中，有些少年肯定会遭到相当数量的其他成员的排斥；不过，这些相对来说遭到排斥的外群体少年，彼此之间也存在人际关系。尽管这些关系从某种程度上说诅咒“排斥”，但它们通常没有表现出足够的真诚（ingenuity）和神奇的力量使得这个不幸的团体成为一个内群体。由于不能与其他不幸少年建立联系，因此，这种经验对良好的自尊来说没有促进作用。换句话说，群体外的成员，即使他们在维持内部竞争和妥协方面相当成功，但通常会表现出相当持久的迹象表明，他们在与其他伙伴的关系中也总是处于劣势的地位，他们被迫对这些伙伴表示尊敬，而不论这对他们来说有多么痛苦和不情愿，而原因就在于他们的社会偏爱。

定　型

在少年时代，要熟悉社会现实（这几乎随时都能遇到），一个补充的
因素乃是其他人所谓的人格模式的成长，在许多情况下，其他人所谓的人
格模式的成长实际上就是定型（stereotypes）。显然，当我们说“他的行
为像一个农夫”时，实际上就是正在运用定型。我们在这样说时，通常并 237
不意味着我们对农夫作了大量的观察，也并不意味着我们从所有这些观察
中已经分离出只有在农夫身上才能找到的持久而又重要之特征的核心团
体；更为可能的情况是，我们实际上所说的定型，可能完全没有任何一种
可以证实的含义。在少年时代，定型的发展到后来会损害个人分辨他人的
能力，或者干扰这种能力的发展，在有些情况下，定型会发展到令人痛惜
的程度。这些是现实生活中从未遇到过的人的定型，或者——其麻烦程度

很可能居于第二位——在个别例子中，是大型慈善团体的定型。举例来说，在我自己幼年时，由于一系列无关事件的发生，我听到了一些有关犹太人的评论，但我并不认识任何犹太人。后来，由于一次极其走运的意外事件（否则，我将经历一段非常不愉快的发展史），我对这些模糊的流言蜚语不再感兴趣了，因为我从未见过任何能证明这些流言蜚语的例子，所以我并没有采纳这种定型。因此，我在进入成年世界后，一直对这些人抱有好奇心，我认为这些人很不同寻常，因为我自己对这些人的了解几乎全部来自我所读过的《圣经》。我很高兴我对他人所说的犹太人特征没有抱固定的看法，我可能在某些少年身上发现过这些特征，这些特征是从其父母和其他权威人物那里继承而来的，而少年实际上对这些特征并无任何实际经验。否则，我肯定会采纳这些定型。而且，这样的定型在日后很难纠正，比我对于撰写《圣经·旧约》的人会是什么样子所怀有的好奇心还要难纠正。

定型有可能是一个人在后来生活中所遇到之实际麻烦的根源，尤其是如果他日后从事的是精神病学领域的工作，就更是如此，因为在精神病学领域，有一项特别重要的工作是参与性地观察另一个人身上所发生的事情。如果你有一些内隐的假设（而且，20 年或 25 年来，你从未对这些假
238 设提出过任何的质疑），即根据你心中的某种定型来看待你面前的那个人，那么，你便会发现你自己遇到了极大的阻碍，因为这些定型常常是错误的、不完整的、毫无意义的。

在这种定型中，有大量的东西在少年时代就已被铭刻。由于少年时代有许多事情要做，而且少年身上又有那么多为了把任何成功模式吸纳过来而产生的压力（至少在我们的学校社会中是这样），因此便出现了这样一个明显的结果，即许多少年在前青年期就已经具有关于各种阶层和各种人类状况的定型。有一种这样的定型是关于异性的。除非有什么走运的事情介入进来，否则少年几乎都会采纳关于异性少年的定型。譬如，如果你回想一下自己上小学一年级时的经历，当时你有一个非常有吸引人的异性游戏伙伴，那么，你可能还记得，随着你步入少年社会，那种关系是如何发生变化的。而且，你还可能认识到，尽管这些经验与定型相反，但你在步入前青年期的时候依然不得不采纳可能被描绘成“女孩子”或“男孩子”的少年定型的东西，并且还相应地用这些定型支配你自己的行为，至少在公开场合如此。

有时候，还会出现一些关于教师的定型，由于先前曾跟权威人物有过不愉快的体验，因此，很容易接受这些关于教师的定型。通常情况下，会

出现一些有关少年与教师之间关系的定型；如果某个少年是教师的宠儿，或者说，由于某种原因，教师对他特别感兴趣，那么，这个人便必须在教师宠儿这一少年定型的庇护之下行事，并从而无法从其他幸运事件中得益。我认为，如果仅仅因为令人敬畏的各种人物及其行为快速地给少年留下了深刻印象，那么，我们便真的难以避免对人的行为等进行粗略的分类了——进行这种粗略分类的组织工作是在意识层面进行的——尽管这种分类不合理，而且日后会变成麻烦的定型。

监督模式

就我们所涉及的自我人格化而言，定型在某种程度上也是少年自身之自我系统演化的特征。少年最为幸运的经验几乎都有一个不可避免的结果，即在已经非常复杂的过程及人格化（这些过程和人格化构成了自我系 239
统）系统中出现了我所谓的监督模式（supervisory patterns）。在有些例子中，这些监督模式相当于亚人格，也就是说，他们“实际上”是一直与少年在一起的虚构的人。

或许，我可以提出三种这样的监督模式，借以确立我的论点，而这三种监督模式，我们每个人通过长期的个人经验都非常熟悉。当你从事教学、在公开场合发表演讲（就像我目前正在做的那样）时，或者当你在谈话时（在这种谈话中，重要的是其他人能从你那里学到些东西，或者认为你很了不起，即使这种感觉尚不明确），你便拥有了一种人格的监督模式，对于这种人格，我可以称之为你的听者（hearer）。你的听者在判断你所说内容的相关性方面，能力非常强。这位听者通常会耐心地在公开场合听你高谈阔论，看到各种语法被混杂在一起，而且一些晦涩难懂的东西得到了进一步的讨论。换句话说，它实际上就像是一个补充的或附属的人格，将你的思想用英语的表达形式表现出来。我的听者——我的特殊的监督模式——有着相当广泛的组成成分，它以本质上孤独的、拥有过分特权的、被众多怀有妒忌之心的人们围绕着的少年身上产生的大量经验为基础而产生。所以说，我的监督模式便是这样的，我常常调整我讲的内容，以符合50%的听众的需要。有些人的听者比起我的听者有关他人的观点更加单一、一致，从而使原本只有少数人能够理解的内容，由于表达的恰当性和合适性，从而让所有听者都理解了。但是，在任何事件中，这就好像是有两个人——一个是实际上发表声明的人，而另一个则是试图去了解所说的话是否符合所指目的的人。

你们所有人（不管是否拥有一个勤勉的听者），从很早起就都已经拥有一名观众（spectator），它就是监督模式。这名观众一直勤勉地注意着你对他人说了什么、做了什么。当你的行为不怎么光明磊落时，当你的讲
240 话肆无忌惮时，他会向你提出警告；而且，对于你不小心造成的破坏性行为，他还会匆匆地做些补救或伪装工作。如果你们中间有人正在认真地写作，或者甚至在写侦探小说，那么，你们便有了另一种监督模式，那就是你的读者（reader）。我一直对我的读者的性格十分感兴趣，但我的兴趣还没有达到这样的程度，即通过广泛的调查来了解这些读者的实际身世，但我知道，我的读者就好似一颗施展魔力的药丸，他们要为这样一个事实负全部责任，即我几乎从未出版过任何东西。他是一个痛苦的妄想狂，又是一名才智横溢的思想家，同时，也是一个脑子有问题的低能儿。因此，当我试图用书面语言来表达严肃的思想时，我非常不开心，因为我经常处于这样的折磨之中，即试图使我的著述滴水不漏，以使那些持最批判态度的人也不会对我的话产生误解，而且，同时，我还得设法使我的话变得清晰明白，以便让这个脑子有毛病的白痴也能理解我讲话的要领。结果，正如我经常说的，我什么都写不出来了。我经常改着改着就放弃了。

这些监督模式通常在少年时代形成，并从那时起不断地得以精炼。这些监督模式在自我系统中的存在，可从另一个视角得到充分的强调：它们只是这个精心阐释的组织中的一小部分，为了维持我们的个人价值感、我们的自尊，为了获得他人的尊敬，同时为了保证这种维护（它的威望和偏爱的地位是在我们这个特定的社会授予的），我们都会拥有这个组织中的这一部分。

社会判断和社会障碍

在少年时代的发展过程中，尤其是该时代快结束时，每个少年都不可避免会面临判断和被怀疑的判断（suspected judgements），它们可被称作少年的个人声誉。在许多情形下，还存在大量的不一致——它们在后来的人格研究过程中往往非常值得考察——这些不一致主要是少年与家庭外权威在一起时的声望、他与其他少年在一起时的声望，以及他在家庭生活中的声望之间的不一致。当一个少年与其他少年在一起时，他的声望主要由内群体决定，由那些以更加基本的形式表现出所谓领导身份的少年决定——随着少年社会的发展，这是少年社会的另一种现象。

241 我认为，如果浏览一下贯穿一生的可以比较的若干事件或特征，那么，便可以提出在社会的三个领域内构成一个人声望的那些东西了。一个人或为大众所喜爱，或者很普通，或是不受欢迎，这些都有可能。在少年

社会，成为一个普通的人要具备特定的品质，例如，一个不能为大众所喜爱的人，成为一个普通人要比成为一个不受欢迎的人，开心得多。在这些可比较的事件或特征中，另一个例子是：是做一个堂堂正正的人还是做一个歪门邪道的人，这一点对于我们文化中的男性来说，尤其重要。同样，人们中间，有的聪明，有的智力一般，有的则愚鲁迟钝，这也是没有异议的。还有，有的人自满自信，有的人一般，有的人则缺乏自信。在人际关系的发展方面——我们通常所说的人格发展——有的人处于优越地位，有的人一般，有的人则不幸地处于劣势地位。换句话说，有的人在理解和创造新人际关系模式方面能力显著，而有的人则达不到平均水平，也就是说，在人际关系发展方面实际上是落后的。对于一名少年来说，在人际关系发展领域落后于他人，可能有着非常实际的原因，例如，他在关键时期健康不佳，经常休学，或者有什么事情阻碍了他参加一些比赛，而这些比赛在那个特定的学校群体生活中享有较高的声望。这种情况也可能由于社会障碍（social handicaps）而发生；这种社会障碍可能包括某个人的父亲由于是街坊中的一名酒鬼而声名狼藉，诸如此类的情况还包括一个人十分不走运，莫名其妙便沾了社会障碍的边。在以往的年代里，也许没有什么事情比你母亲离婚、再嫁这个事实更致命的了。所有这些情况都可能实实在在地提供一大障碍，以至个体在社会适应方面发展得相当缓慢。这些社会障碍中有一些是十分真实的。事实一次又一次地证明，有一种情况在少年的成长史中是具有灾难性的，那就是父母的社会流动性，它使得孩子每隔一段时间就得从一所学校转到另外一所学校，这样，孩子常常就会作为一名陌生人被介绍给其他少年。如果一个人在少年社会中不论是生活还是学习都很幸运，加之其他情况都相当，那么，在整个少年时代能够一直待在某个少年团体之中便是一件十分好的事情了，或者，一直待在那个少年团体内直到少年时代的尾声，也肯定是件好事。不然的话，少年在获得人际交往的能力方面（这种人际交往的能力在少年时代处于最佳的状态）就会处于相当的劣势。当然，如果一个人在少年团体内处于十分不幸的境 242
地，那么，摆脱这种处境便是十分幸运的事。但是，不断转学——对于从事服务行业的人来说，这种情况是真实存在的——会在这个发展阶段以及随后的发展阶段造成很大的障碍。

学会轻视

除了上述所有情况之外，还存在一些较为含糊的因素，似乎可以这样说，这些较为含糊的因素有可能会使得一个人在成长过程中一直处于落后状态。关于一个人的声誉，尤其是关于一个人在少年时代得益的多少，始终存在着来自父母的相当重要的影响。我在这里所举的一个特殊例子只是父母可能施加的许多不幸影响中的一种而已，这种影响将倾向于损害少年时代的利益。这是父母关于安全操作的一种病态表现，也就是教导少年去轻视别人——这在美国是一种司空见惯的现象。例如，它有可能是家里某个重要人物对待一名少年之“不幸”（譬如说该少年表现平平而不是出人头地）的方式。由于父母一直轻视所有让他或她感觉不舒服的人，因此便会发生这种情况。此外，这种情况发生的原因还可能是由于父亲、母亲或父母双方因少年交往的性质而感觉受到了威胁，从而在对教师和其他人进行比较后便对他们（教师和其他人）表示轻视。这种轻视实际上就像街道上的灰尘——它无处不在。也许，这种态度在少年时代并不像此后那样具有灾难性；但它在此后的任何时候都具有很大的灾难性。如果你为了维护自尊而把其他人拉下来的话，那么，你在很多方面都会特别不幸。既然你不得不通过指出周围所有人都一文不值来维护自己的个人价值感，那么，你反而得不到任何有说服力的资料来证明你具有个人价值感。于是，情况便逐渐演化成了“我不像其他猪猡那样糟糕”。如果说成为一个人是美好的事情，那么，做猪猡中一只最好的猪猡，就不是促进任何事情（除了安全操作外）的特别好的方法了。当一个人以上述方式获得安全感时，它摧毁的恰恰是人类中最根本的东西——人际关系所具有的充满活力的作用。

243 在少年时代，这种安全操作会干扰对个人价值的恰当分析，这是真实存在的，也很有意义。换句话说，如果一个男孩做得很好，小威利把这件事报告给了妈妈，而妈妈却立即把这个男孩和他的家人说得一无是处，那么，这往往就表明，小威利关于他的伙伴如何行事的印象是毫无根据的，或者，那个伙伴的行为方式不应该得到老师的奖赏。换句话说，这种做法导致个体觉得自己没有能力分辨是非善恶。正如我已多次强调过的，向人类榜样学习极其重要；但是，每一个看似值得仿效、能够从其身上学到东西的榜样，都被降至毫无重要性或价值可言。那么，究竟谁将成为学习的榜样呢？我认为，家长与少年相处的不适当、不合宜和无效的行为很可能是最成问题的——对任何表现突出的人都持普遍的诋毁和轻视态度，会妨碍对个人价值进行鉴别的健康发展。正是以这种方式，父母有可能会非常显著地阻碍其子女个人价值标准的“健全”发展。从某种程度上说——不包括其随后人格发展时期拥有极其好运的情况——他们确实会使自己的孩子永远都超越不了别的儿童。

生活中的定向概念

到了少年时代末，如果运气好的话，少年便会发展到这样一种程度，即他可以恰当地用生活定向（orientation of living，这是我所运用的术语）的概念。一个少年在生活中往往会被定向到这样的程度，即他已能够系统地阐释或者很容易被导向系统地阐释以下类型的资料（或者对这些资料有自己的洞见）：整合倾向（或整合需要），它们通常是个体人际关系的特征；适合于满足上述倾向或需要并相对没有焦虑的环境；多少有些长远的目标，为了实现这一目标，一个人将走在间发性机会的前面，以满足或提高个人的威望。我认为，一个人在生活中恰当定向的程度，是我们在谈论一个人“整合得多么好”，或者他的“性格”是好、坏，还是无所谓好坏 244
时，表明我们心中所想的最好方式。

实际上，相比于儿童（他们不可能在这样一个大千世界里有任何的生活定向），少年更有机会去体验大量的社会经验。只要少年知道（或者很容易被引导得知），哪些需要会促进自己与他人之间关系，在何种情况下，这些需要——别管这些需要是对声望的需要，还是其他的需要——是合适的，而且相对来说既容易满足而又不伤害自尊，只有到了这样的程度，这个人才算是步入了社会化。如果这种情况确实成功地发生的话，那么，他就不可避免地会确立起一些东西，事实上，我们可以称这些东西为他的价值观，通过追求这些东西，他便不会为其他随之出现且有可能获得的东西所左右；换句话说，生活中良好定向的一个显著方面在于，预见决定对间发性机会之把握的程度。

如果拒绝为少年提供生活中良好定向的机会，那么，他将由此表现出一种可悲的特征：他会急于得到认可，不考虑他人当时的想法，以至于人们有充分的理由认为他活着仅仅是为了被喜欢，或者仅仅是为了娱乐。有些时候，恐怕这种情况是真实存在的。

所以，如果一个人在少年时代走运的话，他在与他人相处时，其生活定向就会得到很好的组织。如果他的生活定向没有得到很好的组织，那么，他日后对人类未来的贡献将很可能会相对减少，甚至会引起麻烦，除非他在人格发展的下一个阶段非常幸运。

第十六章 前青年期

245

对人际亲密关系的需要

就像少年时代会发生显著变化一样——发展出了对同伴、与自己相似之游戏伙伴的需要——按照我的发展图式，前青年期（preadolescence）的开始同样具有显著的特征，即出现了一种新的对另一个人的兴趣。这些变化是成熟和发展的结果，或者说是经验的结果。发生在前青年期的这种新的兴趣不像童年期对他人使用语言那样普遍，也不像少年时代需要相似之人来充当游戏伙伴那样普遍。相反，它是一种特殊的新型兴趣，即让某个特定的同性成员成为自己的挚友或知心好友。这种变化代表着某种东西的开始，非常类似于充分发展的、精神病学上界定为爱（love）的东西。换句话说，另一个同伴与这个当事人建立了一种全新的关系：在一切价值领域，他都几乎具有同等的重要性。以前从未发生过这样的事情。你们大家如果有孩子的话，都会肯定地说你们的孩子爱你；当你这样说的时候，你正表达的是一种愉快的幻觉（pleasant illusion）。但是，当你的孩子终于找到一名挚友——大约在他 8 岁半到 10 岁期间——这时，如果你仔细观察你的孩子的话，你一定会发现这种关系中存在某种完全不同的东西，也就是说，你的孩子开始发展出了一种对另一个重要他人的真实的感受性。当然，这并不是从“我之所以这样做，是为了获得我想要的东西”这个意义上说的，而是从“我之所以这样做，是为我的挚友的幸福做贡献，
246 或者支持我的挚友所追求的声望和感情”这个意义上来讲的。就我所能够发现的而言，在 8 岁半以前，这类情况不会出现，有时候，这种情况的确出现得比较晚。

因此，前青年期的发展是以整合倾向的出现为标志的。当这些倾向充分发展时，我们称它为“爱”，或者用另一种方式说，“表现出对人际亲密

关系的需要”。现在，甚至在我系统阐述这些观点的后期阶段，我发现有些人依然把所谓亲密关系（intimacy）视作彼此之间生殖器的接触。因此，我相信，你们最终会明白，人与人之间的亲密关系实际上包括除生殖器接触之外的大量事情；从这个意义上说，亲密指的是“关系亲密”（closeness，这是它经常包含的意思），而不是特指某种器官的接触。亲密关系指的是涉及两个人的情境，它可以证实个人价值的所有组成部分。对个人价值的证实需要一种关系，我把这种关系称为协作（collaboration），而所谓协作，我指的是一个人的行为视另一个人表现出来的需要而进行系统的调整或适应，其目的是不断地追求同一的满足（identical satisfactions）——越来越接近共同的或相互的满足——以及不断地保持类似的安全操作。①现在，前青年期的这种协作明显不同于少年时代的竞争、合作、妥协等习惯的获得。在前青年期，我们不会像在少年时代那样致力于朝着一个共同的、或多或少非个人的目标前进（例如，“我们队”的成功，或者“我们老师”的失败），而且他们还会不断地朝着为彼此提供满足的目标前进，并在保持尊严、地位中争取彼此的成功，在努力摆脱焦虑或减少焦虑方面争取彼此的成功。②

前青年期心理治疗的可能性 247

基于对与另一个人相处的经验进行观察和分析的极大兴趣，个体修正另一个人人格化的能力快速发展，于是便产生了这样的情况，即人格发展的前青年期阶段可能具有（并且往往确实具有）十分巨大的内在的心理治疗可能性。我相信，我在早些时候曾说过，正是在发展的开始阶段，显著的有利变化机会往往会自我分离。尽管自我系统的结构是这样的，即一般说来，它的发展会相当有力地沿着它已经选择的路线前进，但它在每一个发展的开始阶段更易受新经验的影响，不论这些经验是幸运的经验，还是不幸的经验。在每一个发展阶段的早期，自我系统都可能经历明显的变化——这一事实具有十分现实的意义。因为正是这个自我系统——它是巨

① 在阅读这一部分时，我们必须牢记沙利文对“协作”（collaboration）和“合作”（cooperation）这两个术语的使用。所谓合作，他指的是少年时代常常发生的“予与取”；所谓协作，他指的是前青年期出现的对另外一个人的敏感性。“协作……比合作，往前跨了一大步——我按照游戏规则来玩，以保持我的尊严、优越感和长处，这可以称为合作。但是，当我们协作时，这便是一个涉及我们的问题了。”（*Conceptions of Modern Psychiatry*，p. 55.）——编者注

② 在这一点上，本章取自1944—1945年的演讲，而不是取自本书主要依据的那些系列演讲，这个部分之所以在后面的系列中被遗漏，是因为录音设备出了毛病。不过，这些材料与沙利文的笔记的框架是一致的。——编者注

大的经验组织，关注于保护我们的自尊——涉及所有不合宜、不适当的生活，从而对整个人格障碍问题及其矫正至关重要。因此，正是自我系统中这种明显变化的能力，在前青年期开始显示出其几乎令人难以想象的重要性。

在少年时代，一些错误家庭生活的影响可能会有所减弱或得到纠正。但是，在西方世界，大量的少年活动都是沿着我们的理想路线进行的，包括竞争和恶意中伤等社会倾向；只是在最近——而且，恐怕依然还是相当保守——才开始有了一些明显的社会压力，即要朝着同一件事情的其他方面发展，要有朝着妥协和合作的能力。由于竞争因素的存在，同时也由于少年相对来说对他人之重要性缺乏感受性，因此就有了这样一种可能性，即在整个少年时代，一个人可能始终保持关于他自己的异想天开的想法，而且，他可能具有严重失调的自我人格化，并使之内隐。具有异想天开或
248 人格化，实际上是一种非常明确的障碍。换句话说，这是一种发展的不幸。

由于个体会与另一个人建立亲密的关系，而且他还发展出了通过他人的眼睛来看待自己的新能力，因此，人格发展的前青年期阶段在纠正关于自己和别人的我向思考、异想天开的想法等方面就显得特别重要。我想强调的是——用一些夸大的词语有些冒险，而且有时还显得冗长乏味——这一阶段的人格发展，在拯救大量处于不利条件之下的人们，使其免遭不可避免的严重心理障碍方面具有难以置信的重要性。

或许，我可以离题谈一谈下面这个问题，即多年来我对下列概括一直没有找到否定的例子：作为一名精神病医生和一名精神病学督导，我有机会听到很多关于男性患者的事情，许多男人在与其他男人相处时，其关系充满了相当严重的紧张和警觉，而且他们在一切事务中，在社交或与其他男人打交道时都感到极不舒服；对于这一群体，我无一例外地发现，他们都未能把握诸如前青年期社会化的大好机会。（在这里，我之所以把评论限于男性患者，是因为女性患者的情况更加复杂，而且关于这方面的材料较少。）这些男性患者可能拥有他们所谓的十分亲密的同性朋友，甚至可能还有一些公开的乱七八糟的同性恋行为；但是，他们在与陌生男人相处时却总显得不自在，他们与其他男人做生意时制造的麻烦比生意本身的麻烦多得多，而且，他们尤其不确定其他男人对他们的看法。换句话说，事实上，我很确信，在与同性成员共同处理生活中常规业务的过程中，自由自在的能力、从经验中获得最大利益的能力，取决于一个人在其人格发展的前青年期阶段与一名挚友建立关系，并从这种关系中获益。

我认为，下述流行观点不言而喻，即在洗礼后的头七年里，一个人的
幼年经历往往决定他今后的生活。对于一些试图将一些精神病学思想转化
为人类学上有用之观点的人类学家来说，这种观点已经构成一大问题。人
类学家已经从各个方面对这些观点作了讨论，尤其强调了婴儿期经验的重 249
要性——这里所谓的婴儿期经验，当然是指8岁以下的经验。但是，作为
一名人类学家，不论他在什么地方工作，他都能明显地观察到这样一个事
实，即由仆人带大的特权阶层的孩子，长大后并不会成为像仆人一样的
人。对于人类学家来说，要想调和这种对早期经验的着重强调，恐怕就有
点儿困难了。我到目前为止所进行的研究工作十分清楚地表明，尽管早期
经验确实起着许多作用——正如我迄今为止一直试图表明的那样——但
是，人际关系能力的发展绝非某个时期（譬如，在少年时代）可以完成的
事情。绝对不是这样。甚至可以说，即使前青年期是人格发展中一个非
常、非常重要的阶段，但它也不是最后的阶段。

前青年期的社会

除了某些农村社区之外，在前青年期的发展中至少会发生这样的情
况，即形成了社会学家长期以来所谓的“团伙”（the gang）。我在这里打
算再次以前青年期的男青年为例，因为到此为止，文化方面的差异，使得
我难以作出系列的陈述，即难以同时兼顾男青年和女青年。前青年期的人
际关系主要是（而且非常重要的是）两人团体（two-groups）；但是这些
两人团体往往是连锁的。换句话说，比如A和B两个人是好朋友。A同
时发现C身上有许多值得仰慕的东西，而B在D身上发现了许多值得仰
慕的东西。此外，C和D也各有自己的挚友，因此，这种两人团体的所有
成员之间都存在着某种有趣的联结。通常情况下，某个特定的青年由于他
在前面的阶段非常幸运，便逐渐被许多其他青年视作模范人物；于是，他
将成为第三个成员，你可以说，他将成为许多三人团体（three-groups）
中的第三个成员。这些所谓的三人团体，是由一个两人团体和这个幸运的
青年组成。与此同时，这第三个成员也可能会拥有一名挚友，就像在这个
社会中的每个人一样。因此，这些关系密切的两人团体（它们在纠正早期
偏差方面极其有用）往往同时也会倾向于通过某个人或某些人（这些人从
某种重要的意义上说是领袖）而联结起来。让我附带地说一句，我们中间 250
有许多人总是用政治术语来考虑“领袖”这个词，即根据“影响”和“有
影响的人物”来考虑。但是，我们却忽略了这样一个事实，即影响往往都
是由有影响的人物在某些明显的领域内施加的，而不是要人们去做领袖想

做的事。事实上，领袖现象（leadership phenomena）的一个十分重要的领域——这个领域在前青年期开始变得极其重要——乃是民意领袖（opinion leadership）；了解这一点，并发展出一些技术来对它进行整合，可能是一个人未来发展的希望之一。

由此可见，某些人在前青年期的社会中会凸显出来，坐上了领导的位子。其中，有些人能够让其他人为了共同的目标或共同的目的（有时候，这个共同的目标或目的也可能是犯罪等）而合作，以相互理解和相互赏识的方式一起工作。也有一些人，作为领袖人物，他们的观点逐渐成为团体中大多数成员的观点，它们可能就是所谓的民意领袖了。这种类型的领导，其某些方面是可以测量的，某些方面则不可测量。它的一个可以合理测量出来的方面是，他们的发展与其智力能力相结合，使得他们具有了将事实与民意相区分的能力，从而往往被其他人认为是消息灵通人士，他们在特定阶段对大家感兴趣的事物持有正确的想法，从而能为其他人所采纳，尤其是为那些不幸处于人格失常状态中的人所采纳。当这些民意领袖专注于思考时，便是团体成员面临严重问题的时候。在这个发展阶段，对于人类未来的普遍的不安全感达到很高水平，当严重问题产生时，不论它们是发生在前青年期团体中，还是发生在整个社会中，这种不安全感的水平都会增加。正是在那些时期里，或许有超过半数的统计人口——由于缺乏信息、缺乏训练，以及个人生活中所出现的各种各样的困难（这些困难会导致大量的焦虑，它们进而会妨碍几乎所有有用的事情）——不得不向民意领袖寻求诸如使人放心的观点或颇具才华的远见卓识等。因此，前青
251 年期人格发展的一个重要部分是领导—被领导关系（leadership-led relationships）模式的发展。在任何一个社会组织中，这些关系都至关重要，而且，这些领导—被领导的关系，相对来说，在社会的民主结构中具有极大的重要性，至少从理论上讲是这样的。

我在前面已说过，对前青年期这个阶段来说，可以说是第一次出现的一个重要方面是个人对其价值的一致证实。有些儿童确实是幸运的，这是事实；因为通过在家里和学校里受到的一些影响，他们对自己在某些方面的价值是相当肯定的。但是，也有许多人却以悲哀的状态进入前青年期，对于这样一种悲哀的状态，成年人往往会把它描述成“逍遥法外”。换句话说，他们不得不发展出如此非凡的欺骗和误导他人的能力，以至他们没有机会去发现自己真正擅长的方面。但是，在前青年期这种亲密的交往过程中——有些青少年甚至还会一起做白日梦，他们可以两个人一起接连几个小时不断地进行一种自发的神话般的想象——在这种认为其他伙伴是正

确的以及其他伙伴认为自己也是正确的新必然性中，有关人格之真正价值的一些不确定性，以及在少年时代存在的欺骗他人的自欺欺人的举动，都可以通过改进挚友之间的交流来得到纠正，当然也可以通过团体中发展起来的协作关系来得到纠正，尽管这两种方法程度不一，但都是有价值的。

反常的类型及其矫治

接下来，我们可以来看一下，有些心理反常的少年，他们可以从这种对亲密关系之需要的成熟，以及前青年期的社会化中获得非常显著的有益结果，而且，事实上，这些心理反常的少年可以在这个阶段被引导到正确的道路上来，朝着健康的人格方向发展。例如，有一些以自我为中心（egocentric）的人，他们从童年期到少年时代，一直保持着无限制的期望，即期望他人一直关注他并给他提供服务。在你所认识的这些人中，有些人一遇到不称心的事情就会发火，有些人则在某些情况下会大发脾气。如果这些少年的家庭所产生的影响非常大，致使学校环境（school community）252 中的许多成年人在“破除”他们这些令人不满的“习惯”方面犹豫不决的话，那么，对他们来说，进行有效转变的最后机会就只有建立在前青年期与一名挚友友好相处的需要基础之上了。有些少年已被其他少年划入彻头彻尾的坏少年一列；那么，其他少年来就会明显地倾向于回避他们，排斥他们，尽管有时候也需要顺应他们，但这种需要主要是由家庭影响强加给他们的。在前青年期，这种人将与其他一些坏少年（这些坏少年也或多或少地处于被排斥的地位，或者说他们已经处于少年社会群体之外）建立起挚友关系，这是很有可能的。这种情况看起来似乎不太好；而且，在有些情况下，情况肯定不好，对此，我将在后面加以说明。但是，不管怎么说，它总比以前的情况好得多。这种类型的人与其他人一样，也会度过相对短暂的前青年期；当他们从前青年期走出来，便已经很少倾向于期盼他人提供无限制的服务了，并且十分接近于一个堂堂正正的男人的理想；这个男人“应付得了前青年期”，且不需要任何特殊的处理。换句话说，如果有两名不幸的少年，由于不利的社会地位而相处在一起（这是少年间经常可能发生的事），那么，在这种不断增长的对亲密关系之需要的影响下，确实给两人都会带来很多裨益。而且，随着他们表现出某种改进，他们将不那么反对占主流的前青年期社会文化，且实际上可能在团体中得到较多的尊重。不过，随之而产生的风险是，这些表现不好的家伙，以及这些将自我放在中心位置或以自我为中心的少年，现在形成了两人团体，这样一来，他们可能会把由于遭到排斥而产生的愤懑和痛苦带入这个阶段，并让自己认同于可能找到的反社会的领袖人物。

但是，如果认为前青年期容易导致一种犯罪的、反社会的生涯，那么，这恐怕是胡说八道中最令人吃惊的例子了，因为它忽略了几乎所有与此相反的例子。碰巧的是，关于反社会团伙方面的文献资料似乎比有关前青年期社会中有利方面的文献资料要多一些。我认为，在一项对环境很差的社区里的前青年期社会所进行的研究确有可能会反映出一些倾向，但这绝不是那些导致青少年犯罪的倾向。在一些环境很差的社区里，尽管有一
253 些反社会的青少年团伙存在，但是也有一些不具有反社会性质的团伙（如果该社区里没有构成一种反社会的建设性要素的话）。在任何事件中，社会化都必定会发生；如果环境很差的话，该组织就很有可能反对这个世界，而且，往往倾向于牢固地树立那种态度，将其作为社会行动的合理目标。

有些少年在进入前青年期时，带有明显的人格恶意转化的标记，关于这一点，我在前面已经相当详细地讨论过。他们中间有许多人，由于这种恶意转化而去建立一种挚友关系，或者有可能做不到这一点。但是，与这种对亲密关系之需要相关的内驱力非常强大，以至于常常与恶意之人建立了挚友关系。这些两人团体的建立（它们进而会被整合进前青年期团体之中）提供了经验，使得下述可能性得以实现，即一个人可能会被温柔地对待，从而使人格恶意转化有时候也会逆转过来，并实实在在地得到矫治。更为常见的情况是，这种人格恶意转化只能得到部分改善，原因在于，恶意的转化对于恶意两人团体形成更大的组织，产生阻碍的作用。

少年时代遗留下来的还有其他各种特征。例如，有的人在与他人相处时，如果他人不喜欢他，就会认为对方有毛病，换句话说，实际上他觉得自己完全有资格被所有人喜爱。这种人在少年时代绝不会认识到这不是合理的生活态度。在学校环境里，这种人常常通过自我贬低的文饰作用以及毁损他人，来处理自己的失望情绪。为此，他通常在家里被树立为一个好榜样。这些儿童在进入前青年期的社会化后，通常情况下能从挚友的亲密关系中获得足够的安全感，这使得他们能够真正地敞开自己的心扉，并讨论其他一些也同样令其不快的人（这些人似乎并不喜欢他们），他们的讨论是以这样一种方式进行的，也就是既启发了其他人的实际价值，又涉及了他们自己的一些品质特征（这些品质特征可能并不十分惹人喜爱）。由此可见，事实上，前青年期往往在某种显著的程度上有助于矫正我们的恶意的病态现象，也就是将别人拉下来的倾向，其原因在于这个人没有强大
254 到足以与别人相处，并在这种相处中感到舒适。尽管在前青年期并非总能

根治这种病态现象，但它往往能够使这种病态现象得以减轻，这一点是毫无疑义的。

一些孤立的少年，在别人看来，他们追求的是一种“精神分裂性”（schizoid）的生活方式，但是，有时候会由于十分幸运的前青年经验，他们会表现出特别善于把握自己也特别善于发展在少年时期并没有获得的社会适应能力；其原因在于前青年期所进行的特殊的、亲密的、一致的交流。另一方面，社会孤立（social isolation）也可能使得很难建立前青年期所需要的那种亲密的关系；它往往有可能会延缓前青年期的发展，这样一来，青年期变化前的时间就会非常短暂，而我们知道，这段时间是用来巩固前青年期的收益的。

少年中更为反常的一种人是长不大的人。这种人有时候受人欢迎，但大多数时间是不受欢迎的。无论如何，随着少年时代的逐渐消逝，这种人往往变得越来越不受欢迎。我们可以恰当地把这种人称为不负责任的人。他们不想承担任何事情，能避开则避开；如果你愿意的话，他希望一直保持少年的状态。他们希望自己越小越好，这是因为他们实际上不愿意俯首帖耳地屈从于我们社会对他们的需要。在这里，对亲密关系之需要的成熟，会产生非常明显的良效；但是，另一方面，有些少年却不会以那种方式成长起来，而很可能会陷入一个不负责任的团伙中。当然，我并不是想让你们认为任何反社会团伙都是由那些不负责任的少年组成的。不论团伙的活动与容纳它的社会之间的关系是建设性的还是破坏性的，都与其中所涉及的人格反常类型没有任何关系，它更多的是一种功能，一种作为领导（leadership）而可被接受的功能。

在总结这些不同的反常现象时，我们可以这样说，只要反常现象不是十分严重，以至于排除了前青年期的任何经历，那么，这些新的亲密关系的形成将为所有的反常现象提供某种交互确证，也就是说，一个人通过挚友的眼睛去观察自己。只要实现了这一点，所涉及的自我系统就肯定会得到扩展，其更为麻烦的、不适当的和不合宜的功能会降低到毫无作用的 255
程度。

我想再提及其他更多一些的情况，它们不一定属于反常现象，但是，如果不是前青年期影响的话，它们可能会成为不适当生活的基础。有些人带着十分有利的记录度过少年时代；他们在体育运动方面表现突出，还有娴熟的妥协技巧，或者他们十分聪明，能使少年社会中的每个人都受益。现在，出现了前青年期对亲密关系的需要。这种人很容易与一个普通人结合成两人团体。而且，在前青年期的社会交往中，有些十分成功的少年首次明白了这样一个事实，即他们不打算躺在丝绸的靠垫上度过一生，而且他们学会了接受这个事实。他们发现，如果他们非常幸运地拥有一些天赋，则这些天赋也连带着责任；由于天赋被用来履行社会责任，因此，他们就会在一定程度上摆脱妒忌这种邪恶及其附带的破坏性实践。

还有一些相似的少年，他们智商很高，教师对他们的评价也不错，但他们却不受欢迎，而且在与其他少年相处时也困难重重——对这一事实，教师很少注意到，因为教师只注意学生良好的学业成绩。在前青年期，对亲密关系之需要的内驱力可能把这种高智力转向良好的人际关系，为这样的少年提供一种机会，即运用他们的智力去学会如何与他人相处。

最后，或许我还应该谈一谈这样一些人，由于患病或者社会障碍等原因，他们在整个少年时代始终处于落后状态。在这里，我们或许可以这样说，前青年期的亲密关系可能真的会给他们很大的帮助，以至于几乎可以弥补他们在少年时代所错过的东西，也就是弥补在竞争、妥协和社会化方面所失去的东西。

在前青年期的两人团体中，一些值得考虑的因素包括：由于对亲密关系的需要而使人们结合在一起并彼此加强联系的个人适宜性（suitability）、结合双方所达到的关系的强度（intensity），以及关系的持久性（du-
256 rability），或者说，在整个前青年期关系尚未被证实为持久时关系变化的渐进方向。这最后一个因素可能源自于父母住所的变化；或者，两人团体本身内也可能有一些因素会导致分解，从而使其中的一种成分又与其他某个人相整合。

我特别想谈一谈关系强度的问题，因为它很容易让人们认为如果前青年期的挚友关系非常牢固，就有可能将这种挚友关系固定在前青年期阶段，或者，这种前青年期的挚友关系就可能以某种人格特征而告结束，即诸如我们通常所指的同性恋关系（homosexuality）——顺便说一下，尽管通常情况下，我们很难说出这个术语究竟意味着什么。我所注意到的一些事实并不支持所有这些推测。事实上，作为一名精神病学家，我倒希望前青年期的关系非常牢固，足以让双方都切实地认识到一种亲密关系中所能暴露出来的有关对方的所有事情，因为唯有这样，才能纠正大量的虚幻感觉、通常所说的病态感觉以及与众不同的感觉，这种感觉到后来的生活中会成为不安全感之文饰作用的一个重要组成部分。

或许，我可以通过不同寻常的方式将许多事件联系起来说明这一点。有一次，我发现了关于成人生活的一些情况，这些成人曾一度同属于前青年期团体，他们曾经一起在堪萨斯一个小型社区里上过学。我第一次知道这个消息是通过一个人，他也曾是那所学校里的青少年之一，后来，我继续追踪，从而获得了关于该团体的相当完整的资料。我上面提到的那个人是一个公开的同性恋者。他在前青年期，曾经明显地被排斥在群体之外；他当时并未参与所谓的相互手淫，以及其他一些同性恋活动（这种手淫以及同性恋活动，在前青年期挚友组成的男孩团体中很常见）；也就是说，他并没有参与任何这类相互间进行的性行为，他参与这个团体的同性恋行为是在前青年期快结束时。据我了解，还有一名少年也没有参与过这类性活动，于是，我便对他进行了追踪了解。结果，我发现，他后来竟然也成了一名公开的同性恋者。那些参加过同性恋活动的人后来都先后结了婚，有了孩子，又离了婚，如此等等，这差不多是美国社会的最佳传统了。换句话说，在前青年期快结束时，那些可被描述为“不合法亲密关系”（illegitimate inti- 257
macy）的关系，并不导致青年期以及后来生活中紊乱的发展类型；这些事实所揭示的情况迥然不同。

前青年期的巨大补救作用不仅通过两人团体中亲密关系的直接效应而产生，而且也通过前青年期出现的真正社交而产生，因此，我们可以说，大千世界在前青年期的微观世界中得到了反映。前青年期的青少年开始拥有了社会评价和社会组织方面的有用经验。这种情况首先表现在两人团体与较大的社会组织，即团伙之间建立的关系之中。挚友之间会彼此认同，而且事实上也会被其他两人团体所评价——这种评价并不依据他们是谁，而是依据他们的行动，以及在社会组织中你可以期望从他们那里得到什么。在这种社会评价中是一种具有教育性、争论性的有用经验。这个事实表明，一个人可以找到自己，可以被他人视为具有不可思议的个性，并且不再成为万物的中心；此外，一个人已经拥有特别幸运的经验。作为整体的团伙会发现，它与这个更大的社会组织（即社区）之间存在一种关系，它是由社区来进行评价的。社区对团伙的接纳与否，很可能取决于该团伙是不是反社会的，而且，它还可能取决于该团伙是否具有广泛的代表性。

在团伙内部，社会组织的经验往往反映在以下几个方面，即团伙结合的紧密程度如何、团伙领导的稳定性如何，以及针对不同的情况有多少领袖等。有时候，如果你仔细研究的话，你会发现，在一些前青年期的团伙中，不同的成员从属于不同的领导，不同的环境有不同的领导，因此可以说，这种情况实际上就是微观化了的社会组织。

发展阶段定时方面的棘手问题

随着前青年期向青春期（puberty）的转变，以往经验对成熟速度的影响变得特别显著。关于青春期转变的时间问题，每个人都相当不同，也就是说，它不同于诸如婴儿眼睛的会聚现象（convergence），因为婴儿眼睛的会聚时间几乎可以确切地加以预测。青春期成熟之所以在时间方面有
258 所差异，部分原因在于某种生物因素和遗传因素；但是，我从大量的数据中了解到，其中还涉及一些经验因素。早期训练的某些特征，在所谓的延迟青春期的情况中十分普遍，以至于人们怀疑，这种训练事实上延迟了情欲动力机制（lust dynamism）的成熟时间。

在前青年期社会中，在人格方面有可能发生的一个悲剧事件是，一个特定的个体可能不会立即变成前青年期的少年，换句话说，他实际上没有对亲密关系的需要，而此时大多数同龄人都有这种需要，因此，当前青年期的少年游行队伍经过的时候，他不会有机会成为游行队伍当中的一员。接着，这个人在大多数同龄人准备告别前青年期的时候，却产生了与某个同性伙伴建立亲密关系的需要，而且还可能会被驱使着与比他年龄小的人建立关系。当然，这种情况并不一定是一种大灾难。但是，以下情况则更可能算得上是一种灾难了，那就是，他可能与现实中某个处于青年期的人形成一种前青年期关系，这种情况很可能在此情境中十分常见。这种情况肯定会使人格承担某种严重的风险，而且，我认为，在大量例子中，这种情况与同性恋生活方式的建立有相当大的关系，或者至少与一种“双性恋”（bisexual）的生活方式有很大关系。正如我在前面已经暗示过的那样，肯定存在这样一种可能性，即他不会比前青年期走得更远。一个人很可能会比某个特定青年团体中的其他人多保持两年的前青年期时间，这一事实现在已很常见，致使其本身足以成为一项研究课题。我有一位朋友突然陷入了精神分裂症的失常状态，但却顺利地进入了青年期，而另一位朋友却仍然保持前青年期的状态，按照我的经验，这很值得注意。

如果青年期被延迟，它就不会具有任何特殊的重要性，但是，它事实上仍有一些有利的因素，只要个体确信拥有一定数目的同样被延迟的人（而且，这些数目是合理的），并与这些被延迟的人保持亲密的关系（这是前青年期的特征）。只有当挚友关系解体，以及前青年期社会随着几乎所有成员的进一步成熟而解体时，我们才有可能对那些不能在同个时间表上
259 移动的人格进行特别的强调。有时候，这些青年期被延迟的人结交知心朋友的年龄会表现出一种渐进性，即从同龄人到较为年轻之人不等，这在某种程度上会使双方在前青年期组织中的地位不那么容易被认可，而且双方常常被年轻人的社会所排斥。我猜可能发生的最好情况——仅次于拥有一些同伙，他们也在成熟方面表现迟缓——是能够在一个人实际进入青年期

之前，抓住青年期的早期阶段，这种情况有时候是可能出现的；也就是说，青春期转变意味着兴趣转到了异性身上，但我们常常也能发现，异性中某个古怪的成员也没有经历过前青年期的变化，但却很高兴地步入了青年期。这样一来，便减弱了个人对其个人价值和安全感的压力，不然的话，被延迟的青年期很可能会带来个人价值和安全感的压力。我认为，人格之前青年期阶段的延迟完成，以及从前青年期团体向青年边缘团体的发展，对这个年轻人来说，往往相当困难；也就是说，从某种意义上说，他是青年边缘团体的受害者，这些边缘团体的青年自身实际上就有许多麻烦，很容易非常感兴趣于与这些青年期被推迟了的处于前青年期的少年搞性活动。至少可以这样说，在某些情况下，当青春期转变和青年阶段最终开始时，这些性活动将使人格付出高昂的代价。

在某个既定的个体身上，就所涉及的人格发展而言，其青年期的开始是在不确定的时间里发生的；也就是说，尽管青年期的开始不会在一夜之间发生，但至少可以在几个月里观察到它的发生，而不需要几年的时间。在我的发展图式中，青年早期是通过一系列所谓青春期转变的事件而开始的，也即通过所谓的情欲动力机制的直接出现而开始的。这种情欲动力机制的直接出现，在许多情况下表现为进入与性高潮经验有关的幻想或者睡梦之中；而在其他一些情况下，则表现为早期的生殖器游戏，以及诸如此类的东西，而且，在某种性游戏中，还可能表现为性高潮的发生。就重要的整合倾向或需要满足之需要而言，情欲是最后成熟的，它是潜在的人性 260
动物现在已经充分发展成为一个人的特征。

我认为，在我们的社会中，青年早期出现的年龄范围为三或四年。这种可能出现在同一年龄段不同人身上的显著的发展差异——与前面讨论过的任何需要之成熟过程相比，这种差异要大得多——是使得青年期成为一个充满压力之时期的重要因素之一。顺便提一下，只有通过研究我们社会中不同的社会组织，我们才能发现青年期的压力是多么小。在其他一些社会中，由于那里的文化比我们社会的文化为少年提供了更多为青年期而做的实际准备工作，因此，青年期不同寻常的压力方面在那里便没有那样明显。不过，还有一些青春期转变及其与人格组织的青年期阶段相关的因素，在任何社会秩序中都不会被忽略；而且，这些东西与一些成长因素的明显加速有关（这里所谓的成长因素指的是使原本相当熟练和相当聪明的人变得笨拙和不熟练的因素）。因此，始终存在着（或者几乎总是存在）某些与躯体组织之快速成熟有关的压力，这种躯体组织是随着青春期转变而出现的。但是，就所涉及的心理压力而言，它们最可能由于定时方面的棘手问题而产生。

孤独的经验[1]

在我进一步深入讨论之前，我想先讨论一下作为孤独经验（experience of loneliness）之基础的动机系统（motivational system）的发展历史。

现在，在人类的经验中，孤独可能最为独特，因为用来谈论孤独的事物都具有沉闷单调的性质。虽然我曾经试图就焦虑经验之极端性给你们留下深刻的印象（这是我与说英语国家的所有居民共同的感觉），但我觉得若要真正清楚明确地传递孤独经验的印象（尤其是以它最为完美的力量来
261 进行这种传递），却是不适当的。不过，我认为，我可以通过追踪孤独经验所经历的各个发展时期的各种动机系统，来说一说为什么孤独是人格中极为重要的组成部分。据我所知，在所有那些使真正的孤独经验得以告终的组成成分中，第一个成分早在婴儿期就已经出现了，那便是对接触的需要（need for contact）。毫无疑问，它构成了复杂的依赖性，这是婴儿期的特征，而且我们可以将它纳入对温柔的需要（need for tenderness）之中。这种类型的需要从婴儿期一直延伸至童年期。在童年期，我们可以看到其他一些组成成分，它们最终将被体验为孤独，这种孤独在需要成年人参与的活动中表现出来。这些活动开始时也许以表达性游戏（expressive play）的形式出现，在表达性游戏中，年龄幼小的孩童不得不通过逃避焦虑或增加欣快方面的成功和失败来学习如何表达自己的情绪；在各种类型的互动游戏中，儿童学会了合作等；最终在言语游戏（verbal play）中——通过使用那些能提供愉快的言语组成成分，逐步发展到言语的交互确证。在少年时代，我们看到了最终将成为对同伴之需要中的孤独的若干组成成分；接着，到少年时代的后期阶段，我们也看到了孤独，尽管前面我并没有提到过这个名字，但是你们也许可以根据你们所经历过的对接纳之需要（need for acceptance）来认识孤独。换一种表达方式，即你们中间的大多数人在少年时代都有过与同伴在一起的极其痛苦的体验，对于这种体验，我们可以合理地用一个术语来表示，这个术语便是“害怕排斥”（fear of ostracism）——害怕不被那些在学习如何做人的过程中被他视作

① 在这一系列讲座中（本书便以这些讲座为基础），沙利文曾经多次提到要对孤独问题进行讨论。然而，这样的讨论并没有在该系列中出现，也许是由于疏忽的缘故吧。因此，我们便在这里补充一节内容，它选自沙利文 1945 年关于“孤独”问题的讨论。——编者注

楷模之人所接纳。

在前青年期，最后一个组成成分出现了，它实际上是具有威吓作用的孤独经验——与同伴亲密交流的需要（the need for intimate exchange），我们可以把这名同伴描述成或认同为一位挚友、友人或者爱人，也就是说，需要最为亲密的交流，这种交流与满足和安全感有关。

孤独作为一种经验，一直以来都让人感到很畏惧，以至于它实际上往往会妨碍对此种经验的清晰回忆，这是一种通常只有在前青年期及其继后的时期才会遇到的现象。但是，通过对上述组成成分的简略分析（这些成分已经进入这种具有驱动作用的冲动之中），我希望我已清楚地表明为什 262
么在连续的匮乏中，这个系统的驱动力仍可以整合人际情境，而不管真实存在的严重焦虑。在概述人格理论的过程中，尽管我们之前没有接触过任何可以无视自我系统活动的东西，不过现在我们接触到了：在孤独的状态下，尽管个体在操作的过程中会感到严重的焦虑，但依然会寻求同伴关系。当一个人由于被剥夺了同伴关系，而不管或多或少存在的强烈焦虑去整合某种情境时，他在这种情境中往往会表现出一些迹象而表明个人定向（personal orientation）方面存在的严重缺陷。请记住，我正在谈论的是生活方面的定向，而不是时间和空间方面的定向，就像传统的精神病学家所讨论的那样。在讨论少年时代时，我已给出了关于生活定向的概念。现在，这种有缺陷的定向可能主要由于经验的缺乏，这种经验除了具有缓解孤独的重要意义之外，还是正确评价情境所需要的。当然，还有许多情境，在其中，孤独的人确实缺乏如何处理他们所面临之事物的任何经验。

孤独的重要性在前青年期达到其顶峰，而且，从那时起直至死亡，其发展相对没有变化。一个只要经历过孤独的人，都会很乐意谈论这种模糊、抽象的经验。但是，若要他清楚地回忆当他感到特别孤独时，他有怎样的感觉，以及他都做了什么，则是一种很难的治疗操作（therapeutic performance）。换句话说，孤独在面临严重焦虑时将会自动地导致整合，这一事实往往意味着孤独本身比焦虑更加可怕。虽然我们从很早的时候起就表现出了对害怕（这种害怕有可能会导致致命的伤害）的奇妙感受能力，而且，我们从很小的时候开始，便表现出了对重要他人的令人难以置信的敏感性，不过，只有当我们到达发展的前青年期阶段时，我们所追求与他人交往的深刻需要才会达到这样的程度，即恐惧和焦虑实际上没有力量阻止我们踉跄地走出不安，并进入一种在某种程度上能够缓解孤独的情境。在我们到达前青年期阶段之前，它并不表现在诸如内驱力等东西上。

第十七章 青年早期

263 作为人格发展的一个时期，青年早期阶段被界定为：始于对真实的生殖器产生兴趣（即情欲感受），止于性行为的模式化（这是青年期最后阶段的开始）。在与青年期开端相关的生理基础方面，男女之间存在非常显著的差异；但是，不论在哪种情况下，都会出现一种相当剧烈的变化，这种变化在整个发展过程中相对来说是前所未有的，通过这种变化，原先与环境进行相互作用的区域，也即原先涉及排泄功能的区域，现在迅速发生了重大的新变化，变成了从肉体上实施亲密关系的相互作用区。换句话说，从躯体的视角看，以前更多属于排尿区的那些外部组织，现在则更多地成了生殖区域的外在部分。从心理学的视角看，这种变化属于新的需要，这些新的需要在性器官的体验中达到高潮；感受到的与这种需要相关联的紧张状态，传统上相当确切地将其确定为情欲。换句话说，情欲是指关于生殖相互作用区的整合倾向中可以感觉到的组成成分，它寻求逐渐增强的感觉，并以达到性高潮而获得满足。

据我所知，除了一点，即它们都是发展过程中某一特定阶段的人们的特征，情欲（作为一种整合的倾向）与对亲密关系的需要（对此，我们在前面已经做过讨论）之间并不存在必然的密切关系。二者之间存在明显的不同。事实上，要非常清楚地弄懂青年期和随后的生命阶段中所体验到的
264 复杂性和困境，在很大程度上取决于人们区分三种需要的明晰程度，这三种需要通常非常错综复杂地混杂在一起，但同时又相互矛盾。这三种需要是：对个人安全的需要，也就是摆脱焦虑的需要；对亲密关系的需要，也就是与他人（至少一个人）合作的需要；获得情欲满足的需要，这种需要与追求性高潮过程中生殖器的活动有关。

对亲密关系之需要的转变

随着青年期的到来，在此种发展方面没有表现出太多反常的青年身

上，通常会出现一种变化，也就是所谓的对亲密关系之需要的对象会发生变化。这种变化就是从我现在正在讨论的同质选择（isophilic choice）向异质选择（heterophilic choice）的转变，也就是说，这种变化是从寻找某个与自己十分相似的人，转变为寻找某个与自己非常不同（这种不同是从某个十分重要的意义上说的）的人。这种选择的变化自然会受到生殖内驱力之伴生现象的影响。因此，在其他条件相同且没有非常严重的反常或剥夺现象介入的情况下，从前青年期向青年期的变化就会表现为，越来越感兴趣于和某个异性建立某种程度的亲密关系，这种模式与一个人在前青年期与某个同性建立亲密关系的模式比较类似。

从异质选择这个意义上说，在今日的美国，对亲密关系之需要获得满足的程度，还远远不能让人满意。其原因并不在于把兴趣转向异性本身会使亲密关系的建立变得很困难，而是那些对每个人都会产生影响的文化因素几乎没有让不同性别的人准备好一起建立一种充满人性的、单纯的个人关系。异性之间建立亲密关系的很大障碍，通常可以追溯到西方世界刚刚形成的时候。只要稍微暗示一下我正在谈论的内容，我就会提到所谓的道德的双重标准，以及围绕私生子的法律地位问题。通过研究一种在组织和风俗惯例方面与我们自身显著不同的文化，大家就能了解文化组织与文化风俗对青年期建立各种人际关系的可能性（这是很容易的，而且从人格发展来说，也是成功的）所产生的重要影响。多年来，在这个方面，我一直 265
推荐霍顿斯·鲍德马克（Hortense Powdermaker）的著作《莱苏的生活》（*Life in Lesu*）。[①]在莱苏这个地方，关于两性之间区别的风俗惯例与我们的风俗惯例有明显的不同，我们的风俗惯例与那里的风俗惯例之间的对比，就其本身而言，很可能在某种程度上折射出了西方世界的某些不幸方面。

不过，现在让我们回到我们的文化上来：对亲密关系之需要方面所出现的变化——男孩好奇心的觉醒，即他发现可以像原先与挚友的相处那样去和一个女孩子友好交往——通常会经过一个内因过程的改变而突然出现。幻想发生了相当显著的变化——这种变化差不多与躯体成长的突然加速一样突然和显著，躯体成长的突然加速往往开始于青春期的变化，而且通常会导致如我在前面已经提到过的窘迫（awkwardness）。此外，在公开的交往过程（既包括两人团体内的交往，也包括小团伙内的交往）中也

① Hortense Powdermaker, *Life in Lesu*: *The Study of a Melanesian Society in New Ireland*; New York: W. W. Norton & Co., Inc., 1933.

可能存在交往内容的变化。也就是说，如果前青年期能够成功地朝着成熟的方向发展，而且一致地摆脱了人格的歪曲，那么，对一些异性的兴趣也会扩散到挚友之间交往的领域，即使有的挚友对异性不感兴趣，甚至还可能对这种新出现的被异性吸引的现象抱有反感的态度。在更加幸运的情形下，这很快就会表现为一种小团伙式的变化，那些差不多准备好做出此种变化的人，会从前青年期合作的最后一个大主题中得到相当大的收获——这最后一个大主题，就是在所谓的两性世界中关于“谁的谁”（who's who）和“什么的什么”（what's what）的问题。如果团体中包括一些发展滞后的成员，那么，团体内部（小团伙内部）的社会压力对他们的自尊极其有害，而且实际上有可能会导致人格出现非常严重的障碍。正如我在前面曾暗示过的那样，前青年期的阶段会在不知不觉中，悄然进入青年早期阶段，这是很常见的事情，小团伙式的生殖活动也会成为前青年期最后阶段或快进入青年期时的模式的一部分。因此，我们在这一点上常常可以
266 发现，情欲动力机制事实上在大部分的团体活动中发挥作用，并操纵着大部分的团体活动，但是，其活动的方向明确指向异性成员。

在从前青年期到青年期的变化过程中，人类这个样本中必定存在大量的试误学习。青年期伊始，很多人会从这种试误学习中获益，他们能够从这种学习中获益主要凭借的是他们通过对异性兄弟姐妹（这些异性兄弟姐妹在发展年龄上与他们自身相差不是太多）的观察和体验而业已获得的资料；这些资料在以往并不重要，但此时却很快变得重要起来。

我认为，根据常规的统计学经验，女性经历青春期转变通常稍早于男性；在很多情况下，这往往会导致男孩和女孩之间发展过程出现不同步的现象，这样，到了大多数男孩开始对女孩产生兴趣的时候，大多数女孩已经不再纠缠于她们与男孩之间的问题。从人格发展的观点看，如果男女孩发展在时间上较为同步的话，异性之间的交往就方便多了；但是，我猜想，如果一开始一切都已被安排好的话——顺便说一下，关于这个主题，我从未获得任何私人的信息——生育（procreation）就会变得像在高度发达的文明社会里的自尊感一样重要。因此，女性很早就为生育做好了准备；事实上，青年期的重要问题之一，便是如何去避免意外的生育事件。

对情欲、安全和亲密之需要之间的各种冲突

情欲被激发后，它就变得特别有力。事实上，如果一个人忽略了他的孤独体验，他就很可能会认为情欲是人际关系中最为有力的动力机制。由于我们的文化设置了各种障碍来阻止情欲活动，而不是助长情欲活动，因

此，情欲无疑会与人格中一系列强有力的动力机制发生冲突。这种无处不在的冲突自然是个体的情欲与个体的安全感之间的冲突；这里所谓的安全感，我所指的是一个人的自尊感和个人价值感。所以，很多人在青年早期会遭受极度焦虑之苦，这些焦虑与他们新出现的想要从事性活动或生殖活动的动机有关——我经常交替地使用性活动和生殖活动这两个词语。除了 267
困惑、窘迫等（这些是我们的文化已经确定的）之外，很多人身上还存在着许多与躯体所涉及的一般区域有关的非常反常的情况。我把这种现象称作原始的生殖器恐惧症（primary genital phobia），但是，这里所说的“恐惧症”并不能完全用通常的恐惧症概念来加以解释。所谓原始的生殖器恐惧症，我所指的是一种持久的人格歪曲现象，这种现象通常在婴儿后期和童年早期便已出现，而且，它事实上会将身体的那个区域转化成不属于身体的某种东西。在讨论排泄功能和手的探索能力时，我曾对一些父母所做出的令人难以置信的努力发表过评论，这些父母努力地不让自己的孩子玩弄生殖器，努力地不让孩子对生殖器进行任何探索并获得任何感觉。在父母的努力取得成功的一些情形下，身体的那个区域就会明显地与人格的那个区域（很早以前，我就称人格的这个领域为非我）联系起来。对于出现了这种人格歪曲的青少年来说，想要获得任何关于如何处理情欲的简单学习（我也可以说是常规类型的学习），几乎都是不可能的。因此，当这个人变得情欲亢进时，他便会把生殖动力机制（genital dynamism）的能量添加到孤独和其他一些不安定的因素上；于是，他与其他人的活动就会变得相对无意义，因为从事这种活动几乎可以肯定地说是一种耻辱，也不利于他的自尊。或者，他事实上也可能由于情欲动力机制的显著力量和他不知道如何学会处理这种情况而产生的相当大的失望感，而在人格方面出现某种相当严重的障碍。由此可见，处于这个时期的青少年可能知道大量关于他人如何做的信息，但如果他发现自己做不到这一点，便会觉得自己还不及同龄人的平均水平。

不仅情欲会与对安全的需要发生冲突，而且，对亲密之需要的转换也可能与对安全之需要发生冲突。在青年早期，对亲密关系的需要（即，与某个非常特定的他人合作的需要）会开始指向异性，并且倾向于落实到某个异性身上。这种情况可能与自尊发生冲突的方式有很多种，不过，我只想让大家注意其中一些比较特殊的例子。我们常常会发现，进入青春期的青少年总会让家中的年长者很不满意。在这样的情境里，我们往往会发 268
现，家庭成员对于发展一种同性之间的挚友关系，甚至是对这个青少年加入某个小团伙，都没有什么必须认真对待的戒律；但此时，当这个少年将兴趣转向异性时，家庭成员就会对他施加强烈的压制性影响。

在这种特殊的情况下，家庭成员所使用的最为有效的手段之一便是奚落嘲弄；事实上，有许多青少年由于父母的奚落嘲弄而产生严重的焦虑，这些父母只是不想让自己的孩子成为一个对性（sex）之类事情感兴趣的人（当然，这是为人父母者的想法），父母的这种做法可能会使孩子生病，也可能会导致孩子草率结婚和离家出走。对于刚刚步入青春期的青少年来说，父母和其他年长者对他们的奚落嘲弄，是一种最为糟糕的做法。有时候，一些父母（这些父母要么比较有修养而并不采用奚落嘲弄的方式，要么还没有意识到奚落嘲弄这种方式的惊人力量）会采用一些修正过的奚落嘲弄方式；这些修正过的方式往往表现为：在看到孩子表现出任何靠近某个异性的举动时，父母便会干预、反对、批评，或者干脆加以阻止。这种情况可能会发展到病理性表现的程度，我们称之为猜疑（jealousy），在出现这种猜疑表现时，父母确实会令人难以置信地插足于青少年试图与某个异性建立起的两人团体。我们在后面讨论生活中一组特定的困难，也就是所谓的偏执状态（paranoid states）时，会再次涉及猜疑这个问题。在这里，我们只要指出这一点应该就可以了，即猜疑是一个涉及两人以上的问题，而且通常情况下，猜疑所涉及的每个人都是相当爱幻想的，也就是说，有大量的不完善反应的过程混杂于其中。有时候，在猜疑者看来，所涉及的第三个人完全是一个情绪失调的妄想症患者。我在这里说了这么多只是为了突出个人价值感与朝着为满足对亲密之需要的方向而做出的改变之间的那种冲突。

此外，对亲密关系之需要与情欲之间也存在冲突。在与某人建立合作性亲密关系时，常见的笨拙（awkwardness）方法有四种，其中，前三种——窘迫、缺乏自信和过分小心谨慎——构成一组。第四种笨拙方法是
269 我们的一种神奇魔法把戏，当我们想摆脱某种不起作用的东西时通常会走向另一极端，也就是我们所说的否认（not）的技术。换句话说，大家当然都知道苹果为何物，但是如果你处在足够大的压力之下，你便可能产生一种想象出来的事实（imaginary truth），即不是苹果（not apple），这种想象出来的事实完全是由非苹果（absence-of-apple）的特征所构成。因此，在试图解决对亲密关系之需要与情欲之间的冲突时，一种方法是通过某种与缺乏自信（diffidence）相对立的东西来解决，也就是说，在追求生殖对象（genital objective）的过程中，发展出一种非常大胆的方法。但是，这种方法在处理对象的感受性和不安全感方面非常糟糕，以至于对象进而会变得窘迫和缺乏自信了；因此，这种方法有点过头了，从而导致不

太可能整合真正的亲密关系。

有一个更为常见的证据可以证明这两个强有力的动机系统之间的冲突，在我们的文化背景下的青少年身上，我们可以看到这样的证据，即对客体对象的划分，这种划分就其本身而言，是一种极其不幸的成长方式。我这么说，主要指的是对不同的人做不同的区分，对有的人可以运用情欲动机，而有的人是为了摆脱孤独，也就是说，为了合作性的亲密关系，为了友谊。妓女与正派女孩这个古老的例子也是一个经典的例子。在大家眼里，妓女是仅供生殖器接触的女人；对于正派女孩，人们绝不会从那个方面来想，而只会认为好女孩为了与别人建立友谊，只是为了一种有些朦胧的未来状态，即婚姻。当这种划分变得相当引人注目时，这种朦胧的状态就会表现出一种纯幻想的特征。现如今，有一种比上述区分流行得多的区分，是性感女孩（sexy girls）和正派女孩之间的区分，而不是好女孩和坏女孩这种粗略的划分。但是，不管怎样划分，异性都可以分为两种——一种能够缓解个体的孤独，使他免受焦虑之苦，另一种则可以满足他的情欲——但麻烦的是，情欲乃是人格的一部分，没有谁能够用这种方法在完善其人格发展方面走得很远。所以说，满足情欲必须付出丧失自尊这样相当大的代价，因为坏女孩都是可恶卑劣的，而且，从正派女孩的意义上说，坏女孩不能算做真正的人。因此，不论在哪里，只要你发现有人明确将异性分为两种，一种是充满情欲的，另一种是没有情欲的，那么，你便可以假定这个人已经根据他的生殖行为来进行了区分，这样，他就无法真 270
的能够简单而又不失自尊地将其整合进自己的生活中。

出现在这个阶段的这种种冲突，可能就是处于前青年期和青年早期的青少年涉足“同性恋”活动（这些同性恋活动有一些引人注意的变式）的主要动机。但是，这种种冲突——在发展适合自身需要的活动方面所存在的困难——会带来一个更为常见的结果，那就是出现大量的“自体性行为”（autosexual behavior），在这种自体性行为中，一个人会尽自己最大可能来满足自己的情欲；这种行为之所会出现，原因有二，一是前青年期社会解体的方式，二是有关生殖器自由的主题而向青少年灌输的那些禁令。现在，这种自体性行为通常被称为手淫（masturbation），一般而言，它在每一种文化中都会受到相当严厉的谴责，而这些文化通常都会给性发展自由强加上许多明显的限制。你看，非常清楚明了；它意味着不管你怎么做，青春总会过去，除非你充分地准备好了让自己变得与众不同——但是，在这种情况下，你可能会因为与众不同而遇到其他的麻烦。

顺便提一下，甚至在智者中间，手淫问题也很常见，因此，我们必须再说一说健全的精神病学观点对这个问题是怎么看的。有时候，有人会提出手淫究竟是好还是坏这样的问题。精神病学家不管在什么时候听到这样一个问题，都极有可能深思一番，看看自己是否能够把它重新表达为另一个问题（这个问题是他作为一名精神病学家可以解决的）；精神病学家通常不会给出“好”或“坏”的绝对结论。我们在探讨好、坏这些价值观时，最便捷的方法是，根据当前和不久将来的人际处境来确定一件事情的好坏。通过这种方法，我们可以注意到，在我们的文化中，与青春期变化相关的发展进程受到两方面的阻碍，一方面是缺乏准备，另一方面是对某些自由的绝对禁止；但是，与对亲密关系之需要相结合的情欲通常会驱使受害者朝着矫正某些人格歪曲的方向发展，使其在人际关系中发展出某些技巧、某些能力。据我所知，目前还没有任何一种方法可以让一个人完全
271 依靠自己来满足对亲密的需要，并阻断孤独的驱动力（尽管个体可以处理孤独，或者将它减少到某种程度）。但是，通过自体性行为，个体可以防止情欲的充分紧张，防止它冲破自我的屏障。正是鉴于这一原因，所以我们说，完全只运用自体性程序，可能导致人格歪曲的延长，而这进而又会导致当事人的生活障碍延续。单单从这个观点出发，我就会想，手淫（解决情欲所引起之各种冲突的唯一方法）比几乎任何一种其他东西（这些东西确定不是恶意的）更为糟糕。因此，不用说，如果自体性行为并不固定、唯一，而是随意或偶尔为之的话（这种情况在生殖行为中很常见），这样一种论点就会变得毫无意义。如果有人反对手淫的论点是以其他任何原因（而不是上述这个特定的原因）为基础，那么，在我看来，这位辩论者似乎更多从未经分析的偏见出发，而不是更多以他的正确判断为出发点。

异性实验中的幸与不幸

我将要讨论的下一个主题相当重要，即刚刚步入青年期的青年在积累异性经验的实验中所遭遇的幸与不幸。以前（那时的我显然比现在鲁莽许多），我认为，许多被我看做精神病患者的人，如果他们在青年期能够与一名品质较好的妓女实行具有预备性质的异性性行为实验，那么，这些人（现在成为精神病患者的人）应该会幸运得多，也就是说，要比他们后来实际发生的情况要幸运得多。我之所以这样想，倒不是因为我认为妓女是人格得到高度发展的异性，而是因为，如果她们碰巧从事的是生殖活动的行业，而且她们的态度又很友好，那么，她们将至少了解有关这个领域中的大量问题，而这些问题也是青年会遇到的问题，这样的话，她们便将会

以同情、理解和鼓励来对待这些青年；但是，不幸的是，大量此类实验是在其自身就有严重失常问题（尽管情况各有不同）的人身上实施的。与青年第一次性生活之尝试相关的不幸经验有很多，为了进一步使人格成熟，有时候这些经验需要付出非常昂贵的代价。如果只有生动的情欲幻想，而 272
没有或者极少有与生殖器有关的外显行为——顺便说一下，这种情况有时候会形成一个人十分强烈的特征，使之患上原始的生殖器恐惧症——那么，几乎可以肯定的是，在真正的生殖器接触之前，这个人身上将会发生早熟的性欲高潮；这种早熟的性欲高潮会突然彻底摧毁整合，使两个人处于实际上毫无意义的情境之中，尽管在此之前这两个人彼此之间是很有意义的。这种情况在男性自尊方面反映十分强烈，从而导致了一种更加不幸的过程，即阳痿（impotence）。对这种灾难性事件的回忆（从焦虑的角度看代价是十分昂贵的），容易导致这样两种结果：一种是过于自负地深信，一个人缺乏“生殖能力”（virility），一个人的男子气概明显不足，是无法改变的；另一种是试图证明存在着一些原因，如果这些原因长久保持的话，那么他也许能行。除非有过某种生殖活动，除非某个女人很擅长让男人减少焦虑，或者甚至是减少男人的性兴奋，不然的话，这种早熟的性欲高潮很容易让男人开始寻求异性生活。不用说，这种事情就如同喝一杯水那样具有非常真实的意义，也就是说，如果一个人能够以完全平静、理性的态度接受它，就会发现，除了说它曾经发生过一次意外，它绝对没有什么问题，而且个体到后来会看到，它是否会成为典型的行为，或者它是否只是一次偶然事件而已。通常情况下，它都不是典型的，除非它产生了灾难性的后果，在这种情况下，它可能会被铭刻在心，会被视为一种用来处理自己无力整合真实的情欲情境而采用的病态的方式，或者会被视为一种处理我将在下面加以讨论的其他各种事物的渠道。

在其他一些情况下，由于经验的缺乏和人格的反常，情欲可能将某些东西带入性欲高潮，通常情况下只是其中一人的性欲高潮；但是，一旦情欲的动力机制得到满足，以及情欲的情境发生解体，所涉及的人便可能成为内疚感、羞耻感、厌恶或者反感等的牺牲品，他们双方都会产生这种感觉，或者至少其中一人会有这种感觉。事实上，对于一个人了解如何在这 273
个世界上生存来说，这种经验并不是一种特别幸运的补充。在最初的生殖活动实验中，有一种很少发生但也相当不幸的事件是，如果最初的生殖活动进行得相当顺利的话，它可能会成为一种高级的先入之见。我们通常可以根据一般先入之见的理论来理解这种情况，而且它与其他的先入之见一样带有病态性质。由于情欲具有特别强烈的生物学基础，而且，在一些处于青年早期的人身上，可能还会成为一种反复发生的、具有强烈驱动性的力量，因此这种对情欲的先入之见可能会导致自尊的严重恶化，这是因为个体被驱使进入了不愉快的情境之中，他面临着不赞同和不准许的压力，而且这种先入之见确实阻碍或干扰了所有维护个人自尊的方式。许多人对自己的自尊不确定，他们仅仅依靠自己的学业成绩，但一旦他们专注于追求情欲对象，便会发现自己作为学生的地位迅速下降了。于是，他们便成了严重焦虑的牺牲品，因为他们唯一的荣誉已不复存在。

由于上述问题频繁发生，令人沮丧，因此，与青年早期相关的各种问题便会导致一些人转向酗酒。酗酒已成为我们文化中心理健康的主要问题，其结果是不幸的。有时候，我甚至这样想，酒精是西方世界得以延续和成长的基础，它的作用甚至超过了其他任何的人类发明。我相当确定的一点是，如果大量社会成员在其不愉快时，拒绝使用这种奇妙的化学化合物来解除由于焦虑而产生的种种难以忍受的问题的话，就没有哪个复杂的、奇妙的和引起麻烦的社会组织可以长久持续，从而成为一个惹人注目的社会组织了。但是，其对付那些问题的能力，自然也会使之在某种情况下成为具有危险性的东西，我想这几乎是无需争论的事情。酒精与其他许多刺激物一样，尽管也具有暂时的补救作用，但无论从何种意义上讲，它都不会对文化中不可能做到的事有任何有利的转变，而且，它的代价昂贵，至少对大多数人来说是这样。酒精的一个特性在于，它会立即妨碍复杂且精细的操作，尤其是那些近期出现但并不特别地扰乱人格中原有的、更为基本之动力机制的操作——尚未深刻且广泛地涉足整个生活事务之中
274 的操作。它肯定会逐渐地损害自我系统，这种损害往往开始于自我系统的功能中最新近和最复杂的功能。因此，处于酒精影响之下的人格，很少有能力保护人格本身免遭焦虑之苦，实际上所有的焦虑都是在后来才被体验到的（也即具有回顾性）。由于自我功能（当然，它与焦虑的产生关系密切）被酒精所抑制和干扰，而个体后来的回忆却没有被酒精抑制和干扰，因此他仍可在回顾中体验到焦虑，这一点大家都能理解。我认为，使个体过于依赖酒精的问题属于性欲调节问题，这些问题对青年早期的个体来说是一个沉重的打击。

情欲与亲密关系的分离

下面，我想讨论一下青年早期的发展不幸，青年早期有一个显著的特征，即存在一种由情欲所激发之人际关系与那些基于对亲密关系之需要——由孤独所激发——的人际关系之间的分离。与异性对象的分类——

例如，将女人分成好女人和坏女人两种（这一点我在前面曾经提到过）相比，这种明显的分离是一种更为广泛和更为持续的人格偏离（deviation）。对亲密关系的需要从其最为古老的根源沿着它自己的路线逐渐地发展着，而情欲是直到最近才形象地出现的。这些发展的人际关系（这些人际关系很少相似，而且实际上是分叉的）的复杂结果是精神病医生所关注的问题的丰富源泉。有些人很不幸地要对其情欲（我们至今仍然这样称呼它）进行升华，也就是说，在将它与社会上可接受之目标联系起来的同时，部分地满足它。正如我想再次提醒向你们的，这是一种极其危险的超负荷运载，很容易会以一种可悲的方式瓦解。至于在这种情况下会发生什么，我想晚一点再做这方面的讨论。但是，对亲密关系的需要有时候会这样表现出来：某个异性在许多方面与自己的父亲或母亲很相似，他或她就可能会陷入完全成熟的“爱”与忠诚。还有一个不那么明显的例子便是“假兄弟姐妹”（pesudo-sibling）的关系。当然，在我们的文化中，你可能会听到很多关于某位姑娘愿意做你姐妹的笑话。但是，我不知道你们是否已经意识到，处于青年早期的不幸者，随着人格的发展，开始建立这种“假兄弟姐妹”的关系，这种假兄弟姐妹的关系，很可能会被别人误认为是朝着发展方向（即解决情欲问题和孤独问题）的一种令人满意的行动。我们可以 275
说，这种类型的另一种变化是关于好姑娘和坏姑娘之分离的延续和精炼：所有的女人都是好的——简直太好了；她们是高尚的，任何人不能为了诸如生殖器满足这样的事情而去接近她们。当然，还有另外一个极端，即所有的女人，除了令人可恨的纠缠不清之外（这种令人可恨的纠缠不清实际上是官方的事务），都是没有吸引力的，都不适于任何事情。

在试图将个体对亲密的需要与对性交的需要进行分离的过程中，人格的某些特征出现了，这就是我们后面将要讨论的分裂（dissociation）。在那些具有与对亲密之需要有关的人格特征的人中间，有种人往往会感到被异性所追求，而且事实上也确实花了许多时间来试图避免被异性所追逐。当然，也有一些真正的憎恶妇女者，也就是说，有这样一些男人，他们确实对任何女性都抱有强烈的厌恶感，仅仅与其维持最表面化的关系。当情欲分裂——事实上，情欲的组成成分经常会分裂——下面这些情况便发生了（甚至在青年早期就会发生这种情况），即独身的生活方式，有些情况下，有可以理解的情欲幻想，而在其他一些情况下，却不带有任何一种有意识的情欲需要的表现。相比之下，后一种情况可能发展得更为离奇，以至于实际上回忆不起任何与睡眠中的情欲满足相关的内容；换句话说，这种人存在夜间遗精的情况，但对其内容却一点也回忆不起来。当一个人遇到这种情况时，他立马就会认为自己人格方面出了某种十分严重的问题。这个领域中的另一种表现，就是我所说的对女性生殖器的恐惧（当然，我是从男性的角度来说的）；即使这样的男人认为女人是没有什么问题的，而且事实上在许多情况下，他们甚至可以很好地接近她们，但是，一旦试图有生殖器之间的接触，他们就会被这样一种感觉所压倒，这种感觉确实有点不可思议，同时伴随着让他们无能为力的体验。正如我前面已经暗示过的那样，所有这些不可思议的感觉涉及的往往是那个非我，而且到了人
276 格的这个阶段，几乎总是标志着人格中有些方面出现了严重的分裂。关于这种情况的另一种解决办法，是陷入同性恋方式，以消除情欲；这种同性恋方式也许伴随着喜爱，也许伴随着不在乎，也许伴随着对搭档的厌恶，或者甚至对整个情境抱有厌烦或想入非非的态度。

在这组特殊的发展障碍中，还有一些例子，在其中，生殖内驱力借助于低于人类的动物（infrahuman）来释放，或者差不多在低于人类的动物参与下释放，也就是说，某些低等动物被用做生殖活动的搭档，或者虽把人用做生殖活动的搭档，但是当事人却对那些搭档存有严重的偏见，以至并不把他们当人看待。偶尔，人类的聪明才智会引导那些患有原始生殖器恐惧症的人去创造出所谓的手淫器具。这是一种引起了广泛注意的现象，据推测，它与偏执狂状态之间有着有趣的关联。事实上，它确实与后来发生的偏执狂状态相一致（而不仅仅是偶然相一致），但是，这种关系由于被广泛地强调而显得有点过头了。

孤独的青年

最后，我还想在这里提一下青年早期的孤独所导致的不幸，这种情况与我刚才讨论的发展障碍相当不同。青年期孤独所导致的不幸已对很多人产生过影响，你在日常生活中可能会遇到这些人，或者精神病医生在其工作实践中也会接触到这类人。或许是由于社区的圈子较小，或者是由于特定的家庭环境以及诸如此类的情况，这些孤独的青年没有机会与其他青年进行亲密交往，而且也没有机会与处于同发展阶段的异性接触。从理论上说，这些人相当有趣，因为他们有自己的幻想过程，随着他们从前青年期进入青年期，其长时持续的幻想的一些主要特征开始转向异性。在这一转化的过程中，其幻想中增加情欲内隐过程的程度在很大程度上取决于处于中介地位的教育影响在何种程度上为这些内隐过程提供了基础。有时候，
277 人们会发现，有些人仅仅因为孤独而未能达到具有特殊情欲幻想过程的程度，结果，当情欲动力机制出现时，它在很大程度上就只能在睡眠中得到

发泄，不过，这种情况本身并不表明人格的严重失调。如果我们有可能对这些孤独的人进行研究的话——或者更确切地说，如果他们尽管缺乏经验，但善于交流的话（这种情况以前是闻所未闻的）——那么，了解一下夜间进行的内隐过程是如何与情欲之满足相联系的，应该是一件十分有趣的事情。有些处于青年早期的人，之所以在用这种幻想活动去替代人际经验的过程中会遭遇特定的障碍，是因为他们发展出了相当固定的人格化想象伴侣；而且，理想化特征的个人根源在今后的生活中可能会成为严重的障碍，会妨碍他们找到真正适合与其建立持久人际关系的人。

未能改变前青年期对亲密关系之需要的方向

我曾经说过，随着情欲动力机制的成熟（不过，这绝不意味着时间上绝对的一致），会出现一种幸运的转变，即从对亲密的需要转向寻求一名与自己不一样的异性朋友。不过，现在，我想考虑一下偶然的发展情况：情欲的动力机制成熟了，但前青年期对亲密关系之需要的方向却没有发生变化。在这种情况下，会新增一种有助于培养和爱护某个异性朋友的冲动，而情欲动力机制的一切力量都带有想要与某个人或某样东西发生生殖器相互作用的内驱力。在这些例子中，人际关系方面短暂或持久的同性恋组织都很常见，生殖内驱力得以解决的方式有多种。第一种方式是通过已知的同性恋幻想过程，这些幻想过程通常被各种保护自尊的措施所围绕（至少部分是这样）。这种情况往往还伴随着情欲的自主性生殖释放，同时还伴随着对异性的回避或漠不关心，以及与同性保持社会距离。因此，虽然存在一种以同性（isophilic）或单性（monosexual）两人团体满足情欲的运动，但是，对于性交的满足却得不到任何鼓励，或者没有能力去承认 278
这样一种鼓励——在有些情况下，甚至还会出现对生殖部位的极度恐惧，以至不可能实现性交的满足。因此，情欲与继续前青年期方向之亲密需要的并存，往往会导致我们称之为同性恋特征的幻想，它伴随着各种防卫操作或安全操作，以防止这些具有同性恋特征的幻想被人发现或怀疑。但是，要使这种做法获得成功，就必定存在某种情欲的满足，而且，几乎所有的人为此而找到的方法都是自我操作（self-manipulation）。与这种情况一起发生的是，男孩子往往主动回避女孩子，或者对女孩子明确地抱漠不关心的态度，尽管这些延迟了的人所发明的最佳预防措施之一是寻找一个被接纳的女人，她可以提供正常发展的社会现象，但她对男人不抱任何期望。在这些解决办法中，我们看到这个人与某些男孩之间的社会距离在加大，而不是与作为梦幻过程对象的知心朋友之间的社会距离在加大，这种现象几乎总是如此。顺便说一句，虽然我在此主要从男孩的视角来讨论，但在女性身上也完全可能产生类似的情况。

第二种方式是通过已知的同性恋幻想——这里所谓“已知的”是指“有意识的”——使生殖内驱力在这种情境里得到处理，这种幻想与将它们隐蔽起来的不适当预防措施相关，也与作为拒绝之结果的严重焦虑相关（不管这种拒绝是想象性的还是真实存在的，都是如此）。这种情况往往导致憎恨的行为，或者导致“手淫的羞愧”（masturbation shame），并且还会导致其他各种令当事人难以启齿的痛苦的事；但是，这个人很清楚，或者说他可能很容易就会了解到，这些痛苦的事情往往与他的同性恋幻想实践相关。

第三种方式，也即一个人在从前青年期向青年期过渡时所遭遇的第三种困难是这样一种情景，即内隐的过程不能进入意识领域——用一种旧式的术语表示，它属于无意识过程——这种无意识过程往往伴随着虚假的异性实践（pseudo-heterosexual practices），有时还会伴随着与同性之间关系的疏远，当然有时候不会出现与同性之间的疏远。这种情况往往是一种预兆，它预示着当事人将终其一生寻找一个“理想”的女人——或者寻找一个“理想”的男人，如果当事人是女人的话——在寻找理想对象的过程中，他将一次又一次地发现，每位对象都存在严重的缺陷。这种情境是极
279 其不悦之猜疑紧张出现的典型领域。我认为，在有些方面，猜疑甚至比焦虑还要不受人欢迎。我这样说，可以说有点夸张，因为焦虑如果严重的话，它确是完全不受欢迎的。但是，根据我与一些怀有猜疑之心的人相处的经验，猜疑似乎十分接近于现时的旧式基督教地狱的图景。

然而，由于亲密关系的强烈欲望未能将其目标转向异性，因此，解决这个问题的另一种方式便是转向同性恋的生活方式，这些同性恋生活方式要么使当事人深受焦虑之苦，以至于极少被认为达到了情欲的满足，要么肯定掺杂了可憎的邪恶动机，结果，虽然情欲有时候或多或少得到了满足，但当事人最为清晰地记得的还是与这件事情相联系的恶意伤害。最后，随着这种对同性亲密关系之需要的继续，可能会建立起一种令人满意的、相对安全的同性生活方式，这种生活方式有时候通过试误学习来建立，更多时候则是通过榜样学习来建立的。

我在上面列举的五种典型结果都可能包含不能令人满意但能够提供安全感的两性行为。最不易于用这种精心制作的伪装操作而告终的结果是满怀焦虑的和充满憎恨的同性恋实践。但是，也有许多例子表明，有些人最终还是会与一名女性同居，在未经婚约的条件下建立起家庭，或者最终找

到一名女子结婚，生儿育女，但是，所有这些行为主要还是出于安全的原因。

漫长少年时期里情欲动力机制的成熟

在有些情境中，虽然情欲动力机制成熟了，但对亲密关系之前青年期需要却没有发生任何变化，除了这些情境之外，还会出现这样一种情境，即在那些尚未达到青年早期的少年身上，出现了情欲动力机制的成熟。换句话说，一个长期处于少年时期的人到了这样的时刻，这时，他的情欲动力机制成熟了，而且付诸了行动。在我们这个时代的文化中，少年时期的受阻并不意味着一种非同寻常的发展失调。正如我们在后来的生活中所看到的那样，关于这方面的惊人例子，就是我所说的“少女的男人”（juvenile ladies' man）。你们大概都熟悉唐璜（Don Juan）的故事，而且也知道 280
关于唐璜综合征（Don Juanism）的很多概念已经出现在一些精神病学文献中。我对这种人所做的研究业已证明，他们就是这些情欲冲动的少年。我可以描述一下这类人的另一种突出表现，我准备用俚语来描述——女人习惯上被称作“调戏者”，而男人，我则把他们称为“处女膜的猎手”。这些人一般都会在某种程度上表现出精心排练的自夸，通常情况下还会对色情文学有贪得无厌的兴趣，以及持有一种仅仅为他们的女人或男人被人羡慕的不合理需要。事实上，我知道他们中间有些人真的保持着某些非常像赛马那样的东西，他们在不同的场合使用不同的人，其中，有些人被认为非常适合于在公开场合露面。当一个人的情欲成熟时（这种人的前青年期人格扩展已被注定，因而不再发展），这种事情便发生了。在我描述过的这类结果中，那个人已用情欲做过某事，而且没有患上严重毛病——顺便说一下，这种情况（即患上严重毛病）对青年期成熟来说并非罕见的结果，尤其对那些患有严重人格失常的人来说更是如此。

作为心理生物学整合装置的情欲动力机制

我已经讨论了一些或多或少具有典型意义的结果，它们发生在一些处于青年期之初（因为增加了情欲动力机制）其发展过程中遇到了非常复杂之困难的人身上，尽管这些人还没有陷入人格严重失常的状态。现在，由于我将转而讨论生活中的困难，而不是发展中的困难，因此，我想回顾一下作为动力机制的情欲，希望你们还记得我在很早之前关于动力机制概念的讨论。情欲在很多方面是讨论动力机制的一个特别具有启发性的例子，部分原因在于，当情欲产生时，个体的参照装置中的许多内容，即个体思考能力和交流能力中的许多东西便已经很好地建立起来，并得到了很好的完善。你们也许还记得，在讨论动力机制的概念时，我们曾说过，人类的
281 动力机制是所表现出来的相对持久的模式，它们至少在有些情形中表现为后天成熟的结果，而且，在所有情形下，都是由于经验而发生改变的（当这些经验发生时，它们是其中的重要因素）。接着，我们还说过，这些动力机制可以从两个视角来加以概念化：第一个主要涉及各种重新发生的紧张，表现为整合倾向、分离倾向和孤立倾向；第二个则主要涉及能量转化，从而使相互作用的特定区域具有一定的特征。

情欲的动力机制——所有动力机制中最后一种动力机制，也是最引人注目和最具有启发性的动力机制，但也可能是所有动力机制的模型——可以被看做是一种由潜在的人类有机体提供的装置组织。尽管这是一种纯粹的心理生物学考虑，但很重要。我们发现，当仅仅将其视为有机体的一种特性时——从心理生物学的视角来考虑——情欲能被分解为三种整合装置(integrating apparatus)。所谓整合装置，我指的是组织和功能的结构，它们把心理生物学上的有机体容纳在一个有机的统一体内。这三种整合装置是：自体有效物质系统（内分泌腺或无管腺系统）、植物神经系统、中枢神经系统。

第一种整合装置是自体有效物质系统，它通过简单的手段将有效的化学物质注入循环的体液中，将其结合成一个整体。在情欲的动力机制中，这种将有效的化学物质注入血液之中的过程，决定了你是否具有情欲兴奋的外在表现。所以说，自体有效物质的要素能够支配丙酸睾酮（这种丙酸睾酮是一种合成化学物质，与某种睾丸激素密切相关），能在一个男性身上产生与情欲十分相似的东西；而且，我们还能从中分离出一种与之相应的天生的激素，如果将这种激素注入女性体内，也可以产生与情欲十分相似的东西。现在，如果有一个人（他对他的人际冲动尚未做过详细研究），假定他是男性，他可能会向你报告说睾丸激素使他变得性欲亢奋。不过，自体有效物质的机制并不是决定情欲的唯一因素，血液和淋巴中循环流动的这些有效的化学物质并不是唯一促使情欲的物质。

情欲动力机制中所涉及的第二个重要整合装置是植物神经系统，它由
282 两部分组成，即自主神经系统和交感神经系统。在男性身上，当储精囊充分膨胀时，他就会躁动不安，如果这时其他条件都具备，情欲将会出现；在女性身上，相比较而言，在经期前后的日子里，情欲也常常会出现。如果在这个与情欲相关的令人难以置信的整合装置中，植物神经部分出现困难的话，那么，个体虽然感受到情欲的亢奋，但却无法向自己的性伴侣表

明释放情欲的预备性迹象，比如阴道湿润或阴茎勃起等。

情欲动力机制中所涉及的第三个重要整合装置是中枢神经整合装置。每个人可能都有这样的经验，即在某个时候，当凝视某件艺术品时，会感到情欲的亢奋。此外，借助一系列恰当的言语去激起情欲之火，也不是很难的事情，这种情况反映了中枢神经系统整合装置的干预作用，其中包括了大量的符号操作——我们可以说，这不同于睾丸激素所进行的控制和支配。假定没有这种中枢神经系统的参与，那么，一个人将永远都不会知道哪种情欲是适当的，除非有某种东西渗透进了生殖装置之中。如果在这个时候，另外两种整合装置（自体有效物质系统和植物神经系统）也很活跃的话，这个人就会以某种方式做出反应，但他却无法特别享受它。

作为相互作用区系统的情欲动力机制

现在，请允许我将话题转入一个更适合于精神病学的领域——它把情欲动力机制视作一个相互作用区系统。在前面讨论相互作用区时，我们曾提出，与环境发生关系的一切相互作用区都被人们看做是心理生物学和精神病学的交界领域，它们具有以下三组明显的特征：感受器方面、推断器方面和效应器方面。现在，我准备对情欲动力机制做些提示——在人的一生中，有许多动力机制参与了活动，而情欲动力机制出现得较晚——它符合与环境有关的相互作用区这个参照框架。

在情欲动力机制的感受器方面，有生殖器触觉、生殖器内脏感觉，以 283
及属于“性感区”方面的感受活动。生殖器的触觉十分敏感，以至如果有什么东西触到了生殖器精细的黏膜——无论是性伴侣的手，还是一只苍蝇或毛滴虫等细小的有机体——都会引起一种特殊的感觉（都能被敏锐地意识到），这种感觉十分明确地与生殖区域相关。虽然这些感觉出现的时间很早，有些情况下几乎在婴儿后期便已经出现，但是只有到后来当其他两种感受器功能成熟时，它们才能成为情欲动力机制的一部分。

除了生殖器触觉以外，还有生殖器内脏（genital-visceral）感觉，后者虽然有自己完全独立的渠道，但是它与生殖器触觉一样容易挑起情欲。也就是说，根据人们的体验，情欲往往是非横纹肌中所产生之紧张的结果，就好像它是局部触觉单位的刺激结果一样。例如，一个男人可能会因为储精囊的紧张或者前列腺的紧张（或者两者兼而有之）而兴奋起来，而情欲便是这种兴奋的结果；同样，对于一个女人来说，她也可能由于输卵管的紧张、子宫黏膜或阴道黏膜的紧张而激发起情欲。

上述两个领域的刺激向中枢神经系统汇集，但是，也有与上述两个领域相比属于相当外部的刺激，在情欲动力机制成熟以后，来自其他区域，即，所谓的躯体“性感区”（erogenous areas）的刺激构成了重要的刺激，其中有些性感区由有机体的构造所固定，而有些性感区则通过个体过去的生活经验而被固定了下来。在每个人身上，性感区通常相当分散地分布在会阴区。在女性身上，乳头通常情况下都是性感区。换句话说，只要有什么东西在乳头表面触摸或移动，就像对生殖器进行碰触或者内脏器官产生紧张一样，都很容易伴随激发情欲的动力机制。不过，对两性来说，身体上的任何部位都可能成为性感区，尽管存在“个体”差异，而且由于先前的经验不同，各人的性感区也有所不同。关于相互作用区的感受器，我们就讲这些内容。

接下来，我们将简要地讨论一下所谓的情欲动力机制相互作用区系统的推断器方面。斯皮尔曼[1]曾根据一些资料系统地阐述了关系的推断，这
284 些资料在人们看来是认识（knowing）的基础——就精神病学家的需要而言，这是对人类智力的本质和表现所进行的最为深刻的观察之一。我在这里所谈论的相互作用区的“离析器”，所指的是认识——对目标的理解、解释、识别以及深思熟虑——根据相互作用区系统的观点，这里所谓的认识涉及的是情欲的动力机制。在我们称之为“心灵”（mind）的区域里所发生的事情可以分成三大类（我们所谓的“心灵”，通常指的是我们掌握情况的能力，以及我们应当根据这种情况采取何种行动）。这三类分别是促进的参照过程、预防的参照过程和阻抑的参照过程。第一种参照过程，即促进的参照过程，促进对情境的鉴别，即哪些情境可由情欲动力机制加以适当的整合。顺便说一下，大多数人都努力地寻求与实现情欲整合相关的促进性符号操作。预防的参照过程则主要是指当我们由于在处理温柔及其他动机方面遭遇困难（这里的其他动机意指他人出于好意的干预），而被教导去采取预防措施。预防活动使得我们能够将自己被情欲所激发这一事实隐藏起来，而且，预防活动还倾向于保护我们，以免我们干蠢事。阻抑过程通常情况下使得感受器的各种活动统合起来，并形成一种不可能存在情欲的陈述，或感到实施情欲十分困难。西方世界的公民都拥有大量精心设计的装置，以阻抑为了情欲而进行的整合，当这种整合与自我系统发生冲突时，或者当这种整合与自我系统的特定方向发生冲突时，大量的阻抑情欲整合的装置便会产生。我认为，每一个人，只要仔细地回忆一下往事，就可能记起自己有些时候会觉得烦躁不安，浑身不自在，仔细回顾一

① 参见第五章，脚注 1。——编者注

下，他将会看到，这种情况意味着没有辨认出来的情欲的存在；这种情欲之所以没有被辨认出来，并不是因为认识情欲是一件多么困难的事情，而是因为存在着一些强有力的冲动，它们十分活跃，从而阻抑了对情欲的辨认。

最后，我们要讨论的内容是根据个人经验更为容易认识的——这便是情欲动力机制中所涉及的相互作用区的效应器方面。相互作用区中与情欲相关的效应器——我在这里只提供粗略的分析，略去了无数的有趣方面——从数量上说，它有五类。第一类是与环境相互作用的尿道生殖器区域的收缩—勃起效应器（vasomotor-erectile），它通常在个体出生时就已表 285
现出来——但很可能不是有意识的——而且，自出生后会一次又一次地表现出来。这是一种复杂的行为，能够阻断静脉回流和增加血流供应的行为，它不仅表现在生殖器方面，而且还表现在鼻子和身体许多其他部位上——至少在这种情境里，生殖器和鼻子是最为麻烦的。除了收缩—勃起效应器之外——到了后来，大约进入青春期转变时期——在相互作用的尿道生殖器区域及其区域系统中还有纯粹促进分泌的效应器。在男性方面，它包括下列东西，如一种黏稠但却高度润滑的液体［这是由库珀氏腺（Cowper's glands）分泌的，也就是由男子的尿道球腺分泌的］、一种由前列腺分泌的黏稠蛋白似液体，以及一种由附睾和储精囊分泌的复杂且富有营养的蛋白似液体。在女性方面，则表现为分泌黏液，以及把氢离子集中起来以适合精子运动。

效应器另一个十分重要的方面，是存在着大量骨骼行为的模式，我们把这些骨骼行为模式科学地归到了“性交的姿势和动作”的标题之下。性交姿势和动作十分复杂。它们是不太明显地支持下列观点的少数事实之一，即本能概念并不完全与人类无关，这是因为它们是不经召唤而产生的，所以，在我们受制于文化的生活里，这么一点儿本能依然存在。

在效应器装置中，还存在整合运动的情欲高潮情结（orgasmic complex），它通常是随着青春期变化而成熟；从某种程度上说，这种情欲高潮情结以前曾部分地存在，但是现在，这些部分突然一下子整合起来了。在男性方面，性欲高潮动作的建立是以前列腺尿道中的痉挛能力为基础的，男性出生时，他便具有了这种能力，以便能够排出尿液。到了青春期转变时，这种能力就突然十分密切、有力地（这是从感觉或感受器的视角来说的）与储精囊壁的痉挛互相协调了，而这种情况在这之前没有出现过。我们在这里发现了非横纹肌的运动，这种运动在早些时候仅仅是用来排出最后几滴尿液的，而现在却突然之间与男性储精囊的排出活动整合到

286 了一起——这是一种在青春期转变之前完全不存在的协调，它往往伴随着最为生动的中心表征，构成了标志极为明显的经验，这些经验表明情欲动力机制的满足。

除了上述各种效应器之外，构成情欲动力机制的还有其他更加进一步的相互作用区效应器。如果情欲动力机制成功地得到了满足，那么，我便可以说，会产生一系列的变化，最终使生殖系统的各部分恢复到静止状态，传统上把这种状态称作“消肿”（detumescence）。但是，在女性方面，似乎有证据表明这种消肿过程是一个历时较长的过程，不过女人的性感区（包括乳房在内）也会收缩，并在性高潮后降低其敏感性，进入相对不敏感的状态。不论是男性还是女性，在生殖系统回复到静止状态后，情欲动力机制在外部因素或内部因素的促进下，都可以重新成为十分强有力的组织者，它是我们接触外部事件之能力的重要组成部分。

作为内隐和外显象征性事件模式的情欲动力机制

现在，我想对情欲动力机制作这样的考虑，既不把它作为整合装置，也不把它作为相互作用区的系统，而是把它作为内隐和外显的象征性事件模式——事件意味着某种既无法推断也无法观察的东西。内隐的和外显的象征性事件都包含在与情欲动力机制有关的经验表现之中，它们包括未分化的经验方式、不完善的反应方式，偶尔也包括综合的经验方式。事实上，任何情境中都存在未分化的经验方式（尤其在原始的生殖器恐惧中表现突出）。不完善的反应方式很可能更容易成为与情欲相关（而不是与任何其他动力机制相关）之象征性操作的主要成分，因为我们的文化对于情欲方面的两厢情愿和综合操作都十分苛刻。有关内隐的和外显的象征性事件的经验涉及六个主要标题。第一个标题是对下面这些方面的观察和确认（observation and identification）：（a）整合倾向之感觉到的方面——情欲本身；（b）包括一名“对象”在内的人际情境——在幻想中假设有一个
287 人，和他一起可以整合一种情欲情境；（c）具有其他方面特征的人际情境——不仅仅涉及另外一个人，而且涉及对可能之满足而言的情境的适合性，一些附带的因素可能会使情欲的兴奋变得莫名其妙（例如，在处理交通事故的法庭上，你可能由于对手而激起不明智的强烈性兴奋）；（d）人际情境具有与焦虑有关的特征，这一点对于我们大多数人的生活来讲确实很重要。

在幸运的情境里，这些观察和确认往往会由预见（foresight）来补充，预见是这六大标题中的第二个标题。也就是说，在观察和确认之后，

随之而来的是预见，尽管有时它很不成熟，而且往往不会延伸或扩展。接着，在预见（从某种意义上说，它是指称决定的一种方式）之后，出现的第三个标题是追求目标的活动或避开目标的活动——它实际上指的是情欲的释放。与此同时，在一切真实的情境里——这便是我关于经验的第四个标题——还存在着各种看似无关的情欲的内隐伴随物（covert accompaniments），也就是说，一些只有通过推论才能察觉的过程，这些过程与追求或避开目标的活动相伴随。换句话说，我所指的乃是“内心”中所进行的大量东西。

不管通过情欲动力机制的整合是否受到影响或者是否需要加以回避，我们暂且都不去考虑情欲释放的程度，我们需要考虑的是到后来出现的对这种特定经验的回顾性和前瞻性的分析，以及有意和无意的分析，这便是我的第五个标题。也就是说，分析一下最近发生的事情，同时想想可能再度发生的事情。顺便说一下，在清教徒时代，如果每个人的情欲经验的发展都得依靠有意的分析的话，那么，我认为，情欲就有可能消失，与此相伴随的是，人类也可能从地球上消失。我们这里所谓的有意和无意究竟有多少，取决于个体的文化背景，而不取决于其他任何东西。因此，不管个体追求的是情欲满足的目标，还是回避该目标，在与任何特定事件相关的经验中，都始终存在某种回顾性和前瞻性分析，同时往往还伴有这样一种观点，即为了在这个生活领域获得满足和成功，就必须提高这方面的能力。最后，也是我的第六个标题，在有些情况下——幸运的是，情况并非总是如此——经验中会存在一些更为复杂的过程，它们可能会取代回顾性 288
分析和前瞻性分析，或者可能使这种分析复杂化。不过，不管它们如何含混不清，在情欲动力机制是整合倾向的主要系统这一情境里，上述情况至少反映了个体的人格歪曲。

作为整合倾向系统的情欲动力机制

这种情况把我引入了下一个更为重要的论点。在我们回顾了作为内隐和外显象征性事件系统的情欲动力机制之后，现在，我想把它作为一种整合倾向的系统来加以讨论——把它作为将与其他人的情境整合到一起的人类特征的整合。换句话说，这是一个精心阐释的动机系统，它要么使我们卷入与他人的关系，要么使我们回避他人。

> 情欲的动力机制是一个整合倾向的系统：
>
> (1) 属于这种整合倾向系统的、无法分析的成分在发展的较早阶

> 段便已成熟，并由于满足的经验或焦虑的体验（或者两种情况兼而有之）而得到修改，而且，在有些情形中，具有分解变化或精密分裂的迹象。
>
> （2）在这种整合倾向的系统中，以焦虑标志的成分因人而异，原因在于不适当的文化情结，以及家庭和学校对这些成分的强调。
>
> （3）这种整合倾向系统的有些成分，在我们的文化中，几乎始终不能在中心意识（focal awareness）中被表征，不管这种表征的缺乏是由于选择性忽视、伪装过程、误解，还是由于自我中分离过程的表现，都是如此。
>
> （4）这种整合倾向的系统往往与生活中持久的定向障碍有关，而且还与自尊的灾难性障碍有关。
>
> （5）在残疾人身上，这种整合倾向的系统可能为部分满足各种其他的整合倾向提供了渠道——于是，可能会被视为具有异乎寻常的重要性。
>
> 289 （6）属于这种整合倾向系统的反复发生的部分满足，往往会以某种方式将残余的动机留下，以便在睡眠以及醒着的幻想过程中释放出来，这种方式可能会逐渐损害自尊，也可能会引起预防过程或保持社会距离——这种情况进而会严重减少生活中获得幸运经验的机会。

上述第（1）条是有关情欲动力机制的最为简单的观点。换句话说，在情欲的动力机制中被系统化的一些整合倾向经过个体过去的各个阶段已经成熟起来，而且，成熟以后，便屈从于我们迄今所考虑的经验以及经验的各种特征，如做出改变以避开焦虑，进行分解以避开焦虑，或者在分离中得到实际发展等。

上述第（2）条反映了这样一个事实，即我们的文化在为个体如何应对性成熟时可能发生的各种事件所做的准备方面是极不合适的，如果我们换一种说法的话，那就是说我们可能是地球上最受情欲支配的物种。在第（4）条中，我指出，情欲动力机制是一种常常与生活中持久的定向障碍相联系的整合倾向系统。

我在第（5）条所提到的残疾人，指的是这样一些人，他们在青年期之前的发展阶段中曾经历过一些灾祸。我可以通过举例来说明这一条，如果你曾对权威抱有怨恨和不满，并在情欲活动中找到一种发泄途径（这种发泄尽管是部分的，但是总比没有任何发泄好），那么，只要你对权威抱有怨恨和不满，情欲和情欲活动便会在你的生活中具有不合理的、异乎寻常的重要性。因此，在那些人格严重失常的人们身上，情欲动力机制便是一个整合倾向的系统，这个系统可以为许多受阻之整合冲动（这种冲动与情欲没有直接的关联）的模糊的、尚未被认识到的满足提供渠道。一名滞留在少年状态的人，当他最终达到生殖器成熟阶段时，往往会向那些对他进行调查研究的人大肆宣扬这一事实。但是，精神病学家往往忽视了这个方面的十分丰富的资料来源，其原因之一在于这名滞留在少年状态的人常被看做是完全愚钝的，原因之二则是这个人与其他人相处的生活并不具有社会意义。

亲密需要与情欲之整合倾向的表现模式 290

至此，关于情欲的动力机制，我已经向你们提供了在理论上似乎合理（如果还不确定的话）的各种探讨，但是我在这样做的时候却怀着深深的歉意，因为我的介绍过于压缩了。重要的是，要认识到一点，即我们关于情欲动力机制的所有讨论都适用于每一种动力机制；但是，由于情欲动力机制在一个人的生活中出现得较晚，因此，它总的来说是动力机制方面尤能提供信息的例子。目前，我将尝试着通过对那些由情欲动力机制引起的可能顺应模式做出客观的数学描绘，进而提出与每一种动力机制有关的丰富多彩的人类生活。但是，由于这些东西不能单独存在，因此，我想回顾一下生活定向的观点，以及生活定向中的各种缺陷，因为它们与青年期特有的两种十分有力的整合倾向相关联——这两种整合倾向就是情欲和对亲密关系的需要。我们在讨论青年期及稍后阶段中受到干扰的或不适当的生活定向时，不能将人类生活中这两种有力的动机系统的表现截然分开，除非为了解释的方便。不过，尽管这两个系统错综复杂地纠缠在一起，但它们绝非完全相同。

我曾试图提出一种具有广泛基础的东西，这是一种在每个人的发展史上都会出现的感觉，我们通常称之为孤独，也即一种极其不悦的经验，与人类对亲密之需要（即对人际亲密关系的需要）的不适当宣泄有关。由于在我看来，对于这一点，无论怎样强调都不过分，因此，我准备再评论一下那些逐渐与孤独体验相联系的主要整合倾向。自婴儿期起，这种孤独体验便与一种整合倾向一起出现（对于这种整合倾向，我们只是到后来根据病理材料做出推论，才会有所了解，但我们都毫不犹豫地接受了这一推论）——这种整合倾向就是一种想要与活的东西接触的需要。接下来出现的是对温柔的需要——为了适应即时情境而产生的对保护性关怀的需要。
这种需要会一直延续到童年期。但是，到了童年期，又会出现一种要求成 291

人参与的需要——儿童在游戏中希望重要的成人对此表示兴趣并参与进来的需要。这种活动通常表现为表达性游戏，这种表达性游戏是为儿童提供玩具来表达他的感受所必需的，在手工游戏中，这种表达性游戏是对视觉和抓握之间极其精细的关系进行协调所必需的，而且在言语游戏中，它是人格重要构成因素的基础，这些因素往往由言语行为和抽象思维来反映。所有这些活动，由于成人的参与，儿童会感到更加快乐。到了少年时期，又增加了一种对同伴的需要，因为同伴是一个人通过试误来学习的必不可少的榜样；随后又产生了对接纳的需要，你们当中的大多数人可能非常熟悉它的对立面，即害怕被排斥，害怕自己从业已被接纳的重要团体中被排除出去。随着前青年期的到来，在所有这些重要的整合倾向中又增加了一种需要，即对亲密交流的需要，或者说建立友谊的需要，也可以说是对另一个人的爱的需要——这是其高度的精炼——它能极大地促进双方的默契、行为的模式以及有价值的判断等。到了青年早期，除了对亲密关系、友谊、接纳、交流的需要，以及与此相关的更加精炼的形式之外，还出现了对于与某个异性建立爱情关系的需要。现在，这就是最终得到巩固的一个大结构，它像对亲密关系之需要一样富有意义，因为后者是青年晚期以及余生的重要特征。

迄今，我已回顾了一种十分有力的整合倾向的历史——对亲密关系之需要的历史——而且，我也提出了自己对于情欲的看法，情欲是这些主要的整合倾向中的另一种。对此，我将尽力对这些倾向系统的相互交织在一起的复杂模式所具有的多样性提一些看法。

> 对亲密需要和情欲这两种有力的整合倾向来说，其理论模式可以分类如下：
>
> (1) 以亲密需要以及与此相关之预防措施为基础的理论模式——自恋的（autophilic）、同性恋的（isophilic）和异性恋的（heterophilic）。
>
> 292 (2) 以情欲整合中偏爱的性伴侣或者替代物为基础的理论模式——自主性行为（autosexual）、同性性行为（homosexual）、异性性行为（heterosexual），以及与低于人类的动物实施性行为（katasexual）。
>
> (3) 以生殖器参与或替代物为基础的理论模式——正统生殖（orthogenital）、性欲倒错（paragenital）、变位生殖（metagenital）、两性生殖（amphigenital）、相互手淫和手淫。

在提出上述与亲密需要有关的第（1）条时，我创造了一些小标题，我从古希腊术语中借用了 *philos* 一词，它的意思是“爱”，因为亲密需要的最高表现形式毫无疑问是“爱”——而且，尽管“爱”对于不同的人而言包含不同的含义，但是其共同的特性都是人际的亲密关系。对亲密关系之需要的表现形式（不论是病态的还是成功的），可以大致分为三类，这三类可用下列小标题来表示：自恋的、同性恋的和异性恋的。我们将运用这三个小标题来描述一个“人”——在这里，我是从下列意义上使用“人”这个词的，即我们假设这个词能够说明我们所见到或所经历过的一切的原因。在自恋的人身上，不存在前青年期的发展；或者即便经历过这种发展，也由于意义重大的挫折而瓦解了，于是，他便回到了前青年期之前的状态，在这种状态下，爱的能力（如果有所表现的话）全部都集中在他的自我人格化之上。自恋始终是一种不幸，也是发展的一种偏离。同性恋的人，则无法通过前青年期阶段，一直以为自己只适合于与那些在重要的方面与自己尽可能相似的人建立亲密关系，也就是说，与自己的同性建立亲密关系。而异性恋的人，则已经通过前青年期阶段，并表现出了青年早期的变化，在这种变化中，他开始强烈地感兴趣于与我们文化中最具本质差异的成员建立亲密关系——与异性建立亲密关系。个体的同性恋表现若持续两年半至三年半的时间，则这段时期属正常阶段；但是，这个阶段也可能延续一生。异性恋代表了对亲密关系之需要的最后一个发展阶段，有许多人即使不能离开青年晚期，但却能够达到这个最后的发展阶段。

现在，我请你们考虑一下第（2）和第（3）条，它们构成了我已谈论过的所有关于情欲动力机制的内容的基础。在这两条中，第（2）条指的是整合的总体特征，这些整合寻求情欲动力机制的释放（这种情欲动力机 *293* 制与已被识别出的情欲及其满足有着直接的关系）；对此，我使用了“性的”（sexual）这个术语——并没有把它与“性欲的”（erotic）这个术语混淆起来。在以偏爱的性伴侣为基础对性行为进行分类的时候，同性性行为和异性性行为显然与前青年期和青年早期这两个发展阶段相关联。而自主性性行为则代表了一个更早的发展阶段——尽管情欲已经成熟，但还没有达到前青年期和青年期。至于与低于人类的动物实施性行为，指的是超越了人类物种的界线——把死人或低于人类的动物当作偏爱的性伴侣——这种行为反映了一种非常复杂的替代，而这些东西是人类不可能想要得到的。

最后，我希望你们按照第（3）条考虑一下情欲动力机制，也就是说，在内隐或外显、有意或无意的情欲行为中，生殖器的参与问题；在这里，我所论述的只是人体的一个区域。主要由情欲来整合的情境通常是关于性的情境；但同时，这种行为的模式取决于生殖器扮演的角色，以及情境的情欲特征。基于一个人的生殖器作用于另一个人的生殖器（或一种替代物），我列举出了六个小标题，其中大多数都是我自己创造出来的新名词。所谓正统生殖的情境，其特征在于一个人的生殖器与其天然的受体生殖器相结合，也就是与异性的生殖器结合。在性欲倒错的情境里，一个人在使用生殖器时，就好像它正在寻找一个合适的异性生殖器，但是，即使行为上如此，其行为本身仍与生育没有任何关系。这种情况的一个常见例子是由别人来进行手淫，此时，别人的手成了生殖器性欲倒错的受体；还有其他例子，如在口交的过程中扮演被动角色，或者在鸡奸过程中扮演主动角色。在变位生殖的情境中，一个人的生殖器根本无须参与，倒是另一个人的生殖器参与了其中。最为明显的例子是替别人实施手淫；其他的例子还包括在鸡奸中扮演被动角色，或者在口交中扮演所谓的主动角色。在两性生殖的情境中（法国人用“soixante-neuf”这个术语来表示），不论是同性恋的两人团体还是异性恋的两人团体，都会与每个人的生殖器和每个人
294 的替代物建立一种非常相似的关系（如果不是完全相同的关系的话）。除了上述这些以外，还有相互手淫和手淫，前者是一种相对较为原始的行为，后者则是十分原始的行为。

尽管我并不喜欢杜撰稀奇古怪的新术语，但这些新术语所代表的含义却非常有意义。这里所谓的非常有意义，主要是指：在我们的文化中，最终检验你是否过得好是看你是否能用你的生殖器做令人满意的事，或者与其他人的生殖器做令人满意的事，并且在这样做的时候不会感到过于焦虑，也不会丧失自尊。因此，精神病医生在对前来求诊的人进行诊治时，不得不考虑患者的生活问题，不得不以某种方式组织与人际适应（interpersonal adjustment）这个最后阶段有关的思想。据我所知，为了完成我所创造的独特的发明，就需要把对亲密关系之需要从情欲动力机制中分离出来，并将情欲动力机制的一般人际对象与生殖器的特定活动区分开来——我们可以这样说，生殖器是情欲动力机制的核心。

由于我已区分出了三种亲密关系，同时将情欲整合的一般人际对象分成了四种，并将生殖关系分成了六种，因此，在涉及两名真实性伴侣的情境中，便会出现 72 种有关性行为的理论模式。事实上，只有 45 种性行为模式是有可能的；有 6 种模式是根本不可能的，而其他的也不太可能。通过这段陈述，我希望你们能够认识到这一点（如果你们认识不到其他东西的话）：根据一个人与其他人的性欲整合和友谊整合来对这个人进行分类，

即把他列入“异性恋”、“同性恋”或“自恋”一族，是非常愚蠢的事情。这样的分类实在是太不够精练，完全称不上是智慧的思维；这样的分类实在太过粗糙，除了误导观察者和受害者之外，几乎没有什么作用可言。例如，说同性恋是一个问题，实际就如同说人性是一个问题一样。

我之所以在这个领域中作出这样细致的分类，是因为：当精神病医生在对严重的发展障碍采取补救措施时，要重视情欲在病人所遇困难中所扮演的角色，这一点一直以来都非常重要。我想澄清的一点是，根据我的理 295
解，情欲并非某种巨大的漫无边际的力量，并非“力比多”等。所谓“情欲”，我仅仅是指可以感觉到的生殖内驱力。当我说精神病医生通常情况下必须注意这一点时，我的意思并不是说生活中的所有问题都首先或主要与生殖活动有关。相反，我的意思是，在我们的文化中，如果一个人业已成年，那么，他在人际关系中的问题就显然会决定他对情欲情绪的处理，或者，我们可以用他对情欲情绪的处理情况来充分说明他的人际关系。我认为，尽管这种说法也显然适用于西北欧的文化，但是，我还要说的是，它对于其他文化就不一定适用了（尽管我还没有任何证据来证明这一点）。

随着一个人进入青年早期，如果他不能克服人格中所遇到的一切障碍，他在青年期的发展就会受到严重的歪曲。由于从人格中排除情欲，就像去除饥饿一样，因此，看到个体性行为中人格失常的数据，对精神病医生来讲必然是有益的；我在这里所指的是性行为的广义概念，包括白日梦过程和分裂过程（我马上就会讨论这一点）的任何证据。但是，如果认为通过随随便便地矫正性生活便可以纠正人格失常的话，那就错了，即便这对于那些长期滞留在少年时期的精神病医生来说是十分便利实用的学说。该学说可以为精神病医生提供奖赏，让他们尽情享受对色情文学的兴趣；但是，如果他是一名严谨的精神病医生的话，这很可能就会成为一个最难以对付的问题。当一名患者提出，他的性生活困难正是他前来求助精神病医生的原因所在时，我的经验已经很有说服力地表明，患者正是通过挑选这一特殊问题来最佳地表现他在生活中的困难的。换句话说，人们去看精神病医生，并不都是为了解决他们的性困难问题；但是，人们有时候确实把它作为问题提出，当精神病医生正确地理解了这些问题，这些问题便会表明这个人在与他人相处时真正让他备受折磨的是什么。只有很少的例外会把性生活作为主要的人际活动，也只有这样的人才会向精神病医生提出，他生活中最大的困难是性问题。因此，我想对我的精神病医生同行提 296
出一些忠告：如果你想终生从事精神病学事业的话，你就应该在向你求助的陌生人中间看一看你是否除了性问题之外便什么都发现不了。通常情况下，我们会发现一些比性困难严重得多的问题，这绝不是耍小把戏；而且，我们在处理其他问题的过程中，常常就会把性问题纠正了。你也许会注意到，我的观点与历史上曾流传过的观点有一些细微的差别。

第十八章
青年晚期

按照我的思维方法，将青年早期和青年晚期区分开来的标记并不是生 297
物学上的成熟，而是一种成就（achievement）。在文化为实现适当的和令人满意的生殖活动提供动力和方向的社会组织中，我们没有必要对青年早期和青年晚期进行区分。但是，在我们自己的文化和同源文化中，所有禁令（从宗教戒律到政治禁令）都无时无刻不在制约着我们发展中的这最后一项成就。

青年晚期通过无数的教育、推导步骤，从占主导地位的生殖活动模式朝人际关系之个人技能或成熟技能建立发展，这是由个人机会或文化机会所允许的。换句话说，当一个人发现了自己所喜欢的生殖行为方式，以及如何使之适合余生时，我们可以说，这个人已经进入了青年晚期。对于我们文化中的大多数居民来说，这是一项并非人人都能获得的成就。事实上，未能获得青年晚期的成就，对于大量失常的、不适当发展的人格来说都是一个沉重的打击。由于这种经验是一种让人着迷且全然无效的先入之见，因此常常构成了当前所表现出来的困难，在许多人身上，这种情况往往发生在严重的人格障碍出现之前。当然，它绝不意味着实际的困难。

机会的重要性

青年晚期的结果在很大程度上说是一种偶然事件：不管一个人从动力
学上说是终其一生处于青年晚期，还是实际上获得了我们可以合理地称之 298
为人的成熟（human maturity）的某种东西，这样的结果往往只反映在个体的社会经济地位等方面，而不反映在任何特定的其他东西之上。就像我在使用时所做的界定那样，机会（opportunity）指的是他人的事情和机构的事情，或者说是总体的社会促进和禁律的事情。精神病医生常常会看到，如果人们在教育经验方面获得机会（这是其他人在生活中的这个阶段正在经历的）的话，就会取得更大的进步。

我们无法回避这样一个事实，即许多人原来具有极好的发展机会，但却困在了一些情境之中（很可能是由于文化的原因），因为在这些情境中，存在着一些非常限制其进一步成长的机会。例如，假定有一个人是一个大家庭中的长子（该家庭的经济地位较低），由于父亲的去世而突然间发现自己处在了必须赚钱养家的境地。如果说到此时为止，这个长子一直都有极好的发展机会的话，那么，现在，我们几乎可以十分肯定地说，他将承担起大部分责任来为其弟妹们提供机会。随着他承担起先前一直由父亲所承担的那些责任，他在生活和学习方面的机会便会相应地显著减少。因此，毫无疑问存在着一些“现实的”因素，这些因素完全不是一个人的发展史所能预料的。

然而，与此同时，还有一些人，他们也像别人一样拥有很多受教育的机会，但就是没有能力去适当地观察、分析来到他们身边的各种机会，原因在于天生的缺陷或各种各样的心理失常，而对于这些缺陷或失常，他们却未能及时地加以矫正。这种人所拥有的唯一机会——除了上帝采取行动之外——便是求助于精神病学。随着我的年龄的增长，我越来越清楚地意识到，那种机会是多么的罕见。

经验以综合方式增长

只要一个人在青年晚期这段漫长的时期里是成功的，经验就会以综合的方式增长。例如，假定有一个人来自组织严密的社区，有一个相当不错的家庭，而且他还幸运地获得了一种生殖行为的模式。如果接下来他上了
299 大学，那么他便有几年的时间可以去观察他的同伴，可以听到有关世界各地的人们的情况，可以与同伴一起讨论他所听到和观察到的东西，并在此基础上找出他以往经验中形成的不适当的东西，同时探索一个自然的出发点来掌握新的东西，这真的是一个难得的机会。换句话说，对于幸运者而言，大学生活会让他得到非常多的教育机会。

但是，人们也有不幸运的时候，或者说，也有一些人对进一步深造不感兴趣，他们试图建立某种谋生的方式，例如赚取薪资、剥削同伴，或者这样那样的事情。在一定范围内，借助这些方式获得的经验与大学里获得的经验在很大程度上是一样的，除了有一点不同，那就是前者缺乏广泛的文化兴趣，而在我们看来，广泛的文化兴趣是所有正规高等教育的特征。但是，如何谋生的教育、如何在工作中与他人相处的教育，同样是大量观察素材的来源，它不仅为思想交流提供了可能性，而且也为拓展一个人的

视野、证实一个人的预感提供了可能性。因此，如果一个心理没有严重失常的人通过相当合理的方法已经解决了性问题，那么，无论他做什么，都必然会加深他对其他人生活态度的了解，提高他们在生活中相互依存的程度，丰富他们处理各种人际关系问题的方式——其中大多数都是通过对人类榜样的试误学习而习得的。换句话说，在青年晚期，个体通常会把相对限于个人的经验加以精炼，使之成为双方认同的、可以依赖的经验，这种经验的局限性要小得多。就像在前青年期，一种非常显著（但略显粗糙）的社会组织会在人们实际上可资利用之社会组织的基础上发展起来，因此，到了青年晚期，每个人事实上都会在某种程度上被整合进社会之中。那些拥有大量机会的人就有可能真正地与社会相整合，也就是去熟悉社会。而例如那些在机械车间里做学徒的人，不论是从地理还是从文化上说，机会就都很少，这一点不用多说，大家都知道。这些人（从社会的视角看）现在却依然从各个方面关心所要缴纳的所得税等——这是由公民权决定的。一般而言，从法律的角度看，到了青年晚期就已经是成人了，而且已经具有自己的优点和缺点。因此，他们必须承担大量的责任，这些责 300
任是他们所处的文化所规定的；迄今为止，他们可能一直都在回避这些责任，但是，现在他们必须想出一些方法来至少承担其中的一些责任。如果他们走运的话，他们的成长会不断持续下去；他们会观察、阐释并证实越来越多的东西；同时，他们的预见能力也会不断地扩展，这样，他们便能够预见自己的职业生涯——这种职业生涯并不必定如此，而是根据期望和可能性来做出这种预见，当然也有可能会带来沮丧和失望。

自我和他人的不适当、不合宜的人格化

现在，摆在我们面前的事实是，许多人在人格发展的这个阶段并不会走得很远，如果考虑一下他们生活中焦虑的作用，这一事实不难理解。究其原因，它们涉及人格范围内起作用的自我系统的一种方式。很久以前我就曾提到过自我系统具有支配“有意”（witting）经验的特定倾向，因此个体可以不顾所谓的观察和分析、学习和变化等客观机会，而倾向于不发生变化。当人们开始发现为什么有些人无法从经验中获益，为什么他们在向成熟前进的漫长过程中行程太短时，就不得不首先考虑这些人的自我系统的性质及功能。在很容易交流的水平上，焦虑的对立面、自我系统功能的对立面，往往会表现为不适当、不合宜的自我人格化。他们已经开始持有关于自己的观点，这些观点还远远不是有效的系统阐述，以至这些观点最终会使他们驻足于一些不一致和不适当的情境之中，而个体却由此而忍

受了焦虑的干扰之苦。正如我在前面所说，当焦虑非常严重时，它几乎会产生当头棒喝的效果。不过，个体对于焦虑产生的确切情境实际上还不甚了然。在人格发展的较晚阶段，有一个现象要重要得多，那就是人们对微
301 妙的焦虑线索容易做出极其敏感的反应。我这么说，并不意味着一个人会告诫自己说“如果你不小心，你就会焦虑”——根本就不是这样。但是，只要出现一点点焦虑，就会使生活脱离这一情境，就像变形虫遇到热水便会转向一样，这一点我在前面已经提到过。

由此可见，在许多处于青年晚期的青年身上，自我系统最容易理解的方面会表现出从表面上看无法理解的虚假，这主要反映在个体关于他自己的观点方面，致使他在这个领域不容易学到很多东西，除非有人不厌其烦地通过教育经验使他学到大量东西。这种经验充满了相对严重的焦虑——如同我希望你们现在已经理解的那样——人们只有在无法获得自我帮助时才会容忍这种严重的焦虑。当变化的必要性通过精神病学经验或类似的经验而被认识时，大多数人都能够在某种程度上忍受焦虑，尽管我认为这种情况会因个人的过往经验而各有不同。说一个人能够忍受某种程度的焦虑，其实可以用另外一种方式来表达，即这个人能够以一种使其有关自己及生活的系统阐释朝有利方向改变的方式，来观察以往疏忽的和误解的经验。由此，我们可以假设，任何一个相当焦虑的人，在他的发展中都应该已经取得了非凡的进步。但是，这种猜测不过是一个笑话，因为在一些遭受大量焦虑之苦的人身上，变化的必要性是完全缺乏的（除非有特殊情况发生）。事实上，这些人期望糊里糊涂地生活（这是他们平常的表现）；他们对于变化无能为力；当你试图向他们表明对于这种情况可以做些什么时，他们会变得更为焦虑不安，而且视你的建议为毒药，从而回避你。在这一点上，我试图表明的是，面对焦虑（不论这种焦虑是温和的还是严重的）和对付焦虑源（不论它是严重的还是温和的）之间存在相当大的区别。

现在，我不得不离开关于“对付”焦虑和“面对”焦虑的表述扯上几句，以躲开唯意志论（voluntaristic）的阴影。看来，如果精神病学要想依赖诸如意志之神秘力量这样的观点，那么，其得益必将微乎其微。我认
302 为，我在前面讨论有关发展的意志学说的不良影响时，已经谈及过这一点。在一个人们常常为其意志而感到自豪并为之吵吵闹闹的社会里，我想告诫一下精神病学家，他们语言中的唯意志论倾向越少，他们的思想就越不会受到意志信念的束缚，他们也就越能够理解他们的患者，并对他们的患者产生有利的影响。因此，当我谈到“面对”焦虑的问题时，我的意思

并不是要求患者振作起来，去发挥他的意志力，以免他轻易地屈服于焦虑的威胁。精神病医生所要做的事情（如果他想在这个特定的方面有所成就的话），就是去培养患者对近期未来的正确预见，从而使他认识到，一个人无法逃避轻微的焦虑。焦虑的出现与任何虚构的或真实的意志并不相关；焦虑与已经并入自我系统并已成为自我系统一个组成部分的经验相关，而且这种经验能够预见与自我系统相关的不断增多的焦虑。精神病医生的问题是在某种程度上给患者展示一个更大的背景；只要这种方法获得成功，患者就会认识到，不论焦虑与否，目前的生活方式都不能令人满意，而且从它不能使事情向好的方面转化这个意义上说，它也是无益的；因此，在其他条件相等的情况下，尽管存在焦虑，但自我系统仍有可能被改变。

除了不适当、不合宜的自我人格化之外，还有与之相伴随并与之相一致的关于他人的不适当、不合宜的人格化。这些次级人格化的不适当和不合宜性——之所以说它是次级的（secondary），是因为对大多数人而言，这种人格化似乎没有个人的自我人格化那么重要——可以广泛地适用于每一个人，或者专门适用于对某类人的定型。一个人不可能用任何特别精炼的东西去使他人人格化，而是根据他自己的人格化，根据与自我人格化的“否定”（not）技术相联系的或多或少具有想象性质的实体，对其他人进行人格化。如果你认为你自己慷慨大方，你就会倾向于认为他人也慷慨大方；但是，由于你拥有大量与此相反的经验，因此，你就会把许多人人格化为吝啬的、不慷慨大方的。当然，这并不会为你提供关于他人的特别精彩的系统阐述；他人只不过与你较好的方面相比有所不同，甚至相反而
已。因此，在对他人进行人格化时所出现的这种明显的局限性，是以个人 303
不适当、不合宜的自我人格化为基础的。尤其麻烦的是用我所谓的定型来进行的不适当和不合宜的人格化，这再一次表明了自我人格化的局限性。我们在日常生活中常常会遭遇特定阶层的人们身上最容易理解的部分，如偏见、难忍、恐惧、憎恨、厌恶和反感等。这些定型可能涉及报童、犹太人、希腊人、共产主义者、中国人，以及你可以列举出的各种人等。不用说，这些定型不是以正确的观察、分析为基础，也不以关于当事人可以进行交互确证的资料为基础。

定型反映了个人自我系统中不适当、不合宜的部分；因此，所有特定的定型要么是人格化自我中组成部分的局限性，要么——从人生指导方面看，它甚至更不适当——是自我人格化中的否定成分。例如，有一种观点认为爱尔兰人都是政客。持这种观点的可能是下列两种人：一种人表现出

非同寻常的政治天赋，他们完全可能心安理得地持有这种观点；另外一种人则在政治上表现出明显的愚昧无知。也就是说，如果你是一位优秀的政治家，你可能把整个种族团体以这样的特征加以定型化，而如果你是一位平庸的政客，那么，你便可能干脆蔑视这个种族团体，而且用一种属于你自己的否定变式（not variant）来加以蔑视。

顺便说一下——请允许我再稍稍深入地谈一下有关偏见和定型的问题——我本人倾向于认为爱尔兰人是异教徒。现在，我毫不怀疑，若对当前的爱尔兰居民进行任何的探索性研究，都将会发现大量的例子，在这些例子中，无论从何种意义上说，异教徒这个术语都是不相干的。我常常思考的问题是，在许多种族团体或种族社区里（那里的人们声称他们是虔诚的基督徒），人们可以发现，一旦他们与该团体或该社区的成员进行宗教信念的信息交流，便有一种指向超验力量的态度表现出来，这些超验力量的态度与基督徒的习俗基本上没有关系。我的祖辈是爱尔兰人，而我对爱尔兰人的了解就比对中国人的了解稍微多一点点；所以，我觉得——遵循
304 最佳的现代模式——我完全可以对我祖辈们潜在的宗教态度说说俏皮话。但是，谢天谢地，我知道它不一定具有任何意义；我不想对此问题说三道四。如果在与一些好朋友进行私人谈话时考虑使用爱尔兰语，这对我来说不会有什么问题。但是，如果我经常用爱尔兰语与他人交谈，那么，我可能会十分不愉快地给他们提供了一个机会，让他们得以确认一种未经证实的偏见，其方式就如同在背后议论别人一样。不论这些话是一些难登大雅之堂的逗乐俏皮话（正如我关于异教徒爱尔兰人的评论那样），还是一种手段（用来避免关于人类的智力、信息和默契的增长），它们在很大程度上都取决于那种偏见反映自我人格化中严重局限性的程度。

这些定型所服务的目标有很多，但是，任何一个不明世故的人，在适宜的情境下立即产生的那种目标，是对我们这个世界和我们这个时代中人格不幸的最为悲哀的评论；也就是说，这些定型在与陌生人打交道时是十分有用的指南。很显然，它们不是什么指南。只要它们具有重要性，它们就处在了与陌生人打交道时所需之指南的对立面；它们实际上是在结识陌生人的过程中无法摆脱的障碍。从某种程度上说，它们的主要效应在于，否认个体在与其自我人格化相应之局限性方面进行自发的有利改变的机会。

降低焦虑的不完善反应过程

在进一步评论与青年晚期之有利成长相对立的焦虑和自我系统时，我

想请大家注意一下在避免和降低焦虑方面所涉及的不完善反应过程。这些过程从选择性忽视——它在某种程度上就像一顶帐篷覆盖着这个世界——通过其他所有经典的困难的动力机制，发展到一种或多种基本人类动力机制的严重分裂。顺便说一下，虽然我曾喜欢过困难的动力机制（dynamism of difficulty）这个标题，但多年来，它已经在我进行精神病学教学 305
的尝试中丧失了其魅力，因为有些人在使用该术语时产生了这样的信念，即这些动力机制代表了由患者所表现出来的各种特性，相反，我认为并不存在由患者所表现出来的特性，而仅仅只有每个人所表现出来的程度上的差异[①]——强度和定时方面的差异。因此，不管什么时候，只要我谈到动力机制，我所讨论的都是普遍的人类装置，它们有时候也会几乎完全反映在可怕的生活歪曲之中，但是，它们依然是普遍的。这些歪曲产生自发展中的不幸、机会的限制以及诸如此类的东西。因此，在青年晚期——年龄成熟的阶段——非常显著的自我系统干预，涵盖了我们所谈论的整个精神病学实体的领域——如果你愿意的话，也可以说是整个心理障碍的领域。

生活自由的限制

探讨青年晚期有利变化之自我系统防御这一论题的另一种方法，就是考虑生活自由的限制，以及它们释放受限制之整合倾向的复杂过程。与我们业已讨论的内容相比，这是一种不同的方法，并试图着重强调我们之前尚未注意到的某些东西。

在这里，所谓生活自由的限制，我所指的是产生自“内部的”各种限制，或者说产生自一个人过去的障碍，而不是指广泛机会类别的限制（关于机会的问题，我在前面已经有所谈及）。生活自由的限制往往伴随着至少部分地满足个体的限制所防御之需要的复杂方式，以及为释放累积的危险紧张而以睡眠障碍等形式表现出来的更进一步的复杂过程。这些限制可以根据与其他人有限接触来加以考虑，也可以根据兴趣的限制来考虑。我们这里所说的与其他人的有限接触，其范围涉及较广，从一种明显孤立之生活方式的早期发展到一个人的自我限制，前者指一个人的社会距离，也 306
即一个人自我否认大量有用的、具有教育意义的人际经验，后者则以诸如偏见、等级和阶层等因素为基础，如果一个人碰巧生活在一个很小的少数

① 我在这些评论中始终排除有机体；换句话说，如果有人用枪射掉了一个人的半个脑袋，那么，他也不会因此而成为我的精神病学兴趣的中心领域——这并不是说精神病学不能通过研究一个人的行为来发展。

族群内的话。

但是，在大量的例子中，生活自由的限制通常以兴趣限制为主要形式；可以说，生活中有大量的方面都是禁忌——人们必须回避的东西。有时候，源自过往反常现象的强制性限制，往往以伪装的社会礼仪和兴趣的形式出现，使得人们乍一看似乎觉得它相当不同。这些社会礼仪似乎会把当事人提高到普通人群的水平之上，使之与他人有着很大的不同，至少对他和他的同族来讲是这样。我打算给大家提供的是关于认真游戏（devotion to games）的例子，在这个例子中特指的是桥牌。由于我因这个桥牌的例子而与一位杰出的、极受人尊敬的人类学家发生了激烈的争执，因此我断定这个例子具有某种令人颇感兴趣的力量，因此，我想再次运用这个例子。现在，我已经不再擅长其他游戏；我想很可能是我的庸俗品位使我为纸牌所迷；当然，我说的纸牌绝非桥牌游戏。我的例子说的是纽约一群经过精选的妇女，她们有很多社会经济机会。但是，她们每天除了起床后就为去桥牌俱乐部做准备之外，几乎无事可干，她们经常去桥牌俱乐部，与自己的丈夫和车夫极少交谈，但却花上许多个小时的时间与其同伴进行高度礼仪化的交流，而正是这种礼仪化的交流，使她们对生活感到极为满足，从而晚上可以安然就寝。我希望你们能够理解我所说的假礼仪（pseudosocial ritual）这个概念，在这种情况下，每个人都忙着与他人打交道，但却没有任何特别个人的东西让对方知道。我认为，这些人中的大多数都会同意这样一种看法，即如果让她们坐在有单向屏幕的小房间里玩纸牌——除了向他人展示她们的衣着外——也许更合她们的意。如果这样的话，周围人的咳嗽或打喷嚏等就不会让她们分心，这样她们便可以更舒适地实施其在生活中的任务。尽管这是假礼仪的一个极端例子，但确实存
307 在着这样一些人，他们像疯了一样地投入社交，但却不知道该与他人在一起做些什么。他们凭借一些非常受限的规则生活着。

另一种这样的限制是礼仪式回避和礼仪式偏见。不管你的政治倾向如何，你都很可能在与同事谈论政治思想问题时有过礼仪式回避的经验。例如，假定你与银行家谈论关于进一步“新政立法”（New Deal legislation）的必要性，这种礼仪式回避就会出现。下面，我将给大家提供一个个人的例子。由于偶然的机会，我去过一家理发店，为我修剪头发的是一位曾目睹过第一次世界大战的富有经验的理发师，对于这位理发师，我是十分尊重的，这不仅因为他是一名具有公益观念的公民，做了大量的福利工作，而且还因为作为一名理发师，他喜欢保持沉默。说实话，我十分讨厌理发，每当理发时总会打瞌睡，所以，我在理发时极不愿意交谈。但是，有

一天，我在理发的时候，广播里正喋喋不休地说着关于亨利·华莱士（Henry Wallace）的新闻，这位理发师随即说了几句谴责华莱士的话。我说我知道这个人，而且非常喜欢他。像有些人一样，我也认为，虽然他并非一直是最具才华、最有远见的人，但他偶尔会有一些惊人的好点子，而这足以让人支持他。说完之后，我便把头靠在椅子上开始打瞌睡。五六个月之后，当亨利·华莱士被商业部吹捧出来以后，我又去理发师那儿理发时，这个话题再次被提起；换句话说，这是一个重要的话题。不过，现在这位理发师并不想与我在任何问题上发生争议，因为我关于华莱士的评论已经扰乱了他的一部分回避机制；这种扰乱是与我联系在一起的，对他来说，他可以凭借良好的回忆知道我如何扰乱了他。于是，这个话题仍在进一步发展。但是我们双方都因为上述原因而表现出了礼仪式回避。

所有这些礼仪式回避和礼仪式偏见都让人产生这样一种感觉，即一个
人正在某个重要的生活领域里从事某种有意义的事。事实上，这个人根本
就没有做任何有意义的事，因为他从中得不到任何信念。除了政治方面以
外，还有“社会”方面；这里，大部分生活再次被假设的理性定义所阻
隔，若对这些阻隔做仔细审视和研究的话，可以证明，所谓的理性定义也
只不过是礼仪式回避而已。在艺术世界中，情况也一样；那些研究自然科 308
学和社会科学的人也会在年会等场合发现同样的情况。而且，上帝也知
道，在宗教名义下，我们的世界充满了礼仪式回避和偏见。

当然，我可能会因为某个人对什么东西感兴趣或者对什么东西不感兴趣而对他表示尊敬。例如，在这个世界上，没有什么理由可以说明我为什么应当对金钱理论如此感兴趣，也没有什么理由可以说明我为什么应当努力发展对绘画或者其他无数我只有一丁点儿兴趣的东西的美学鉴赏能力。我无法想象自己怎么会对内科医学的整个领域感兴趣。但是，如果没有人向我谈论关于达达主义（Dadaism）、基督教浸礼会教徒（Baptists）或者金钱理论的事情，那么，这并不是因为我的生活主要集中于在某个领域获得满足和安全感，恰恰相反，是因为我的安全感有赖于回避某个特定的领域或某个特定的论题。我认为，生活之于任何人，绝非同样有趣，也不是一个人的能力所能及的。我可以相当确信的是，在史前时期的原始人群中，必定存在某种特殊化；当然在生育孩子的过程中，也存在着某种特殊化，而且，这种特殊化肯定会引起进一步的特殊化。礼仪式回避和偏见从表面上看可能与特殊化相同，但是，它们实际上意味着你不能进入某个领域；朝着该领域前进的任何兴趣都会立即引起焦虑，而这种焦虑在你追求信息的过程中会阻碍进一步的行动。

自尊与人的成熟

从我至今所提及的内容中，你们或许可以看到，假定自尊的必要前提是适当地尊重别人，如此推论不能说没有根据。当然，我们周围有很多人会对他们不认识的人表示尊重，但是这并不是我想谈论的内容。我们可以很有把握地说，那些只尊重不认识之人的人，通常也不会尊重他们自己。那些自尊心很强的人——他们的生活经验使得他们能够展现并证明其与他人一起生活或生活于群体之中的杰出能力，借以获得他们自身的满足——
309 几乎找不到任何特别的精力和时间去尊重其他人任何值得称道的行为。对于不恰当的自我系统而言，最为脆弱的支柱之一是一种贬低他人的态度，对于这种贬低的态度，我曾把它概括为这样一种学说，即按上帝的说法，如果你是一座鼹鼠丘（molehill），那么，在你的眼中，就不会有任何山脉。人们可以用许多方式通过一个人对别人的贬低来了解这个人的整个自尊状态。贬低由两个部分组成，一个部分是“蔑视”自己，另一个部分是大量的否定（not）操作。因此，一个非常尊重自己的“慷慨大方”（这很可能一直是一种非常公开的性格）性格的人，常常会发现有些人不大方、吝啬、小气等。我认为，从有记录的思想开始，人们就已经知道，如果一个人对其他人十分苛刻或对同伴的某些过失十分严厉的话，那么，他对这些特定的缺点也会非常敏感，因为这些缺点正是他自己想要隐匿的缺点。只要一个人的自尊不受限制地增长，或者相对而言个人的发展不受阻碍或歪曲之苦，或者个人发展的偏差已经得到纠正，那么，一旦发现他人在某个特定领域比他强得多，他就不会产生枯竭的感觉，或者会表现出焦虑的迹象。在高度专门和复杂的社会组织中（就像在现存的所有文化中那样），我们可以十分肯定地说，能够在复杂运作中处于顶尖地位的人物实在太少，这是毫无争议的事实，但也是可悲的事实。大多数人并不会像少数顶尖人物那样杰出，甚至比普通人还差很多。但是，由于生活领域非常宽泛，以至于人们无需过分依赖于个体并不擅长的东西，也没有必要拿一本笔记本来记载自己和他人在并不擅长的领域内的表现。但是，有些人由于个体发展的某些偏差，使这种情况成了一项极好的操作，借此缓解在与其他人做会招致不满的比较时所产生的焦虑。

现在，我还想谈一谈有关人的成熟的问题——对于这个主题，我始终以非常随意的态度来加以对待，部分原因在于它并不是一个精神病学的问题，尽管我们可以从精神病学的角度来对它做出推导。但是，事实是，关于成熟的理解让许多精神病医生（精神病医生通常是研究人际关系的

学者）都感到困惑，这是因为表现出高度成熟的人是最不容易进行研究 310
的；朝着成熟目标前进的患者，在他们达到这一目标之前，便已经从我们的视野中消失。这样一来，作为精神病医生，事实上得不到很多真实的数据。不过，我们可以作一些猜测。我猜想，我曾经讨论过之发展时期的每一种杰出成就，都将会在成熟的人格中明显地表现出来。在一系列发展中，最后一个发展是对亲密关系之需要的出现和成长——它表现为对与另外至少一个人进行合作的需要，更为常见的是与其他更多人进行合作；在这种合作中，存在着一个非常明显的特征，即对另一个人的需要、人与人之间的安全或者他人身上缺乏焦虑的情况都持有十分鲜明的敏感性。因此，我们当然可以从所了解到的情况中推知（只要没有什么特别重要的东西与之相冲突），所谓成熟，指的是对令人们感到触动并与之打交道的局限性、兴趣、可能性和焦虑等持有共情性的理解。另一件可以明确从中推断出来的事情是，不管是向外扩展的兴趣还是向内扩展的兴趣，或是两者兼而有之的兴趣，成熟的生活——绝对不是单调乏味或者令人厌烦的生活——其重要性总是在不断地增长。我们没有任何理由去抱有这样的想法（哪怕是瞬间的念头也不行），即变得成熟是一件十分糟糕的事情，因为到了那时，人们会更加烦恼；而事实恰恰相反。可以肯定的是，任何人，无论他是成熟还是患有严重疾病，都无法避免感到焦虑或恐惧的可能性，无法摆脱构成生活之特征的任何需要。但是，成熟程度越大，焦虑对生活的干扰就越小，因而个体对自己及他人的消极评价也就会越少。在我们当今所生活的这个世界里，当一个人成熟时，与生活复杂性相似的任何东西都不应该使他感到厌烦。

第三部分

不适当的与不合宜的人际关系模式

第十九章
精神疾病的早期表现：精神分裂性和精神分裂症

现在，我将要开始讨论的是不适当的与不合宜的人际关系模式，也就 313
是通常所说的精神疾病，它既包括较轻的精神疾病，也包括较为严重的精神疾病。我之所以加上“轻或重”的字样，是想表明这一点，即精神疾病这一主题包括各种各样的事情，既包括很小的意外事件（例如，你在请求别人帮忙时，恰又懊恼地一时想不起这位重要人物的名字），也包括长年住在精神病院里的精神病患者。因此——就我个人所能发现的而言——若要使“精神疾病”一词具有足够丰富的含义，则必须让它像一个帐篷，涵盖人际关系中一切不适当或不合宜的表现。

首先，我必须说明一点，我不打算讨论那些主要由于明显的生理缺陷而引起的障碍。对于这些障碍，我没有什么特殊的见解要发表，尽管我相信精神病学中的这种理论将会让我们更为清楚、深入地了解基本的生理缺陷是怎样对一个人的发展历程和生活中的必要准备产生影响的，但我依然不想在这里涉及这个主题。基本的生理缺陷有可能是先天的，出生伊始就会表现出来，例如，那些被称作白痴的人所表现出来的可怜的模仿动作；也可能像生活中某个特定弱点那样让人难以理解，例如，它会表现为早老
性痴呆或早发性老年痴呆症（阿尔茨海默病），或动脉硬化和老年性精神 314
病。所有这些事情，绝大部分涉及的是构成人类躯体的遗传因素，而较少涉及后天的生活经历，尽管就像我在前面一再指出的，后天的生活经历可能会对生理缺陷的出现时间产生一定的影响。但是，大家都很清楚，有些人得天独厚，具有很好的遗传素质，他们可在生活中长年承受极其沉重而又紧张的精神压力，但不会出现显著的病理性高血压或诸如动脉硬化等血管壁病变的现象；这种人能活到 80 岁，甚至差不多 90 岁，而且他们的身体并不会出现器质性老年化病变（我们在老年性精神病患者身上经常可以

看到这种病变）。由此可见，由于遗传而注定会出现的现象非常多，它们很可能在生命历程中起到根本性的重要作用。不过，我们现在所要讨论的内容是各种生活障碍和困难，这些障碍和困难的产生主要是由于发展历程中所遭遇的不幸，而非由于任何先天的遗传因素。

属于“非我”的发展事件

在开始有关“精神疾病”——或人际关系中不适当和不合宜的活动模式——这一主题的讨论前，我想先较为全面地介绍一下非我概念的“自然史”（natural history），对此，我只能以暗示的方式指出它与婴儿后期和童年早期的关系。按字面意思来说，非我可解释为与遭受此种强烈焦虑之重要他人的经验组织，而且这种焦虑是突然降临的，以至这个当时尚处于相对原始状态的个体不可能弄懂导致这种强烈焦虑经验的特定情境，也不可能对其有真正的理解。正如我在前面所说，重要环境中所做出的突然的、强烈的消极情绪反应所导致的严重焦虑，与头部受到当头一击的情况十分相似。严重的焦虑往往会使得个体完全不可能系统地阐释焦虑发生的确切情境，而且，这种焦虑状况会使得经受焦虑的人记忆力减弱，难以说清刚刚发生的事情。例如，如果父母患有亚精神病性恐惧（subpsychotic
315 fear），生怕自己的婴儿会变成一个淫荡好色的怪物，那么不管什么时候，只要一发现婴儿用手抚摸生殖器，他或她就会十分激动，甚至采取极端行动——据此，我们可以预期，该婴儿之人格的发展将多少有点缺陷，从这个意义上说，婴儿无论以某种方式触及生殖器，都将最终产生一种感觉，这种感觉与突如其来的、强烈的、无所不包的焦虑几乎同时产生。所有这些可以说尚未分化的、突如其来的、强烈的焦虑，都会让婴儿产生一种不可思议的情绪体验；也就是说，如果一个人充分地理解了不可思议的这个词的含义，那么，他在试图描述自己身上所发生的事情时，就会说他感到不可思议。随着这个人年龄的增长，这种焦虑情绪就会表现出一些彼此有所区别的具体细节，它们的内在含义可以用我们语言中的四个词来暗示——分别是敬畏（awe）、畏惧（dread）、厌恶（loathing）和恐怖（horror）。虽然这四个词表明我们有可能对这些不可思议之情绪进行区分，但事实上，有些体验却很难加以区分，这一点已在那些表达能力极强的人所提的描述中得到了证明。

虽然所有这些不可思议的情绪都与敬畏（awfulness）情绪相关，但敬畏本身也是一种不可思议的情绪。当然，从不可思议的情绪中，我们得到了“敬畏”（awful）这个词语，尽管在英语中“不可思议”一词与“敬畏”已经没有关系。敬畏很可能是这些不可思议之情绪中最不会因为突然发生而让人难以承受，也是最不会让人心理瘫痪的；事实上，在许多成年人身上，一些出乎意料的、惊人的自然现象或者人类的作品就足以引起敬畏情绪，并会激起某种更加富有幻想性质的对过往的自我修复。因此，人们一走进某些具有建筑美学的建筑物，一种敬畏之情便会油然而生，如果这座建筑物碰巧是一个教堂，那么，人们便可能会随之产生各种关于自然界和上帝是否真实存在等不成熟的奇怪想法。当许多人第一次登上山顶俯视科罗拉多大峡谷时，都会产生一种惊呆的感觉，这实际上仅仅只是一种引人入胜的体验，并不属于恐怖之列。我们在某种程度上可以这样说，在这种情境之下，人们完全超脱了生活的现实，产生了敬畏的体验。

与不可思议之情绪相关的其他三个术语，涉及更多的是这种体验的畏惧特征；这三个术语是畏惧、厌恶和恐怖。厌恶是身体疾病与其他极其不悦之体验的特殊结合。对此，一些有过这种体验但却表达不清楚的人曾将其描述为一种强烈的想要呕吐的欲望，而没有能力感到恶心——这种情况，就其自身方式而言，是令人印象颇为深刻的。而恐怖是一种每个人都至少体验过一次的不可思议的情绪，这种体验很可能发生在睡眠中。恐怖 316
实际上仅仅只是我想称之为嫌恶（revulsion）的情绪——一种很想逃开所有一切去到另一个地方的感觉——与一种很想呕吐的欲望的结合，很可能还会与想腹泻的欲望以及诸如此类的欲望相结合；与此同时，事实上还存在一种对任何事物都麻木的情绪，以至除了敬畏之外——如果它能够回避的话——以及绝不会重复（never-to-be-repeated）的体验之外，再也体验不到任何其他的东西了。

上述这些东西似乎可以说是一切使人麻痹的焦虑突然发作的本质；这种焦虑可能会由于一个重要他人的极其不悦的情绪，而在生命早期就被引发。它是人格中某些经验结构（这些结构可用于实用的目的）的基础（如果你想用这个词的话），其原因在于它们在后来生活中的表现，即我所说的非我——与好我和坏我形成对照。正如我已经说过的那样，好我和坏我是意识终身要素的基础，也就是说，在个体自身的内隐操作过程中，没有哪个人会不清楚这样一个事实，即他身上存在着一些令人不满的、不合时宜的品质，而他自己则正忙于将这些品质隐藏起来、为这些品质找各种解耦，等等，同时，他也清楚自己身上也存在一些好的品质；所有这些便是产生好我和坏我的基础。但是，只有在一些例外的情况下，个体才会在意识中——在觉知状态中——反省他生活经验中我称之为非我的部分，即第三种基本的人格化。

分裂的证据

除了其他所有为避免焦虑、最大限度地减弱焦虑或将焦虑隐藏起来而在自我系统中精心构筑的形式或过程外，自我系统几乎在所有情境下都会表现出一些方面，我们可以这样说——用高度形象的语言——这些方面旨在使每一个人都安全地摆脱有可能导致极其不悦之生活状态的情况（这些不悦的生活状态可以称作不可思议的情绪）；除了灾难性情况之外，自我
317 系统的这些方面只可臆测。这组自我过程可能很广泛，也可能很少。这取决于个体遥远的过往。此类自我功能的表现（这些表现几乎每一个人都能体验到），实际上会在睡眠中由于睡眠过程的渐进而被唤起，在睡眠中，人格中一些据说不可能出现的方面会变得非常清晰，以至于它们会驱使自我系统过程突然活动（在一般情况下，这些自我系统过程在夜间是停止活动的）。结果，一个人在睡眠中就会突然醒来，多少带点令人不寒而栗的感觉，这是因为处于某种恐怖情况之下的缘故。我们通常称之为梦魇的东西，可能代表了真正触及人格中非我成分的东西，当然，也可能不代表这些东西。但是，在许多方面，梦魇的内容越集中，情绪的力量就越惊人——越有可能彻底地破坏对情绪状态的回忆——于是，你便越有可能推测睡眠中的某个过程过于共情性地与人格中这一特定成分相联系（通常情况下，这种情况只有通过推论才能得悉，而且，它们往往是由于幼年时期突然遭遇严重焦虑而导致的结果）。

到了童年后期，由童年早期的非我经验所提供的基础既有可能增长，也有可能在某种程度上保持静止状态，这要视当时的经验而定。在那个时期，大多数较为幸运者已经发展出与先前的坏我的表现有关的预防过程和抚慰过程，从而使那些给他们造成很大麻烦的动机系统发生瓦解，结果这个瓦解的动机系统不是进行重组——升华等——就是针对尚未获得重组的成分而回归到对早期行为模式的重新激活。但是，在命运较为不济者的童年后期，例如童年早期失去了父亲或母亲，而且遇到了一个非常差劲的后父或后母，或者被送到质量很差的机构里读书，或者其他诸如此类的情况，那么，这个极其重要的过程系统就可能会清楚地开始表现出来，这个重要的过程系统便是我们所说的分裂（dissociation）。[1]

① 遗憾的是，在《概念》(Sullivan，*Conceptions of Modern Psychiatry*；*op. cit.*）一书中，我把分裂提高到了极其重要的地位，但在这本书中，我并未花太多的时间来强调分裂之外的所有其他东西。

在分裂中，有趣的是，个体是在意识过程中产生不可思议的情绪的，
而这些不可思议的情绪是个体在清醒状态下不可能出现的。你们知道，人 318
们很容易把分裂误解为相当神秘的东西，这种神秘表现为，你把某样东西扔向外界的黑暗之中，让它静静地躺在那里，经年累月地躺在那里。这是一种不切实际的过于简单化的想法。分裂一旦被启动，它就会游刃有余地运作着，而不会像一条睡着的狗那样安静。它以一种连续的警觉状态或清醒的觉知状态运作着，此外，它还有若干的补充过程，以防止个体发现他在没有意识参与的情况下所做的事情。事实上，我想说的是，自我系统过程之分裂成分的最为经典的表现是在对生活中的困难施以强迫性替代时。当然，以下两类人之间似乎并没有明显的关联：一类人就像其经常在无效的、不适当的和不合宜的人际过程中所表现出来的那样，具有强迫类型的替代过程；而另一类人，在某些情况下，承受着精神分裂症发作的生活之苦。因此，在这一点上，如果我们说，从美国文化中所发现的大量替代过程，就是严重分裂状态的有力证明，那将是不合理的，我认为，当我们的理论阐释在更为充分的研究数据的基础之上，有了更进一步的发展时，便会发现，情况可能就是这个样子的。在任何事件中，与实际重要替代过程一起运作的困难和与精神分裂过程一起运作的困难之间，都存在着这样一种非常相似的现象，而由于这种相似性，两者之间的区分再次变得棘手起来。我所说的真正重要的替代过程，是指在非常重要的生活领域中对替代的运用。令人非常吃惊的是，在现今这个时代，几乎每个人都用替代过程用来隐藏焦虑的极端脆弱性。我们发现，在许多表现出较为严重之强迫症状的人身上（就像我们用方言喊他们那样），存在着大量他们称之为憎恨（hatred）的东西，事实上，只要仔细观察，便可以发现，他们几乎对所接触的每个人都表现出惊人的脆弱性。这种强迫性替代（它们构成了其生活中一些引人注目、令人讨厌的方面），仅仅只是意味着人际接触的全面
减少，以保护自己免受焦虑的异常伤害。因此，我们应当把强迫性替代看 319
做是自我系统内发生的一种显著情况，其目的是想把某种东西完全排除在意识之外，让它没有机会涌进意识领域。

不管什么时候，只要涉及动机的分裂系统，我们便会发现意识的相对中止，这是这些动机所具有的效应。这种意识的中止有可能就好像相对较小的、几乎无处不在的意识受到干扰的现象那样微不足道，这种意识受到干扰的现象，我们称之为选择性忽视。在这种选择性忽视中，个体完全注意不到生活中一系列多少有些意义的细节。但是，即使选择性忽视给人留下了深刻的印象，一旦人们观察到它不可能如此平和地起作用，也不可能

永远在恰当的时候起作用，他们就会不断地保持警觉，以免由于某些不明的原因而注意到原本不想注意的东西。选择性忽视不仅仅只是生活中不适当、不合宜的表现，它还是一种经典的手段，借此手段，我们便不会受益于属于我们特定的不利范围之内的经验。我们并不拥有可能使我们得益的经验——尽管这种经验确实会发生，但我们从来都不会注意到它所具有的意义；事实上，我们根本注意不到其实大量的经验已经发生了。我认为，这是心理治疗中真正麻烦的东西，即有些人以一种最为平凡无奇的方式去忽略他们行为中，或者对他人行为的反应中最具内涵的某些东西——他人的行为，也就是他们往往报告说是他人之行为的行为。更为可悲的是，他们可能会忽略这一事实，即这些事情已经发生了；他们会故意忘记这些事实，即使这个人把这些事情十分不悦地印刻在了自己的脑海中，也不会去记起它。

下面，我将偏离一下主题，谈一个用选择性忽视来智胜的例子，在这个例子中，我曾表现出一种不友善的行为。有一家杂货店，我常去那里买这买那。在战争年代，那里有一个卖苏打水的售货员，如果用智力测验去测试他的话，我可以肯定，他一定是个低能儿。他不仅智力低下，而且——在这个方面，我对他表示同情，就像我对每个人都可能表现出来的
320 那样——他对顾客还表现出一种异乎寻常的敌视态度，无论你问他要什么，他都会像完成任务似的递给你不需要的东西。在经历了一次又一次这种不愉快的事情后。有一次，我很不高兴，就说："喂，怎么回事?"他说："水啊。你不是要水吗?"我说："请把我要的东西给我!"于是，那个人不高兴地一晃一晃走了，然后递给我所要的东西。令人啼笑皆非的是，当我再次见到他时，他却对我笑容满面，并很快就递给了我所要的东西。这样一来，我倒有些窘迫了，因为他的选择性忽视并没有我想象的那样完全。他从一种不悦经验中获得了益处，他的表现远远超过了我们中间有些人的表现。如果他的行为像我所预期的那样，那这将成为选择性忽视的一个经典例子；他永远都不会注意到他几乎总是递给顾客他们不需要的东西。因此，诸如我所引发的任何这样的事件诚然都是全新的，而且令人费解——在我看来，就好像一个恶作剧的例子——但是，更为可笑的是，它似乎并非如此。我希望这则故事从相反的意义上给大家一个观念，即我们会多么随便地忽视大量的经验，只要对此例子做些清楚的分析，我们就能发现改变的真实必要性。

在证明分裂的其他一些证据中间——除了选择性忽视和诸如强迫性替代这样的分裂过程——还有一些相对来说不常规的边缘性观察结果，这类

观察结果在不同寻常的人际情境里会出现在意识之中；这些观察结果还具有一点不可思议性。这种不可思议性从某种很适度的意义上说就是我所谓的嫌恶。嫌恶是一种果断离开某些事物而转向别处的现象，它与习惯性的厌恶（detestation）十分不同，比如，我对鸡蛋蛋黄就十分厌恶——这是一种不存在阴影的厌恶，而只有这样一种认识，即假如我再度吃到蛋黄，就会像往常一样产生不愉快的感觉。而嫌恶则与此不同：你会产生肚子有点不舒服这样的感觉，但你完全不会去想象如果你更进一步的话将会发生什么情况。在普通人的生活过程中，分裂也可能会表现为夜间出现的某些不适，而当个体醒来，却发现除了一种不可思议的情绪之外并没有什么情况发生——这种不可思议的情绪是他在做不愉快的梦时产生的，但在醒来的过程中，这种情绪却消失了。在非常偶然的情况下，人们才会回想起梦 321
中明确与恐怖、惧怕以及诸如此类的情绪联系在一起的片段。通常情况下，梦者在报告这些片段时，几乎都不能对其做出清楚的解释。只有当心理治疗得到相当有效确立后，一个人方才能够忍受梦中所反映的那种相当明确之分裂过程所引起的紧张情绪。

与这些可觉察之意识成分联系在一起的还有一些行为项目，我们称之为自动症（automatisms），不过，只有当主要动机出现分裂时，才会产生这种情况。我在说主要动机出现分裂时才会发生这种情况时，已经假定这种情况适用于任何分裂的现象，尽管我们很难看出动机在什么时候是主要的、在什么时候不是主要的。自动症在某些情况下会出现大量的行为操作，尽管这些操作通常都是一些较小的运动；有时候，这些操作也会表现为诸如抽搐、肌肉群痉挛等极端的行为，这些操作似乎已经远远不能构成有意义的行为。我们在诸如纽约曼哈顿区人口稠密地段经常可以观察到这些自动症的一个生动的例子。男士们也许会发现，当你沿着街道行走时，其他很多男人都会看你裤子的前裆开口，然后又迅速地将目光转向别处。他们中有很多人会抬起目光注视着你——显然，就你可以理解的而言，他们是想看看你是否已经注意到了他们。但是，问题在于，他们中间有一些人一旦遇到你的目光，却会变得麻木不仁、若无其事，就好像什么事情都没有发生过一样。他们中间也有一些人会脸红，明显感到十分不安。就后者而言，它并不是一种自动症；如果这个动作被人察觉就会感到很窘迫，那么，这个动作对他来说便具有了意义。但是，当这样一个动作成了自动的时候——表现出分裂动机的时候——那么，即使被人察觉也不会感到窘迫。即使这种情况被人注意到了，他自然表现出的倾向通常都是否认这种情况的发生。如果你能证明确实发生了这种情况（很可能用一张照片来证

明），那么，这个人也仍然会表现出一脸茫然的表情，好像全然不知这件
事情是如何发生的，以及它意味着什么似的。因此，分裂中的主要系
322 统——以及我所认为的所有的分裂经验——都是以某些行为障碍的形式表
现出来的，或者以某些明显的行为动作表现出来的，这二者的唯一区别在
于这一事实，即这些行为的发生对于表现出这些行为的人来说，要么全然
不知，要么至少毫无意义。

在一些更为主要的自动症中，一个人会“发现自己”处于相当严重的失调之中，我们可以这样说，他显然是闭着眼睛走进这种窘迫情境之中的；而且，这一发现还会导致不可思议的情绪产生。有时候，个体会认识到，当他陷入窘迫的局面时，他的心理状态实际上是很奇妙的；而这种心理状态我们可以称之为迷惑（fascination）。当一个人迷惑时，他实际上表现出的是摩尔行为，这种行为会使他进入这样一种情境，即在其中表现出分裂的冲动似乎是适当的。不过，这种情况极少发生；相反，一个人常常会“发现自己”产生了完全不合宜的恐怖、惧怕、嫌恶或者诸如此类的情绪，而且，通常还带着一种独特的感觉，即被那种经验深深震动的感觉，试图使自己脱身出来。

分裂系统重新整合的可能性

分裂系统始于幼年生活；它们最大的自动补救机会，同时也是对人格
危险做出的最大贡献，均发生在发展的前青年期和青年期。许多人显然没
遇到多大风险便走出了前青年期和青年早期，这是相对于他们的未来而言
的，因为当他们遭遇青年期，情况就不同了。但与此同时，熟悉精神病院
入院率的人都知道，严重人格障碍通常都发生在延迟了的前青年期或青年
期。一般情况下，出现分裂之人格的重要方面不会得到重新整合、除非在
极其幸运的情况下才会发生重新整合，这些幸运的情况，其中之一便出现
在前青年期，正如我在前面说过的那样，对亲密关系之需要的发展，可能
会导致人格之非我成分与其他成分之间能量分配的极大改善。同时，这种
新的整合倾向随着成熟而出现，某些偶然事件也有可能发生，它们可能在
323 重新整合分裂的倾向系统方面产生有利的影响。在前青年期和青年期发生
的这些偶然事件中，有一种我称之为“故意神游”（deliberate fugue）的
重新整合、“好似通过睡眠时的不幸遭遇”而产生的重新整合，以及通过
“对不可思议之情绪的调节”而产生的重新整合。

现在，我或许应该对神游一词的含义作些解释。所谓神游，从我运用这一术语的意义上说，实际上指的是一种相对较长的醒着做梦的（dreaming-while-awake）的状态——一个人在做梦时确信自己是醒着的，而且在旁观者看来，他也确实是醒着的。有时候，神游很可能会发生在部分机体的癫痫状态之中（如果不是全部机体的话），尽管从我目前正在讨论的意义上说，神游绝不限于癫痫患者。神游是某些十分严重的精神障碍的发作状态，尽管有时候出现神游状态不是避免某些十分严重的精神障碍发作所必不可少的。但是，无论如何，正如我试图描述的那样，当一个人处于神游状态时，他通常相信自己是醒着的。在许多重要的特例中，他的行为表现就好像是醒着的，而其他人也认为这个人是醒着的。不过，与周围现实的关系，以及与那些和个人过往相联系之事物的意义之间的关系，从某种程度上说是处于完全、绝对的暂停状态，就像一个人睡着时那样。此外，要回忆的话，还存在一些绝对的障碍，这种情况只有在持久睡眠状态的微观指标基础上才可以理解。

在前青年期和青年期，有时候会出现我称之为故意神游的情况，也就是说，一个人用这样一种态度来让自己振作起来，即“妈的，我们不该错失任何一次机会”。于是，他便让自己陷入某种情境，在某种程度上对一切事情都严格要求，而且眼睛常常盯着某些无关的东西——满脑子想的都是与自己所追求之物完全无关的东西。这种情况与积极主动的神游状态有着惊人的相似之处，虽然与真正的神游表现相比，它还没有完全割断与往事的联系。在这种状态中，个体所产生的经验在其他情况下往往会被当作精神病。通过某种减弱的过程，整件事情慢慢地附加到了有意识的经验之中，个体也就挺过来了，并且觉得好受了一些。

我在前面曾经提到过，分裂倾向的重新整合似乎可以从不幸的或灾难 324
性的事件开始，尤其在与安全操作之相对中止相联系的情况下（就像一个人睡着时一样）开始重新整合。这就是说，个体进入该情境主要由分裂系统所激发，就好像一个人进入睡眠那样。这又是一件十分微妙的事情，如果因为一个人在这种情境中错误地声称自己睡着了而谴责他，也许是个错误。在这个颇具风险的领域里，我们密切研究各种人格的时间越长，便越能认识到我们还没有关于睡眠的绝对标准，而且，睡眠也毫无疑问存在若干水平。例如，真正的神游具有睡眠的本质，但是，没有一种我们通常使用的标准能表明它与我们所认为的睡眠相似。因此，人们可能听说过一个少年发现自己处于某种十分不安的体验中，因为虽然他知道所有的一切，但他却真的睡着了；人们可能认为这件事有点儿奇怪，并且倾向于对它持怀疑态度，但我们应该谨慎地做进一步的探索。这个人说的是不是真话，我没有把握。换句话说，当一个人睡着时（或者没有睡着时），这些不幸的事件也许是介于“故意神游”（所谓故意神游，指一个人费力地搜索，借此得到结果）和“真正神游”（所谓“真正神游”，指一个人犹如深睡一般，无法澄清发生在他身上的任何事情）之间的一种现象。

分裂系统得以重新整合的最后一种方法——我很难用言语来表达这种方法——也就是我所说的“对不可思议之情绪的调节”。它在某些方面很可能是神话的一种功能，这种神话已经并入了个体的早期经验之中。换言之，从某种程度上说，个体在一部相对盛大的戏剧中扮演了一个角色——他真的迈出了现实的世界，进入了某个神话系统的世界，并在其中暂时性地扮演了某个角色。一旦处于分裂失败后所产生的某些十分严重的障碍中，人们往往会在盛大的人生戏剧中耗费极大的能量，以搏斗的方式来解决问题；例如，我有一位患者，曾经在与修女和神父的纠缠中搞得筋疲力尽。所谓“对不可思议之情绪的调节”，主要是指带着这样一种感觉，即是你在做事，而不是先验力量把它强加到你的头上。有些人在他们的发展
325 岁月中已经获得了经验，他们真正遭遇过一些具有极其令人不安和格外令人难堪的不可思议之情绪特征的情境，他们一度的行为表现就好像他们是半人半神或半人半魔，经过了这种经历，他们从此就从另一个侧面对生活有了更多的了解。[①]

精神分裂症的生活方式和可能的结果

所有与分裂系统相关的事物都是要担风险的。分裂的活动很可能是人格中最为复杂的表现，它在处理生活中的主要动机方面显然是最具风险的方式。甚至在青年期和前青年期——这些时期具有很高的精神分裂症发病率——风险也绝不是有名无实的。而且，在个体经过了这些发展阶段之后，风险依然存在——如果存在分裂的主要系统的话——而且，这种风险实际上是不好的预兆。

现在，让我来讨论一下风险的显著表现——源自分裂中主要系统的灾难，或者说源自分裂中动机系统之主要成分的灾难。这些灾难性的失败最有可能发生在14～27岁的年龄段内。在可能发生的风险事物中间，灾难性最小的很可能是用与分裂模式有关的行为模式等去替代惯常的人格化自

① 在1945年的另一篇演讲中，沙利文是这样描述“对不可思议之情绪的调节”的：“在产生不可思议的经验之后，随之产生的是人格的完整状态，有人可能会说，‘事情就是这样的：非善即恶，非好即坏，事情就是如此’。这种对某事的接受方式——即使人们无法想起它，也无法分析它——不论是否铭刻在心，都正是我这个特定术语所要表达的意思，也就是‘对不可思议之情绪的调节’。”——编者注

我，这种“替代”（displacement）会导致严重的意识障碍。这是真正的神游。人们可能会以一种非常悲伤的状态从神游中走出来；或者在一年半载后，神游可能会突然得到处理，个体随之看起来完全正常。在青年期发生的神游，通常不像某些所谓的癔症神游（hysterical fugues）那样成功，处于癔症神游状态中的个体，并非真的用欺诈手段盗用大额公款，一觉醒来之后，却发现自己已经到了异乡。

我们可以把神游称作人格的巨大改变。另一种人格障碍（相比于前 326
者，改变没有那么大）便是我所说的意识中令人厌恶的渴望（abhorrent cravings）的爆发。在我看来，“渴望”这个词前面原本不需要加上“令人厌恶的”这个形容词，但我之所以加上这个形容词，是想表明不断增加的强烈的尚未满足的渴望进入个体的意识，以从事某种令人厌恶的事情——对从事这些事情的描绘伴随着诸如恐怖、惧怕、厌恶等不可思议的情绪。关于这种渴望之爆发的典型例子是“同性恋”欲望的激起——患者突然感觉到想要进行同性恋行为的欲望（这种感觉经典且明显）。我认为，我可以借我的一位患者来说明这一点，这样才可能不至于对你们产生严重的误导。我的这个患者是家里六个孩子中唯一的男孩，一直过着颇受庇护的生活。后来，二战期间，这个男孩穿上制服当了兵之后不久，又一次在华盛顿四处巡视时，遇到了一名穿着讲究且颇具魅力的牙科医生，那个医生把男孩带到了自己的办公室，然后对这个男孩实施了“口交”的行为。我推测，这个男孩对这种神秘而又不可思议之情绪进行了适度的调节，他走出了医生的办公室，很可能还以某种方式感觉自己获得了奖赏。但到了第二天，他又心不在焉地走到了离牙科医生办公室很近的地方，你们看，这就是以某种不惹麻烦的神游方式来行事——他一发现自己已十分接近前一天发生事情的地方，便再也无法将这一事实排除出意识，即他想再次经历这些经验。这就是“令人厌恶的渴望”的一个经典例子，这种“令人厌恶的渴望”对他来说是完全无法忍受的。一天以前，它还是一种新的体验，但当它以这样一种方式发生在他身上时，随之而来的便是各种厌恶的情绪，还会产生这样一种感觉，即觉得自己不是人，竟然有那样的兴趣。之后不久，他便以所谓的精神分裂障碍住进了医院。

“令人厌恶的渴望”的爆发有可能会使个体朝更坏的的方向发生变化，也可能不会使个体朝更坏的方向发生变化，但是，在许多例子中，青年期所发生的神游或“令人厌恶的渴望”的爆发，会导致个体陷于完全混乱的状态，对于这种状态，如果我们持某种保留态度的话，可以称之为恐慌（panic）。我认为，它与个体在极其信赖的某种东西突然坍塌时所产生的

那种惊慌十分相似——后者是恐怖、极度不安以至手足无措等行为的混合
327 表现，比如有时候人们在听到剧院起火等时所表现出来的状态。恐慌并不会导致行动；它不会导致任何后果。恐慌只会使个体处于混乱不安的状态。恐慌之后常常会出现恐怖，而恐怖则往往包括盲目的狂乱行动，这种行动对自己和他人都有可能具有极大的破坏性。恐慌往往是神游或令人厌恶的渴望爆发的结果，它是一种十分短暂的完全混乱不安的状态。在这种情况下，处于混乱状态下的事物中最为重要的是要算个人的信仰和信念结构了，即对保障、安全以及其所生活之世界上一切可依赖的特性的信仰和信念结构。恐慌的情况涉及的范围很广，从恐怖到宗教狂热都属于恐慌的范畴。无论如何，人格都已经部分地偏离了它的轨道，从实际的发展水平朝向了另一种状态，即我们所说的精神分裂症生活方式（schizophrenic way of life）的状态。

在精神分裂症状态下，参照过程的早期类型出现在清晰的意识之中，并与个体以往深刻的神秘体验有关。由于这些参照过程中，有许多过程从历史的角度看与人格的非我成分相一致，因此，它们的存在往往伴随着一些不可思议的情绪，有时候，这些不可思议的情绪强烈得令人可怕。这些参照过程在那些不曾具有这些过程的人看来非常异乎寻常，以至他们常常把精神分裂症的生活方式描绘成非心理的（unpsychological）、完全不可理解的。若要证明这种说法可以成立，那么，我们所遇到的那些精神分裂的过程就必须代表患者企图交流的过程，这些过程也就是我们大多数人两岁半岁时就已经不再出现在清晰的意识中的过程。这里，有这样一种可能性，即以此种方式从内隐处冒出来的分裂系统，只能持续很短的时间，以摆脱安全装置（即自我系统）的残余部分所带来的极大麻烦；这种可能性完整地勾画了这样一幅图景，即为什么精神分裂症会给人们这样一种感觉：用人类思维去理解精神分裂症过程是完全徒劳的。如果神游事件（或者“令人厌恶的渴望”爆发所引起的事件）伴随着这样的经验，即它能够结束特定动机系统之主要部分与这些不可思议之情绪间的联系，并把它与
328 人格发展的主要倾向联系起来，那么，我们便实现了先前分裂的动机系统与人格其余部分的整合；这样，人们就不会认为精神分裂症的生活方式很可怕，也不会认为它可能会带来不祥的结果了。事实上，人们有可能会遭受精神分裂症过程的复发——其复发的频率有时候可能高达一个小时数次——或者，人们也可能在持续保持精神分裂症过程达数年之后，人格突然得到重新整合，迅速康复，并以健康的心态度过余生。

但是，大多数患有精神分裂障碍的人都会经历这样两种不幸的结果。

其中一种结果我们称之为偏执狂失调（paranoid maladjustment），这种失调的特征在于，人格中各种谴责、内疚等因素会指向周围的其他人，并导致灾难性的后果，既无法与他人建立亲密关系，也无法与周围环境中的任何一个人建立一般的关系，且没有逆转的可能。另一种结果是，在这种精神分裂症的恐怖力量之下，人们真的在很大程度上瓦解了，以至他们成了发展年月中极为少见的一种人——通过自行操弄而引起相互作用区的简单愉悦，并相对满足地全神贯注于这种简单的愉悦，这似乎就是我们所谓的青春型精神分裂症（hebephrenic）变化（或人格的青春型精神分裂症崩溃）的本质。在我看来，我们不应将这些疾病视作精神分裂症的组成部分，而应当将其视作精神分裂发作导致的十分不幸的后果；尽管它们并不十分成功，但在这些不幸结果产生后的许多年间，精神分裂症过程仍有可能发作。当然，情况并非始终如此；有些人患上了稳定的偏执狂失调，从而摆脱了精神分裂症过程，这实际上确保他们避免了产生精神分裂症过程的可能性。我确信，有些人虽然倍遭折磨，但他们却很少为精神分裂症过程所困扰。不过，也有很多人经历了这些不幸的发展，但始终没有解决好生活问题从而过上患有精神疾病但却幸福的生活。

第二十章 睡眠、梦和神话[①]

329 作为从安全操作中解脱出来的睡眠

在讨论为人们所相对忽视的睡眠（sleep）、梦（dreams）和神话（myths）这些主题，以及与此相关的生活失调时，我将只简要地提一下睡眠问题。睡眠真的是生命中一个非常重要的阶段，因为——撇开所涉及的一切生物学因素不谈——它是生活的一部分，从定义上看，在生活中，我们几乎可以摆脱保持安全的必要性。换句话说，当睡着时，我们相对缺乏安全操作，因为进入睡眠状态的活动本身需要这样一种情境，即这种情境按常规可以在某种程度上让个体远离对其自尊构成危险的那些因素。当个体严重焦虑时，尽管他感到非常疲劳，而且很难赶走睡眠的需要，但他实际上是不可能睡着的；在这些情况下，睡眠被分割成一些简短的时期，也就是深度睡眠（deep sleep）和相对来说为时较长的浅度睡眠（light sleep），对于这种浅度睡眠，我们很难从客观上将其与醒着的状态相区分。在其他一些情境下，深度睡眠往往是在非常浅的睡眠阶段不知不觉发生的事件，以至患者通常会报告说他根本就没有睡着；尽管在此情境中似乎并不存在明显的对个体自尊的威胁，也不存在任何明显的焦虑之源，但通过更进一步的研究，我们会发现，在做梦的过程中，确实存在着具有焦虑特征的某些东西，例如与某些难缠的人打交道，等等。过去，我常常对有些病人持批评的态度，因为他们报告说自己睡不着觉，而且感到精疲力竭，
330 但不带偏见的观察者的报告非常清楚地表明，他们实际上整个晚上大部分

---

① 从沙利文在这篇演讲稿中所使用的神话（myths）一词来看，其论证性材料没有改变，尽管这些故事与我们所知道的传说、故事没有取得完全一致。例如，业已出版的马克·吐温（Mark Twain）的《神秘的陌生人》（*The Mysterious Stranger*）一书便具有不同的场景、人物和事件。——编者注

时间都是睡着的；我认为，这是某种类型的替代操作，其本身就应当加以处理。但是，有一次，当我在夜间有规律地每隔一段时间就被唤醒时，我发现，维持自己被唤醒的过程而耗费的时间，和试图去回避自己被唤醒的过程而耗费的时间（也就是使我回到睡眠过程而浪费的时间）加到一起，实际上，我的大部分睡眠时间都属浅度睡眠，以至我不能从安全操作中获得解脱，而这种解脱本身，与醒着时的紧张方面有着十分密切的关系。于是，我很快就开始理解了为什么人们在整个夜间都没有处于深度睡眠状态，未能保持自己所需要的睡眠状态——尽管他们可能断断续续睡着的时间加起来甚至达五个小时、六个小时或七个小时——就往往会认为自己整晚都没有睡着的原因了，而事实上，他们也确实没有从这样的睡眠中得到任何好处。

正如我在前面已经说过的那样，根据精神病学的观点，睡眠的功能性重要作用在于使个体从安全操作中解脱出来，获得极大放松。这样一来，白天的许多未能满足的需要，以及白天业已满足之需要中未能满足的成分——它们之所以在白天不能得到满足，原因在于与其相联系的焦虑和安全操作——在睡眠中便可以尽可能地通过内隐操作和象征手段而得到满足。尽管这种情况难以直接证明，但却可以通过推断而得知，也就是基于人们在否认睡眠时的陈述来进行推断；在这样的情境里，个体对先前不受欢迎的、不被赞许的动机所作的处理，会相当迅速地恶化，而且心理健康方面会出现明显的严重损害。

虽然我在前面已经提出，安全操作在睡眠中是难以觉察的，而且睡眠情境事实上是根据放松自我系统功能的可能性来界定的，但我并没有说自我系统是绝对放松的，也没有说自我系统不起任何作用。关于自我系统之功能性活动的实际状态，我们在睡眠时频频发生的精神分裂症突然发作中很可能可以看到其最为生动、清晰的证据。有很多人在醒着时很紧张，感
到极不舒服，有一天夜里，他们做了一个恐怖的噩梦，并且无法从噩梦中 331
醒来，即使他们从客观上看是“醒着的”；要不了多久，这种人毫无疑问会在其显然清醒的生活中变成精神分裂症患者。由此可见，把一个人从睡眠的某种内隐操作中唤醒过来的显然必定是自我系统的一种表现。换句话说，尽管存在周而复始的睡眠周期，但我们依然维持着分裂的状态，其方法是通过保持持续的警觉，也即对自我系统中的分裂装置保持持续的警惕。由此我们可以做出这样的推论，即我们可以说，人格分裂越严重，个体的睡眠便越不得安宁，麻烦也就越多。因此，从某种意义上说，睡眠深度实际上具有这样一种直接、简单的作用，它使自我系统的活动可在24

小时的某个时间段内得以放弃；而当强大的动机系统被分裂时，充分地放弃自我系统的功能便成为不可能实现的事情，这样个体便可以进入深度睡眠。

心理治疗中梦的重要性

现在，我想呈现相对直接的证据来证明我的陈述，即睡眠是生命中的一个时期，在这段时期内，内隐操作通常会处理一些尚未得到满足的需要，而在醒着的时候，个体是无法去满足这些需要的，尽管我所提供的证据与自然科学中使用卡钳或望远镜所获得的证据相比，相距甚远。最佳的证据要数人们对于所记得之梦的报告形式了。我认为，我们大多数人都会赞同说我们会做梦，而且有的时候，我们还能记住梦中的一些内容。但是，我们所能回忆出来的梦通常不会十分确切，除非这个梦的时间很短，而且还带有强烈的情绪印记。我的观点是，在睡眠中的内隐操作与醒着时的内隐操作以及对这些操作的报告之间，存在着不可逾越的障碍。要想逾越这种障碍，唯有依靠诸如催眠术这样的技术，但是，由于催眠术等技术非常复杂，以至与回忆起来的梦境相比，前者的数据并不会比后者更加可靠，因此，从本质上说，障碍是无法逾越的。换句话说，就我的理论而言，任何人在任何情况下都不可能直接地与梦打交道。这是完全不可能的
332 事情。精神病学中人们与之打交道的东西，以及在其他生活领域中人们与之打交道的东西，都属于对梦的回忆；至于这些回忆究竟与实际的梦有多接近，这些回忆有多恰当，仍然是一个无法解决的问题，原因在于，就我所知，还没有哪一种方法能够在对梦的回忆和梦本身之间建立起合理的一一对应的关系。

我们许多人也许都有过这样的体验，即头天夜里做了一个梦，这个梦一直缠绕在心头，以至于想把回忆出来的梦境告诉某个人。这种急需报告和讨论梦境的感受，标志着这些内隐操作对于我们一直作为人类社会中的社会存在来说，具有十分重要的意义。加强型心理治疗（intensive psychotherapy）的一个重要部分通常包含这样一种认识：如果一位患者在没有得到任何鼓励的情况下，回忆起最近生活中做过的一个梦的内容，而且他迫切想要将这个梦境报告出来，我们就可以认为，这是他与精神病医生之间关系的一个合理的重要部分。在加强型心理治疗中，精神病医生根本没有必要质问梦中到底发生了什么，相反，他可以提一些更为合理的问题，如患者报告的完整性、所报告内容的交流价值等。我曾经听过关于梦境的种种描述，它们给我的印象是，梦境内容明显压缩了，因为患者根本

不可能描述出梦中所发生的一切。在许多关于梦境的描述中，有些领域十分模糊，且无法进行交流，就像许多人利用替代过程来报告他们当前的生活一样。对于患者所报告的一个梦境，精神病医生明显有一种不可能的感觉或不该这样模糊的感觉，因此没有理由认为自己为什么不应该做出同样的努力去获得报告的完整性，并对模糊的地方加以澄清，就像他对待患者醒着时所描述的生活内容那样。当然，我这么说并不是意味着一个人能够清晰地追随另一个人的梦境；这样一种期盼顶多只是一个令人愉快的妄想而已。但是，当患者在报告某个梦境时，精神病医生听到了一种对生活的模糊描述——很可能模糊到这样的程度，以至医生不可能区分出其中的关键人物究竟是一个男人还是一个女人，是一只狼还是一头熊——我认为，这个时候便没有理由不探究了，而且，如果能够澄清的话，受益肯定匪浅，因为借此可以弄清梦者是否真的无法区分这些相对没有关联的 333
可能性。树立这样一种观念很重要，因为缺乏辨别能力会对一个人当前的生活产生影响，而且很可能是一种重要的影响。如果精神病医生的做法仅仅只是不加询问地接受患者关于梦境的模糊报告，那么，他的做法就好像是接受每一个强迫性神经症患者身上普遍存在的含糊陈述一样——它意味着精神病医生永远都不会发现正在讨论的东西，而仅仅只是处于一种相对有效的准社会关系（semisocial relationship）之中。

在广泛的人格研究中，精神病医生与这些从梦幻生活中奇异地幸存下来的人一起工作，这种梦幻生活始终与醒着时的生活相分离。在患者感到自己在某种程度上不得不报告出来的大多数梦境中，他们经常会遇到大量关于安全操作的证据，这些安全操作在醒着时往往会化为行动。尽管患者所报告之梦的片断很有帮助（如果这些片断保存了有意义的细节的话），但是它们却不知不觉地被编织进了戏剧性的活动之中，在这种戏剧性的活动中，梦境之真正有用的每样东西都已几乎毫无希望地陷入了弗洛伊德所谓的“次级意匠作用”的混乱状态中。这些意匠作用实际上是自我系统的干预，而正是这些干预，使得有意义地利用这些报告成为有可能实现的事情。精神病医生所听到的其他一些梦境，都具有这样一个最为明显的特征，即事实上，它们是对戏剧性活动的相当简单的陈述；它们是对某事的十分简洁的陈述，这些陈述十分生动，具有非常强烈的色彩。在这些简洁的陈述中（发生在一个人生活中最为关键的时刻），存在着某种强烈的感觉，尽管那种感觉可能像某种与梦有关的强迫感或重要感那样模糊不清。例如，一个人来找他的朋友或治疗师，头脑中或多或少都在想着必须要把自己做的梦报告出来。但是，当他报告梦境时，却陷入了对梦的感受之中，这种感受可能是恐怖，也可能是诸如畏惧等不可思议的情绪。我之所以提及那种特定的经验，不是因为它经常发生，而是因为它具有一种非常危险的重要性，以至于对一位精神病医生来说，倘若他意识不到自己的办公室里突然出现了一种非常危急的情况，那将是十分可悲的。

334 我们在一些特别不幸的人身上发现，他们从很小的时候起，生活中的某个部分就显然出了毛病，而这个部分往往属于睡眠领域，也就是说，这些人患了夜间恐怖症（night terrors）。夜间恐怖症有时候出现在童年期——出现在婴儿后期也是有可能的——据我所知，它可能会不受限制地继续出现，尽管随着一个人的成长，其能力不断增强，夜间恐怖症往往会变成梦魇。我在这里所使用的夜间恐怖症这个术语，通常用于这样一种情境：在其中，一个人怀着一种原始的恐怖从某种完全未知的事件中惊醒过来；在这样一种状态下，他处于人格完全瓦解的边缘，换句话说，几乎没有任何证据可以表明他还拥有某种特定的能力，他几乎陷入了完全混乱的状态，因为他实际上处在了一种恐慌的状态之中。此时，人格已经有了极大的发展，任何与人际关系相像的事情都有可能通过它表现出来，幕帘已经降了下来——始终存在着一种与有关恐怖初发时所发生之事的意识的分离。由此可见，从关于夜间恐怖的回忆看，其内容实际上是空洞的。夜间恐怖与梦魇的区别在于这样一个事实，即夜间恐怖的内容可以被完全遗忘，因为夜间恐怖出现的时间非常早，当时成为一个人的过程受到了严重威胁。但是，梦魇——恐怖的梦，它具有可回忆的内容——代表了人格中十分严重的紧急状态，而此时，人格已更有能力来处理这种紧急状态；也就是说，人格可以根据一种奇怪的企图来利用人际关系，以证明威胁的性质，或者说，以克服那些与威胁相关的可怕的隔离状态和孤独状态。

你们当中有些人也许可以回忆起自己曾经做过的一个很令人不悦的梦，它让你从梦中惊醒，但没有让你完全清醒过来；换句话说，它使你从深度睡眠转向了浅度睡眠。如何证明你仍然处于浅度睡眠呢？证据在于，虽然你有醒着的感觉，而且完全拥有随意运动（voluntary motion）的自由——而在深度睡眠中显然是不可能有这种随意运动的自由的——但你仍然无法获得你所了解的现实，以实施你的行为。为了说明这个问题，我想提一下我正好想起来的几个梦的片断。其中一个梦是我在研究精神分裂症
335 时做的，它可以证明我在实施上帝交给我的这项任务方面存在某些严重的障碍。为了提供这个梦的背景，我需要说一下，在我还很小的时候，我就发现自己十分厌恶蜘蛛，如果我看到楼梯顶上有一只死蜘蛛的话，就会一点儿爬楼梯的勇气都没有了，而且常常会让我从楼梯上滚下来。当然，如

果有人认为，蜘蛛是母亲的象征，而上述情况又正好发生在大约2.5～4岁，那么，他便可能会认为我在压抑对母亲的敌意方面存在很严重的问题。但是，我更愿意说，我不喜欢蜘蛛，我非常讨厌蜘蛛，甚至不愿意从它身旁走过。随着岁月的流逝，我始终对蜘蛛没有任何好感。事实上，我对大多数生物都并不特别厌恶，但我从来都不喜欢蜘蛛以及与之同类的动物，而且恐怕今后我都不会欣赏这种动物。现在，我来谈谈我做过那个的梦。当时，我恰巧刚开始广泛研究精神分裂症，部分原因在于我的志向，但主要原因则是出于偶然；当时，我已经决定从事此项研究，而且所有安排也都令人满意。你们也许都能回想起蜘蛛在草丛里编织出来的几何图形，这种类似几何图形的蜘蛛网在乡村里随处可见。我的梦就是以一系列美丽的几何图形开始的，每股丝线正好位于前面一股丝线和后面一股丝线的中间——真是了不起的织物，顺便说一句，我显然对织物很感兴趣。随后，那个织物的形状变成了像隧道那样的东西，蜘蛛开始趋近它。随着蜘蛛的接近，蜘蛛网变得越来越巨大，越来越可怕。于是，我从梦中惊醒，不停地颤抖，怎么也忘不了那只蜘蛛，它好像变成了床单上的一个黑点，而对此，我完全清楚，如果我在这个时候试图入睡的话，那个黑点就会重新扩展成为一只蜘蛛。因此，我只好反其道而行之，我从床上爬起来，点了一支香烟，抬眼向窗外望去，看看这个又看看那个，然后回过头来检查床单，那个黑点不见了。于是，我得出结论说，此时回去睡觉是安全的了。现在，我无法告诉你们，这一切究竟意味着什么，因为只有上帝才知道我的梦境意味着什么；我刚刚告诉你们的只是我回忆起的内容。我正在试图强调一种遗留的感觉（hang-over），它完全侵入我们的感知（sensory 336
perception）领域，为了阻止这件事情进一步发展，它意欲把睡眠过程的最后一点痕迹也抹掉，意欲重新界定“我和我的”（me and mine），意欲重新界定华盛顿（Washington），等等。幸运的是，在一些人的帮助之下，我意识到了自己的问题所在，并在研究精神分裂症的过程中摆脱了某些障碍。我还可以补充一点，从此以后，蜘蛛消失了，永远地从我的睡眠中消失了——就我所知道的而言。

现在，我们来谈谈另一个梦：曾经有一度，我雇了一个很能干的助手——有些人虽然没有接受过专门的正规教育，但他们的天赋和生活经历却使他们有能力去帮助那些心存恐惧之人消除疑虑，我的助手便是这些人中的一个。他没有合适的手段可以让那些惊慌失措的年轻精神分裂症患者解除他们的恐惧，但他以各种方式自然地表现出自己的难能可贵的人格结构，而这种人格结构正是处理精神分裂症患者时所需要的。当时，我对于处理随人格问题而出现的各种风险了解得还不多，这位年轻人很快就成了我的左右手，不，可以说他是我的得力助手。他的座右铭是“只要他们不在年轻时死去就好”（the-good-if-they-do-not-die-young），鉴于这一信念，他开始对一名由于患有偏执症而极度痛苦的女子产生了很大的兴趣。由于我们时刻保持着警觉性（尽管这种警觉性有些盲目），随着治疗的进展，他开始担心这种关系，便把这种情况告诉了我。我与他谈了话，也与那名女子谈了话，建议他们把事情暂时搁一下，因为这名女子非常害怕我的助手会跟她分手，害怕他会离开她，而且，我也认为，如果让他们两人的关系合法化，这种担心将会进一步恶化。此外，我也不想让我的助手心烦意乱——他太宝贵了。嗣后，他做了一个梦。你们中间也许有人到过巴尔的摩，见到过罗奇·拉文（Loch Raven）。罗奇·拉文是用钢筋混凝土浇铸而成的大坝，造就了非常美丽的人工湖。这座整体式大坝给人的印象非常深刻——堤坝非常高，闸门非常宽。这个梦的地点就在罗奇·拉文大坝的脚下。那里有个岛，很小，遍地见绿——一个可爱的岛屿——这个岛离岸不远，这名助手和我正漫步在岸上，侃侃而谈。他的目光凝视着堤坝，看到他的未婚妻站在堤坝顶部，未婚妻的出现并没有特别分散他的注意力，
337 我们继续交谈着。接着，他发现小岛和湖岸之间的水面一下子开阔了许多（这个湖岸正是我们刚刚走过的）。我的助手从恐怖中醒来，发现自己已从床上跳下来，正站在照进卧室的月光之中。①

上面列举的两个例子——我故意不做任何的解释——表明，大量醒着时的活动，也就是我们通常将其与醒着时的状态联系在一起的活动实际上变成了睡眠时期的幸存的参照过程，这些过程位居于感知现实的能力之上。因此，当一位精神病医生听到一个患者报告一个梦，而且患者由于与梦相关的不可思议的情绪或恐怖的重现而感到极度不安时，精神病医生就必须假设，他在当时的情境下看到了严重的危险，也就是一个人名义上清醒而实际上不清醒的严重危险；换句话说，精神病医生实际上在他的办公室里看到了轻度精神分裂症的发作。同样，我们任何人，如果因为做了某种不愉快的梦境而难以断言对醒着时的现实的了解的话，那么，他们实际上已经至少有几分钟的时间生活在精神分裂症患者生活了几个小时的世界里。在精神病学实践中，精神病医生的任务是观察人格严重激变所导致的

---

① 我们在这里可以比较一下梦游的行为，在梦游的行为中，一个人具有完全的运动自由——他能够完全地控制自己的骨骼肌肉系统等——但是，当他在睡眠中到处游荡时，他无法发现自己正在做的事情，因为梦游的行为与醒着时的行为是完全割裂开来的，而且，事实上，梦游者有时候回到床上的方式只有无意之中观察到的人才知道。

危险，除了聆听和准备在探索潜在内容的过程中听出自由联想（free association）之外，还必须有所行动。在这里，除了提示在这种情境里应当做些什么之外，不可能再做更多的事了。不过，我还要说，当患者在报告梦境时，非常焦虑且完全无法控制，并构成对继续进行有益治疗的极大危险时，精神病医生应当立即加以干预。在这情境之下所进行的干预，是医生对患者体验到严重焦虑时所进行之干预的一个特例。因此，我认为，精神病医生应当用与处理其他极其重要之事件同样的方式去处理患者所报告的梦：精神病医生可以将那些看似对患者而言非常重要的陈述反馈给患者，排除那些微不足道的个人细节，澄清混乱、含糊不清的东西（因为这样才 338
能看出真正有意义的陈述），然后看一下它是否会让患者产生任何的联想。

现在，让我们来看一个例子：强迫性神经症患者在报告生活中所遇到的非常重要的困难时，往往会将同一事情的不同例子都告诉精神病医生，时间可长达六个星期之久。综合这几个例子，精神病医生逐渐弄清楚了，也就是说，他最终可以推测出那个家伙真正想要报告的是什么了。开始时，他还不可能做到这一点，因为患者借助安全操作掩盖了有助于精神病医生理解这个议题的东西。尽管患者并没有撒谎，但是他却忽略了有助于精神病医生理解正在报告之内容的要点。精神病医生在确定了患者掩盖的要点并最终理解了他很可能要报告的内容后，便可以说：“你是告诉我你做了什么什么样的事情，而其他人做了什么什么样的事情，对吗?”于是，患者往往会相当焦虑地说“对啊”，这样，精神病医生就有事可干了。我认为，梦境的情况也是如此，只不过它花的时间没有那么长罢了。精神病医生应尽可能弄清楚在患者报告的那个梦里，哪些东西是无关的，哪些东西含糊不清，并呈现他从患者对某个重要问题的戏剧性描述中所听到的东西，然后提出这样一个问题：“这让你想到了什么?”如果精神病医生善于处理这种问题的话，那么，这种问题往往能够从病人那里引出某种十分重要的东西。

例如，我在治疗一名精神分裂症患者很多个月以后，终于听出了一些资料：患者的母亲在过去的好几年里总是莫名其妙地闷闷不乐，心情压抑。患者的父亲则是一个惹是生非的人（这是为了语气上温和一点才这样说的），我们要理解他父亲的所作所为并不难。不过，他母亲的行为总是会让他感到压抑和烦闷，并以某种含糊不清的方式让他感到很沮丧。后来，这个患者梦见了一架荷兰风车。这是一幅非常美丽的画面，一片平整的草地无边无际，地平线上竖立着一架荷兰风车，微风轻轻吹着。突然，他到风车里面去了。在那里，只见四处破败不堪，铁锈就有好几寸厚；

339 很显然，这架风车已经有多年没有转动了。当患者报告完他的梦，我便成功地从他的报告中整理出了一些重要的细节——这是我所遇到过的为数不多的幸运例子之一。我说："也就是说，外面看起来很漂亮，充满了生机——里面却是死气沉沉的，破败不堪。这让你想到了什么？"他说："天哪！我的母亲。"你们看，这便是他的麻烦所在。患者的母亲成了伏都教中的丧尸（zombi）——已经彻底被强加在她头上的生活重担所压垮。她完全就像一台疲惫不堪的留声机，不停地播放着文化方面的陈词滥调，而完全不考虑自己的所作所为对他人来说意味着什么。尽管她还显示出生命的迹象，但其内心的一切都已枯萎。我们获得了相当迅速的进展，对这位母亲的认识越来越清晰。当然，你们可能已经注意到，我一直没有讨论这个梦的潜在内容；不过，在心理治疗中，就像我已经开始考虑的那样，治疗师主要专注于让患者受益。

神话：满足很多人需要的梦

个体所回忆起来的梦中的操作类型，无论多么不完善，就其重要性而言，都不仅限于为报告之人的生活模式服务。在这些操作类型中，有些操作类型不仅服务于梦者的某种目的，而且也有助于对那些作为神话而并入文化之中的一般问题的处理。为了理解更高水平的参照过程（我们把这种参照过程称为不完善反应），最有效的方法很可能是研究意义重大的梦境和神话，这些意义重大的梦境和神话，在好几个世纪都具有相当大的影响，这种影响无疑跨越了几个不同的文化时期。正因为如此，我打算提几个这样的神话。我想提醒你们的是，你们将会发现，我在这里所陈述的内容，完全直接涉及事实描述的很少，这是因为我现在正在论述的这些素材都是根据生活中不完善反应过程推断出来的。

在这一点上，我脑子里能够想起来的最为古老的神话是《巴拉姆和他的驴》。最近，我开始接触幸存下来的西方文化史前资料——也就是犹太文化——我对它有所体会，认为值得花点时间去加以研究。我的挚友萨丕尔在长期患重病期间，阅读了用亚拉姆语（Aramaic）写成的《圣
340 经》，从而读到了《巴拉姆和他的驴》这则神话。他向我详细叙述了这则神话，而这惹恼了我，于是我就作了某种令人不快的评论，这是我平时被惹恼时常有的举动。这则神话的主要内容是这样的：巴拉姆是一个大好人，在当地可以称得上是成功的商人和慷慨的捐助人，但是，他所居住的城市经常受到山上那些"野蛮人"的攻击。由于该城市的居民不想与"野蛮人"过不去，于是就派巴拉姆作为使者前往谈判——就巴拉

姆一个人。巴拉姆骑上他的驴朝山里走去。走到一个地方，驴不走了，巴拉姆温和地让驴走，但驴就是不走。巴拉姆动手打了驴，结果，驴开口说话了——这便是梦中或神话中惹恼我的地方——它这样对巴拉姆说：“巴拉姆呀，巴拉姆，你为什么打我呢？一直以来我难道不都是你忠诚的奴仆吗？我什么时候没有满足你，哪怕是最小的要求？当你在我身上增加负担时，我难道还不够忍耐吗？”驴的话让巴拉姆很羞愧；正当他感到羞愧的时候，他眼中的翳障掉了下来，他发现一名天使手执利剑站在他的面前。而这正是驴畏缩不前的真正原因。就像我经常说的那样，这则神话惹恼了我；但是，当我那天傍晚在等公交车的时候，我想起了一位犹太学者曾以同样的方式向我描述过他做的一个梦，这实际上是一种有关我们骄傲的自我意识和我们对生活的接触之间关系的陈述。巴拉姆和他的驴，代表的很可能是人类的人格，而人格中只有那个骄傲的追求自尊（self-respect-pursuing）的部分会忽视正在逼近的危险——整个人格不会忽视危险。精神病医生在其工作中会发现无数的例子，这些例子表明，人们总是以某种强烈的狂热去坚持某种对生活的认识，而这会让他们陷入很多麻烦；但是，他们坚持或依附的强度则表明了那头驴——人格中较为深层、古老的部分——知道，这一切并非事实，知道事情并非如此。被患者呈现这些理想的强度吸引的精神病医生，只不过是适应了患者的慢性病而已。如果精神病医生观察到了患者所选择的特定生活道路——注意，患者有时候只是口头上说得好听，他对理想给予了狂热的有意注意，并且通过其他一些人际操作而使它逐渐失效——那么，他 341
们将会发现，患者是依照一些标准来生活的，这些标准在童年期就被灌输给了他们，而他从其他一些经验中了解到，这些标准并非总是有效。但是，由于患者无法系统地阐述他所知道的内容，因此他只能继续以同样的方式生活。

下面，我想简要地提一下个人神话（personal myths）这个话题，我们中间许多人都拥有这样的神话，当我们感到十分紧张或者觉得足够友善时，便可能被引导着去讲这些神话。例如，我有时候就会讲史塔克家族（Stack family）的神话，它至少会让我感兴趣。①

---

① 沙利文在其业已发表和尚未发表的著述中多次提及其母亲家族的传说。例如，在一个脚注中，他这样写道：“……比如，一个生活在具有骄傲职业的母系家庭中唯一幸存下来的孩子，尚未从社会地位下降的遭遇中恢复过来，这种社会地位的下降是伴随着祖父的移民而产生的——在这个神话里的祖辈中间，有一匹叫做‘西风’的马，它与地球一起奔向未来……”［“Towards a Psychiatry of Peoples,” *Psychiatry*（1948）11：p. 109.］——编者注

现在，我将提及一则神话，这则神话是伟大的音乐天才瓦格纳从欧洲西北部的文化中引进而来的，并把它编进了《尼伯龙根的指环》（Nibelung Ring），这则神话无疑就是《莱茵黄金》（Rheingold）。“莱茵黄金”代表了可以为人们利用的先验力量。各种天神相当小心地保护着它，以免落入他人之手，因为“莱茵黄金”一旦被盗，它便会赋予盗窃者可怕的力量。此外，我们还应当指出，地母厄达（Erda）曾预言，盗取“莱茵黄金”将带来灭亡。这则神话论证了一种非常普遍的感觉，即在所有时代，在所有人中间，盗取先验力量都将是邪恶的。

由此，我想起了另一则故事，就其起源而言，它要比巴拉姆和他的驴或尼伯龙根的故事与我们更为接近。这则故事便是马克·吐温的《神秘的陌生人》。马克·吐温在完成这部小说以后，决定暂不发表，并明确要求在他生前不可以出版此书。我认为，这部小说的场景取材于一个非常美丽的瑞士村庄，那里的人们世代相处，彼此熟识。那里几乎没有邪恶的东西。在值得尊重的年轻人中间，有一个很好的小伙子，他深受社区居民的喜爱，而且他有许多朋友。有一次，故事的主人公外出散步，沉醉于清晨
342 的自然美景之中，正在这时，他遇到了一个非常可爱的年轻人——一个陌生人。这个陌生人与我们的主人公一样很有吸引力，他是瑞士美德的化身。我们的主人公请教他的尊姓大名，他说：“我的名字叫撒旦。”这让我们的主人公非常震惊，于是他说：“该不会是那魔鬼撒旦吧?”陌生人回答：“不，不，不是，他是我的一个远房亲戚，很可能是我的表弟。”于是，他把这个陌生人带到了自己生活的社区。他擅长各项体育运动，同时也十分谦虚；实际上，他的到来，对社区而言是一个巨大的补充。老老少少都钦佩他。

一天，有一个男孩掉进了山间的一条河流，而且被卷进了漩涡之中，在这种情况下，救他是不可能的了。这时，我们的主人公正好和撒旦一起站在河岸上，他对正在逼近的灾难感到很痛苦，他大声地说道：“为了拯救约翰，我什么都愿意做，即使献出生命，我也在所不惜。”撒旦说：“什么!”我们的主人公回答说：“是的，是的，我将不惜一切代价救他。”撒旦却说：“你愿意去救他吗?”我们的主人公确实这样做了。河流突然间干枯了。当然，那个男孩回到了岸边。接下来，随着故事情节的展开，可怕的难以避免的事情一件紧接一件地出现，得救的男孩接连遭遇一系列灾难，这让社区中的每个人都很紧张，其程度远比男孩跌进漩涡来得强烈。我们的主人公也处于焦虑、恐怖和悲伤之中，但是，他面对逼近的灾难，接二连三表现出他的精神状态，使得他的新朋友撒旦终于充分理解了他想

要做的事情。每一次，撒旦都感到很震惊，但他每一次都出面阻止；这种对人类愿望的阻止，通过冗长乏味的事件之间的相互关系（而不是撒旦的行为）不断产生可怕的、恐怖的和无可名状的结果。就像马克·吐温在书中所写的那样，这则神话已经进入了某种衰退期，人们也许不难猜测其原因所在。因为在这则神话所涉及的生活和它所谈到的先验论力量的邪恶之间，存在着很大的区别，而且，“莱茵黄金”这个尼伯龙根神话中所说的东西与流传于民间的其他许多神话所说的东西之间，也存在很大的区别。

让我简要地说一下，神话和梦都代表了相对有效的不完善操作，以便从不可解决的生活问题中解脱出来。在神话中，生活问题常常涉及许多人，而正是这一事实使得神话一代又一代地流传了下来，并不断地得以精炼和润饰。而梦对于某个即时情境中的某个个体来说，具有这样一种功能；但是，只要他记得这个梦，并且就这个梦进行交流，那么，他就是在 343
寻求其他某个人的确认。精神分裂症（即以精神分裂的方式生活）所指的是个体所陷入的这样一种情况，即个体出于各种各样的原因而患上了严重的生活障碍，致使他在大部分醒着的时间里必须用与处理梦—神话同样的方式来处理这种生活障碍。只要在叙述的过程中，叙述者剔除了精神分裂内容、所报告之梦境或者个人神话中某些装饰的成分，从而在某种程度上达成了交互确证，那么，梦者、精神分裂症患者或者神话创作者，都会对其生活问题（迄今为止，这些生活问题由于安全操作而一直完全不能被意识到）有某种程度的意识。有鉴于此，这些内容可以在治疗中加以处理；但是，要以下述条件为基础来处理这些内容，即，个体能够通过理智操作将梦或神话转化成具有一致性的有效陈述，那么，在我看来，这是一个很大的误解——它完全忽略了我们在达成具有一致性的有效陈述之前，是如何取得进展的——以至于我不知道该如何让大家严肃认真地看待这个问题。如果有人觉得他们应当将梦境或精神分裂内容分析为它所代表的东西，那么，在我看来，这种做法就好像那个说下面这句话的人的心态，他对一个两岁半的小孩说：“你应当尊敬你的母亲，因为西奈山神曾经对摩西说过：‘尊重你的父亲和母亲。’”实际的与可行的东西是有限制的。我相信，在加强型心理治疗中，报告梦境可能具有非常重要的意义，只要不鼓励患者浪费时间对他的夜间生活进行胡编乱造就行；不过，梦的重要性在于梦者对梦境的模糊处理，对于这些模糊的东西，精神病医生有可能能够将其引导出来，也有可能引导不出来。强迫性观念和精神分裂内容的重要性是一样的，虽然观念所导致的麻烦越少，其内容的重要性也就越小。

在所有这些例子中，精神病医生所处理的是参照操作的类型，它并不是以综合反应模式出现的，而且，按照我的思维方式，如果精神病医生试图以综合反应的模式来呈现这种报告，那么，他只能是自相矛盾。事实上，不是综合反应的模式，也绝不会改变它对于研究工作而言的有效性和重要性。

第二十一章
精神疾病的后期表现：类偏执狂和偏执狂[1]

正如我在前面已经指出过的那样，未能达到青年后期是对许多失常 344
的、不适当发展的低自尊人格的最后打击。就时间方面的成熟而言，通常的解决办法是通过贬低他人来掩盖个人在自尊方面的缺陷——这种解决办法是我们所有人都不同程度地加以运用的。

附属的发展困难

在童年期，偏差就已开始，除非在继后的发展阶段这些偏差得到了矫正，否则便会导致在后来生活中出现灾难性的心理障碍。随着对合作之强调的开始，当儿童没有做到大人所要求的行为时，恐惧的体验就会出现，而且由于羞愧和内疚而引起的复杂焦虑会得到反复灌输。因此，在成人看来，有时候需要对儿童进行惩罚，而且这种惩罚往往采取施加痛苦的方
式，还有可能伴随着焦虑。结果，儿童常常不得不对权威情境做出复杂的 345
区分，以便形成对权威人物隐瞒事实的能力和欺骗权威人物的能力。作为这种能力的一个组成部分，出现了预防技术和抚慰活动的发展，如口头上的“原谅”，而为了维持“社会距离”，往往伴随技术的演化。

许多儿童都已经认识到，愤怒会使情况愈加恶化，于是，他们采取了怨恨（resentment）的态度来取而代之；怨恨有一个非常重要的内隐方面。有时候，怨恨的情绪甚至在童年期也不得不加以掩盖，于是就逐渐导致了一个自我系统过程，这个过程往往会让一个人认识不到自己的怨恨。

---

① 本章有整整五页的内容（见边码 344～348 页）取材于沙利文的笔记，因为讲稿本身未见记载。为了给读者提供沙利文思想的连续性，我们已经将他笔记中所列的提纲用句子形式加以表述，并以本书其他地方提供的相关材料为基础，对它进行了扩展。本章由记录的讲稿整理而成，并以“愿望实现的幻想”（The Wish-Fulfilling Fantasy）这一节开篇。——编者注

我想再次讨论一下这样的事实，即向周围某个重要他人表现出对温柔的需要，往往会使这个人处于不利地位，感到焦虑，遭人取笑，等等。而这为对待生活的总体的恶意态度奠定了基础，一旦持有这种生活态度，便会视他人为敌人，可以说，这是童年期所发生的最大灾难，因为它很可能是继后发展阶段获取有益经验的巨大障碍。

在少年时代，对同伴的需要会带来遭排斥的威胁。少年之间在背景、能力、成熟速度等方面都存在着差异，这有助于内群体和外群体的建立。在这种隔离影响之下，许多少年感到被排斥，并且遭受了自尊感的丧失。大多数人在少年时期都曾有过与同伴之间极为痛苦的经历，对于这种经历，用“害怕排斥”这个术语来形容，恐怕再恰当不过了——所谓“害怕排斥”，指害怕不被他人（这些人是他在学习如何做人的过程中将其当作榜样的人）接纳时所产生的一种恐惧。在这一时期，少年往往也会学习如何贬低他人，并且伴有自尊缺陷的可能性。这种贬低的开端大部分来源于父母所施加的影响，他们一直教育自己的孩子去注意别人的缺点。这种靠打击他人、抬高自己来维持自尊的做法，如果在继后的发展阶段得不到纠正的
346 话，就会产生不幸的结果。在少年时代，这种类型的安全操作显然会干预个体对个人价值做出正确的评价。由于一个人只能靠指出其他人毫无价值来保护自己的自尊感，而这无法给他提供任何令人信服的证据来证明他自己的个人价值；于是，他就会开始想：“我并不像那个家伙那样糟糕。”

但是，每个人都憎恨自己的“弱点”——羞愧感、内疚感、孤独感——尤其是当他信奉超验意志学说时，更是如此。很明显，有许多人深受自主选择幻觉以及伴随这种幻觉而产生的结果，即先验条件内疚和自我谴责之苦；不管人们是否承认，这种超验的要素都是意志的超自然特征。

维持选择性忽视的安全操作

在有些情形下，正如我在前面已经指出的那样，这些困难往往可以在继后发展时期刚刚开始的时候得到矫正。但是，有时候并不能从经验中获益。即使存在着许多实际的机会，但由于各种安全操作干扰了观察和分析，从而也会阻碍个体从经验中获益。

我们已经讨论过选择性忽视这个单调沉闷的奇迹，它不限于任何不适当和不合宜的生活操作，它是一种典型的手段，借助这种手段，我们便不会从那些属于我们特定障碍范围的经验中获益。鉴于对选择性忽视领域的识别是治疗干预的一个重要部分，因此，我现在想对那些始于童年期并有
347 助于保持选择性忽视的安全操作进行分类。选择性忽视的领域事实上属于

经验领域，就像巴拉姆的驴一样。因此，正如我在前面已经提出过的，这些生活困难开始于童年期。

维持选择性忽视的第一个安全操作体现在角色戏剧化之中，个体知道那是假的。换句话说，这些虚假的次级人格在某种程度上显然是假设的。也就是说，一个人表现出的行为模式就好像他是另外一个人，尽管他私下里知道自己并不是另外那个人。即便这种情况常常超出了他的能力范围，他也必须忽视自己的错误，以免“自己暴露无遗”。

第二个安全操作的表现是，个体可以采用不完善反应的我—你模式（me-you patterns）①，这种模式与真实的人际情境相矛盾；在这种情形下，他既不能清楚地认识到其中所涉及的多重“人格”，也认识不到自身的不稳定性。为此，我们现在就来考虑一下这个受到普遍尊重的精神病学术语——“投射”（projection）。

第三个安全操作的表现是，个体可以采用替代过程，其范围从“有意地”谈论某件事（从转变话题的意义上说）到无意地转换非常微妙的“交流心向”（“交流心向”可能会对所谓的“兴奋”状态产生影响，处于“兴奋状态”之中，个体常常会表现出极度的分心，无法长时间将谈话内容集中在某一特定的论题上），再到高度专注于内隐过程。这种满足愿望的幻想（这是我马上就要讨论的主题）是替代过程的一个例子。专注于内隐过程既可能伴有无法解释的行为，也可能不伴有这样的行为。但是，当用言语来表现这种高度的专注时，这种言语显然是无法交流的。为了说明这些替代过程，我将讨论一下疑病性专注（hypochondriacal preoccupations）和自怜（self-pity）。

最后，还有一些短暂或持久的“人格转化”——请记住，我们在这里把人格界定为个体独特人际关系方面的持久模式。我们已经讨论过童年期的恶意转化，当个体需要温柔时，他便会表现出不愉快的行为。我们在谈论“神游”时，也涉及更为短暂的转化。关于人格的转化，我们还有更多内容要讨论，譬如责备的转化，或者偏执型转化（paranoid transformation）。

猜疑和妒忌

在做进一步的讨论之前，让我们先来区分一下猜疑（jealousy）和妒忌（envy）这两个术语的含义，通常情况下，人们往往随意地将其视为同

① 关于“我—你”模式的讨论，请参见 Patrick Mullahy，“A Theory of Interpersonal Relations and the Evolution of Personality，” in *Conceptions of Modern Psychiatry*。——编者注

348 义词。但是，猜疑和妒忌所包含的感觉到的成分之间存在着根本的差别；而且，猜疑过程和妒忌过程所发生的人际情境也根本不同，这是因为妒忌通常发生在两人团体之中（很可能是一个附属的两人团体），由一个深受妒忌之苦的人与另一位旁观者组成，而猜疑则往往出现在三人团体或三人以上组成的团体之中。我对妒忌（它在我们的社会中比猜疑更为普遍）的界定是：它属于个人的依恋或属性。妒忌是一种替代活动，在这种替代活动中，个体常常认为他人之所以出现了不幸的结果，是因为对方拥有了某种他所没有的东西，而当妒忌的对象从客体转向另一个人的属性时，它便不再是妒忌了，因为妒忌可以让当事人积极地认识到，与他人相比，自己还不够好。尽管妒忌主要涉及的是一个两人团体情境，但是这两人中间，有一个很可能在某种程度上是一个神话般的人物。

另一方面，猜疑从不涉及两人团体的情境。它始终是一个非常复杂的、痛苦的过程，涉及三人团体或三人以上的团体，其中有一个或一个以上的人可能完全陷入幻想之中。猜疑比妒忌更加强烈，更具破坏性；相反，与妒忌相比，它并不关注自身的某种属性或依恋，它涉及的是一个极其复杂的人际领域。有关猜疑的资料很难获得，但它显然常见于青年时期，而且往往与真实的或幻想的情欲事件有关。在这样的情形下，满脑子猜疑的人往往会确信自己在情欲事件中既不合宜，又毫无价值可言，同时，他还确信自己的伴侣和第三者在一起可能比他做得更好。

在恶意情境中，猜疑往往具有妄想的成分。个人往往多少有些暗自变得无法获得可矫正的经验，先是通过遮遮掩掩的过程来矫正，后又通过补充过程来矫正，但所有这些过程都会使得事实变得无效。当备受猜疑折磨之人在三人团体中“看到”另一个人——联系的纽带——正在做着使他妒忌（纯粹出于恶意）的事情时，我们可以恰当地把猜疑称为偏执狂（paranoid）。

“愿望实现的幻想”

349 现在，我想讨论一下“愿望实现的幻想”，我认为这种说法迄今仍然十分流行。毫无疑问，人体内部存在着相当有意的内隐过程，同样毫无疑问的是，作为这些有意内隐过程的结果，人们在许多情境中，在很长一段时期内，都可以从严重焦虑中派生出某种满足或自由。这与睡眠中所进行的那种过程类型完全不同，与那些醒着时的出神状态也截然不同，当个体处于所谓出神状态时，他不知道自己正在想什么——对此，我们可以用“沉思默想”（brown study）这个术语来形容。在有些情形下，这些持久的有意内隐过程或者沉思过程无疑代表着需要的部分满足。在这些有意内隐过程中，最为简单的过程具有补偿特性，同时伴随着能否意识到（这种意识的范围很广，从模糊到清楚）通过沉思过程来得到满足的感觉得到的需要。但是，这些相当有意的过程也包括一些不很有意的成分。例如，我们可以设想一下，一个男子在某次鸡尾酒会上被一个十分迷人的女士断然拒绝了，晚上他回到家里以后，独自喝着闷酒，幻想着一些与遭到迷人女子断然拒绝的冷遇正好相反的情景。甚至在这种简单的具有补偿性质的沉思中，也有证据表明，在沉思过程包含的实际内容中，它们并非主要通过幻想来满足的需要。此外，在许多的所谓“愿望实现的幻想”中，主要的动机力量并不在于满足某种需要，而在于某种与安全感或摆脱焦虑有关的东西。你们也许都经历过这种情况的经典例子，例如，我们可以设想一下，在一次晚会上，有人兴高采烈地对你说了一些很可能会使你感到很为难的话；后来在你驾驶着汽车回家的路上，突然想起了完美的应答之词；遗憾的是，这些应答之词你也只能想想而已，因为晚会的情境已成为历史。由此可见，大量所谓的有意沉思过程的存在，是为了让个体释放敌意，以及其他某种分离的动机，或者说是为了缓解焦虑。当然，以下情况也很常见，在那种更为不悦的人身上，大量所谓的“愿望实现的幻想”，实际上具有非常复杂的补偿特性，它通过各种方式产生自个体较低的自尊和自责。

当患者向精神病医生报告这种“有意幻想”（witting-fantasy）的沉思 350
过程时，精神病医生应当对这些沉思过程进行仔细的研究，以确定它们在何种程度上“仅仅是”部分的满足，在何种程度上包括了“预见”的要素，换句话说，它们在何种程度上属于预期的沉思，以改进个体下次遇到类似情境时的行为。此外，精神病医生还应当确定，沉思中有哪些要素实际上没有为沉思者所理解，以及这些要素在何种程度上反映了患者相对来说尚未意识到人格方面。[①]

---

① 因此，精神病医生在对患者所报告的某些内容（比如“仅仅是愿望实现的幻想”而已）下结论之前应当三思而行。这是因为人们不可能完全摆脱自我系统的干预——即便一个人以白日梦来自娱也是如此。部分地满足某些需要的基本要素（也是自我系统功能的基本要素，例如，使焦虑减少到最低程度，或者避免焦虑）、敌意的和分离的冲动的实际释放，以及为了维持分裂所需要的十分复杂的过程，所有这一切在幻想结构中都相当容易发现。但是，精神病医生常常把患者的幻想视作某种不端的行为，或者在与同事们讨论这些幻想时，把它们视作愚蠢的、不成熟的表现的证据。有时，某种幻想实际上是预见的一种表现，也即对情境的一种分析和规划，以及对今后遭遇相似情境时如何行动的研究。在这些案例中，由于某种并不值得尊重的例子而对患者进行有关幻想的谴责，对精神病医生来说也许是相当糟糕的。因此，我认为，向患者和同事讨论什么“愿望实现的幻想”，只是一种误导，而不是帮助，并且，可以这样说，它实际上限制了精神病医生思维的清晰度。

习惯性低自尊

现在，我想谈谈一种现象，这种现象在精神病学文献以及精神病医学家有关“自卑感”的话题中都曾被相当广泛地涉及。我认为，我们可以更为恰当地把这种现象描述为习惯性低自尊（customarily low self-esteem）的体验，也就是说，与重要他人的人格化相比，个人的自我人格化不值一提。所谓低自尊，我并不是指一个发展机会有限的人所表现的实际意义上的自尊，也不是指一个能力有限的人所表现的自尊；相反，低自尊是某些不幸经验所导致的结果。如果一个人习惯性地看低自己，我所谓的联合动
351 机（conjunctive motivation）的表现方面就会被强加上一个很大的障碍。所谓联合动机，我指的是这样一些冲动，它们往往会对需要能够得到满足、安全能够得到提高的情境进行整合。有关联合动机最为经典的例子是爱（love），不论其本身如何罕见，它最为根本的倾向都在于构成对亲密之需要的许多冲动之中。不过，习惯性低自尊会使个体难以表现出联合动机——他会发现自己难以坦然地表现出对另一个人的良好感觉。

具有习惯性低自尊的人可能会通过隐蔽和社会孤立来最大限度地缓解自己的焦虑，也可能通过剥削性的态度和替代过程在人际关系中疏导自己的焦虑和分离动机，或者在分裂过程中将它们表现出来。

隐蔽和社会孤立

许多具有习惯性低自尊的人都会利用各种隐蔽手段来最大限度地缓解自己的焦虑，其中一个极端的手段便是社会孤立（social isolation）。无论在什么情况下，都往往存在某种程度的社会孤立，这是因为这些人无法越出某些规定的领地。我们可以在这样一种人身上看到有关这种情况的一个典型例子，他通过精心虚构的情节来隐蔽自我，这些虚构的情节后来就真的成为真实的，也就是说，利用该虚构情节的人变得非常习惯于这些情节，对这些情节的表达也非常熟练，以至他本人不再对这些情节持任何的怀疑态度。因此，一般说来，具有习惯性低自尊的人身上往往都存在某种形式或程度的社会孤立，也就是说，他在与其他人接触时有某种程度的限制或规定。

剥削性态度

这些具有习惯性低自尊的人的另一个方面在于，焦虑及其他一些分离的动机——其中有许多，比如憎恨等，是从焦虑中派生出来的——往往通

过各种并不非常明显的方式在人际关系中得到疏导。对这些人来说，由于与他人建立合作的，也就是温柔、友好等关系十分困难，因此，他们中间有许多人便形成了一种直接的剥削态度（direct exploitative attitude），这
种态度用精神病学的行话来表示就是“被动性依赖”（passive dependen- 352
cy）。在这里，我们同样也不能仅仅满足于使用这几个词，而应当进一步思考一下，带着这样的东西来生活会是什么样子。可以肯定的是，自卑的人往往会采取一种相对比较温和的表现方式（如果不认为比重要人物差一点的话，至少给人这样一种感觉），致使他或多或少会成为他人善意关心的目标。这表明其人际关系技能已有相当程度的发展——有时甚至发展出了卓越的技能——尽管这些人际关系中所涉及的真实动机相对来说可能并不友好。由于低自尊的人长期涉足这些情境，因此这些情境对于所涉及的另外一些人来说则有点令人不悦——尤其是当他们发现自己陷入了这样的关系之中，即盛气凌人地对待自己的伙伴，或在伙伴面前表现得飞扬跋扈，已成了他们的安全之源时，更是如此。在那些情境中，被动依赖的人很容易进入其他人的轨道，彼此之间虽有合作，但却得不到任何特定的满足。

使精神病医生更感迷惑的是那种疏导分离性动机的间接的剥削态度（indirect exploitative attitude），持这种态度的人表面上几乎从不承认自己比别人差。相反，他们会不断地表明自己是可以依赖的人。这让我想起了“来吧”（come-on）这词语：一个人总是表示自己愿意提供什么，但却始终看不到实际的行动。他们无法忍受别人认为他们依赖性强——这就是我们为什么说这种态度是间接的原因所在；这些人必须采取某些复杂的手段来拯救自己的自尊。在这一点上，最近的文献中已经出现了一种人格与人际关系理论，该理论以受虐狂（masochism）的概念为基础，至少部分如此；现在，我并不想提出其他一些与此相竞争的理论，所谓的受虐狂理论早该进坟墓了——我总是这样希望。我认为，受虐狂这个概念除了有一点模糊的思想之外，很可能就没有别的任何东西了。但是，它却给精神病学思想带来了另一个与其关系十分密切的概念，叫做虐待狂（sadism）。在过去，这两个概念都很简单：既想参与情欲游戏又愿意接受伤害的人，被称为受虐狂；而既想参与情欲游戏又乐意去伤害其性伴侣的人，被称为施
虐狂。但是，细菌一旦滋生，便会到处都是。在我看来，受虐狂最终会还 353
原到这样的程度：当某个人在讲话时，另一个人保持沉默，我们也可以把这种现象称为受虐狂倾向的表现。不管怎样，生活中都有大量的人在相当大的程度上被强迫，受到羞辱，以及诸如此类的事情；但是，随着分析的

深入，你会发现，这种事情往往是要付出代价的——得不到想要的东西。而人们所想要的东西就是满足感与摆脱焦虑的安全感。因此，那些所谓的受虐狂实际上是以间接的方式作为交换，为的是让他人做某些对他有用的事情。

间接剥削态度的另一方面可以称为“博取同情”（preying on sympathy）。实际上，这种引导分离动机的方法近似于替代活动，对此，我到后面将会加以讨论，而且事实上，我常常也会感到有些困惑不解。“博取同情”作为一种间接的剥削态度，表现为人际技术的发展，有时候，一个人做了一件很不寻常的事，或者做了一件令人垂头丧气的事，通过上述人际技术，便会主要表现为不停唠叨，致使他在这样一种障碍之下所付出的努力只能使听众或观众甚感遗憾。这种人往往在打过招呼（例如说“早上好”）之后，便开始跟人喋喋不休地列举一大堆当前的小小不幸和担忧，抱怨这些不幸和担忧摧毁了他们的精神，期望你对他的苦恼表示同情和理解——接下来，他又会去找下一个对象申诉。我认为，这是高度象征水平上的间接剥削；除此之外，别无他物。当然，这种“博取同情”的做法也可能服务于更为实用的目的，那就是捂住你的嘴，让你无法批评那些实际上危害到你利益的事情；在这种情况下，间接剥削的态度非常明显。

替代过程

但是，在考虑人际关系的困难时，把这种行为描绘成“博取同情”，并非始终富有意义。例如，行为是否含有任何间接剥削的东西，或者它是不是这一大堆复杂操作（我们称之为替代活动）的组成部分，可能并非不
354 言而喻；在与陌生人打交道时，要做出这样的区分尤其困难。相比于间接剥削的态度，替代活动主要不指向听众或观众；相反，它主要致力于回避与个体自身情境、自身动机等有关的某种意识。当情况确实如此时，明显“博取同情”的做法实际上更多涉及一种先入之见，为了用一个更好的术语来表示，我将它称为“自怜”。这种先入之见实际上属于替代过程的范畴。重要的是，在试图澄清一个人关于自己身上存在何种问题的想法时，要区分两种类型的自怜。它有可能是大量的先入之见——在幻想或谈话中不失为一种消磨时间的非凡技巧，它具有一系列思维，迂回曲折，并伴随着说话者的泪水，他一边流泪一边诉说命运对他的不公。或者，在某个相对有限的领域内，它有可能只是某些情境的一种伴随情况。具有大量先入之见的人——这是我在治疗中最易失败的一个领域——几乎遭遇了所有让他们感到自己比别人差的人际情境；他们通过寻找所有可以利用的东西，

来建立某种内隐过程或会话过程，并利用这一过程来说明诉说者是一个总是愁眉苦脸、非常不愉快的人。但是，在另一个类型的自怜中，尽管从先入之见磨灭了某些对自尊而言非常重要的东西这个意义上说，先入之见具有替代性，但是，它存在于某个特定的背景之中，而且并不代表某种十分不幸的生活方式。例如，我有时候会说，同时也深切地感觉到，我的讲课进展得并不理想，或者说并不清晰，原因在于我太累了。不管怎样，关于某人不幸的先入之见（它代表着对某些令人心烦意乱的东西的纯粹替代）都是非常多的。但是，精神病医生的工作在于：当一种先入之见出现时，他应该去确定它是剥削性的还是替代性的——要弄清楚他是否被置于要为对方做些什么的境地，并将其简要地表达出来，或者这是不是对方要摆脱他的过程。换句话说，替代过程主要致力于最大限度地减少或回避焦虑，而剥削的技术则是用来获得自己想要的东西（但同时，他又觉得光靠自己 355
的表面价值无法获得这些东西）的方法。

自怜的这个要素属于我在前面已经提到过的替代活动的范畴，也就是怀着妒忌之心的处事行为。妒忌很可能并不是一种自怜，但我们可以肯定地说，它是一种替代活动。妒忌产生于各种情境，在这些情境中，一个具有习惯性低自尊的人往往会受到干扰。不过，它也让个体避免了各种令人厌恶的比较（这些比较完全无益于提高他的自尊）。

现在，除了我已提到过的那些先入之见之外，还存在疑病性的先入之见，它是替代活动的一个领域，通常情况下，这个领域会引导焦虑和其他一些不友好的或分离的动机，这些动机从某种程度上说是低自尊的人所具有的特征——尽管它们有时候也有可能为联合冲动服务。疑病性先入之见是一个传统的术语，意指一个人极大地关注自己的健康或自身躯体器官某个部分的运作情况，它们不是博取同情的手段；奇怪的是，有些人只在他人表现出强烈的友好动机时才出现疑病性先入之见。这些先入之见是一组十分独特的替代活动，只有在一个人将自己人格化为习惯性地遭遇障碍的基础上，才能理解。当然，也不能把这种先入之见理解成一个人只关心自己的健康，如担心自己是不是感冒了，等等；事实上，它们要特殊得多。例如，我认识一个非常杰出的人，他经常外出旅行，每次都会随身带着一只大小合适的箱子，里面装满了各种各样的药品，如果哪位乡村医生看到他竟然能够对各种疾病的防备做到这种程度，一定会感到无地自容的。至于我，不用说，我也认为他这样做很浪费，因为我有时候也实在不理解我的那个朋友为了应对不测，竟会做如此充分的准备，他不仅带有治疗天花的药品，还有避孕药；而且，他还带了所有治疗他曾患过的各种大小疾病的药物。顺便说一句，他是一个十分讲究效率的人；我喜欢作这样的思考：如果他不去实施这些很危险的替代活动的话，那么，他会是怎样的一个人？但是，一次又一次，每当我感到厌烦时，就会看到他突然变得很专
356 注，然后匆匆离我而去。我知道他想干什么，他是想回家去对付某种所谓的“疾病”，因为他觉得，在我感到厌烦的情境里，他那些所谓“疾病”的征象就会开始活跃起来。不过，我的朋友是一个特例，因为一般情况下，患有疑病症的人不会表现出非凡的天赋、广泛的兴趣，或者诸如此类的现象。另一方面，他十分关注自己的脉搏和心率，把它看做自己心脏是否出现严重问题的证据。有时，他可能也会十分关注自己的消化情况，在我看来，这种关注要普遍得多。此外——我不确定这一点是否常见——他还非常关注自己泌尿生殖系统的感觉或感觉缺失。

因此，在这些深刻而又专注的先入之见中，个体实际上丧失了接触外界事物的机会，其意识的参照过程过分地集中于细小的征象（这里所谓的征象是指人体组织某个地方进行着的某种现象）。或许，我只要提供一个例子，便可以澄清我在这里所讨论的内容。例如，许多年轻人有着非常不幸的经历，他们在社交方面极度孤立，已迈入精神分裂的病程，他们对自己的生殖器十分敏感，常常表现出某种类型的疑病性先入之见。这种先入之见具有下列性质：当他紧张时，他的膀胱壁就会紧张，从而对尿道括约肌形成较强的压力。如果在那个时候分散他的注意力，按照一般的模式，他的括约肌就可能会松弛下来。尿液就会从膀胱里面排出，进入前列腺尿道，产生一种排尿的迫切感。但是，在我们正在讨论的这个具有特定类型的疑病症患者身上（他怀疑自己的生殖器有病），上述一系列生理反应就不一定能完成。尽管尿液从膀胱进入前列腺尿道，但由于那个人处在了一种新的紧张状态之中，结果分散了需要排尿的注意力。过了一会儿，这个人开始把注意力完全集中于这种在他看来非常可怕的经验之中，他觉得有精液从尿道口泄出；事实上，他可能真的对阴茎进行过检查，可能会看到
357 一些湿润的物质黏附在阴茎的尿道口上。在他看来，这就是他丧失活力的证据——因为精液具有非常重要的象征意义。所有这一切都是因为他太过分心、太多专注，以至于注意不到自己的排尿行为。现在，这种情形发展到了这样的程度，即它真的成了一个恶性循环：那个人经常处于焦虑状态之中，担心由于精液的流失而丧失活力；无论何时，只要他在与别人接触时或思想上稍有分心，便可能散失活力，因为思想上的分心会导致内部括约肌的松弛；于是随着尿液进入前列腺尿道，又会引发那种深刻的先入之见，认为精液的流失将会丧失活力。这是疑病症的一个例子。我对它十分

感兴趣，以至于不厌其烦地去计算它的发生频率。我可以向你们保证，与其他一些疑病症的例子相比，上述病例在结构上并不复杂，但它实际上却占据了那些垂头丧气的人们所有醒着的时间。

现在，我想讨论一个特例，在这个特例中，社会性孤立状态与疑病性先入之见结合到了一起（后者是自我系统中分裂系统的一个重要组成部分）。在这个方面，我们必须记住，除了分裂的动机系统以外——这里的所谓分裂，意指与意识内的表征完全割裂——还有一个包含分裂过程的复杂系统，它维持着这种分裂。换句话说，一个人的自我系统中如果不具备大量的预防装置，以避免任何突如其来的分裂的冲突，那么，他便会去维持分裂。通常情况下，这些疑病性兴趣是分裂系统的组成部分，个体总会预期这些兴趣会变得很极端且具有吸引力，此时，人际关系的现实会使得分裂中的某些东西变得活跃起来。这种情况在我刚才提到的那群年轻人中可以得到证实。对于这些经典的情况，漫不经心的精神病医生可能会说患者“受阻了”。换句话说，当精神病医生和患者之间的谈话进入这样一个
领域，即这个领域可能会由于某次偶发事件而引发了患者身上的分裂倾向 358
时，患者便深深地专注于这样的事实：他现在正在丧失一些活力。但是，由于这种想法始终与不可思议的情绪联系在一起，因此患者不可能向精神病医生说明这一情况。无论如何，患者都会觉得这与他正在谈论的事情完全无关。所有这一切都伴随着一种不悦的情绪，而且具有一种先入之见的力量，致使他完全遗忘了正在谈论的东西。于是，精神病医生不得不从头开始，如果医生和患者再次到了第一次出现“受阻”的地方，受阻的情况很可能就会再次出现。当然，医生和患者要想到达这个受阻的地方是不大可能的，因为病人已经受到警告，只要一从头开始，病人就已受阻了。

“受人利用”

现在，我要讨论的问题乍一看与我刚才讨论的内容相距甚远，但实际上，两者之间有着紧密的关联。我将要描述的这种经验通常被称为“受人利用”。这很可能是每个人都经历过的经验，而且，在有些人的经验里，它非常悲伤，而且经常发生。例如，有些关于这种经验的不那么重要的包括在房地产领域里上当受骗或受到欺诈。但是，我在这里所关注的是那些只有当某个人利用你时才会发生的情形，这个人所采取的方法是先引导你暴露弱点；一旦你暴露了弱点，他就会取笑你，或者幻想着你正遭人取笑，从而让你产生一种羞辱感。我确信，你们中间的大多数人都至少可以

回忆起这样一个人，他曾在你过去的生活里，为某种恶意的预谋所驱使，时而诱使你做某事或说某事，然后因为你所说的或做的来取笑你。在成年人的生活中，你有时候也会发现自己陷入了这样的境地；但现在，你也许能够做到十分沉着冷静，谨慎行事，并保持一定的社交距离，以至于你越是这样，便越可能遵循早期的模式，即越怀疑别人是否在捉弄你；至少那是常见的衰减。

有关真实或幻想的取笑的讨论似乎是讨论“投射”的一个好起点。当
359 我们不确定人们究竟是钦佩我们还是取笑我们时，我们可能会难以对这一情境和“投射”的通常含义之间做出区分。不过，我想先评论一下“投射”这个术语的广泛用法。一开始，我们在一切人际关系方面都有投射。我们试图预见活动，我们会把该活动预见为某个具体的人的活动，这种预见本身便是一种投射。由此可见，预见常常被用于这样的情境，在这样的情境中，你会全身心地投入，并且认为把你引入这一情境的人此时会高兴地把这件事情告诉他人。但是，“投射”这个术语（就像它在精神病学中的通常用法）似乎意味着——如果它确实意味着什么的话——我们投射了错误的东西。例如，当我对你抱有好感时，你却将恶意、憎恨和蔑视投射于我！正如我们好言劝诫酒鬼时所遭遇的情形那样。我想要强调的一点是，预见的程度可以是良好的、适当的和合宜的，也可以是不良的、不适当的，这两种情况因人而异，也视情境的不同而不同，它取决于在个体身上起作用的动机情结、对方身上的动机情结、个体是否疲劳以及个体近期的状态等。我已经说过，长期低自尊的人总是预期别人不会给他有利的评价，而且，我认为，投射的机制并不能说明许多事件的原因。

分裂的失败

现在，我想考虑一种特别重要的情境，它在那些长期低自尊且一直被利用的人身上作为一种特例而产生。而且，它是一种情境，在该情境中所揭示出来的弱点实际上也包含了人格分裂系统的某些证据。在这些例子中，一个人被引导着暴露出弱点的经验——不论是短暂的还是长久的——往往伴随着某种程度的不可思议情绪，即敬畏、畏惧、厌恶和恐怖。这些情绪在许多方面都近似于个体人格中所表现出来的分裂成分，除非他陷入了某种精神分裂症的白日梦状态。因此，这些情形既可能是意识领域内人
360 格之“非我”方面的短暂表征，也可能是意识领域内人格之“非我”方面的持久表征，对此，我几乎很难说它通常是人格化的，但在某些不幸的情况下它有可能已成为人格化的。正如我在前面曾简要提出的，这些情境可

能伴随着以下两种情况：一种情况是出现强烈的迷恋，也就是说，个体尽管出现了一些可怕的感觉，但似乎依然无法回避那个曾经利用过他的让人不愉快的人；另一种情况则是出现厌恶的情绪，这是一种极端的回避态度，伴随着不可思议的感觉，而且这些感觉十分有力、强烈，以至个体处在了不悦的状态，并怀疑究竟是什么东西使得这一特定事件变得如此令人反感——就其本身而言，它是对一个人自我知觉的不愉快的补充。不然，这些情境就有可能伴随着更加令人毛骨悚然的可怕怀疑（awful suspicion），个体借此开始真正地建立起可能性——或者不大可能——的结构，从而变得越发不可思议了。

在这里，我们开始涉及猜疑这种体验。猜疑可能既不是特别地不可思议，也可能如传统的精神病医生所说，是一种“妄想性猜疑”。一般说来，它的表现形式由其发生时分裂系统参与的程度来决定。也就是说，根据我与患者相处的经验来看，不可思议的情绪对猜疑的影响，视分裂系统卷入的程度而定。一个人的情绪越是不可思议——越是带有病态性质——他的猜疑就越明显，所涉及三个人中的一个或两个的入迷程度也就会被证明越强烈。这种入迷的特征是自我系统用来对付分裂动机的一种防御所具有的复杂功能；只要这种防御强而有力，分裂的畸变就会非常明显。

除了幻想、明显的厌恶以及可怕的怀疑之外，下一个阶段便是我所谓的成熟的“土著”思想（full-fledged“autochthonous”ideas）——一个人带着不悦的心情暴露出自己那些与分裂系统有关的弱点。这个冗长乏味的旧时词组指的是一种思维内容（即心中的某件事），它似乎来自外部，由外界的力量置于观念之中，也就是说，一个人没有归属感或父母身份的感觉。因此，当自我系统将分裂动机系统的明显证据排除出意识——该动机 361
系统的分裂，由某些外来的、不可思议的思想或想法在意识中反映出来——它们便与自我没有了任何关系。它们除了表现为一种妥协之外，确实与一个人自身没有任何关系。

这种不悦过程的下一步便是幻觉（hallucinations）的发生，其惊人的发生频率是可见的。幻觉的发生不仅意味着一个人心中存在某种东西（这种东西看似外来的，是从外部强加的），而且还意味着一个人体验到了某些不可思议的事件——他听到了某些东西，这些东西通常带有强烈的敬畏、惧怕、恐怖或厌恶的情感色彩。据我所知，幻觉是各种有效经验的象征，除了它具有不可思议性之外，幻觉是否需要外部的来源都毫无关系——事实上，这是精神病学争论中最乏味的主题之一。

人格的偏执狂转化

尽管幻觉并不必然引发精神分裂症的发作，但它们确实常常会这样。现在，我想简要地讨论一下当精神分裂症发作时究竟发生了什么情况，精神分裂症发作之后，往往就会出现——而且往往非常迅速——我所谓的“人格的偏执狂转化”。在这些情境中，要想维持个体人格中先前分裂倾向方面的合理分裂已经是不可能的了（从人格化自我方面看，这种人格现在仍然是分离的）。结果，那个分裂的东西，即那个在某种意义上与“非我”相关的东西，现在显然人格化为了“非我”，也就是说，人格化为了他者（others）。这个他者也带着谴责，谴责先前将个人潜能中不可容忍的方面保存在分裂之中的做法。

现在，在转化开始时，一个人所拥有的唯一印象是他处于恐怖以及那种使人感到威胁的不可思议之情绪的控制之下。不过，如果他没有完全被这个过程所压垮，那么，他便可以相当迅速地构建出“恶人”的人格化。而且，在人格化这个特定恶人的过程中，转化开始迅速启动，因为它在有
362 一个方面特别成功：它开始在他人身上——包括他周围的人和他的敌人——强加那些在他自己身上明确被说成缺陷、过失、缺点等的东西。因此，随着这个过程的继续，他开始洗手，意欲洗去自己人格中所有真实的和幻想的不幸方面（迄今为止，他为那些不幸方面伤透了脑筋）。在这些情况下，不用说，他已进入一种相当难以补救的状态——用分类学术语表示，就是一种偏执狂状态。如果说精神分裂症的序曲难以察觉——我要补充一点，在这种情况下，发展可能以某些带有不祥之兆的方式进行——那么，偏执狂状态的最初表现便与我所谓的“突然开窍”（illumination）有着一种奇妙的关系。在极其不幸的情境中，这些所谓的“突然开窍”在相当大的程度上也会发生在个体实际面临的真实情境中，而对于这种情境，他先前曾予以了选择性忽视，为的是能更好地获得定向。不过，比起幸运的定向来，更为常见的是来势凶猛的人格偏执狂转化——谴责的转化——在这种转化中，个体突然“明白了一切”。这个过程的开端，实际上是突然顿悟到某种怀疑，随之而来的是一阵恐怖。在突然的顿悟出现之前，怀疑可能已经萦绕在个体心头，并带有一点不可思议的特征；但是，随着这种顿悟的产生，个体开始生活在一个“非我”已经被人格化的世界中，并积极主动地关注自己的弱点。

那么，把所有这些联系在一起的是，在有些人身上存在着疑病性先入之见与偏执狂人际关系的相互交织和轮番替代的情况。强烈的疑病症通常

会导致灾难，即从精神分裂症中出现了偏执狂转化。有时候，在以这种偏执的方式生活的过程中，也可能存在一种退缩（如害怕敌人、担心阴谋等），这种退缩符合关于身体机能失调的先入之见——认为引起灾难的事
件正在发生。[1]这种轮番交替——我们中有许多人都遇到过，因为它不是一 363
种罕见的现象——在提出构成“非我”概念结构之基础的现实方面具有十分重要的意义。

我想，通过提及我曾治疗过并且我觉得可能意味着最终康复了的唯一一个偏执的精神分裂症患者，我可以对疑病症和偏执狂之间相互交织的过程作些说明。那个患者是一个男孩，他曾患上了十分严重的偏执狂精神分裂症，经过治疗后开始痊愈，但仍抱怨他的喉咙不舒服。他的喉咙让他感到非常痛苦。虽然没有发现任何表明喉咙病变的征象，但他还是十分关注自己的喉咙，这一点是毫无疑问的。我把这个男孩带到了一名喉科医生那里，这名医生不仅业务精湛，而且非常关注精神病学方面的问题。他对男孩的喉咙进行了仔细的检查，并给了他一本精美的解剖学教科书看，让他知道自己的喉咙与彩色解剖图上的图画完全一致。离开时，这个男孩深为感动；这是一次十分成功的冒险。当我再次见到这个男孩时，他径直走进我的办公室，并且说：“医生，你看，我现在一点都不在乎是什么东西使我的喉咙疼痛了；我已经把某种东西分离出来了。”

① 指出这一点相当有趣，即疑病性先入之见所关注的并非健康的机能（如青春型分裂症的恶化）。

第四部分

走向一种大众精神病学

第二十二章 走向一种大众精神病学①

精神病学对于大多数人来说，已经不再陌生，但是，就我们的目的而 367
言，还必须给它下个定义。有一种关于精神病学的含义使它成了一种关于精神障碍治疗及预防的艺术，或经验实践的一部分。不过，关于精神病学的这种含义与我们在这里的主题毫不相干。正如这里将要讨论的一样，精神病学是一门科学及其相关的技术。精神病学这门科学在对精神疾病患者进行治疗的过程中得到了滋养，在医院和诊所的环境中得到了成长，但是，这种科学只不过是一种像西欧的地理科学一样的精神疾病科学。

精神病患者是生活在或多或少比较一致的文化中的特殊群体。精神病学这门科学是从关注有精神障碍之生活方式的过程中发展起来的，它自然而然会成为一种在既定社会制度中盛行之条件下的生活科学。我相信，虽然这种说法完全不言自明，但它并不意味着某一位特定的精神病科学家需要关注社会中人类生活的所有方面。

一位物理学家可能会把他在科学方面的所有努力都集中于自古以来称之为“光”的特定方面，而且，他的这种做法还很有用。只要他所发现的结果是有效的物理现象，那么，他的结果在整个物理学领域都会很有意义。例如，他所发现的结果在波动领域可能比在引力领域具有更为丰富的意义；但是，人们在此处也许会想起对爱因斯坦预期的确证，即光在穿过引力场时会“弯曲”。

在我看来，精神病学这门普通科学所涵盖的领域与社会心理学所研究
的领域在很大程度上是一样的，因为我们必须将科学精神病学定义为是关 368

① 本章主要摘自“Towards a Psychiatry of Peoples”（*Psychiatry* 11：105－116）。该部分开头的标题是“Whence the Urgency”，其中有一段摘录自“Remobilization for Enduring Peace and Social Progress”（*Psychiatry* 10：239－252；p. 244）。本章大部分的内容也重印在了 *Tensions That Cause Wars*，edited by Hadley Cantril（Univ. of Ill. Press，1950）上。——编者注

于人际关系的研究，并最终需要使用一种我们现在称之为场论（field theory）的概念框架。从这样一种观点出发，人格被视为是有前提的。可以进行研究的是过程的模式，这些过程的模式是特定周期性情境或场中人格互动的特征，而这些情境或场中也“包括”观察者。由于任何一个参与观察的人只能研究一定数量的情境或场，而这有限的情境或场绝不能代表人类生活整个丰富多彩的世界，因此，他便无法揭示自己的所有人格，而且，“他对自己的了解”也将由于界定不清的因素或实际上没有注意到的因素而始终有点不完整，且带有各种偶然性。他对“他人”所作的概括也必然甚至更为不完整，更具偶然性。

观察者（即，收集精神病学数据过程中用到的一种装置）因此可以被视为仅仅是一种在理解上并不完善的工具，运用这种工具所得到的一些结果可能具有一定的误导性。这个结论可能会被一些人利用来禁止发展一种科学的精神病学，更谈不上一种适用于世界上任何地方、任何人的精神病学了。它无疑会禁止对精神病学的当前状态产生任何自负的态度，但是，人们很可能已经注意到，每一门科学一直以来——而且，不那么明显的是，至今依然——都处于相同的境地。人们也可能注意到，即便对内燃机的原理一窍不通，也不会妨碍一个人很专业地驾驶汽车，尽管如果一个人匆忙之中误用易爆物来代替汽油，则他所要付出的代价是昂贵的。

现在，我试图在一般精神病学的领域内确定一个位置，由此出发，我将着手对世界的图景作一临时性的合理概括。人们能够观察和分析的事物，最终都将变成一个关于紧张和能量转化的问题，后者中有很多都是明显的行动（actions），但是，正如我们所说，也有不少是在内心进行的模糊的活动。

任何人只要审视一下自己的过去便可以发现，令人真正感到吃惊的
369 是，构成其生活的紧张模式和能量转化模式，实际上是他在一个具有特定期望的社会里接受生活教育的问题。如果他聪明的话，他也能注意到他的教育者的期望中所存在的一些不合宜的成分；他发现，对于在他业已介入的团体中生活，他还尚未做好充分的准备。

如果他具有哲学的倾向和历史的头脑，那么，他便很容易得出这样的结论：缺乏充分准备这一要素，正是处于每一个扩展世界联系以及随之而来的加速社会变革的时期的人们的特征。

如果他对精神病学感兴趣，那么，几乎可以肯定地说，他将开始考虑预见在决定能量转化的适当性和合宜性，以及他相对于情境（在这些情境中，他发现自己已经与重要他人紧密联系到了一起）的真实需要而做出之

外显活动和内隐活动方面的作用。

在这里，我想略微谈一谈我所认为的人类特征中最为显著的特征，也就是人们常常说到但阐释得有些模糊的抱负、预期和期望的重要性，这些抱负、预期、期望可以用一个词语来概括，这个词语就是预见，它的显著影响在于使得不久的将来成为解释人类事件中的一个完全真实的因素。我希望，你们不要认为我在这里所介绍的显然是一些目的论的东西：我要说的是，环境并不干预一个人带着他的过去、现在和不久的将来生活，所有这一切在解释他的思维和行动方面都显然是相关的；不久的将来（near future）有一定程度的影响，而遥远的未来则就没有太大的影响了。

请注意，我说过“环境并不干预”这样的话。这句话来自于对干预的研究，干预通常会减弱或者说改变预见的功能性活动，使得人性随着与他人的交往而更加清楚地显示出来。

我们假设，一切生物紧张都来自有机体整个空间范围“内部”以及/或者“外部”的事件进程。人类的紧张也不例外，但是，有一种人类紧张——一种非常重要的紧张——紧随某种特定的事件而来，对于这些事件的体验，几乎可以说是人类所特有的。

正因为这一个重要的例外，我们便可以认为，紧张是特定能量转化的需要（这些能量转化可以驱散紧张），期间通常伴随着一种“心理状态”的改变（即，一种意识的改变），对此，我们可以用满足（satisfaction） 370
这个综合的术语来加以概括。

因此，对于特殊的紧张来说，可以感觉到的成分［我们称之为饥饿（hunger）］，可以通过包括取食在内的活动而得到愉悦的满足。我们的饥饿并不是紧张，紧张并不仅仅只是一种“心理状态”或意识中的一种现象，从任何简单的时空意义上说，它也不完全是我们的“内部活动”。但是，出于实用的目的，我通常可以相信这种特定的“心理状态”，以完美地符合我对食物的需要，并“决定去吃东西”或者“决定去吃晚饭”，或者意识中会出现其他某种“想法”，这种想法听起来就好像是有一种被称之为“我”（I）的东西正指示某种其他东西［也就是“我自己”（myself）］为“我的饥饿”做点什么事情，同时我还相当肯定，当这一操作完成以后，我将感到更加舒适。

不论“一个人的头脑中”可能出现什么样的盛况或情形，对食物的需要总是会回溯至过去产生这种需要的情形，而且，在此基础上，其可以感觉到的成分就可以说是具有“意义的”，此外，它还会延伸至未来，我们可以预见，在未来某个适当的环境中，它的紧张会通过某种恰当的行动而得以缓解。

我们像其他许多生物一样，也拥有大多数（如果不是所有的话）反复发生的需要——甚至还包括反复发生的想与他人接触的需要（这种需要常常被人感觉为是孤独），这种需要在群居动物中也会出现。

对于其他大量单一的反复发生的紧张，把握其本质的话，对于理解人类生活来说十分基本，当然，这很可能仅限于人类以及人类驯养的动物。它不仅产生于与维持生存和繁殖物种有直接联系之物理化学事件和生物事件的影响，而且也产生自人的影响。这种紧张可以感觉得到的组成成分包括焦虑的体验；回避或缓解这些紧张的活动，都会被体验为连续的或增强的自重或自尊，它显然不同于平常所说的“自我满足”的含义。所有促成
371 自尊变化的因素，除了人类生来就具有的焦虑能力外，完全是一个关于过去人际经验、既定人际情境以及对未来将发生之事的预见的问题。

根据人际活动的方式，我可以想到的是，个体的焦虑是被训练出来的，这样的话，只要个体预见这种活动会发生，他就会感到焦虑，而且，只要这种活动发生，他的自尊就会降低。这种紧张积聚的领域是个体在重要他人手中接受生活训练的领域，也是他能够某种程度上对这些训练经验进行综合的领域。

在某些生物事件发生之前，个体不可能接受其他人的训练；也就是说，在适当的能力成熟之前，个体是不可能接受其他人的训练的。在此之前施加的训练，显然不同于“有意的”训练，而且，如果它们真的具有效果的话，也只能是对受害者的未来发展施加非常不幸的影响而已。[①]这种生物学上规定的能力的成熟顺序构成了目前被人们普遍接受的人类发展阶段（婴儿期、童年期、少年时代、前青年期、青年早期、青年晚期、成年期）……现在，我们来讨论一下发展阶段这一观念的含义。当能力成熟时（而且也只有当能力成熟时），一种有价值的经验才会随之发生。如果能力没有成熟，如果这种经验显然不适于提供与他人一起生活的能力，那么，在这一特定的发展水平上，未来建立适当的、合宜的人际关系的可能性显然会降低，这是毫无疑问的。这种可能性的降低与能力的形式有关，这些能力在这一特定阶段的有利环境条件下通常会发展起来。

从这一观点看，不仅较早的发展阶段，而且每个发展阶段，就其本身

---

① 这样的训练通常只会增强人格中的“非我”成分，在其他地方，人际关系领域中的紧张源泉被描述为是不可思议的情绪体验——例如敬畏、畏惧、厌恶和恐怖——它们是最为有力的分离力量中可以感觉到的成分，对此，我们已经有所认识。

而言，都同样重要；也就是说，就人际关系发展的可能性而言，在完整意义的人类世界上从出生朝着生活的成熟能力不断发展的过程中，每个发展阶段都同样重要。通常情况下，这样一种说法是对的，即童年期所出现的 372
严重失常情况，会严重干扰随后少年时代的事件进程，使得与同伴一起生活，以及在学校及其他非家庭成员权威之下生活的建设性影响明显缺乏。当然，还有一种情况也经常发生，即始于童年期的严重失常，会在少年早期由于好运而获得了纠正，因此，这种失常所残留的痕迹只有在诸如“情绪紧张”、过度“疲劳”、缺氧血症、低血糖、酗酒以及相关的“去脑”（decerebration）等情况下才能观察到。[①]

在密集的、有指导的心理治疗进程中，我们在许多情况下都可以观察到一种凝练的、相对具有替代性的对发展经验的不足所进行的补救，这似乎是一种巩固患者人际关系方面的有利变化的成功方法。

这样一来，在前青年期没有得到纠正的不幸，会使一个人一生中在与重要的同性打交道时，处于不利的境地。当通过与患者“一起”的参与性观察（participant observation），这种不适的模式变得非常清楚时，病人的前青年期往往就会来得晚，且很短暂。先前有所保留的接触将深入发展成非常友好的友谊；“交到好朋友”而产生的满足感和安全感，对患者来说具有压倒一切的重要性，他当前的活动在很大程度上都是为了促进交到好朋友。与此同时，医患关系中的强烈动机处于中止的状态，就好像他对这一工作已经失去了任何特别的兴趣。很快，这种对“外部”的依附就会失去强度，一个朝着有利方向改变的患者会再次与精神病医生一起努力，去查找有关他目前正在慢慢恢复的无能的细枝末节。

这就说明了我所说的三种人中的同性恋者的含义：这三种人我们可以分别称其为自恋者、同性恋者和异性恋者，对于他们在人际关系中所表现出来的场力量模式，我们可以恰当地分别称之为不爱人、爱上一个同性的人、爱上一个异性的人。爱的能力是生殖行为和性行为模式中的一个因素；不过它只是三个必须加以考虑的因素中的一个因素（要想“弄清楚”这个方面所发生的事情，就必须考虑这三个因素）。在我们的文化中，许多人在青春期来临之前就已经表现出爱的能力。但是，还有很多人在某种 373
相对活跃的性生活确立之后很久才逐渐发展出爱的能力。

就我当前的目的而言，更为重要的是引入人际关系领域中一个“治

① 即使在这些“减弱的”状态下，人际关系的特性有时也可被视为一种运动，就好像是去弥补早期经验的不足似的。

疗”过程的例子来加以论证。它来自对心理治疗中“成功”和“失败”的长时间考虑——以及对增加“成功”比例、加速取得“成功”的可能性的考虑——由此，我开始逐渐地确信，我们可以依赖每一个人朝着更加适当、更加合宜的生活方式前进的驱力；简言之，我们可以依赖每一个人朝着改善心理健康状况的方向前进的内驱力，如果预见未来能力的提高，能够提供一个令人满足的美好前景的话。当一个人因患精神障碍而住院，致使“脱离正常生活”好几年时，当一个人上了年纪，或者当一个人似乎面临着不得不放弃目前生活（不管这种生活有多混乱）所提供之声望和收入的前景时，上述如果便起了大作用。

在提高与重要他人相处之能力方面经常会遇到巨大的困难，这种困难并非源于倾向的缺乏，而是由于其他某种东西而引发；不管生活是幸运的还是不幸的，这种东西都表现为生活中的一种平衡因素，也就是，人格内广泛的经验组织，我将这种东西称为自我系统。

我认为，如果说严重扰乱平衡状态的任何东西（即，倾向于给某个与人相处之确定模式带来根本改变的任何事件）会引起焦虑的紧张，并唤起缓解这种紧张的活动，那么，这种说法将满足我当前的目的。这种紧张以及减轻或缓解这种紧张所需的活动——我们称之为安全操作，之所以这样称谓，是因为可以这样说，它们致力于在一个人与他人相处时所表现出来的尊严中维持一种安全感——总是会干扰任何其他碰巧同时出现的紧张和能量转化。

我们这样说绝不是否认安全操作的效用。安全操作在保护个体的自尊方面通常十分成功。如果没有安全操作，那么，生活在这样一个越来越支
374 离破碎的社会组织中，对于大多数人来说将会是非常困难或者不可能的。我们（尤其是美国的民众）在设计和传播适当的替代物来取代当前无处不在的安全过程之前，便很可能因为丧失安全操作而使自己难以生存下去。

让我们清楚地认识到这样一个事实：只要在年轻人为生活做准备的过程中，过去比合理预见的未来更为重要，焦虑和安全操作就会成为人类生活绝对必要的组成部分。

但是，今天，当我们每一个人都运用这一不可或缺的工具时，安全操作成了一个阻止个体发展和人类进步的车闸——或许我可以用它们中比较特殊的一种来加以说明，它是我们经常可以观察到的。

在这个例子中，我将提及所谓的选择性忽视过程，它事实上与单纯的疏忽、忽略十分不同。通过选择性忽视，我们会对自己看到的、听到的、想到的、所做的以及所说的大量真实存在的事物不予承认，这不是因为我们

与他人相互作用的区域出现了什么问题，而是因为推论分析的过程遭到了自我系统的抵制。清楚地认识到我们予以选择性忽视之事物的含义，将会使得一个业已确定的处理人际情境的模式发生根本的改变，将会使我们要么更有能力，要么能力更差，但是，不论何种情况，它肯定不同于现在我们看待自己的方式。对于大量选择性忽视的事件进行仔细的观察和分析，将会扩展自我系统，自我系统通常控制着意识的内容和参照过程的范围（这种参照过程在与他人沟通的过程中十分有用）。选择性忽视这一经常重复发生的奇怪现象，就解释了我们在无数带有偏见的言语表达中所持有的信念（那就是关于我们自己和他人的“文饰作用”），还部分地解释了波旁王朝家庭成员（the Bourbou）[1] 的人物特征，他从不忘记任何事情，也从不记住任何事情。

虽然我们有理由相信，新奇的事物到了一定程度总会引发一种分离的力量，其可以感觉到的成分就是我们所熟知的害怕，但其他大量具有启发
性的观察（它们并不具有威吓性质的新奇性和差异），却完全没有告诉我 375
们关于我们生活于其中的这个世界的情况，其原因就在于自我系统的平衡性影响——形状各异的树木往往能反映其枝丫在发展年月中弯曲的方式。

精神病学理论超出了我们熟悉的范围，它属于“外国人”的世界，“外国人”的生活方式与我们相异，从而引起一种明显的区别，即害怕和焦虑的各种表现与自我系统的活动之间的区别，尤其是那些非理性的讨厌、厌恶和反感，以及当今普遍存在的对他人的不信任。

当前的理论使得憎恨成了人际情境的一种特征，在这种情境中，当事人一次又一次地经常“引发彼此的焦虑”，并且“无法离开这一情境”，因为有一些联结力量把它们结合到了一起。如果联结的力量完全在意识之外起作用，那么，不可思议的迷恋（有时候是厌恶或反感）就可能会出现。如果整合的力量不是十分强烈，如果情境“不是非常重要”，那么，“或多或少具有一些隐蔽性的”、“实际上并不合理的”讨厌和不信任的轻微表现形式就会显露出来。所谓“实际上并不合理的”指的是一种关于讨厌或不信任的有效陈述无法得到系统的阐述。不愉悦的“情绪”产生自某种事物，而不是产生自个体很容易就可以获得的对于情境的认识。

让我们根据一些完全未经加工的例子来说明这些术语的含义。一对恋人若显然是为了相互利用而结婚，那么，双方的朋友都会越来越不舒服地注意到，这两个人在朋友面前似乎越来越多地相互羞辱对方。这个例子就说明了一种日益增加的憎恨的整合。

---

① 曾在法国、西班牙和那不勒斯建立王朝，以绝对的封建专制统治著称。——译者注

另一个例子：一位母亲从护士手里接过了照料她第一个孩子的工作，她感到心烦意乱——头晕，脸色苍白，颤抖得厉害，而且全身淌汗——原因在于，这是她第一次接触弄脏了的尿布。显然，她正在经历一种不可思议的厌恶情绪，这主要是她的生活训练问题。

还有一位母亲，她发现，她 15 个月大的孩子正抓着明显“勃起的”生殖器。为此，她内心充满了颤抖的“情绪”，这种情绪与许多人第一次
376 想到女巫安息日、伏都教仪式或其他民间流传的人格化了的性罪恶（Sexual Evil）时产生的迷恋和恐惧有关。顺便说一句，上述那个婴儿由于共情而充满了最原始的焦虑，其惊呆的程度就像头上被榔头敲了一下一样；但是，如果那位母亲的“反应”由于习惯或“洞见”而没有改变的话，那么，随着孩子逐渐地进入少年时期，他将表现出原始的生殖器恐惧症——“触摸自己的生殖器”，或者想到“触摸自己的生殖器”，就会感到非常厌恶；并且常常会充满活力地（如果有点冷淡的话）希望，自己可以被别人“触摸”，进而很可能希望“触摸”他人；在经历了实际的经验之后，他便会开始“讨厌”和回避他们，或者更为不幸的是，在经历了一系列“冲突”反复之后，令人不安的厌恶感不断地加深。

或许，现在我可以进入本章的主题了；也就是说，虽然现在没有哪个人能够做好充分的准备去对每个人在每一个地方的基本“生活事实”进行意义重大的探索，但在这方面还是有许多可供建设性努力的可能性——如果（只是如果）一个人通过参与观察来仔细检查自己的资产负债情况，而不是一味地陷入“希望得到最好”的领域。

今天，精神病学家的每一份建设性努力都是人际场操作的一种策略，人际场操作试图确定那些阻碍患者与其他人有效合作的分离力量的领域，力求拓展患者的意识，这样便可以排除使这种不必要的阻碍。

要建立一种面向大众的精神病学，我们必须遵循与用于重要群体完全一样的策略——重要群体包括：家庭、社区、政治实体、地区组织、世界性集团——确定那些阻碍团体之间为追求共同福利而进行整合的分离力量，找出每个团体的文化特征或亚文化特征，以及用来将其强加于年轻人身上的方法（正是这些方法长久地限制了年轻人建设性成长的自由）。

377 精神病学家要治疗有缺陷的患者，必须掌握的策略有：（1）阐明目前反复出现不幸活动的实际情境，从而使得有障碍的模式清晰地显现出来；（2）发现这种波及当前和不久将来的不适当、不合宜的生活方式所产生的不那么明显的结果，包括医患关系，以及患者对于这种关系所抱的期望；（3）随着不适当发展的问题得到了清楚的系统阐释，便可利用他的能力去

探索这个问题在他过去与重要他人相处时的经验中的起源。

我们必须指出，一种与医生和患者经常看到的完全一样的对生活的歪曲，会使这种探索变得十分困难。医生和患者不仅“看”不到令人烦恼的模式，而且都会倾向于把这些困难与他人在不那么幸运的人际关系中所产生的不悦特性联系到一起。每个人都会关注他人身上相似的局限性，且双方的努力容易集中在无关的或不重要的问题上，直到两人都丧失勇气，或者依然坚持误导生活。

要建立一种面向大众的精神病学，高水平治疗，同时也是高水平研究的这些策略要求必须进行如下扩展：初步发现紧张和能量转化的真实的主要模式，它们是该团体中更加适当、合宜的生活的特征；这是注意到以下这些例外情况——这些人中间心理障碍的事件——的背景，如果在信息不足的情况下对它进行研究，将会产生误导。在我们自己的发展背景中，也发展一种纠正局限的技能；这样，就有可能更好地观察实际上抵制拓展我们被试任何整合倾向的因素，以便可以将与他们相异的其他团体代表也包括在内——这是一个对我们自己整合程度的预备性试验；进而找出团体间生活之预见方面的真正问题所在，这些问题的根源常常可以追溯到我们被试所接受的生活教育。

我们有充分的理由相信，上述这些都是有可能的。这些世界性的精神病学探究与我们已经提到的那些例子实际上并没有什么不同，所有这些都很常见，在这些例子中，医生和患者在生活中所承受的障碍差不多是一样的。让我们用一句话来概括这样一种方式：通过这种方式，人们可以缓解这样一种情境中的障碍，与此同时，还可以为一个经常听到的问题，即 378
“我可以为自己做些什么”提供答案。

我关于焦虑的概念在此处很恰当。虽然我们可能没有意识到（至少是暂时没有意识到）与生活相联系的、程度较为轻微的其他紧张，但我们从来都不会意识不到焦虑的出现。这种意识有可能是（而且常常都是）短暂的，尤其是当一种恰当的安全操作被唤起时，更是如此。这种意识可能会因不同的个体而具有各自不同的特征，也可能会因不同的事件而具有不同的特征，不过，有一点是共同的，那就是它始终是令人不愉快的。在焦虑发生时，个体通常能够意识到某种令人不快的东西；但是，不论个体仅仅只是认识到事情进展得不太顺利，还是注意到活动中存在的某种困扰或相互作用区中的某种姿势紧张——例如，面部表情或音调的改变——都会产生各种各样的变化，如某组骨骼肌的收缩、心跳加速、肚子不舒服或者意识到自己开始出汗等；正如我所说，不论出现何种症状，个体总会（至少会暂时性地）意识到自己有点不舒服，或者十分不舒服（根据具体情况而定）。

不管在意识到身体感觉状况变差之后会发生什么，意识始终都是存在着的。它在日常的人际关系中使人们“尽可能不去注意这种不舒服的感觉”，并想方设法“忘掉它”。但是，如果一个人意欲对其做参与性观察，就需要付出极大的注意力了，或者至少回顾一下这些短暂的焦虑活动。它们是指示器，表明人际领域中的自我系统在那个时刻的活动增强了。

它们标志着事件进程中的一个点，在这个点上，某种分离的东西（倾向于脱离其他同伴的某种东西）已经首次出现，或者已经突然增强。它们标志着一种改变：从相对简单的朝向某一共同目标的运动变为保护个人自尊，并且伴随着明显复杂的人际活动。

一个人只要能够回溯性地观察到引发焦虑的确切情境，他便可以推断
379 出难以与人相处的相应模式。由于这些模式通常是过去训练或缺乏训练的问题，因此，察觉这些模式并非一件易事，但是，我想重复一遍，这绝不是不可能做到的——除非个体的人格系统中存在真实的分裂，在这种情况下，要想回忆与引发焦虑的实际情境相关的任何一件有意义的事情，都会变得十分困难。

关于上述情况，有两点还需要说一下，我想要说的是，对人际关系的分离过程所做的自我观察。

焦虑不仅表现为对其自身的觉察，而且还表现为处于某些复杂的“情绪”体验之中（这些复杂的情绪体验通过特定的早期训练，已被精心加工）。尽管我无法详细地论述所有这些情绪，但我可以列出它们当中的一些名称，这些名称应该可以“体现”其本质：窘迫、羞愧、耻辱、内疚和悔恨。这些不愉快的“情绪”在其中出现的情境，尤其难以进行精确的观察，也难以进行最有价值的回顾性分析。

当经验融入这些复杂的不悦“情绪”的发展之中时，产生自经验的一组安全操作，对人们来说，同样是难以观察和分析的。这些安全操作都是思维和行动的活动，我们似乎经常把这些思维和行动的活动归因于他人的感受，或唤起他人的感受，如窘迫、羞愧、耻辱、内疚或悔恨等。对此真实的情境进行回溯性的观察和分析也特别困难，在这样的情境中，我们被驱使着做出这样的行动，就好像他人“应该为他自己而感到羞愧”，就好像他人“很愚蠢”或者应该为某些事情而内疚（这些事情可能是品位的缺失，也可能是致命的罪恶）。这些人际活动基于相对较低的个人价值，将他人置于不利地位，因而是生活中极其麻烦的要素，也是探究陌生人时的一个极大障碍。

贬抑和损毁的想法与行动会让一个人感觉比他人“好一些”，可以说，它以他自己的代价抬高了个人的自尊，我们一直怀疑这是由于焦虑而引起的。这些过程远离了对个体相对个人的生活技能所做的一种明智的探究。它们表明人们无法很好地运用观察和分析，确切地说，它们反映了正在运用观察和分析的那个人的一种低自尊。一个人越是迅速地对另一个人产生 380
贬抑的看法，在其他条件相同的情况下，他内心深处对自身在这贬抑的领域中的价值的看法也会越差。

在对他人做参与性观察时，纠正其中的干预（这种干预源自一个人对另一个人的真正优越感）是相当容易的。至于一个人内心深处的怀疑和不确定性所导致的有害结果，则是另一回事。当我们认为他人所表现出的正是我们深感羞愧且我们希望隐瞒的某种情况时，就会很容易对他们持十分严厉的批判态度。

对于参与性观察（对典型的、不太熟悉的背景所做的参与性观察）所做的更为普遍但通常不被注意的干预，上述情况必定足以成为一种标志。我几乎不需要讨论语言困难的作用或对文化模式的纯然无知（对此，无需加以评论）。后者实际上只是一些更加引人注目的情况，这与在跟陌生人打交道时的干预相似。

一种走向大众的精神病学若要取得进展，可以沿着两条路线展开探究：(1) 增强对有意义模式的把握——以及对模式之模式的把握；(2) 揭示人格发展各过程中的重要细节，通过这些人格发展过程，不同社会组织中的人们会逐渐地在其特定的社会背景中表现出或多或少适当的和合宜的行为。

这两条探究路线对彼此而言都是必要的补充。第一条路线可能会被人们视为更多的是文化人类学家的兴趣和技术，但是，如果没有第二种探究所获得的数据，第一条路线就不能很有把握地被推进得很远。而第二条探究路线，倘若没有第一种探究所提供的临时性假设，则难以获得有意义的数据。这两条探究路线为彼此提供了不可或缺的检验，如果没有这种检验，这两条探究路线都不可能取得确定无疑的显著进展。

人际关系理论非常强调参与性观察的方法，且不太看重通过其他方法
所获得的数据，至多将其放在次要的位置。这种情况进而意味着，面对面 381
的技能或人对人的精神病学访谈（psychiatric interview）技能是最为基本的。

虽然运用媒介渠道——通信、出版物、无线电、有声电影等——进行的交流可能有着重大的价值，尤其是有关人员通过之前面对面的交流彼此

已经十分熟悉时更是如此，但是，我们必须记住，在精神病学访谈中，交流绝不意味着仅仅只是交换语境，而是场过程（这些场过程意味着有关人员的重要推论）的一种十分复杂的模式的发展。

在这里，我不打算讨论当前有关人们能够从精神病学访谈理论和实践中学到些什么的观点；我主要想强调从事访谈的精神病医生的工具性特征，以及他能够自由观察——以及后来的分析——的重要性，也就是说，尽可能多地观察和分析他的表现，将其作为构成访谈的场模式的一个动力核心。

我们可以认为，有关良好精神病学访谈的一切都与朝着一种大众精神病学方向所做的任何工作的人际关系方面直接相关。当语言障碍和文化方面的其他不确定性成为拦路虎时，重要的是，应避免对“他人”做出错误的结论。

若要探究教育年轻人的不同方法，就必须密切关注生物时间（biological time），因为它反映了年轻人一系列能力的成熟状况；同时，还必须密切关注社会时间（social time），因为它反映了青年从一个阶段到另一个阶段的发展过程中，“知道自己如何做出行动”的一系列期望；此外，还必须密切关注按时间顺序排列的大事记（chronology），因为据此我们可以推断出该年轻人所接受的各种教育努力。

上述三个领域均有各种变式，这些变式的普遍流行对于理解人以及人与人之间的关系（它们构成了社会）来说非常重要。例如，我们可以考虑一下延迟的青春期对我们任何一个地区的许多年轻人的继后行为的适当性
382 和合宜性所产生的影响。我们还可以考虑一下，当一个来自小镇的非常聪明孩子进入大都市的一所大学时，对他生活所产生的影响。最后，我们还可考虑一下，在性病预防方面，相比于封锁该领域的信息，早期训练所产生的可能影响。

通过更好地把握这些系列事件中的重要模式，我们便能帮助患者让他们学会自助，与此同时，我们也能越来越好地了解到支配人际活动可能性的各种因素。只要我们能够理解（或者近似于理解）我们所咨询或治疗的人们继而表现出来的人格发展的实际过程，我们便能够“弄懂”正在进行的事情了。不管你是刚到马来亚的一个陌生人，还是当地人，情况都肯定是这样。

由此而得出的紧迫任务

在一个认为时间极其重要的世界上，在培养出新一代人来掌握政权之

前，我们是无法推迟建设性的大变化的，因此，对人格中有利变化的动力机制做最为彻底的审查已成为十分紧迫之事。即便时间不是非常重要，这种紧迫性还是一样，因为我们不能“跳过一代”，使生活训练或按原生家庭的现状进行，或远远地脱离原生家庭的现状进行。对父母的工作矫正得越少，儿童的进步便越快。在为年轻一代的生活作准备时，我们给父母提供的帮助越确定，对大多数人来说，良好的结果将越以几何级数扩展。

我认为，对于那些从实际年龄来讲已届成年的大多数人（不管是在这里还是在其他地方），如果认为他们好像对重要的生活内容已经了如指掌，那么，这种说法和想法便不再明智，也不再是权宜之计。

我认为，我们必须明确地承认，普遍的文化教育和完全的“信息自由”本身并没有给时代的紧迫问题提供任何解决的办法……除非把信息自由用于一种目的，即促进人类的和平与幸福，否则，信息自由便毫无意义。

在与他人打交道的过程中，人们是否会怀疑用一种偏见去取代另一种 383
偏见要比产生有根据的判断更容易些呢？我们在向所谓的世俗之人表达自己的观点时，难道没有把这一点真正放在心上吗？也许我们换成这样的提问方式更好些：难道我们不应该把这一点放在心上吗？例如，我们可以考虑一下父母之间交流不良家教经验所产生的影响，这种现象甚至在一些精神病医生家里也会看到。现在，有相当数量的父母深受各种有关“挫折”、“固着”和“依赖”等的不确定性之苦，致使他们自己都需要精神病学的帮助，更不要说他们的子女了。看来，我们没有做好这个充满活力的领域的大众教育工作。或许，我们的信息不适当；不过，也有可能是，信息不差，但我们却把它用得很糟糕。

我坚持认为，实际年龄上已届成年的大多数人必定都是凭借信念来涉足几乎所有生活领域的，这一点不证自明。对未来的大希望并不在于改变这一事实，而是减弱当前信念中某些错误要素所产生的影响，使得那些在长辈的影响下成长起来的年轻人，相比于他们的父母、老师和其他权威人物，拥有更大的自由来观察、理解并做出正确的预见，发展出良好的人际关系能力。

要达到这一令人非常满意的目标，绝非易事。这需要我们想出建设性的、功能上一致的方法来修正当今世界上的任何一种主流文化，这样，从中——不管是模糊不清的、很早时候就灌输的良心（conscience）模式，还是后来习得的、不那么深奥难懂的社会上所公认的文饰作用和强有力措辞的模式——产生的个人必须履行的责任在理解方面将较不受限，且更能自由地促进社会的进步；实际上，这是一项无数有技能的人都可以很好地致力于其中的任务。

恫吓儿童的做法一旦被设计出来，大家就会更好地加以贯彻；但是，
人类历史上第一次，全世界（通常让人非常不愉快）都认识到了其必要
性，与此同时，行政机构也明确地承担起了责任。我以最为严肃认真的态
384 度对你们说，一旦你们欠下了社会秩序之债，别想用“无中生有”或“这
是不可能的事”这样的话来搪塞，那绝不是逃避还债的理由。从现在开始
吧，并且如果历史继续，就让后人说你们在20世纪科学的西方世界曾从
事过衡量人的高尚劳动吧！

索　引

（索引页码为英文原书页码，即本书边码）

图书在版编目（CIP）数据

精神病学的人际关系理论/（美）沙利文著；方红，郭本禹译. —北京：中国人民大学出版社，2014.12
（西方心理学大师经典译丛/郭本禹主编）
ISBN 978-7-300-18539-2

Ⅰ.①精… Ⅱ.①沙…②方…③郭… Ⅲ.①精神病学-人际关系学-研究 Ⅳ.①C912.1

中国版本图书馆 CIP 数据核字（2013）第 260317 号

西方心理学大师经典译丛
主编　郭本禹
精神病学的人际关系理论
［美］哈里·沙利文　著
方　红　郭本禹　译
Jingshenbingxue de Renjiguanxi Lilun

出版发行	中国人民大学出版社			
社　　址	北京中关村大街 31 号	邮政编码	100080	
电　　话	010－62511242（总编室）	010－62511770（质管部）		
	010－82501766（邮购部）	010－62514148（门市部）		
	010－62515195（发行公司）	010－62515275（盗版举报）		
网　　址	http://www.crup.com.cn			
经　　销	新华书店			
印　　刷	涿州市星河印刷有限公司			
开　　本	720 mm×1000 mm　1/16	版　　次	2015 年 1 月第 1 版	
印　　张	22.75 插页 1	印　　次	2024 年 6 月第 4 次印刷	
字　　数	384 000	定　　价	72.00 元	